Münchener Universitätsschriften
Reihe der Juristischen Fakultät

Herausgegeben
von
Claus-Wilhelm Canaris, Peter Lerche, Claus Roxin
Band 240

Effet utile

Die Relativität teleologischer Argumente im Unionsrecht

von

Dr. Lovro Tomasic

Verlag C. H. Beck München 2013

www.beck.de

D 6

ISBN 978 3 406 65263 9

Wilhelmstraße 9, 80801 München

Gedruckt mit Unterstützung des Förderungs- und Beihilfefonds
Wissenschaft der VG WORT

Druck: Nomos Verlagsgesellschaft
In den Lissen 12, 76547 Sinzheim

Satz: Fotosatz H. Buck
Zweikirchener Str. 7, 84036 Kumhausen

Gedruckt auf säurefreiem, alterungsbeständigem Papier
(hergestellt aus chlorfrei gebleichtem Zellstoff)

Vorwort

Diese Arbeit ist das Ergebnis eines Dissertationsprojekts, das ich im Jahr 2007 als wissenschaftlicher Mitarbeiter an der Universität Regensburg begonnen und als Mitarbeiter an der Ludwig-Maximilians-Universität München beendet habe. Das Manuskript wurde im Jahr 2010 fertig gestellt und lag im Wintersemester 2011/12 der juristischen Fakultät der Ludwig-Maximilians-Universität München als Dissertation vor. Es wurde zur Drucklegung im September 2012 aktualisiert. Gefördert wurde die Erstellung der Arbeit durch ein Promotionsstipendium der Studienstiftung des deutschen Volkes.

Dank schulde ich an erster Stelle meinem Doktorvater, Herrn Prof. Dr. *Hans Christoph Grigoleit*. Er hat mich nicht nur zur Befassung mit rechtstheoretischen Fragen motiviert und die Wahl des Themas angeregt. Der von ihm vorgelebte wissenschaftliche Anspruch, seine stete Bereitschaft zur offenen Diskussion und nicht zuletzt sein in mich gesetztes Vertrauen waren entscheidend für die Fertigstellung meines Forschungsprojekts. Weiterhin danke ich Herrn Prof. Dr. *Rudolf Streinz* für die Erstellung des Zweitgutachtens und zahlreiche wertvolle Anregungen aus Sicht des Öffentlichen Rechts. Besonders herzlich möchte ich mich zudem bei meinen Freunden und ehemaligen Kollegen am Lehrstuhl von Prof. Grigoleit in Regensburg und München für das einmalige Arbeitsklima bedanken, das ich in meinen Jahren an der Universität erleben durfte. Für wichtige Unterstützung bei der Finalisierung dieser Arbeit geht mein Dank vor allem an *Constanze Lippstreu* und *Wolfgang Sigler*. Herrn Prof. Dr. Dr. h.c. mult. *Claus-Wilhelm Canaris* danke ich für die Aufnahme der Arbeit in die Münchener Universitätsschriftenreihe der juristischen Fakultät. Für die Unterstützung bei der Drucklegung der Arbeit danke ich Frau *Hildgund Kulhanek* und Herrn Dr. *Klaus Winkler* vom Verlag C. H. Beck.

Die Erstellung der Arbeit wäre für mich schließlich ohne die persönliche Unterstützung meiner Familie und Freunde nicht denkbar gewesen. Danken möchte ich hierfür vor allem meinem Bruder *Josip Tomasic* und meiner Verlobten Dr. *Eva Hartmann*. Den größten persönlichen Dank schulde ich aber meinen Eltern, *Jasna Novak-Tomasic* und *Marko Tomasic*, die mich mein Leben lang in jeder erdenklichen Weise gefördert haben; ihnen ist diese Arbeit gewidmet.

München, im Mai 2013 *Lovro Tomasic*

Inhaltsübersicht

Inhaltsverzeichnis

Einleitung

I. Das Problem des *effet utile* aus methodologischer Sicht

Kein anderer Begriff ist so repräsentativ für die Besonderheiten, aber auch die Probleme der Anwendung und Auslegung des Unionsrechts[1] wie der des *effet utile*. Dieser aus dem Völkerrecht bekannte[2] Grundsatz hat seit Beginn der Rechtsprechungstätigkeit des EuGH Eingang in zahlreiche tragende Begründungen gerade der besonders wegweisenden Entscheidungen des Gerichtshofs gefunden. Dazu gehören etwa die Urteile *Francovich*[3] und *Van Duyn*,[4] in denen der Gerichtshof mit der Staatshaftung der Mitgliedstaaten und der unmittelbaren Wirkung von Richtlinien im Wege der Rechtsfortbildung dem damaligen Gemeinschaftsrecht gegenüber dem Recht der Mitgliedstaaten mit Nachdruck zu Wirksamkeit verholfen hat. Aber auch die den Charakter des Europarechts als eigene Rechtsordnung prägenden Entscheidungen *Costa/ENEL*[5] und *Van Gend & Loos*,[6] in denen der Vorrang und die unmittelbare Anwendbarkeit als elementare Wesensmerkmale des Europarechts begründet wurden, beruhen auf demselben Gedanken: Bei dem Unionsrecht handelt es sich um eine neuartige internationale Rechtsordnung, die nicht nur im Verhältnis zu den Mitgliedstaaten, sondern auch gegenüber allen Rechtssubjekten der Mitgliedstaaten Geltung beansprucht, so dass den Vorschriften des Europarechts eine Wirkung zukommen muss, die in der Rechtswirklichkeit der Mitgliedstaaten spürbar ist. Vergleichbare Argumentationsmuster lassen sich aber auch in der weiteren, weniger grundlegenden Rechtsprechung des Gerichtshofs zu einzelnen Rechtsgebieten, etwa zu dem hier exemplarisch herangezogenen Verbrauchervertragsrecht nachweisen und zeugen davon, dass es sich bei dem Grundsatz der praktischen Wirksamkeit, wie der *effet utile* in der deutschen Sprachfassung der Urteile des EuGH in der Regel bezeichnet wird, um einen bedeutsamen Auslegungsgrundsatz im geltenden Europarecht handelt. Noch häufiger als in der Argumentation des EuGH findet sich das Argument schließlich auch in den Schlussanträgen der Generalanwälte sowie in unzählbaren Stellungnahmen aus dem Schrifttum zu einzelnen Fragen des Unionsrechts.

Da dieser Grundsatz auf die Wirksamkeit der auszulegenden Vorschrift abstellt, wird er auch als Effektivitätsgrundsatz bezeichnet.[7] Indem aus der Forderung nach

---

[1] Der Begriff des Unionsrechts wird hier für das gesamte bisherige Gemeinschaftsrecht sowie für das (seit dem Inkraftttreten des Lissabon-Vertrags erlassene) Unionsrechts verwendet, vgl. näher zu diesem terminologischen Problem *Oppermann/Classen/Nettesheim*, Europarecht, 5. Aufl. 2011, §9 Rn.2ff. (= S.103f.).

[2] Vgl. nur *Doehring* in: Bernhardt (Hrsg.), Encyclopedia of Public International Law, 1995, S.43ff. m.w.N.

[3] EuGH, verb. Rs. C-6 u. 9/90, Slg.1991, I-5357 Ls. 3, Rn.33ff. – *Francovich*.

[4] EuGH, Rs. 41/74, Slg.1974, 1337ff. – *Van Duyn*.

[5] EuGH, Rs. 6/64, Slg.1964, 1251ff. – *Costa/ENEL*.

[6] EuGH, Rs. 26/62, Slg.1963, 1/24ff. – *Van Gend & Loos*.

[7] *Buck*, Über die Auslegungsmethoden des Gerichtshofs der Europäischen Gemeinschaft, 1998, S.209; *Mosiek*, Effet utile und Rechtsgemeinschaft, 2003, S.14; *Anweiler*, Die Auslegungs-

der Wirksamkeit von Vorschriften Folgerungen für deren Auslegung abgeleitet werden, unterscheidet sich diese Form des Effektivitätsgrundsatzes vom gleichnamigen Grundsatz, der aus dem Völkerrecht bekannt ist.[8] Der völkerrechtliche Effektivitätsgrundsatz verhält sich entgegengesetzt zum *effet-utile*-Grundsatz und erkennt nur solche Normen als geltendes Recht an, denen ein Mindestmaß an Durchsetzbarkeit und Befolgung zukommt.[9] Der *effet utile* hingegen, auch soweit er im Völkerrecht als Auslegungsgrundsatz verwendet wird,[10] folgert aus der Anerkennung einer bestimmten normativen Vorgabe als Recht, diese sei so auszulegen, dass sie sich wirksam entfalten könne. Letztlich beruhen beide Grundsätze auf der Erkenntnis, dass die Effektivität eine Grundbedingung des Rechts und somit elementarer Bestandteil eines jeden positiven Rechtsbegriffs ist. Sie ziehen aber gegensätzliche Konsequenzen hieraus. Während im ersten Fall die Effektivität Voraussetzung für die Anerkennung einer Norm als Recht ist, wird im zweiten aus deren Anerkennung als Recht auch deren wirksame Auslegung gefordert. Diese zweite Lesart des Effektivitätsgrundsatzes, die dem *effet utile* entspricht, soll vorliegend näher untersucht werden.

Als Forderung nach der Effektivität von Rechtsvorschriften ist der *effet utile* in seinem Kern ein zunächst unmittelbar einleuchtender Grundsatz, denn die Effektivität ist eine der Grundbedingungen des Rechts – ein Recht, das nicht wirksam bzw. effektiv ist, verliert den Anspruch als solches bezeichnet zu werden und aus der Anerkennung einer Vorschrift als Bestandteil des Rechts folgt unmittelbar das Gebot, ihren teleologischen Gehalt effektiv zu verwirklichen.[11] Es ist daher eine selbstverständliche implizite Forderung einer jeden Norm, dass sie auch effektiv ausgelegt wird. So einleuchtend die Forderung nach einer effektiven Auslegung von Rechtsvorschriften auch ist, ist es in der Rechtsprechung des EuGH, aber auch in der Reflexion des europarechtlichen Schrifttums unklar, welche Implikationen diese Forderung für die Auslegung von Rechtsvorschriften mit sich bringt, insbesondere beantwortet die Forderung nach einer wirksamen Auslegung noch nicht die Frage nach dem zulässigen Maß der Effektivi-

---

methoden des Gerichtshofs der Europäischen Gemeinschaften, 1997, S. 121 (zum Völkerrecht) und hierauf Bezug nehmend in S. 219 ff.; *Bredimas*, Methods of Interpretation and Community Law, 1978, S. 78.

[8] Überblicksweise zum Effektivitätsgrundsatz im Völkerrecht vgl. *Krüger*, FS Spiropoulos, 1957, S. 265 ff.; *Doehring* in: Bernhardt (Hrsg.), Encyclopedia of Public International Law, 1995, S. 43 ff.; zur rechtstheoretischen Dimension des Begriffs der Effektivität s. auch *Tucker*, in: Lipsky (Hrsg.), Law and Politics in the World Community – Essays on Hans Kelsen's Pure Theory and Related Problems in International Law, 1953, S. 31 ff.

[9] *Doehring* in: Bernhardt (Hrsg.), Encyclopedia of Public International Law, 1999, S. 43 f.; *Tucker*, in: Lipsky (Hrsg.), Law and Politics in the World Community – Essays on Hans Kelsen's Pure Theory and Related Problems in International Law, 1953, S. 31, 32.

[10] Série A/N No. 46, S. 138 – *Affaire des zones franches, Arret*; IGH, Réceuil 1949, S. 23 – *Détroit de Corfou*; IGH, Réceuil 1950, S. 77, S. 221, 229 – *Intérpretation des Traités de Paix*; *Bernhardt*, Die Auslegung völkerrechtlicher Verträge, 1963, S. 96; *Verdross/Simma*, Universelles Völkerrecht, 3. Aufl. 1984, S. 494 f.; *K. Ipsen*, Völkerrecht, 5. Aufl. 2004, § 11 Rn. 10 (= S. 120).

[11] Vgl. *O. Weinberger*, Rechtslogik, 2. Aufl. 1989, S. 312 f.; s. auch *Bydlinski*, Juristische Methodenlehre und Rechtsbegriff, 2. Aufl. 1991, S. 330, der insofern vom Prinzip der Zweckmäßigkeit als Bestandteil des Rechtsbegriffs spricht; *Alexy*, Begriff und Geltung des Rechts, 2. Aufl. 1994, S. 142 (zur notwendigen Abhängigkeit eines juristischen Geltungsbegriffs von der sozialen Geltung des Rechts); *Henkel*, Einführung in die Rechtsphilosophie, 2. Aufl. 1977, S. 216 ff.; bezogen auf den EuGH vgl. auch *Pescatore*, ELR 8 (1983), 155, 177. Dass die Effektivität eine der Grundbedingungen des Rechts ist, zeigt nicht zuletzt auch der völkerrchtliche Effektivitätsgrundsatz, vgl. die Nachweise in Fn. 8.

tät.[12] Es ist das zentrale Anliegen dieser Untersuchung zu ermitteln, was aus theoretischer Sicht mit der Effektivität des Europarecht gemeint ist, und wie diese Forderung in methodischer Weise realisiert werden kann. Dabei hat sich die Kritik an der progressiven Rechtsprechungstätigkeit des EuGH auch und gerade an der Verwendung des *effet utile* zur Erweiterung des Geltungsbereichs des Gemeinschaftsrechts entzündet.[13]

Eine Auslegung des Unionsrechts, die sich auf dessen effektive Geltung beruft, wird zwangsläufig eine Erweiterung der jeweiligen unionsrechtlichen Bestimmung und damit des Anwendungsbereichs des Unionsrechts zur Folge haben. Damit steht die Verwendung des *effet-utile*-Grundsatzes in einem steten Spannungsverhältnis zum Regelungsanspruch der Mitgliedstaaten. Das Problem des *effet utile* ist damit im Ergebnis ein Problem der Kompetenzverteilung zwischen EU und Mitgliedstaaten (vgl. näher unter § 3). Dieser Umstand verdient aus methodologischer Sicht besondere Aufmerksamkeit, da die Fragestellungen der juristischen Methodenlehre nach dem tradierten Methodenverständnis im Wesentlichen auf das Spannungsverhältnis zwischen den Organkompetenzen der Judikative und der Legislative fokussiert waren (vgl. näher unter § 3 B II).[14] Auch wenn diese besondere Relevanz des *effet utile* in der Literatur bereits erkannt worden ist,[15] ist ein derart erweitertes Verständnis der Aufgaben der juristischen Methodenlehre noch nicht auf einer allgemeinen Ebene ins Bewusstsein gedrungen und wird bislang auch selten unmittelbar mit dem Kriterium des *effet utile* in Verbindung gebracht.[16]

Einen Schwerpunkt der methodischen Auseinandersetzung mit dem Europarecht haben in den vergangenen Jahren insbesondere die Fragen der Einbettung europarechtlicher Vorgaben in das nationale Recht für sich in Anspruch genommen.[17] Da aufgrund der

---

[12] Zutreffend sind daher die Hinweise bei *Schlachter*, Der Europäische Gerichtshof und die Arbeitsgerichtsbarkeit, 1995, S. 36; *v. Danwitz*, Verwaltungsrechtliches System und Europäische Integration, 1996, S. 377; sowie im Grundsatz auch bei *Rasmussen*, ELR 13 (1998), S. 28, 33 f.; *ders.*, On Law and Policy in the European Court of Justice, 1986, S. 149, 177.

[13] Besonders deutlich BVerfGE 89, 155, 209 f. – *Maastricht*; *v. Danwitz*, Verwaltungsrechtliches System und Europäische Integration, 1996, S. 145. Sowohl das BVerfG als auch *v. Danwitz* gehen in ihrer Kritik des Grundsatzes davon aus, dass er die Auslegung des Gemeinschaftsrechts im Sinne einer „größtmöglichen Effektivität" fordert. Dieses Verständnis beruht zum einen auf einem Fehlzitat eines Beitrags von *Zuleeg* (v. der Groeben/Thiesing/Ehlermann-*Zuleeg*, EWG-Vertrag, 4. Aufl. 1991 Art. 2 Rn. 3), vgl. dazu auch die berechtigte Kritik des BVerfG durch *denselben*, NJW 1993, 3058. Ein Verständnis des *effet utile* als Grundsatz größtmöglicher Effektivität lässt sich zudem auch bei näherer Betrachtung der EuGH Rechtsprechung nicht halten, vgl. dazu § 1 A II 4 sowie *Seyr*, Der *effet utile* in der Rechtsprechung des EuGH, 2008, S. 363 f.; so auch *Pescatore*, FS Rodríguez Igleasias, 2003, S. 329, 340 f.

[14] Vgl. insbesondere *Wank*, Grenzen richterlicher Rechtsfortbildung, 1978, S. 82 u passim; *Neuner*, Die Rechtsfindung contra legem, 2. Aufl. 2005, S. 85 ff. u. passim mit der Analyse der Gesetzesgebundenheit des Richters; zu den besonderen Anforderungen des Unionsrechts aber etwa *ders.*, Privatrecht und Sozialstaat, 1999, S. 192; *ders.*, in: Riesenhuber (Hrsg.), Europäische Methodenlehre, 2. Aufl. 2010, S. 373, 377.

[15] *Franzen*, Privatrechtsangleichung durch die Europäische Gemeinschaft, 1999, S. 591 ff.; *Mosiek*, Effet utile und Rechtsgemeinschaft, 2003, S. 112 ff.; *Merten*, in: ders. (Hrsg.), Die Subsidiarität Europas, 2. Aufl. 1994, S. 77, 80.

[16] Vgl. aber die Problembeschreibung bei *Streinz*, FS Everling II, 1995, S. 1491, 1509 f.

[17] Aus dem umfassenden Schrifttum vgl. aus jüngerer Zeit vor allem *Canaris*, FS Bydlinski, 2002, S. 47 ff.; *Herresthal*, Rechtsfortbildung im europarechtlichen Bezugsrahmen, 2006; *Brechmann*, Die richtlinienkonforme Auslegung, 1994; *Höpfner*, Die systemkonforme Auslegung, 2008, S. 216 ff.; *Hager*, Rechtsmethoden in Europa, 2008, S. 262 ff.; vgl. auch die Beiträge von

verfassungsrechtlichen Strukturen insbesondere die nationalen Behörden und Gerichte für die Umsetzung europarechtlicher Vorgaben zuständig sind, hat die Konzentration der Wissenschaft auf die methodologische Einordnung und Bewältigung von deren Aufgaben ein hohes Maß an Berechtigung. Trotz des wissenschaftlichen Reizes und der Dringlichkeit der Beantwortung der Fragen nach der Einbettung europarechtlicher Vorgaben in die nationalen Methoden, geht der Frage nach der effektiven Einwirkung europarechtlicher Vorgaben zunächst die Frage nach der Reichweite der effektiven Auslegung des europäischen Rechts vor. Das notwendige Maß der Einwirkung hängt in erster Linie von der Reichweite der Vorgabe der Norm selbst ab, die im Wege der Auslegung zu ermitteln ist. Die vorliegende Untersuchung beschäftigt sich als Analyse des unionsrechtlichen *effet utile* mit den Problemen der Auslegung der Anforderungen des Europarechts. Beide Fragestellungen, sowohl diejenige nach der Reichweite der unionsrechtlichen Fragen als auch diejenige nach der Art und Weise und Intensität ihrer Umsetzung in das nationale Recht, sind im Zusammenhang mit einem einzigen Rechtsfindungsproblem des Unionsrechts stets relevant. Aber auch aus unionsrechtlicher Sicht (auf die nationale Sicht kann hier nicht näher eingegangen werden)[18] richten sich beide Fragestellungen nach unterschiedlichen Kriterien. Bereits die Trennung der Frage, in welcher Intensität eine Norm des Unionsrechts auszulegen ist von der Frage, mit welchen Mitteln dieses Auslegungsergebnis im nationalen Recht zu Geltung kommt, bedeutet insofern einen erheblichen Erkenntnisgewinn (vgl. dazu § 1 B.I.1 sowie § 2 C II).

Eine gewisse Parallele zu der Untersuchung der national-rechtlichen Wirkungen des Unionsrecht besteht aber gleichwohl: Hat es sich auf der Ebene des nationalen Rechts als erforderlich erwiesen, die europarechtlichen Vorgaben bei der Auslegung und Rechtsfortbildung zu berücksichtigen, wird sich im Laufe der folgenden Untersuchung herausstellen, dass das Europarecht – wenngleich unter anderen Vorzeichen – stets auch im Lichte des nationalen Rechts auszulegen ist (vgl. insbesondere unter § 3 B III). Das Problem der Auslegung in gestuften Rechtsordnungen erfordert sowohl auf der niederrangigen als auch auf der höherrangigen Ebene das Bewusstsein der Spannungen, die sich aus der Überlagerung unterschiedlicher Rechtssysteme ergeben.

Zur Bewältigung der genannten Rechtsfindungsaufgaben im Europarecht reicht der Rückgriff auf ein klassisches, rein nationales bzw. ein rechtsordnungsübergreifend-allgemeines Methodenverständnis, welches den meisten Konzeptionen einer Methodenlehre zugrunde liegt,[19] nicht aus. Dies wird allein anhand der unterschiedlichen nationalen Traditionen und Ansätze der juristischen Methodenlehre in den einzelnen Mitgliedstaaten deutlich. Hierauf hat die Wissenschaft reagiert, indem sie die Methodik des EuGH eingehend untersucht hat.[20] Traditionellerweise wird die Frage nach den

W.-H. Roth, *Habersack/Mayer* und *Hofmann*, in: Riesenhuber (Hrsg.), Europäische Methodenlehre, 2. Aufl. 2010, §§ 8 bis 13.

[18] Vgl. ausführlich *Herresthal*, Rechtsfortbildung im europarechtlichen Bezugsrahmen, 2006.

[19] Eine Ausnahme stellen insoweit *Müller/Christensen*, Juristische Methodik II, 2. Aufl. 2007, die eine spezifisch gemeinschaftsrechtliche Methodenlehre entwickeln. Auch diese lehnt sich indessen naturgemäß stark an allgemeinen Methodenerkenntnissen an. Zudem ist auf die spezifisch unionsrechtlichen Untersuchungen (vgl. Fn. 20) hinzuweisen, die aber insgesamt von tradierten Methodenkonzepten ausgehen. Insgesamt bildet das tradierte, am Privatrecht entwickelte Methodenmodell ein „Rahmenmodell", von dem ausgehend die spezifischen Besonderheiten einzelner Rechtsgebiete erarbeitet werden können, vgl. *Bydlinski*, Juristische Methodenlehre und Rechtsbegriff, 2. Aufl. 1991, S. 593 ff.

[20] *Bredimas*, Methods of Interpretation and Community Law, 1978; *Anweiler*, Die Auslegungsmethoden des Gerichtshofs der Europäischen Gemeinschaften, 1997; *Buck*, Über die

Methoden der Rechtswissenschaft ohne Bezug zu einer bestimmten Rechtsordnung oder zu einem bestimmten Rechtsgebiet in allgemeiner Weise gestellt. Die Methoden der Rechtsfortbildung hängen indessen zum einen maßgeblich von den spezifischen Sachproblemen ab, denen eine Rechtsordnung bzw. ein Rechtsgebiet ausgesetzt sind.[21] Zum anderen muss sich die Methodenlehre, wenn sie ihrem Auftrag gemäß eine Anleitung zur richtigen Bewältigung von Rechtsproblemen vorlegen will, an den jeweils unterschiedlichen verfassungsrechtlichen bzw. staatsrechtlichen oder staatstheoretischen Rahmenbedingungen einer Rechtsordnung orientieren.

Ein wichtiger Bestandteil der Bemühungen um ein besseres Verständnis der Rechtsfindung im Unionsrecht ist neben den globalen Untersuchungen europarechtlicher Methodik,[22] gemeineuropäischer und historischer Analysen[23] die Untersuchung spezifischer Methoden, die wie der *effet utile* ihren Ursprung nicht in der Methodendiskussion der Mitgliedstaaten haben, sondern als Besonderheit supranationaler Rechtsordnungen hervorgetreten sind. Da der *effet utile* die prominenteste und wohl am meisten diskutierte Besonderheit der europarechtlichen Methodenpraxis darstellt, drängt sich der Grundsatz des *effet utile* für eine solche Untersuchung geradezu auf. Die Tatsache, dass der *effet utile* vor allem im Völker- und Europarecht eine besondere Bedeutung erlangt hat, weist darauf hin, dass durch ihn ein zentrales Problem der Rechtsfindung in diesen Rechtsordnungen beschrieben wird. Die Fälle, in denen der *effet utile* als tragender Bestandteil der Argumentation des EuGH vorkommt, behandeln im Wesentlichen die Reichweite der Zwecksetzungen europarechtlicher Normen vor dem Hintergrund konkurrierender nationaler Normen. Die Lösung solcher Normenkonflikte stellt das eigentlich spezifisch europarechtliche Problem der Rechtsfindung dar und ist in besonderer Weise mit dem *effet-utile*-Grundsatz verbunden. Daher handelt es sich bei dem *effet-utile*-Grundsatz um mehr als nur eine Besonderheit europäischer Methodenlehre, die es zu verstehen und mit nationalen Methoden in Einklang zu bringen gilt – es geht letztlich um die methodologische Verortung und Klärung des Kompetenzkonflikts zwischen der EU und den Mitgliedstaaten – freilich aus dem Blickfeld des Europarechts (zum Problem der national-rechtlichen Grenzen vgl. näher unter § 3 A III). Damit weist der Anspruch der Untersuchung über die Klärung eines bestimmten Auslegungskriteriums hinaus.

Auslegungsmethoden des Gerichtshofs der Europäischen Gemeinschaft, 1998; *Grundmann*, Die Auslegung des Gemeinschaftsrechts durch den Europäischen Gerichtshof, 1997; *Müller/Christensen*, Juristische Methodik II, 2. Aufl. 2007; *Dederichs*, Die Methodik des EuGH, 2004; *Groh*, Die Auslegungsbefugnis des EuGH im Vorabentscheidungsverfahren, 2005; *Buerstedde*, Juristische Methodik des Europäischen Gemeinschaftsrechts, 2006; *Vogenauer*, Auslegung I, 2001, S. 344 ff.; *Potacs*, Auslegung im öffentlichen Recht, 1994, S. 106 ff.; *Ukrow*, Richterliche Rechtsfortbildung durch den EuGH, 1995; *Riesenhuber* (Hrsg.), Europäische Methodenlehre, 2. Aufl. 2010; vgl. auch insbesondere die Beiträge von *Köndgen*, *Pechstein/Drechsler*, *Leible/Domröse*, *Grundmann*, *Riesenhuber*, *Röthel* und *Neuner* in: Riesenhuber (Hrsg.), Europäische Methodenlehre, 2. Aufl. 2010, §§ 8 bis 13; bezogen auf das Verbraucherprivatrechts vgl. etwa *Rösler*, RabelsZ 71 (2007), 495 ff.; *Langenbucher*, in: dies. (Hrsg.), Europarechtliche Bezüge des Privatrechts, 2. Aufl. 2008, S. 1 ff.

[21] *Larenz/Canaris*, Methodenlehre der Rechtswissenschaft, 3. Aufl. 1995, S. 65; *Müller/Christensen*, Juristische Methodik I, 10. Aufl. 2009, S. 524 ff.; zum Erfordernis einer europäischen Methodenlehre auch *Rüthers/Fischer/Birk*, Rechtstheorie, 6. Aufl. 2011, Rn. 648a.

[22] Vgl. hierzu die in Fn. 20 Genannten.

[23] Etwa *Vogenauer*, Auslegung I, 2001, passim; sowie *ders.*, ZEuP 2005, 234 ff. mit einem Plädoyer für eine gemeineuropäische Methodenforschung.

Auch wenn bereits einige Arbeiten vorliegen, die sich mit dem Thema des *effet utile* beschäftigen,[24] hat er aus Sicht der juristischen Methodenlehre noch nicht die kritische Analyse erfahren, die ihm als herausragende Besonderheit des Europarechts zukommt. Neben den üblichen Ausführungen in einigen Werken und Beiträgen zur Methodenlehre des Europarechts,[25] haben sich in vergangener Zeit insbesondere drei Dissertationen im Schwerpunkt mit dem *effet utile* beschäftigt. Die monographischen Untersuchungen von *Seyr*,[26] *Mosiek*,[27] *Ormand*[28] und von *von Oettingen*[29] haben die Notwendigkeit nach einer näheren Auseinandersetzung mit den methodischen Grundlagen des *effet utile* im Europarecht aufgezeigt und grundlegende Vorarbeiten zur Gewinnung eines Verständnisses vom Begriff und der Verwendung des *effet utile* durch den EuGH geleistet. Keines der genannten Werke behandelt das Problem des *effet utile* aber als Problem der juristischen Methodenlehre und untersucht es anhand spezifisch methodologischer Kategorien. Insbesondere wurden auf einer methodologisch-normativen Ebene bislang noch keine hinreichend präzisen normativen Kriterien für die richtige Verwendung dieses Grundsatzes bzw. für die Lösung der mit ihm verbundenen Probleme entwickelt und vorgestellt. Die vorliegende Arbeit ist bemüht, diese Lücke zu schließen und mit ihrer methodologischen Ausrichtung einen Beitrag zur Bewältigung der neuartigen Anforderungen zu leisten, welche die europäische Integration und Besonderheiten dieser supranationalen Rechtsordnung an die Methodenlehre stellen. Sie versteht sich daher als methodologischer Beitrag zur Erforschung des *effet utile* als zentraler Besonderheit der Rechtsfortbildung im Europarecht.

Die juristische Methodenlehre im Allgemeinen und die Auslegung von Rechtsvorschriften im Besonderen werfen Fragen auf, die geeignet sind, den Juristen in eine gewisse Bedrängnis zu bringen, sind sie doch geeignet, die Grenzen der juristischen Erkenntnis am eindringlichsten aufzuzeigen. Gerade wenn man die Rechtssicherheit als elementare Voraussetzung freiheitlicher Rechtsordnungen anerkennt, ist die Einsicht, dass Rechtsvorschriften ebenso wie anderen sprachlichen Aussagen eine gewisse Unbestimmtheit und Vieldeutigkeit immanent ist, sie einer Interpretation nicht nur zugänglich sind, sondern dieser auch bedürfen, zumindest unbequem.[30] Aus dem Wortlaut des einschlägigen Normmaterials lassen sich jedenfalls nicht immer eindeutige Lösungen gewinnen. Eine (sinnvolle) Anwendung bedarf in zahlreichen Fällen einer Konkretisierung durch den jeweiligen Rechtsanwender anhand seines freilich rechtlich fundierbaren und intersubjektiv nachvollziehbaren Verständnisses. Zudem steht und fällt das mit der Idee des Rechtstaats untrennbar verbundene Konzept der

---

[24] *Mosiek*, *Effet utile* und Rechtsgemeinschaft, 2003; *Seyr*, Der *effet utile* in der Rechtsprechung des EuGH, 2008; *Potacs*, EuR 44 (2009), 465 ff.; *Streinz*, FS Everling II, 1995, S. 1491 ff.; *Ormand*, La notion de „l'effet-utile" des traités communautaires dans la jurisprudence de la Cour de Justice des Communautés Européennes, 1975; *Honsell*, FS Krejci, 2001, S. 1929 ff.

[25] Vgl. etwa die Stellungnahmen *Müller/Christensen*, Juristische Methodik II, 2. Aufl. 2007, S. 324 ff.; *Riesenhuber*, in: ders. (Hrsg.), Europäische Methodenlehre, 2. Aufl. 2010, S. 315, 336 ff.; *Herresthal*, Rechtsfortbildung im europarechtlichen Bezugsrahmen, 2006, S. 107.

[26] *Seyr*, Der *effet utile* in der Rechtsprechung des EuGH, 2008.

[27] *Mosiek*, Effet utile und Rechtsgemeinschaft, 2003.

[28] *Ormand*, La notion de „l'effet-utile" des traités communautaires dans la jurisprudence de la Cour de Justice des Communautés Européennes, 1975.

[29] *V. Oettingen*, Effet utile und individuelle Rechte im Rechte der Europäischen Union, 2010.

[30] Die Unbestimmtheit sollte jedoch nicht überbewertet werden, da sich allein schon anhand der gängigen Methoden sprachlicher Auslegung ein Großteil der Auslegungsfragen lösen lässt, vgl. dazu *Neuner*, Die Rechtsfindung contra legem, 2. Aufl. 2005, S. 91 ff. m.w.N.

Gewaltenteilung zwischen der Legislative und der Exekutive und Judikative mit der Bestimmtheit bzw. der Bestimmbarkeit der von der Legislative erlassenen Vorschriften.

Da die Entscheidung juristischer Fälle damit in zahlreichen – gerade problematischen Fällen – nicht vollständig durch das Gesetz determiniert ist, ist es Aufgabe einer praktischen Rechtswissenschaft und nicht nur der Grundlagendisziplinen der Rechtstheorie oder Rechtsphilosophie, Gesetzmäßigkeiten und Regeln für bei der Ausfüllung der vom Gesetz aufgeworfenen Spielräume zu erkennen. Indem sie darauf gerichtet ist, die richtige Anwendung von Gesetzen zu beschreiben, ist die Methodenlehre eine unmittelbar am positiven (Gesetzes-)Recht, ja oft noch präziser an bestimmten Bereichen des positiven Rechts orientierte und damit für das positive Recht entscheidende Disziplin.[31] Sie geht zwar von den Erkenntnissen der Rechtstheorie aus, die sich auf einer allgemeinen Ebene mit den Methoden der Bestimmung und Interpretation von Recht beschäftigt. Zugleich geht sie aber darüber hinaus und ist eine normative Wissenschaft, die unter Berücksichtigung staatsrechtlicher Vorgaben sowie der Besonderheiten einzelner Rechtsgebiete eigene Regeln aufstellt. Die Aufgabe einer praktisch verwertbaren methodologischen Untersuchung ist es daher, die theoretischen Grundbedingungen der Erkenntnis bei der Rechtsfindung zu ermitteln und diese auf den normativen Kontext des Rechtsfindungsproblems zu beziehen.

II. Gang der Darstellung

Damit ist bereits auf einer weiteren, der Methodenlehre nachgelagerten zweiten Metaebene angedeutet, welche Methoden der juristischen Methodenlehre selbst zugrunde liegen, aus denen sich auch der Gang der Darstellung der vorliegenden Arbeit ergibt: Diese gliedert sich in einen deskriptiven (§ 1), einen theoretisch-analytischen (§ 2) und einen verfassungsrechtlich-normativen Teil (§ 3). Die Ausführungen in den einzelnen Kapiteln sind indessen nicht voneinander getrennt zu verstehen, sondern vielmehr aufeinander bezogen und durchdringen sich gegenseitig. Methodologische Erkenntnis setzt das Bewusstsein aller drei Aspekte voraus. Diese wechselseitigen Bezüge werden in der abschließenden Zusammenfassung aufgezeigt, welche die wesentlichen Ergebnisse der Untersuchung im Zusammenhang der hier aufgeworfenen Problemstellung festhält. Im Einzelnen beschäftigen sich die Kapitel mit den folgenden unterschiedlichen Aspekten:

Zunächst wird in einem ersten Kapitel (§ 1) das Problem des *effet utile* anhand seiner Verwendung in der Rechtsprechung des EuGH beschrieben und von anderen Problemen unterschieden und so anhand der Beschreibung der Rechtsfindungstätigkeit des EuGH der Untersuchungsgegenstand der Arbeit präzisiert. Bei einer Untersuchung, die sich im Ausgangspunkt mit einem Auslegungskriterium beschäftigt, ist es unerlässlich, diesen mit bestimmten Problemen bzw. Problemkomplexen in Verbindung zu bringen. Dabei kann eine sinnvolle und übersichtliche Darstellung nicht ohne eine gewisse Kategorisierung auskommen. Indem er sich an den mit dem *effet utile* verbundenen Problemen orientiert, verweist der deskriptive Teil der Untersuchung auf die kommenden Kapitel und nimmt die rechtstheoretische und staatsrechtliche Konzeption der folgenden Kapitel, jedenfalls in ihrer Problemstellung, vorweg und bestimmt damit die weitere Untersuchung hinsichtlich der Lösung der mit dem *effet utile* verbundenen Probleme. Der *effet utile* wird dort vor allem in seinem für die weitere Untersuchung

[31] *Larenz/Canaris*, Methodenlehre der Rechtswissenschaft, 3. Aufl. 1995, S. 65, 67 ff.

entscheidenden Inhalt als Grundsatz der teleologischen Auslegung und als Ausdruck des Einwirkungsanspruchs des Europarechts vorgestellt.

Im folgenden zweiten Kapitel (§ 2) werden die Bedingungen der Rechtsfindung anhand des *effet utile* unter Berücksichtigung der Funktionen der juristischen Methodenlehre sowie einzelner methodischer Instrumente analysiert. Ausgehend von einem Verständnis des *effet utile*, der im Rahmen der Auslegung von Vorschriften eine besondere Form der teleologischen Auslegung darstellt, werden die verschiedenen Bedeutungen dieses Grundsatzes anhand allgemeiner Kriterien teleologischer Rechtsfindung präzisiert und mit Rücksicht auf die allgemeinen Anforderungen und Grenzen der Rechtsfindung eingeordnet. Durch die Rückbindung an allgemeine Fragestellungen der Rechtstheorie soll aus theoretischer Sicht ein Rahmen aufgezeigt werden, der ein möglichst präzises Verständnis der mit dem *effet utile* verbundenen Rechtsfindungsprobleme ermöglicht.

Das anschließende dritte Kapitel (§ 3) ist sodann den normativen Rahmenbedingungen der Rechtsfindung anhand des *effet-utile*-Grundsatzes gewidmet. Die Verwendung eines Auslegungsgrundsatzes hängt neben den allgemeinen theoretischen Grundlagen zu einem entscheidenden Teil von den bereits angesprochenen normativen Vorgaben der Rechtsfindung ab. Diese Vorgaben, die im Wesentlichen die Kompetenzverteilung zwischen den Organen der rechtsprechenden und denen der gesetzgebenden Gewalt betreffen, sollen hier bezogen auf den (teleoloigschen) *effet-utile*-Grundsatz näher konturiert werden. Wie bereits dargelegt wurde, spricht die Anwendung des *effet utile* Normkonflikte zwischen dem europäischen und dem nationalen Recht an, die letztlich auf die Frage nach der Kompetenzverteilung zwischen der EU und den Mitgliedstaaten hinauslaufen. Die Verteilung der Verbandskompetenz zwischen EU und den Mitgliedstaaten und ihre Auswirkungen auf die Methoden der Rechtsfindung im Unionsrecht und insbesondere auf das Problem des *effet utile* werden den Schwerpunkt dieses Teils bilden. Ziel des dritten Teils ist es, auf den Ergebnissen der vorherigen Abschnitte aufbauend, eine umfassende Kritik des *effet-utile*-Grundsatzes zu präsentieren, die anhand ausgewählter Beispiele aus dem europäischen Privatrecht veranschaulicht wird.

§ 1. Der Grundsatz des *effet utile* und seine Verwendung im Unionsrecht

Bevor man die Bedeutung des *effet utile* durch den EuGH näher analysieren und bewerten kann, muss man sich zunächst Klarheit über die Bedeutung dieses Begriffs verschaffen. Die Vielzahl der kontroversen Stellungnahmen in der Literatur hierzu belegt die besondere Problematik dieses Grundsatzes. Sie kann allerdings auch dahin verstanden werden, dass nicht nur die Rolle desselben in der Rechtsfindung umstritten ist, sondern bereits unterschiedliche Vorstellungen darüber herrschen, wie dieser Grundsatz zu verstehen ist.[32] Diese Vermutung wird sich als nicht ganz unberechtigt herausstellen, denn es werden durchaus unterschiedliche Vorstellungen mit dem *effet utile* verbunden. Eine fundierte Kritik des *effet utile* setzt daher zunächst eine Klärung der mit ihm verbundenen methodischen Forderungen und Folgerungen voraus. Diese Klärung soll in diesem Kapitel (§ 1) zunächst anhand seiner Verwendung im Unionsrecht, insbesondere in der Rechtsprechung des EuGH erfolgen. Neben einem Überblick über die Verwendung des *effet utile* in der Rechtsprechung, der ein heuristischer Wert zukommt, soll dieser Abschnitt aber vor allem zu einer Präzisierung und Abgrenzung der damit verbundenen Probleme führen.

Gleichwohl lässt sich eine im Schwerpunkt deskriptive Darstellung der Rechtsprechung nicht ohne bestimmte Untersuchungskriterien bewerkstelligen. Das Kriterium des *effet utile* wird hier in der Rechtsprechung zunächst als eine besondere Form teleologischer Auslegung behandelt (vgl. unter A),[33] die als Ausdruck des Einwirkungsanspruchs des Europarechts (vgl. unter B) identifiziert wird. Zu einer präzisen Darstellung der mit dem *effet utile* verbundenen Probleme erweist sich zudem eine Abgrenzung zu verwandten Auslegungskriterien aus dem Europarecht als weiterführend (C). Da sich der Gedanke des *effet utile* allerdings nicht nur in der Rechtsprechung des EuGH, sondern auch in Rechtsakten der EU, unter anderem auch im Vertrag (vgl. Art. 4 Abs. 3 EUV) findet, ist ein Hinweis auf diesen normativen Befund im Rahmen des deskriptiven Teils ebenfalls erforderlich (D).

Entsprechend der Zielsetzung der Untersuchung wird Ausgangspunkt der deskriptiven Ausführungen die Analyse des *effet utile* in der Rechtsprechung des EuGH sein (A). Das Ziel dieses Abschnittes wird sein, ein allgemeines Verständnis des *effet utile* als Auslegungsgrundsatz zu gewinnen, das repräsentativ für das Europarecht ist und zugleich eine kritische Auseinandersetzung mit der Verwendung dieses Grundsatzes aus theoretischer (§ 2) und normativer (§ 3) Sicht ermöglicht (E). Indessen sollte auch der Umstand hervorgehoben werden, dass es sich bei dem *effet utile* nicht notwendig

[32] *Bredimas*, Methods of Interpretation and Community Law, 1978, S. 77 spricht vom „polysemous character" des *effet utile*; ebenso *Böhm*, Kompetenzauslegung und Kompetenzlücken im Gemeinschaftsrecht, 1985, S. 72; *Kutscher*, in: Gerichtshof der Europäischen Gemeinschaften (Hrsg.), Begegnung von Justiz und Hochschule, 1976, I-17, I-43; *Ukrow*, Richterliche Rechtsfortbildung durch den EuGH, 1995, S. 245 bezeichnet den Begriff als „schillernd"; vgl. auch die Darstellung der unterschiedlichen Ansätze bei *Seyr*, Der *effet utile* in der Rechtsprechung des EuGH, 2008, S. 102 f. m.w.N.

[33] Zu Relativierungen vgl. unter § 2 C III 3 und § 3 C III.

um einen Gedanken der Rechtsfindung handelt, der nur im Europarecht vorkommt. Vielmehr liegt dem Grundsatz der Effektivität von Vorschriften eine allgemeine Forderung zugrunde, die insbesondere in mehrstufigen Rechtsordnungen eine wichtige Rolle bei der teleologischen Auslegung spielt, etwa im Völkerrecht, aber auch in bundesstaatlichen Rechtsordnungen.[34]

A. Verwendung und Formen des *effet utile* in der Rechtsprechung des EuGH

I. Ausdrückliche Verwendung des *effet utile* in der Rechtsprechung

1. Verwendung in der deutschen Sprachfassung

In der Literatur wird dem EuGH gemeinhin bescheinigt, dass er vor allem teleologisch argumentiert, und der *effet utile* wird als für die Argumentation des EuGH besonders charakteristische Methode zitiert.[35] In einem gewissen Spannungsverhältnis zu diesem Befund steht aber, dass der Begriff des *effet utile* in der deutschen Sprachfassung der Urteile des EuGH verhältnismäßig selten vorkommt. Konsultiert man die elektronische Rechtsdatenbank der EU, EUR-LEX, so ist der Begriff gerade einmal in 11 Urteilen des Gerichtshofs und 63 Schlussanträgen der Generalanwälte zu finden.[36] Angesichts des hohen Stellenwerts, den der *effet utile* in den Darstellungen der Methodik des EuGH einnimmt,[37] verwundert es umso mehr, dass die Worte „effet utile“ seit dem Urteil *Royer* aus dem Jahre 1976 in keiner tragenden Begründung des EuGH mehr vorgekommen sind.[38]

---

[34] Eine fundierte Untersuchung der Funktion vergleichbarer Grundsätze in diesen Rechtsordnugnen würde den Rahmen der vorliegenden Arbeit jedoch sprengen. Zum Völkerrecht vgl. etwa *Seyr*, Der *effet utile* in der Rechtsprechung des EuGH, 2008, S. 95 ff. m. w. N.; *Krüger*, FS Spiropoulos, 1957, S. 265 ff.

[35] Vgl. etwa *Kutscher*, in: Gerichtshof der Europäischen Gemeinschaften (Hrsg.), Begegnung von Justiz und Hochschule, 1976, I-17, I-41 f.; *ders.*, EuR 16 (1981), 392, 400; *Zuleeg*, EuR 4 (1969), 97, 112; *Grundmann*, Die Auslegung des Gemeinschaftsrechts durch den Europäischen Gerichtshof, 1997, S. 394 ff.; *Bleckmann*, EuR 14 (1979), 239, 241; auf Grundlage einer Analyse der Begründung des EuGH in den Urteilen des Jahres 2003 gelangt *Dederichs*, Die Methodik des EuGH, 2004, S. 90 f. zwar zu dem Ergebnis, dass kein besonderes Übergewicht der teleologischen Methode konstatiert werden kann. Dieser rein zahlenmäßig statistische Befund, der auf die Tragweite der einzelnen Entscheidungen nicht eingeht, vermag jedoch als solcher noch nicht die – allgemein nicht infrage gestellte – These zu entkräften, dass es sich bei der teleologischen Methode immerhin um eine besonders charakteristische Auslegungsmethode handelt. Vgl. insofern auch *Bengoetxea*, The Legal Reasoning of the European Court of Justice, 1993, S. 254 ff., der insbesondere die Begründung sog. „hard cases“ analysiert und zu dem Ergebnis gelangt, dass „*telos*“ und insbesondere der *effet utile* tatsächlich tragende Auslegungskriterien in der Rechtsprechung des EuGH sind.

[36] Stand: Mai 2012. Quelle: EUR-LEX (http://eur-lex.europa.eu/).

[37] S. etwa *Bredimas*, Methods of Interpretation and Community Law, 1978, S. 77 ff.; *Potacs*, EuR 44 (2009), 465; *Kutscher*, in: Gerichtshof der Europäischen Gemeinschaften (Hrsg.), Begegnung von Justiz und Hochschule, 1976, I-43 ff.; *Buck*, Über die Auslegungsmethoden des Gerichtshofs der Europäischen Gemeinschaft, 1998, S. 208, der davon spricht, der EuGH habe den Anwendungsbereich des *effet utile* „in einer umfangreichen Judikatur“ ständig ausgebaut.

[38] Sie finden sich in den Urteilen allenfalls im Rahmen des Vorbringens der Parteien, vgl. etwa aus jüngerer Zeit EuGH, Rs. C-44/06, Slg. 2007, I-2071 ff. Rn. 28 – *Gerlach*. In diesem Fall hatten

Dass der EuGH den *effet utile* nur äußerst selten wörtlich in der deutschen Sprachfassung übernimmt und zu verschiedenen Übersetzungen neigt, kann man damit erklären, dass er die Figur mittlerweile für so etabliert hält, dass die Hinzufügung des – markanten – französischen Ausdrucks für entbehrlich gehalten wird.[39] Als Äquivalent für den französischen Begriff werden im Deutschen dabei die „praktische Wirksamkeit" oder „nützliche Wirkung" verwendet.[40] In der französischen Sprachfassung der Urteile stößt man in der Tat auf eine deutlich höhere Verwendung des Begriffs *effet utile* in über 700 Urteilen des EuGH.[41] Da Französisch die interne Arbeitssprache des Gerichtshofs ist,[42] kann diese Zahl für die Bedeutung des Grundsatzes auf der einen Seite durchaus für die Überzeugungsbildung des Gerichtshofs repräsentativer sein. Aus der Tatsache, dass der Begriff *effet utile* nicht in andere Sprachfassungen übertragen wird, sondern vielmehr die dahinter stehenden Gedanken übersetzt werden, lässt sich auf der anderen Seite aber schließen, dass der EuGH mit dem *effet utile* keine eigenständige Auslegungsmethode für das Europarecht zu etablieren sucht. Er will damit, wie er selbst hervorhebt, an eine „allgemein anerkannte(n) Auslegungsregel"[43] anknüpfen. In den wenigen Urteilen, in denen die Worte „effet utile" ausdrücklich vorkommen, werden sie lediglich zur Erläuterung einer Argumentation in Klammern beigesetzt, um die Herkunft des Gedankens zu verdeutlichen.[44] Der EuGH scheint also größeren Wert darauf zu legen, eine eigenständige Argumentationslinie zu verfolgen und die Orientierung an einem Schlagwort zu vermeiden.

2. Tragweite der Entscheidungen

Festgehalten werden kann zunächst, dass der Gedanke des *effet utile* vom EuGH selten, in jüngerer Zeit in der deutschen Fassung sogar überhaupt nicht mehr explizit mit den Worten „effet utile" bezeichnet wird, sondern als (durchaus zentraler) Bestandteil einer Argumentation auftritt, die durch entsprechende Worte im Deutschen wiedergegeben wird. In welcher argumentativen Form dies im Einzelnen geschieht und welche Bedeutung dem *effet utile* dabei zukommt, wird sogleich näher untersucht (unter II). Aus der spärlichen Verwendung des *effet utile* in der deutschen Sprachfassung lässt sich allerdings nicht schließen, dass der *effet utile* kein bedeutsamer Auslegungsgrundsatz im Unionsrecht wäre.

---

die Parteien ein Auslegungsergebnis mit dem effet utile zu begründen versucht, der EuGH hat in seinem Urteil diese Argumentation nicht (ausdrücklich) übernommen.

[39] Vgl. *Streinz*, FS Everling II, 1995, S. 1491, 1495; ebenso auch *Potacs*, EuR 44 (2009), 465, 468f. Zu den verschiedenen Ausdruckweisen des *effet utile* vgl. insbesondere *Seyr*, Der *effet utile* in der Rechtsprechung des EuGH, 2008, S. 281ff., die zu dem Ergebnis gelangt, dass die unterschiedlichen Formulierungen im Ergebnis mit keinen inhaltlichen Unterschieden verbunden sind.

[40] Vgl. *Streinz*, a.a.O.; näher hierzu *Seyr*, Der *effet utile* in der Rechtsprechung des EuGH, 2008, S. 281ff.

[41] In der französischen Sprachfassung findet sich der Begriff „effet utile" in 751 Urteilen und 749 Schlussanträgen der Generalanwälte (Stand: Mai 2012. Quelle: EUR-LEX (http://eur-lex.europa.eu/)).

[42] Dies gilt selbst dann, wenn Französisch nicht die Verfahrenssprache gemäß Art. 29 VerfO ist, vgl. etwa *Everling*, EuR 29 (1994), 127, 137.

[43] EuGH, Rs. 8/55, Slg. 1956, 297, 311 – *Fédéchar*. Näher zu diesem Urteil sogleich unter II.

[44] Etwa im Fall EuGH, Rs. 9/70, Slg. 1970, 825ff. Rn. 5 – *Grad*; EuGH, Rs. 48/75, Slg. 1976, 497ff. Rn. 69/73. – *Royer*.

Abgesehen von der häufigeren Verwendung in der französischen Sprachfassung der Urteile,[45] lässt sich die Prominenz der Worte „effet utile“ mit der Bedeutung der Entscheidungen erklären, in denen dieser Grundsatz auch in der deutschen Sprachfassung herangezogen worden ist. Insbesondere die Urteile *Grad*[46] und *Van Duyn*[47] aus den 70er Jahren lassen sich hierfür als Belege anführen. Im ersteren wurde die unmittelbare Wirkung von Entscheidungen begründet, während das letztere die seinerzeit umstrittene[48] Rechtsprechung des EuGH zur unmittelbaren Wirkung von Richtlinien begründet hat. Beide Entscheidungen reihen sich in die mit den Urteilen *Van Gend & Loos*[49] und *Costa/ENEL*[50] eingeleitete Rechtsprechung ein, die den besonderen Charakter des Gemeinschaftsrechts als neuartige supranationale Rechtsordnung begründet haben, der in dem unmittelbar auf die Bürger der Mitgliedstaaten durchschlagenden Regelungsanspruch des Unionsrechts begründet liegt.[51] Das Prinzip der *Effektivität*, das durch den Grundsatz des *effet utile* verkörpert wird, wird besonders darin deutlich, dass es in den beiden hier behandelten Entscheidungen darum ging, die Durchsetzung europarechtlicher Vorgaben in nationales Recht zu bestimmen. Der EuGH hat diesen Auslegungsgrundsatz herangezogen, um die unmittelbare Wirkung von Rechtsakten der EG zu begründen, die darüber hinaus auch am generellen Anwendungsvorrang des Europarechts teilhaben. Dies waren für die Entwicklung und Bedeutung des Gemeinschaftsrechts grundlegende Entscheidungen, so dass es nicht verwundert, dass der *effet utile* als zentraler Begründungsgesichtspunkt der angeführten Rechtsprechung besondere Prominenz erlangt hat (vgl. näher zu den Rechtsgebieten unter B).

II. Deutungen des Begriffs

1. Ausgangspunkt – Die Definition des *effet-utile*-Grundsatzes im Urteil *Fédéchar*

Als Ausgangspunkt für eine nähere Analyse der Bedeutung des *effet utile* in der Rechtsprechung darf man sich aufgrund der unterschiedlichen und zurückhaltenden Verwendung des Begriffs „effet utile“ nicht allein an den zahlenmäßigen Belegen der entsprechenden Worte in den Urteilen des EuGH orientieren. Vielmehr gilt es, die Gedanken näher darzulegen, die der EuGH mit dem *effet utile* verbindet. Entsprechende Gedanken und Auslegungsgrundsätze lassen sich in der Rechtsprechung des EuGH seit Beginn seiner Tätigkeit nachweisen. Im Urteil *Fédéchar* aus dem Jahre 1956 betont der Gerichtshof, dass er

---

[45] Vgl. Fn. 41.

[46] EuGH, Rs. 9/70, Slg. 1970, 825 ff. – *Grad* („Leberpfennig“).

[47] EuGH, Rs. 41/74, Slg. 1974, 1337 ff. – *Van Duyn*.

[48] Vgl. die Nachweise und Auseinandersetzung mit den Gegenargumenten bei *Oldenbourg*, Die unmittelbare Wirkung von EG-Richtlinien im innerstaatlichen Bereich, 1984, S. 231 ff.

[49] EuGH, Rs. 26/62, Slg. 1963, 1/24 ff. – *Van Gend & Loos*.

[50] EuGH, Rs. 6/64, Slg. 1964, 1251 ff. – *Costa/ENEL*.

[51] Statt aller *Streinz*, Europarecht, 9. Aufl. 2012, Rn. 121 ff.; diese Entwicklung wird unter dem Gesichtspunkt teleologisch-funktionaler Auslegung dargestellt bei *Bredimas*, Methods of Interpretation and Community Law, 1978, S. 81 ff. Nach *Seyr* (Der *effet utile* in der Rechtsprechung des EuGH, 2008, S. 114 f.) betreffen diese Urteile die „Grundfesten des Gemeinschaftsrechts“; vgl. auch die eingehende Analyse dieser Urteile bei *Seyr*, a. a. O., S. 115 ff.

„... ohne sich an eine extensive Auslegung zu begeben die Anwendung einer sowohl im Völkerrecht wie auch im innerstaatlichen Recht allgemein anerkannten Auslegungsregel für zulässig (hält), wonach die Vorschriften eines völkerrechtlichen Vertrages oder eines Gesetzes zugleich diejenigen Vorschriften beinhalten, bei deren Fehlen sie sinnlos wären oder nicht in vernünftiger und zweckmäßiger Weise zur Anwendung gelangen könnten.“[52]

Dieser Satz, in dem der *effet-utile*-Gedanke zum ersten Mal im Europarecht formuliert wird, beinhaltet bereits die wesentlichen Merkmale, die mit diesem Grundsatz verbunden sind und die sich im Wesentlichen auch in der weiteren Rechtsprechung bestätigt finden werden. Ähnliche Formulierungen lassen sich auch in weiteren Urteilen aus dem Beginn der Rechtsprechungstätigkeit des Gerichtshofs nachweisen.[53]

a) Abgrenzung von extensiver Auslegung

Indem er diesen Punkt der Definition sogar vorwegnimmt, scheint es für den Gerichtshof zunächst von Bedeutung zu sein, sich mit dem *effet utile* Gedanken von einer extensiven Auslegung zu distanzieren. Dieser Auslegungsgrundsatz hat nach seinem Verständnis einen besonderen materiellen Gehalt und argumentativen Wert, der nicht mit einer weitestmöglichen Auslegung der betreffenden Vorschriften gleichzusetzen ist. Zugleich bringt das Gericht zum Ausdruck, dass der Grundsatz durchaus geeignet ist, sich dem Verdacht einer solchen extensiven Auslegung auszusetzen (zu extensiven Tendenzen vgl. näher unter 3 d und 4); anderenfalls lässt sich die Bemühung um eine Abgrenzung und eine Distanzierung von einer solchen Lesart nicht erklären.[54]

b) Auslegungsgrundsatz

Bemerkenswert ist in diesem Zusammenhang auch die weitere Formulierung des EuGH, dass nach dem vorgestellten Auslegungsgrundsatz europarechtliche Vorschriften zugleich weitere „Vorschriften beinhalten“ können. Damit macht er deutlich, dass er bei der Auslegung von Rechtsvorschriften mehr zu erreichen sucht, als den sprachlichen Sinn der in der Norm verwendeten Zeichen nachzuvollziehen. Er versteht damit Normen als Zwecksetzungen und Wertungsentscheidungen der Vertragsparteien bzw. der Gesetzgebungsorgane, die gestaltend in die Rechtswirklichkeit eingreifen und als solche mehr Wirkungen und Gehalt beinhalten können, als auf den ersten Blick aus dem Wortlaut der Norm zu entnehmen ist. Er entfernt sich damit von einem allein am Wortlaut orientierten Auslegungsverständnis und greift auf die einer Norm zugrunde liegenden Zwecksetzungen zurück.

---

[52] EuGH, Rs. 8/55, Slg. 1956, 297, 311 – *Fédéchar* (Hervor. d. Verf.).

[53] Vgl. EuGH, Rs. 20/59, Slg. 1960, S. 708 – *Italienische Regierung/Hohe Behörde* und EuGH, Rs. 25/59, Slg. 1960, S. 781 – *Niederländische Regierung/Hohe Behörde*, wo allerdings der Grundsatz letztlich nicht zugunsten der Gemeinschaftskompetenzen greifen konnte, da der EuGH die Voraussetzungen des Arguments nicht als gegeben ansah; gleichwohl hat er die Gültigkeit des Arguments durch die Auseinandersetzungen mit seinen Voraussetzungen anerkannt.

[54] Zur Bewertung der EuGH-Rechtsprechung anhand des *effet utile* vgl. einerseits *Everling*, JZ 2000, 217, 223; sowie ausführlich *Seyr*, Der *effet utile* in der Rechtsprechung des EuGH, 2008, S. 301 ff., die aufgrund einer ausführlichen Urteilsanalyse davon ausgeht, dass eine „einseitige Handhabung“ des *effet utile* durch den EuGH zulasten der Mitgliedstaaten nicht zu beobachten sei; andererseits dagegen *v. Danwitz*, JZ 1994, 335, 338; *Ossenbühl*, DVBl. 1992, 993, 994 ff. (jeweils mit Bezug auf das Francovich-Urteil zur Staatshaftung der Mitgliedstaaten, EuGH, verb. Rs. C-6/90 u. 9/90, Slg. 1991, I- 5357 – *Francovich*); *Dänzer-Vanotti*, FS Everling I, 1995, S. 205, 215 f. Vgl. näher hierzu unter § 1.A.II.3.d) und § 1.A.II.4.

c) Positive und negative Forderung nach Effektivität

Anschließend zeigt der EuGH, der sich hierzu auf das Völkerrecht sowie auch auf das nationale Recht beruft, *zwei* zwar in ihrer Zielrichtung verbundene, in ihrer Intensität aber unterschiedliche Auslegungsmaximen auf. Zum einen darf nach seinem Verständnis keine Auslegung vorgenommen werden, welche die Vorschriften sinnlos machte (negativer Aspekt). Zum anderen müssen die Vorschriften (weitergehend) auch so ausgelegt werden, dass sie „in vernünftiger und zweckmäßiger Weise zur Anwendung gelangen können" (positiver Aspekt).[55] Auch wenn der EuGH diese beiden Maximen gleichsam in einem Atemzug zitiert, weisen sie doch trotz der gemeinsamen Herkunft eine unterschiedliche Tragweite auf.

2. Der *effet utile* als Gebot der Mindesteffektivität bzw. als Verbot der funktionalen Negation

Der *effet utile* wird vom EuGH in dem oben genannten Zitat zunächst im Sinne einer negativen Verpflichtung dahingehend verstanden, dass keine Auslegungsergebnisse erreicht werden dürfen, welche die zu interpretierende Vorschrift sinnlos machten. Dies ist dann der Fall, wenn der Vorschrift keine oder lediglich eine zu vernachlässigenden Wirkung zukommt.[56] Ein solcher Auslegungsgrundsatz ist vom EuGH etwa im Urteil *Italien/Kommission (Übergangsmaßnahmen anlässlich der Einführung des Euro)* angewendet worden.[57] Dort hatte sich der EuGH geweigert, ein Auslegungsergebnis zu akzeptieren, das einen Teil der Vorschrift überflüssig werden ließe, und dies in den Kontext einer Auslegung nach der „praktischen Wirksamkeit" einer Vorschrift gestellt.[58] Es lassen sich weitere Beispiele aus der Rechtsprechung hierfür anführen, in denen die genannte Maxime auch mit dem Prinzip der „praktischen Wirksamkeit" begründet wird.[59]

Man könnte diese negative Verpflichtung als Teil der grammatischen Auslegung ansehen, da sie es im Wesentlichen verbietet, den klaren Wortlaut einer Vorschrift leer laufen zu lassen. Zum anderen steht sie in der Nähe der systematischen Auslegung, vor allem wenn eine auf eine bestimmte Norm bezogene Auslegungshypothese damit verworfen wird, dass sie eine andere Norm ihres sinnvollen Anwendungsbereichs berauben würde. Die Vermeidung derartiger Norm- und Wertungswidersprüche ist schließlich das zentrale Anliegen der systematischen Interpretation.[60]

---

[55] EuGH, Rs. 8/55, Slg. 1956, 297, 311 – *Fédéchar*; hierauf abstellend auch *Potacs*, EuR 44 (2009), 465, 473 f.; *Ormand*, La notion de „l'effet-utile" des traités communautaires dans la jurisprudence de la Cour de Justice des Communautés Européennes, 1975, S. 41 ff.

[56] *Grundmann*, Die Auslegung des Gemeinschaftsrechts durch den Europäischen Gerichtshof, 1997, S. 369 f. m. w. N. aus der Rechtsprechung des EuGH.

[57] EuGH, Rs. C-403/99, Slg. 2001, I-6883 ff. – *Italien/Kommission.*

[58] EuGH, Rs. C-403/99, Slg. 2001, I-6883 ff. Rn. 27 f. – *Italien/Kommission.*

[59] Besonders deutlich z. B. in EuGH, Rs. C-381/05, Slg. 2007, I-3115 Rn. 45 – *De Landtsheer Emmanuel*; vgl. außerdem EuGH, verb. Rs. 7/56, 3/57 bis 7/57, Slg. 1957, 85 ff. – *Algera u. a.*; EuGH, Rs. 20/84, Slg. 1985, 2061 ff. Tz. 19 – *NV De Jong*; in der jüngeren Rechtsprechung vgl. etwa EuGH Rs. C-371/03, Slg. 2006, I-2207 ff. Rn. 23, 34 – *Aulinger*; EuGH, verb. Rs. C-4/95 u. C-5/95, Slg. 1997, I-511 ff. Rn. 32 – *Stöber*; EuGH, Rs. C-438/05, Slg. 2007, I-10799 Rn. 69 – *Viking*; EuGH, Rs. 390/95 P, Slg. 1999, I769 Rn. 67 – *Antillean Rice Mills.*

[60] Zur Einheit und Folgerichtigkeit als tragende Wesensmerkmale eines Systembegriffs der Jurisprudenz vgl. *Canaris*, Systemdenken und Systembegriff in der Jurisprudenz, 2. Aufl. 1983, S. 9 ff., 13 ff. Näher zur systematischen Auslegung unter § 2 B I 4.

Der sinnvolle Anwendungsbereich einer Norm lässt sich freilich weder in textlicher noch in systematischer Hinsicht ohne Rückgriff auf ihren Zweckgehalt bestimmen.[61] Mithin handelt es sich bei dem Grundsatz, dass keine Norm so ausgelegt werden darf, dass sie sinnlos wird, auch um eine Minimalforderung des Grundsatzes der teleologischen Auslegung. Man kann diesen Aspekt des *effet utile* als *Verbot der funktionalen Negation* einer Regelung bezeichnen.[62] In positiver Form lässt sich das hierin enthaltene Gebot als Prinzip der minimalen Wirksamkeit (Mindesteffektivität) bezeichnen.[63]

Der eben herausgearbeitete Grundsatz kann sich auf die Legitimität des grammatischen, des systematischen und des teleologischen Auslegungselements berufen und entfaltet damit eine besondere Überzeugungskraft.[64] In dieser Kombination ist er ein sehr starkes, geradezu zwingendes Argument, denn es werden selten gute Gründe dafür ersichtlich sein, eine klar in Wortlaut und Systematik einer Norm angelegte Zweckvorgabe völlig leer laufen zu lassen.[65] Allerdings trägt dieser Grundsatz in den wesentlichen Fällen nicht zur Lösung von Problemfällen bei, da er einen klaren grammatisch-systematischen und teleologischen Befund voraussetzt. Er besagt nur das, was sich ohnehin von selbst versteht.[66] Die mit dem Problem des *effet utile* verbundenen Fragen lassen sich daher allein anhand dieser Lesart nicht erfassen.

Allerdings machen die zitierten Entscheidungen deutlich, dass der EuGH das Prinzip der „praktischen Wirksamkeit" als den Kern des *effet-utile*-Arguments ansieht.[67] Wie im Urteil *Fédéchar* zuerst deutlich geworden ist, stellt er das Verbot, Vorschriften

---

[61] Bei einer an den Grundsätzen der Gerechtigkeit ausgerichteten Rechtsordnung handelt es sich um ein axiomatisch-teleologisches System von Zwecksetzungen, vgl. *Canaris*, Systemdenken und Systembegriff in der Jurisprudenz, 2. Aufl. 1983, S. 41; *ders.*, FS Kitagawa, 1992, S. 59, 71; *Kramer*, Juristische Methodenlehre, 3. Aufl. 2010, S. 94 ff.; *Höpfner*, Die systemkonforme Auslegung, 2008, S. 133.

[62] *Lecourt*, Le juge devant le marché commun, 1970, S. 62 f. spricht von einer „efficacité minimale"; ähnlich auch *Ormand*, La notion de „l'effet-utile" des traités communautaires dans la jurisprudence de la Cour de Justice des Communautés Européennes, 1975, S. 43 ff.; vgl. zur funktionalen Negation auch *Herresthal*, Rechtsfortbildung im europarechtlichen Bezugsrahmen, 2006, S. 107, der die begrenzte Wirksamkeit des *effet utile* als Verbot der funktionalen Negation bei bloß mittelbaren Beeinträchtigungen der Funktionalität aufzeigt; vgl. auch *Riesenhuber*, in: ders. (Hrsg.), Europäische Methodenlehre, 2. Aufl. 2010, S. 315, 337; *Honsell*, FS Krejci, 2002, S. 1930 ff.

[63] Dieser Grundsatz spiegelt sich in der Rechtsprechung des EuGH zur verfahrensrechtlichen Autonomie der Mitgliedstaaten im Rahmen des Effektivitätsgebots bzw. Vereitelungsverbots wider, vgl. EuGH, verb. Rs. 205-215/82, Slg. 1983, 2633 Rn. 22 – *Deutsches Milchkontor*; EuGH, Rs. 231/96, Slg. 1998, I-4951 – *Edis*; EuGH, Rs. 199/82, Slg. 1983, 3595 – *San Giorgio*; EuGH, Rs. C-78/98, Slg. 2000, I-3291 – *Preston*; sowie dazu Streinz-*Streinz*, EUV/AEUV, 2. Aufl. 2012, Art. 4 EUV Rn. 53; *Schroeder*, Das Gemeinschaftsrechtssystem, 2002, S. 395; *Niedobitek*, VerwArch. 92 (2001), 58, 75.

[64] Damit ist die Legitimität der mit den Auslegungskriterien verbundenen Vorgabe im Rahmen der Rechtsordnung gemeint, vgl. näher unter § 2. A. III.

[65] So auch *Potacs*, EuR 44 (2009), 465, 474.

[66] *Kutscher* in: Europäischer Gerichthof (Hrsg.), Begegnung von Justiz und Hochschule, 1976, S. I-43.

[67] Vgl. etwa EuGH, Rs. 199/82, Slg. 1983, 3595 Rn. 12 ff. – *San Giorgio* (wo sich der EuGH darauf beruft, dass die Anwendung der gemeinschaftsrechtlichen Vorschriften nicht praktisch unmöglich gemacht werden dürfe, dieses Vereitelungsverbot aber in erweiternder Auslegung auch auf Beweislastvorschriften zulasten des Betroffenen anwendet, was letztlich über die bloße Sicherung einer Mindesteffektivität der jeweiligen Normen hinausgeht).

im Wege der Auslegung sinnlos werden zu lassen, in unmittelbaren Zusammenhang mit dem Gebot, sie in einer „vernünftigen" und „zweckmäßigen" Weise auszulegen.[68] Er verbindet das negative Verbot der Zweckverfehlung mit dem positiven Gebot der Zweckerreichung und führt beide Lesarten auf ein gemeinsames Prinzip der Zweckmäßigkeit der Rechtsordnung, mithin auf ihren teleologischen Charakter zurück. Hier ist das negative Prinzip in der Rechtsprechung im Sinne eines Verbots der funktionalen Negation von Normtext, Systematik und Normzweck nachgewiesen worden. Im Kern handelt es sich bei der Vermeidung der Sinnlosigkeit einer Vorschrift um ein Gebot der teleologischen Auslegung, da die Wirkung und Wirksamkeit der Vorschrift stets nur im Hinblick auf die hinter ihr stehende Zwecksetzung verstanden werden können. Als Verbot der funktionalen Negation enthält der *effet utile* damit einen negativen Ausdruck teleologischer Auslegung, nämlich das Gebot, den Zweck einer Vorschrift nicht leer laufen zu lassen.

3. Effektivität als „praktische Wirksamkeit"

Als positiven Gehalt des *effet utile* könnte man in Anlehnung an die Formulierung im Urteil *Fédéchar*[69] das Gebot bezeichnen, dass Vorschriften in „vernünftiger" (*ratio legis*) und „zweckmäßiger" (Teleologie) Weise auszulegen sind. Würde sich aber der Grundsatz hierin erschöpfen, dann käme dem *effet utile* im Vergleich zum allgemeinen Grundsatz der teleologischen Auslegung kein eigener Wertungsgehalt zu. Er wäre nichts anderes als ein unionsrechtlicher Grundsatz der teleologischen Auslegung.[70] Dieser Befund wird sich zwar im Ergebnis nach einer näheren Analyse der Rolle des *effet utile* aus theoretischer Sicht bestätigen. Gleichwohl gilt es im Rahmen der deskriptiven Analyse zu berücksichtigen, dass der EuGH sich auf ein besonderes Gewicht des *effet utile* beruft und dieses teleologische Argument weiter zu präzisieren sucht.

In den meisten Entscheidungen des EuGH wird *effet utile* präzisierend mit „praktischer Wirksamkeit" übersetzt. Im Urteil *Van Duyn* findet sich auch die Formulierung „nützliche Wirkung,"[71] zum Teil spricht der EuGH auch von der „vollen Wirksamkeit"[72] einer Vorschrift, wobei damit nichts anderes als „praktische Wirksamkeit" gemeint sein soll.[73] Der Gedanke, dass Vorschriften teleologisch so auszulegen sind, dass der ihnen zugrunde liegende Zweck auch sinnvoll erreicht werden kann, scheint zudem in vielen anderen Urteilen des EuGH durch, ohne dass eine dem *effet*

[68] EuGH, Rs. 8/55, Slg. 1956, 297, 311 – *Fédéchar.*

[69] EuGH, Rs. 8/55, Slg. 1956, 297, 311 – *Fédéchar,* näher dazu oben unter § 1.A.II.1.

[70] Vgl. § 2.C.II.2.c).

[71] EuGH, Rs. 41/74, Slg. 1974, 1337 Tz. 2, 12 – *Van Duyn*; ebenso auch EuGH, Rs. 9/70, Slg. 1970, 825 Rn. 1, 5 – *Grad.* Diese Formulierung findet sich außerdem in den folgenden Urteilen: EuGH, Rs. 84/87, Slg. 1988, 2647 Rn. 16 – *Erpelding* (hier allerdings nur im Rahmen des Parteivortrags und nicht als tragendes Argument der Entscheidung des Gerichtshofs); EuGH, RS. 23/70, Slg. 1970, 881 Rn. 1, 5 – *Haselhorst*; EuGH, Rs. 20/70, Slg. 1970, 861 Rn. 1, 5 – *Transports Lesage*; vgl. auch die Darstellung der unterschiedlichen Begrifflichkeiten bei *Seyr*, Der *effet utile* in der Rechtsprechung des EuGH, 2008, S. 370 ff., die freilich keine inhaltlichen Unterschiede anhand der unterschiedlichen Formulierungen festmacht.

[72] Vgl. z. B. EuGH, Rs. 14/68, Slg. 1969, 1 , Ls. 1, Rn. 6 – *Walt Wilhelm*; EuGH, Rs. C-473/93, Slg. 1996, I-3207 Rn. 48 – *Kommission/Luxemburg.*

[73] Im Ergebnis ebenso *Seyr*, Der *effet utile* in der Rechtsprechung des EuGH, 2008, S. 281 ff., 291 f.

utile nahe stehende Formulierung verwendet würde.[74] Indessen erübrigt sich bei einer derart allgemeinen Formulierung des Grundsatzes der teleologischen Auslegung eine nähere Begriffsbestimmung.[75]

a) Die praktische Wirksamkeit in der Rechtsprechung des EuGH

Der Begriff „praktische Wirksamkeit“ kommt in etwa 500 Urteilen des EuGH in der deutschen Sprachfassung vor.[76] Die Verwendungsweise dieses Arguments soll daher zunächst allein anhand einiger charakteristischer Beispiele aufgezeigt werden. Das Gericht führte im Urteil *Saarland* etwa aus, dass „einer solchen Auslegung, welche *die praktische Wirksamkeit* der Vorschrift zu wahren geeignet ist... nach ständiger Rechtsprechung des Gerichtshofes der Vorzug zu geben ist.“[77] Dabei wird auf das Urteil *Grad*[78] Bezug genommen, in dem der Begriff „effet utile“ auch wörtlich verwendet wird.

Im Urteil *Saarland*[79] ging es um die Frage, ob Art. 37 EAG-Vertrag erfordert, dass der Kommission Pläne über die Ableitung radioaktiver Stoffe übermittelt werden, *bevor* diese von den nationalen Behörden genehmigt werden. Der Gerichtshof bejahte dies und begründete seine Ansicht unter anderem mit der zentralen Erwägung, dass anderenfalls keine ernsthaften Aussichten bestünden, dass die Stellungnahme der Kommission geprüft und für die folgende Entscheidung berücksichtigt werde. Hier zeigt sich die Erweiterung des Konzepts der funktionalen Negation hin zur praktischen Wirksamkeit besonders deutlich. Zwar würde ein gegenteiliges Ergebnis nicht dazu führen, dass die Vorschrift völlig sinnlos würde – die Kommission könnte immerhin auch im Nachhinein noch mit ihrer Stellungnahme und weiteren Maßnahmen Einfluss auf das Entscheidungsergebnis nehmen. Berücksichtigt man allerdings, so fährt der Gerichtshof fort, dass eine einmal erteilte Genehmigung nur schwer zurückgenommen werden kann und dass die Stellungnahme der Kommission den Betroffenen durch ihre Einschätzung wertvolle Hinweise im Hinblick auf die Aussichten einer Klage geben kann, so kann der Zweck der Vorschrift, Gefahren zu verhüten, nur dann sinnvoll erreicht werden, wenn die Pläne vorher übermittelt werden.[80] Ebenso wird etwa in dem Urteil *Antonissen* für Art. 48 Abs. 3 EWGV (= ex-Art. 39 Abs. 3 EG = Art. 45 AEUV) argumentiert, dass eine praktisch sinnvolle Arbeitnehmerfreizügigkeit nur durch eine Auslegung gewährleistet wird, die dem Arbeitnehmer ermöglicht, Stellenangebote in dem Mitgliedstaat zu prüfen und sich zu

---

[74] Zum Grundsatz der teleologischen Auslegung im Unionsrecht vgl. etwa *Riesenhuber*, in: ders. (Hrsg.), Europäische Methodenlehre, 2. Aufl. 2010, S. 315, 334 ff.; vgl. auch *Bengoetxea*, The Legal Reasoning of the European Court of Justice, 1993, S. 250 f., 251 ff., der zwischen „teleosystemic criteria“ und „dynamic criteria“ unterscheidet.

[75] Indessen orientiert sich die Legitmität des *effet utile* an der allgemeinen Legitimität teleologischer Argumente, so dass auch das allgemeine teleologische Argument im Unionsrecht Gegenstand der methodologischen Untersuchung in den §§ 2 und 3 sein wird.

[76] Sie ist dabei nicht immer tragender Bestandteil der Begründung des Gerichtshofs, sondern kommt zum Teil auch nur in den Berichten über das Vorbringen der Parteien vor.

[77] EuGH, Rs. 187/87, Slg. 1988, 5013 Rn. 19 – *Saarland u.a*, (Hervorh. d. Verf.). Vgl. insofern auch EuGH, Rs. 16/68, Slg. 1969, 1 Tz. 6 – *Walt Wilhelm*, wo der französische Begriff „effet utile“ mit „praktische Wirksamkeit“ übersetzt wird.

[78] EuGH, Rs. 9/70, Slg. 1970, 825 – *Grad*.

[79] EuGH, Rs. 187/87, Slg. 1988, 5013 Rn. 19 – *Saarland u.* a. In der Tendenz ähnlich aus jüngerer Zeit EuGH, Rs. C-444/06, Slg. 2008, I-2045, Rn. 39 – *Kommission/Spanien*.

[80] Vgl. EuGH, Rs. 187/87, Slg. 1988, 5013 Rn. 10 ff. – *Saarland u.a.*

bewerben.[81] Auch hier wäre die Arbeitnehmerfreizügigkeit nicht völlig leer gelaufen, wenn man sie nicht auf Arbeitssuchende ausgedehnt hätte. Gleichwohl hat sich der EuGH aus Überlegungen der positiven Wirksamkeit der Bestimmung für eine erweiternde Auslegung entschieden.

Seit den 90er Jahren ist zu beobachten, dass der EuGH das Argument der „praktischen Wirksamkeit" in diesem Sinne häufiger verwendet.[82] In den erwähnten Urteilen lassen sich zahlreiche Beispiele dafür aufzeigen, dass der EuGH die mit einer Vorschrift verfolgten Zwecksetzungen herausarbeitet und die Vorschriften dann so auszulegen sucht, dass diese Zwecksetzungen in einer praktisch sinnvollen Weise erreicht werden können. Man kann dieses Argument als *positives Konzept der praktischen Wirksamkeit* bezeichnen. Es handelt sich dabei um eine (besondere) Form der teleologischen Auslegung, da nicht nur auf den Zweck der auszulegenden Norm abgestellt wird, sondern vielmehr auch die Notwendigkeit einer entsprechenden Auslegung behauptet wird. Mit der Verwendung des *effet-utile*-Kriteriums beruft sich der Rechtsanwender auf ein besonderes argumentatives Gewicht.

b) Der besondere Stellenwert der „praktischen Wirksamkeit" im Europarecht

aa) Praktische Wirksamkeit als positives Gegenstück zum Verbot der funktionalen Negation. Indem der EuGH das Gebot der teleologischen Auslegung mit dem Verbot der funktionalen Negation in Zusammenhang bringt, d. h. beide als Teile „*eine(r)*... allgemein anerkannten Auslegungsregel"[83] bezeichnet, bezieht er sowohl die positive als auch die negative Variante des *effet utile* auf einen einheitlichen Gedanken der Sicherung der Effektivität von Vorschriften. Durch die Berufung auf *eine* Auslegungsregel versucht der EuGH zugleich, das besondere Gewicht des Verbots der funktionalen Negation auf das Gebot der praktischen Wirksamkeit zu übertragen. Dabei wird indessen unterschlagen, dass das Gebot der praktischen Wirksamkeit nicht nur eine – ins positive gewandte – Formulierung des Verbots der funktionalen Negation darstellt. Als Gebot der praktischen Wirksamkeit geht die Forderung des *effet utile* auch in argumentativer Hinsicht deutlich über das Verbot hinaus, eine Vorschrift leer laufen zu lassen. Während sich das Verbot der funktionalen Negation mit der Sicherstellung eines Mindestmaßes an sinnvoller Verwirklichung begnügt, fordert das Gebot der praktischen Wirksamkeit auch, alle zweckmäßigen und vernünftigen Folgerungen aus einer Vorschrift zu ziehen. Auch wenn sich beide Auslegungsprinzipien im Kern

---

[81] EuGH, Rs. C-292/89, Slg. 1991, 745 – *Antonissen*: Der EuGH hielt dabei die im nationalen Recht vorgesehenen sechs Monate für angemessen.

[82] Vgl. aber schon EuGH, Rs. 106/77, Slg. 1978, 629 Rn. 19/20 – *Simmenthal*; EuGH, Rs. 344/82, Slg. 1984, 591 Rn. 13 – *Gambetta*; EuGH, Rs. C-213/89, Slg. 1991, I-2433 Rn. 22 – *Factortame*; EuGH, Rs. C-313/92, Slg. 1994, I-2177 Rn. 17 – *Van Siweten*; EuGH, Rs. C-18/94, Slg. 1996, I-2281 Rn. 19 – *Hopkins u. a.*; EuGH, verb. Rs. C-68/94 u. C-30/95, Slg. 1998, I-1375 Rn. 171 – SCPA; EuGH, Rs. C-473/93, Slg. 1996, I-3207 Rn. 27 – *Kommission/Luxemburg*; EuGH, Rs. C-171/95, Slg. 1997, I-329 Rn. 27 ff. – *Tetik*; EuGH, Rs. C-240 bis 244/98, Slg. 2000, I-4941 Rn. 26 – *Océano Grupo Editorial*; EuGH, Rs. C-92/00, Slg. 2002, I-5553 Rn. 43 ff. – *Hospital Ingenieure*; EuGH, C-28/00, Slg. I-2002, I-1343 Rn. 36 – *Kauer*; EuGH, Rs. C-478/99, Slg. 2002, I-4147 Rn. 15, 21 – *Kommission/Schweden (Liste missbräuchlicher Klauseln)*; EuGH, Rs. C-464/01, Slg. 2005, I-439 Rn. 50 – *Gruber*; EuGH, Rs. C-350/03, Slg. 2005, I-9215 Rn. 69 – *Schulte* (hierzu näher unter § 1.B.III.3.b)bb)); EuGH, Rs. C-241/06, Slg. 2007, I-8415 Rn. 45, 58 ff. – *Lämmerzahl*; aus jüngerer Zeit vgl. etwa EuGH, Rs. C-14/07, Slg. 2008, I-3367 Rn. 85 – *Weiss*; EuGH, Rs. C-489/07, Slg. 2009, I-7315 Rn. 24 – *Messner*.

[83] EuGH, Rs. 8/55, Slg. 1956, 297, 311 – *Fédéchar*, Hervorh. d. Verf.

auf die teleologische Auslegung zurückführen lassen, unterscheiden sie sich nicht nur im Hinblick auf ihre Formulierung, sondern auch im Hinblick auf die Intensität der mit ihnen verbundenen Forderung. Diese unterschiedliche Intensität bleibt nicht ohne Folgen für die Verwendung des Arguments (zur Problematik der Gleichsetzung beider Argumente aus theoretischer Sicht vgl. § 2.C.II.2.c).

bb) Praktische Wirksamkeit als Betonung der Durchsetzung von Zweckvorgaben und der effet utile als Ausdruck des unionsrechtlichen Einwirkungsanspruchs. Die beiden Varianten des *effet utile* decken sich insofern, als auch mit der praktischen Wirksamkeit auf die Zwecksetzung von Vorschriften abgestellt wird. Durch die praktische Wirksamkeit wird indessen die effektive Umsetzung und nicht die Ermittlung dieser Zwecksetzungen hervorgehoben.[84] Liegt der Schwerpunkt der teleologischen Auslegung gewöhnlich darauf, die genaue Zwecksetzung einer Vorschrift zu ermitteln, geht es bei dem Konzept der praktischen Wirksamkeit um die Frage, wie diese – einmal ermittelte – Zwecksetzung wirksam umzusetzen ist. Die Sicherstellung der Effektivität ist eine Anforderung der Auslegung im Europarecht, die den besonderen Stellenwert des *effet-utile*-Gedankens im Europarecht begründet.

Der Hintergrund dieser Methode ist vom ehemaligen Gerichtspräsidenten *Robert Lecourt* treffend formuliert worden, der bereits zwischen einer negativen und einer positiven Komponente des *effet utile* unterschieden hat. Die positive Verpflichtung besteht nach *Lecourt* in Übereinstimmung mit dem Urteil *Fédéchar*[85] darin, aus den Texten des Gemeinschaftsrechts all die vernünftigen Folgerungen zu ziehen, die ihnen vor dem Hintergrund ihrer vertraglichen Zielrichtung zukommen.[86] Die europäischen Richter haben sich, so *Lecourt*, mit dem *effet utile* ausgestattet, um zentrifugalen Tendenzen der Mitgliedstaaten bei der Anwendung des Europarechts zu begegnen.[87] Damit ist auf die zentrale Konfliktlage hingewiesen, die den meisten *effet-utile*-Argumentationen zugrunde liegt. In der Regel entscheidet der EuGH über die Auslegung von Europarecht vor dem Hintergrund einer nationalen Fragestellung, in der das Europarecht auf das nationale Recht einwirken soll.[88] Das Gebot der praktischen Wirksamkeit soll dabei sicherstellen, dass die europarechtlichen Zwecksetzungen im Wege der Auslegung so berücksichtigt werden, dass sie auch in der Rechtswirklichkeit der Mitgliedstaaten, mithin vor dem Hintergrund des nationalen Rechts Wirkungen entfalten können.[89] Ziel dieser Methode ist es, diese Zwecksetzungen vor dem Hinter-

---

[84] So insbesondere *Schroeder*, JuS 2004, 180, 186; *Bredimas*, Methods of Interpretation and Community Law, 1978, S. 77.

[85] EuGH, Rs. 8/55, Slg. 1956, 297, 311 – *Fédéchar.*

[86] *Lecourt*, L'Europe des juges, 1976, S. 238; ebenso bereits *ders.*, Le juge devant le marché commun, 1970, S. 63 f.

[87] Vgl. *Lecourt*, L'Europe des juges, 1976, S. 238.

[88] Dies zeigt der hohe Anteil der Vorhabentscheidungsverfahren gemäß Art. 267 AEUV (Art. 234 EG) vor dem EuGH, die nur dann Anwendung finden, wenn eine europarechtliche Frage von Einfluss auf Rechtsstreitigkeiten vor nationalen Gerichten ist, vgl. dazu Grabitz/Hilf/Nettesheim-*Karpenstein*, Das Recht der Europäischen Union, 46. EL 2011, Art. 267 AEUV Rn. 4; Calliess/Ruffert-*Wegener*, EUV/AEUV, 4. Aufl. 2011, Art. 267 AEUV Rn. 2 Fn. 11.

[89] So kategorisiert *Mosiek*, Effet utile und Rechtsgemeinschaft, 2003, S. 22 ff. die Verwendung des *effet utile* nach dessen Auswirkungen auf das mitgliestaatliche Recht und entwickelt die Kategorien des den mitgliedstaatlichen Zuständigkeitsbereich reduzierenden, des normverdrängenden, des normergänzenden und des normmodifizierenden *effet utile*; zust. im Ergebnis *Seyr*, Der *effet utile* in der Rechtsprechung des EuGH, 2008, S. 278 ff., auch wenn dort der *effet utile* als eigenständige Auslegungsmethode bezeichnet wird.

grund des Einwirkungsbedürfnisses und -anspruchs auf die nationalen Rechtsordnungen zu konkretisieren und sicherzustellen, dass die Wirksamkeit der unionsrechtlichen Vorgaben nicht durch – u. U. noch nicht einmal konkret auf die Umsetzung bezogene – nationale Regelungen vereitelt oder wesentlich erschwert wird (vgl. zu besonderen Ausprägungen dieses Einwirkungsanspruchs bei der Ausgestaltung der Rechtsordnung des Unionsrechts unter B).[90]

Vor dem Hintergrund dieses Einwirkungsanspruchs wird die Funktion eines Grundsatzes wie des *effet utile* besser verständlich. Das Bedürfnis, sich in der Rechtswirklichkeit einer nachgelagerten Rechtsordnung durchzusetzen, stellt eine spezifische Eigenheit supranationalen Rechts dar, die von entscheidender Bedeutung für die Auslegung desselben ist; die Auslegung einer Norm hängt zu einem erheblichen Teil davon ab, in welchem normativen Umfeld sie zur Geltung kommen soll. Einwirkungen aufgrund höherrangigen Rechts in das nationale Recht sind geeignet, etablierte und abgewogene Wertungsentscheidungen des nationalen Rechts infrage zu stellen, und stoßen auf ein besonderes Konfliktpotential, wenn aufgrund der (geforderten) Einwirkungen das politisch wie wissenschaftlich gefestigte System des nationalen Rechts modifiziert werden soll (vgl. insbesondere unter B.III.3). Gerade das Anliegen, eine effektive Verwirklichung von Zwecksetzungen sicherzustellen, wird häufig zu einer erweiternden Auslegung von Vorschriften führen (zu extensiven Auslegungstendenzen innerhalb des Konzepts der praktischen Wirksamkeit vgl. unter d)). Insofern verwundert es nicht, dass die Auslegungsmethode des *effet utile* im Sinne der Sicherstellung der praktischen Wirksamkeit einer Vorschrift im Europarecht zu einer solchen Prominenz gelangt ist und sich zugleich erheblicher Kritik ausgesetzt sieht.

cc) Zwischenergebnis. Das Konzept der praktischen Wirksamkeit ist das positive Gegenstück zum Verbot der funktionalen Negation und bezeichnet im Wesentlichen eine bestimmte Ausprägung der teleologischen Auslegung. Sie besteht darin, eine Vorschrift so auszulegen, dass der zugrunde liegende Zweck auch in einer praktisch sinnvollen Weise erreicht werden kann. In Anlehnung an das Verbot der funktionalen Negation wird damit die Effektivität der Zwecksetzungen für eine bestimmte Auslegung ins Feld geführt und geht insofern nicht über allgemeine Forderungen der teleologischen Auslegung hinaus. In supranationalen Rechtsordnungen wie dem Europarecht besteht ein besonderes Bedürfnis, die Effektivität der Zwecksetzungen zu betonen und sicherzustellen, da diese Zwecksetzungen nicht nur in der eigenen Rechtsordnung Wirkung entfalten, sondern auch vor dem Hintergrund mitgliedstaatlichen Rechts Bestand haben müssen (*Einwirkungsanspruch*). Mit dem *effet utile* betont der EuGH den Anspruch des Unionsrecht auf effektive Wirkung in den nationalen Rechtsordnungen (vgl. näher hierzu unter B).

Man kann das Konzept der praktischen Wirksamkeit als Auslegungskriterium dahingehend präzisieren, dass Vorschriften so auszulegen sind, dass sie in der Rechtswirklichkeit der Mitgliedstaaten die ihnen zukommende Zwecke in sinnvoller Weise

---

[90] Dies lässt sich insbesondere in folgenden Urteilen nachweisen: EuGH, Rs. C-84/03, Slg. 2005, I-139 Rn. 3 (Ls.), 48 – *Kommission/Spanien*; EuGH, Rs. C-337/05, Slg. 2008, I-2173 Rn. 57 – *Kommission/Italien*; aus dem europäischen Privatrecht vgl. EuGH, verb. Rs. C-240 bis 244/98, Slg. 2002, I-4941, Rn. 24 ff. – *Océano Grupo Editorial*; EuGH, Rs. C-404/06, Slg. 2008, I-2615 – *Quelle*, wo sich der EuGH zwar nicht ausdrücklich auf den Grundsatz des *effet utile* beruft, jedoch unter teleologischen Gesichtspunkten einer nationalen Regelung entgegentritt, welche – nach seiner Interpretation (zur Kritik vgl. *Herrler/Tomasic*, BB 2008, 1245, 1247) – mit den Vorgaben der Richtlinie nicht im Einklang steht.

verwirklichen können. Insofern besteht ein Spannungsverhältnis zwischen der Sicherstellung der Vorgaben des Europarechts und einer Respektierung der Geschlossenheit der nationalen Rechtsordnungen. Ein Judizieren in diesem Bereich bedarf sorgfältiger Begründung und kann sich stets dem Einwand einer zu starken Einwirkung aussetzen. An der hohen Überzeugungskraft, das dem Verbot der funktionalen Negation zukommt, wie es dem *effet utile* zugrunde liegt, kann das Konzept der praktischen Wirksamkeit allerdings nur teilweise teilhaben, da es aus dem teleologischen Befund wesentlich weitere Konsequenzen zieht als das Verbot der funktionalen Negation (zu den Folgerungen aus argumentativer Sicht vgl. unter § 2.C.II.2.c)).

c) Präzisierung des Arguments der praktischen Wirksamkeit

Auch im Rahmen des *effet utile* als Argument der praktischen Wirksamkeit lassen sich unterschiedliche Formen dieses Arguments erkennen. Gelegentlich wird es in Anlehnung an das Verbot der funktionalen Negation in Form einer Mindesteffektivität als minimale praktische Wirksamkeit verwendet. In zahlreichen Fällen stellt der EuGH allerdings auch auf die volle praktische Wirksamkeit von Vorschriften ab.

In die Nähe des Verbots der funktionalen Negation gelangt das Konzept der praktischen Wirksamkeit dann, wenn man es im Sinne einer minimalen praktischen Wirksamkeit versteht. Ein entsprechender Auslegungsgrundsatz ließe sich dahingehend formulieren, dass im Rahmen der Auslegung nur diejenigen Konsequenzen aus einer Vorschrift zu ziehen sind, die zur Sicherstellung ihrer praktischen Wirksamkeit *mindestens erforderlich* sind. Hierdurch lässt sich die Minimalforderung des Verbots der funktionalen Negation mit dem Prinzip verbinden, dass Vorschriften auch in einer praktisch wirksamen Weise erreicht werden sollen. In einigen Urteilen ist nachweisbar, dass der EuGH den *effet utile* im Sinne einer minimalen praktischen Wirksamkeit verwendet.[91] Theoretische Reflexionen über die Bedeutung einer derartigen Differenzierung sucht man in der Rechtsprechung aber vergebens. Auch in der europarechtlichen Literatur wird der *effet utile* als Argument der praktischen Wirksamkeit zwar unterschiedlich eingeschätzt; eine Unterscheidung zwischen verschiedenen Formen der praktischen Wirksamkeit ist bislang allenfalls in Ansätzen vorgenommen worden.[92] Aus dem Gedanken, dass Vorschriften so auszulegen sind, dass sie „praktisch wirksam" werden, lässt sich neben dem Argument, eine Auslegungsvariante sei zur Sicherstellung der praktischen Wirksamkeit mindestens erforderlich, – weitergehend – argumentieren, eine bestimmte Auslegungsvariante sei erforderlich, damit die *volle Wirksamkeit* einer Vorschrift erreicht wird. Auch in dieser Form wird der Grundsatz vom EuGH angewandt.[93] Zum Teil wird der Begriffs „effet utile" auch mit „voller Wirksamkeit" übersetzt.[94]

---

[91] EuGH, Rs. C-285/06, Slg. 2008, I-1501 Rn. 30 – *Schneider;* EuGH, Rs. 6/64, Slg. 1964, 1251 – *Costa/ENEL*; EuGH, Rs. 28/67, Slg. 1968, 216 – *Molkerei Zentrale Westphalen/Lippe.*

[92] Vgl. im Hinblick auf die volle praktische Wirksamkeit *Seyr*, Der *effet utile* in der Rechtsprechung des EuGH, 2008, S. 281 ff.; *Ormand*, La notion de „l'effet utile" des traités communautaires dans la jurisprudence de la Cour de justice des Communautés européennes, 1975, S. 43 ff.

[93] EuGH, verb. Rs. C-6 u. 9/90, Slg. 1991, I-5357 Rn. 32 f. – *Francovich*; EuGH, verb. Rs. C-240 bis 244/98, Slg. 2000, I-4941 Rn. 26 – *Océano Grupo Editorial*; EuGH, Rs. C-224/01, Slg. 2003, I-10239 Rn. 33 – *Köbler.*

[94] Vgl. den Überblick bei *Seyr*, Der *effet utile* in der Rechtsprechung des EuGH, 2008, S. 281 ff., 370 ff.

d) Extensive Auslegungstendenzen innerhalb der praktischen Wirksamkeit

Eine Analyse der Argumentationsweise des EuGH erfordert eine Unterscheidung zwischen dem Argument als solchem und seiner Anwendung in der konkreten Begründung.[95] Bislang wurden die Argumente in abstrakter Weise dargestellt und die Begründungen des EuGH lediglich zur Veranschaulichung herangezogen, so dass eine genaue Unterscheidung nicht erforderlich wurde. Die Kritik, der sich der EuGH ausgesetzt sieht, richtet sich aber zu einem großen Teil nicht gegen die Gültigkeit des Arguments als solchem, sondern gegen die hiermit begründeten Ergebnisse.[96] Sie stützt sich vor allem darauf, dass das Argument im Einzelfall nicht adäquat begründet wurde.

Da sich diese Arbeit vorrangig mit den Problemen beschäftigt, die das Argument des *effet utile* als solches aufwirft, wird keine umfängliche Analyse der Ergebnisse und der einzelnen Begründungen erfolgen, die der EuGH unter Verwendung der praktischen Wirksamkeit anstellt. Dies ist zur Bestimmung des argumentativen Gewichts des *effet utile* auch nicht erforderlich. Eine Analyse des Arguments der praktischen Wirksamkeit muss jedoch auch auf tatsächliche und empfundene Defizite in der Begründung hinweisen. Dabei ist es wichtig, zwischen der Legitimität des Arguments als solchem und der Art und Weise seiner Anwendung zu unterscheiden.

Das Konzept der „praktischen Wirksamkeit" bewegt sich auf einem Grat zwischen einer der sinnvollen Effektivität verpflichteten teleologischen und einer die unionsrechtlichen Zwecksetzungen erweiternden oder gar maximierenden Auslegung. Wie bereits angedeutet wurde, beinhalten die *effet-utile*-Argumentationen des EuGH nicht immer eine sorgfältige Abwägung und berücksichtigen häufig nicht, dass das Konzept der praktischen Wirksamkeit nur die zur sinnvollen Zweckerreichung wirklich erforderlichen Auslegungsergebnisse deckt. Oft wird unter der Bezeichnung „praktisch wirksam" eine Auslegungsvariante vorgetragen, hinter der letztlich der Gedanke einer größtmöglichen Zweckerreichung steht.[97]

Gerade bei der Auslegung von Kompetenznormen, wie etwa im *ERASMUS*-Urteil,[98] führt die „praktische Wirksamkeit" zu einer erweiternden Auslegung der

---

[95] Dies gilt insbesondere im Hinblick auf die Kritik am *effet utile*, vgl. *Honsell*, FS Krejci, 2002, S. 1930, 1937.

[96] Vgl. insbesondere *v. Danwitz*, Verwaltungsrechtliches System und Europäische Integration, 1996, S. 145, der trotz seiner Kritik an der Rechtsprechung des EuGH den *effet utile* als „methodisch tragfähigen Ausgangspunkt" identifiziert; vgl. auch *dens.*, JZ 1994, 335, 338f.

[97] Zu einer Bewertung der Entscheidungen des Gerichtshofs unter dem Gesichtspunkt der zulässigen erweiternden Rechtsfortbildung anhand des *effet-utile*-Kriteriums s. etwa *Conway*, The Limits of Legal Reasoning and the European Court of Justice, 2012, S. 219f.; vgl. auch die Einschätzung bei *Seyr*, Der *effet utile* in der Rechtsprechung des EuGH, 2008, S. 115ff., 310ff. einerseits und *Wank*, FS Stahlhacke, 1995, S. 633, 642ff. andererseits, jeweils mit einer ausführlichen Analyse unterschiedlicher Urteilsbegründungen des EuGH.

[98] EuGH, Rs. 242/87, Slg. 1989, 1425 Rn. 8ff. – *Kommission/Rat (ERASMUS)*; dazu insbesondere *Streinz*, FS Everling II, 1995, S. 1491, 1503f. und die kritische Anmerkung bei *Schweitzer*, in: *Merten* (Hrsg.), Föderalismus und Europäische Gemeinschaften unter besonderer Berücksichtigung von Umwelt und Gesundheit, Kultur und Bildung, 1990, S. 147, 153. Kritisch auch *Wank*, FS Stahlhacke, 1995, S. 633, 650f.; *Streinz*, FS Everling II, 1995, S. 1491, 1503f.; *Classen*, EuR 25 (1990), 10, 15.; *Mosiek*, Effet utile und Rechtsgemeinschaft, 2003, S. 54; Anders jedoch *Seyr*, Der *effet utile* in der Rechtsprechung des EuGH, 2008, S. 255f., die davon auszugehen scheint, dass das Urteil allein einer ausführlicheren und besseren Begründung bedurft hätte; vgl. auch *dies.*, a. a. O., S. 110f., die den *effet utile* auch ohne nähere Einschränkungen als einen Grundsatz ansieht, der auch zur Auslegung von Kompetenznormen im Sinne einer „bestmöglichen Erreichung der Ziele des EGV" geeignet ist und damit die besondere Abwägungssensibilität von Kompetenznormen

unionsrechtlichen Kompetenzen.[99] Wenn eine Kompetenznorm wie Art. 128 EWG (in der damaligen Fassung) es dem Rat nur ermöglicht, „allgemeine Grundsätze zur Durchführung einer gemeinsamen Politik" aufzustellen, kann es nicht ohne Weiteres überzeugen, unter Berufung auf die „praktische Wirksamkeit" konkrete Rechtsakte mit verbindlichen Mitwirkungspflichten für zulässig zu erachten. Zumindest erscheint es naheliegend, das Konzept im Zusammenhang mit Kompetenznormen sehr zurückhaltend anzuwenden, da sie nicht nur auf die Verwirklichung bestimmter Ziele ausgerichtet sind, sondern auch Grenzen für die Aufgabenzuweisung der Gemeinschaft aufstellen. Eine Berufung auf die praktische Wirksamkeit ist jedenfalls geeignet, den ausgleichenden Charakter von Kompetenznormen zu vernachlässigen, und setzt sich dem Einwand eines unzulässigen Schlusses von der Aufgabe auf die Befugnis aus.[100]

Aber auch in anderen Bereichen kann sich hinter einer Berufung auf die praktische Wirksamkeit letztlich eine größtmögliche Zweckverwirklichung verbergen, die sich mit dem hier erarbeiteten Konzept der praktischen Wirksamkeit nicht deckt.[101] So ist im Arbeitsrecht die auf den Grundsätzen der praktischen Wirksamkeit beruhende Rechtsprechung des EuGH zu Art. 6 der Gleichbehandlungsrichtlinie[102] kritisiert worden. Unter der Behauptung, eine effektive Sanktionierung sicherstellen zu wollen, hat der EuGH Höchstgrenzen der Haftung[103] und ein Verschuldenserfordernis[104] als mit der Richtlinie und dem Gebot der praktischen Wirksamkeit unvereinbar angesehen, ohne eine nähere Begründung hierfür erbracht zu haben.[105] Auch die – zumindest anfangs – hoch umstrittene Rechtsprechung des EuGH zur Haftung der Mitgliedstaaten für Verstöße gegen Gemeinschaftsrecht, die mit dem Urteil *Francovich* begründet wurde, basiert auf dem Gedanken der „vollen Wirksamkeit" des Gemeinschaftsrechts.[106]

Es wird klar, dass mit dem Konzept der praktischen Wirksamkeit das Unionsrechts in einer Weise angewendet werden kann, die über die bloße Sicherstellung der Effek-

---

außer Acht lässt. Zur Gefahr eines unzulässigen Schlusses von der Aufgabe auf die Befugnis, vgl. sogleich bei Fn. 100.

[99] Vgl. auch EuGH, Rs. 56/88, Slg. 1989, 1615 ff. – *Vereinigtes Königreich/Rat (PETRA)*, wo der EuGH auf die Begründung im *ERASMUS* Urteil verweist.

[100] Anders daher auch die Argumentation von *GA Mischo*, EuGH, Rs. 242/87, Slg. 1425 Rn. 30; vgl. auch Grabitz/Hilf/Nettesheim-*Bast/v. Bogdandy*, Das Recht der Europäischen Union, 46. EL 2011, Art. 5 EUV Rn. 21; *Böhm*, Kompetenzlücken und Kompetenzauslegung im Gemeinschaftsrechts, 1985, S. 176 ff. Zur Gefahr eines unzulässigen Schlusses von der Aufgabe auf die Befugnis, vgl. *Jarass*, AöR 121 (1996), 173, 175 f.

[101] Zu Frage, inwiefern der *effet utile* auch im Sinne einer größtmöglichen Zweckverwirklichung verstanden werden kann, sogleich unter § 1.A.II.4).

[102] Richtlinie 76/207/EWG.

[103] EuGH, Rs. C-271/91, Slg. 1993, I-4367 Tz. 22 ff. – *Marshall*; EuGH, Rs. C-180/95, Slg. 1997, I-2195 Tz. 24 ff. – *Draempahl*; der EuGH bemüht hier zwar nicht die „praktische", es ist vielmehr die Rede von einer „angemessenen" bzw. „hinreichenden" Wirksamkeit, woraus sich aber im Ergebnis keine Unterschiede in der Argumentation ergeben.

[104] EuGH, Rs. C-177/88, Slg. 1990, I-3941 Tz. 24 – *Dekker* (hier wird die praktische Wirksamkeit der Vorschrift direkt bemüht); EuGH, Rs. C-180/95, Slg. 1997, I-2195 Tz. 24 ff. – *Draempahl*.

[105] Vgl. insbesondere die dazu vorgetragene Kritik bei *Franzen*, Privatrechtsangleichung durch die Europäische Gemeinschaft, 1999, S. 458 ff., der auch auf das Urteil EuGH, Rs. 32/93, Slg. 1994, I-3569 Tz. 20 – *Webb/Air Cargo* verweist.

[106] EuGH, verb. Rs. C-6 u. 9/90, Slg. 1991, I-5357 Ls. 3, Tz. 33 ff. – *Francovich*. Kritisch hierzu insbesondere *v. Danwitz*, JZ 1994, 335 ff. ; *Ossenbühl*, DVBl. 1992, 993, 995 ff.; vgl. auch *Wank*, FS Stahlhacke, 1995, S. 633, 643 ff.

tivität hinausgeht und zu einer möglichst weitgehend Verwirklichung der unionsrechtlichen Zwecksetzungen führt. Darauf, dass der Grundsatz des *effet utile* diese Gefahr birgt, hat der EuGH bereits im Urteil *Fédéchar* hingewiesen und sich ausdrücklich hiervon zu distanzieren versucht.[107] Eine solche zurückhaltende Tendenz kommt in der Begründung der Urteile durch den Gerichtshof in Verbindung mit der praktischen Wirksamkeit allerdings nur in Ausnahmefällen zum Ausdruck.[108]

Dabei handelt es sich indessen um eine Gefahr, der jedes teleologische Argument ausgesetzt ist und die den teleologischen Ansatz als solchen deswegen auch nicht per se diskreditieren kann. Vielmehr kann es nur darum gehen, sinnvolle Grenzen der teleologischen Auslegung aufzuzeigen. Gerade wenn wie beim *effet utile* die Wirksamkeit einer bestimmten Zwecksetzung postuliert, zugleich aber behauptet wird, es handele sich dabei nicht um eine extensive Auslegung, stellt sich mit großer Dringlichkeit die Frage, wo die Grenzen dieser Wirksamkeit liegen. Die problematischen Fälle, die es im Einzelfall durchaus geben mag, können allerdings nicht ohne Weiteres mit dem Konzept der praktischen Wirksamkeit gleichgesetzt werden.[109] Auch der Befund der Rechtsprechung ist insofern nicht hinreichend gewichtig. Die angeführten Beispiele zeigen lediglich, dass man über juristische Begründungen, selbst wenn man dieselben Vorgaben und Prinzipien akzeptiert, unterschiedlicher Auffassung sein kann. Dabei ist den Kritikern des EuGH auch darin Recht zu geben, dass das *effet-utile*-Argument in manchen Fällen sehr pauschal angerissen wird und eine eingehende Begründungsarbeit nicht ersetzen kann.[110] Dennoch ist die mit dem Konzept der praktischen Wirksamkeit verbundene Forderung eine Besonderheit der teleologischen Auslegung von Rechtsvorschriften, die im Grundsatz eine sinnvolle Verwirklichung der unionsrechtlichen Zwecksetzungen sicherstellen möchte. Es sollte nicht pauschal mit extensiven Auslegungstendenzen in der EuGH Rechtsprechung gleichsetzt werden, zumal der EuGH in einer Vielzahl der Fälle bei der Anwendung dieses Konzepts auch keine extensive Auslegung betreibt.[111] Vielmehr gilt es unter Berücksichtigung des legitimen Kerns dieses Grundsatzes die Voraussetzungen und insbesondere die Grenzen der Wirksamkeit des Unionsrechts bei der Rechtsfindung zu ermitteln (dazu aus theoretischer Sicht unter § 2 und aus staatsrechtlicher Sicht unter § 3).

---

[107] EuGH, Rs. 8/55, Slg. 1956, 297, 311 – *Fédéchar*; näher dazu oben I 1.

[108] Vgl. etwa EuGH, Rs. C-438/89, Slg. 1991, I-3277 Tz. 44 – *Mecanarte* (betreffend Art. 234 EG); vgl. dazu auch sogleich unter 3.

[109] Vgl. insofern auch den Befund der Analyse der Rechtsfortbildung durch den EuGH bei *Wank*, FS Stahlhacke, 1995, S. 633, 642 f.; *Honsell*, FS Krejci, 2002, S. 1930, 1937.

[110] Vgl. die soeben genannten Beispiele. Dieser Umstand wird selbst von grundsätzlichen Befürwortern der EuGH-Rechtsprechung eingeräumt, vgl. etwa *Seyr*, Der *effet utile* in der Rechtsprechung des EuGH, 2008, S. 354 ff.

[111] Ebenso *Everling*, EuR 29 (1994), 127, 128 Fn. 12; *ders.*, JZ 2000, 217, 220 Fn. 39; *ders.*, GS Grabitz, 1995, S. 57, 66 ff., insbes. Fn. 39 (Stellungnahme zur Kritik am effet utile im Maastricht-Urteil); ihm folgend Grabitz/Hilf/Nettesheim-*Mayer*, Das Recht der Europäischen Union, 46. EL 2011, Art. 19 EUV Rn. 58; Calliess/Ruffert-*Wegener* EUV/AEUV, Art. 19 EUV Rn. 15; *Oppermann*, DVBl. 1994, 901, 906 f.; *Seyr*, Der *effet utile* in der Rechtsprechung des EuGH, 2008, S. 356 ff.; trotz aller Kritik in den Ergebnissen auch *Streinz*, FS Everling II, 1995, 1491, 1509 f. Differenzierend auch *v. Danwitz*, Verwalungsrechtliches System und Europäische Integration, 1996, S. 145.

e) *Effet-utile-Argumentation* im Wege der Falsifikation (*effet utile* als *argumentum ad absurdum*)

Wie einzelne unionsrechtliche Zwecke im Einzelfall in praktisch sinnvoller Weise sicherzustellen sind, lässt sich anhand einer abstrakten Betrachtung aus dem Blickwinkel des Unionsrechts oft schwierig nachweisen und erfordert daher eine sorgfältige Abwägung der Zwecksetzung der hierfür in Betracht kommenden Alternativen, eine Leistung, die der EuGH in vielen Fällen auch erbringt.[112] In zahlreichen Fällen lehnt der EuGH nach Berücksichtigung eines *effet-utile*-Arguments jedoch eine (von einer der Prozessparteien vorgeschlagene) besonders weite Auslegung der Vorschriften ab.[113] In zahlreichen anderen Fällen erleichtert sich der EuGH seine Argumentation allerdings dadurch, dass er im Wege einer Falsifikation argumentiert.[114] Indem er die Folgen des vorgetragenen Auslegungsvorschlags heranzieht und begründet, warum dies eine wirksame Zweckerreichung vereiteln würde, begründet er seine Urteile häufig im Wege der Falsifikation anhand der praktischen Wirksamkeit.[115] Der *effet utile* tritt damit in Kombination mit einem *argumentum ad absurdum* auf.[116] Der EuGH begnügt sich nachzuweisen, warum abweichende Auslegungsergebnisse nicht vertretbar sind, anstatt die Voraussetzungen der praktischen Wirksamkeit im Hinblick auf das eigene Auslegungsergebnis in positiver Form zu erarbeiten.

Diese Vorgehensweise lässt sich damit begründen, dass es sich beim Europarecht um eine Rechtsordnung handelt, die viel weitergehend als diejenigen der Mitgliedstaaten unbestimmt und somit für richterrechtliche Entwicklungen offen (sowie ihrer bedürftig) ist, und bei der sich der EuGH in vielen Bereichen nicht auf einen dogmatischen Bestand an Lehrsätzen und Begriffen stützen kann.[117] Sie erklärt sich auch daraus, dass es aus richterlicher Sicht einfacher ist, über die (Un-)Tauglichkeit eines bestimmtes Ergebnisses zu befinden als im Sinne einer ausgefeilten Dogmatik einen präzisen Rahmen für die Verwirklichung bestimmter vertraglicher Ziele zu erarbeiten.[118] Eine

---

[112] Vgl. etwa die Argumentation im Urteil EuGH, Rs. C-212/04, Slg. 2006, I-6057 Rn. 79 ff. – *Adeneler*; EuGH, Rs. C-344/04, Slg. 2006, I-403 Rn. 58 – *IATA*; EuGH, Rs. C-14/04, Slg. 2005, I-10253 Rn. 48, 53 – *Dellas*; EuGH, Rs. C-29/04, Slg. 2005, I-9705 Rn. 42 – *Kommission/Österreich*; EuGH, Rs. C-443/03, Slg. 2005, I-9611 Rn. 48 – *Leffler*; EuGH, Rs. C-350/03, Slg. 2005, I-9215 Rn. 3 (Ls.), 90 ff. – *Schulte*; EuGH, Rs. C-374/03, Slg. 2005, I-6199 Rn. 42 – *Gürol*; EuGH, Rs. C-399/98, Slg. 2001, I-5409 Rn. 52 ff. – *Ordine degli Architetti*; EuGH, Rs. C-435/93, Slg. 1996, I-5223 Rn. 31 ff. – *Dietz*; EuGH, Rs. 5/88, Slg. 1989, 2609 Rn. 10 – *Wachauf*; EuGH, Rs. 14/68, Slg. 1969, 1 Rn. 6 – *Walt Wilhelm*.

[113] Vgl. insbesondere EuGH, Rs. C-489/07, Slg. 2009, I-7315 Rn. 24 ff. – *Messner* und hierzu *Riesenhuber*, in: ders. (Hrsg.), Europäische Methodenlehre, 2. Aufl. 2010, S. 315, 337 f.; EuGH, Rs. C-350/03, Slg. 2005, I-9215 Rn. 3 (Ls.), 90 ff. – *Schulte*; EuGH, verb. Rs. C-285 u. 286/99, Slg. 2001, I-9233 Rn. 72 ff. – *Impresa Lombardini;* EuGH, Rs. 229/83, Slg. 1985, 1 Rn. 15 ff. – *Leclerc*.

[114] Vgl. z.B. die Urteile EuGH, Rs. C-346/06, Slg. 2008, I-2919 Rn. 33 – *Rüffer*; EuGH, Rs. C-285/06, Slg. 2008, I-1501 Rn. 30 – *Schneider*; EuGH, Rs. C-96/06, Slg. 2008 (i. Ersch.) Rn. 40 – *Viamex*; EuGH, Rs. C-439/93, Slg. 1995, I-961 Tz. 17 – *Lloyds*; vgl. auch *v. Danwitz*, Verwaltungsrechtliches System und Europäische Integration, 1996, S. 146 m. w. N. in Fn. 354.

[115] Auf diese Vorgehensweise hat besonders deutlich *Donner*, FS Kutscher, 1981, S. 123, 130 ff. hingewiesen; s. a. *Bredimas*, Methods of Interpretation and Community Law, 1978, S. 77 m. w. N. aus der Rechtsprechung des EuGH; *Seyr*, Der *effet utile* in der Rechtsprechung des EuGH, 2008, S. 351 f.

[116] *Bredimas*, Methods of Interpretation and Community Law, 1978, S. 77; *v. Danwitz*, Verwaltungsrechtliches System und Europäische Integration, 1996, S. 146.

[117] So *Donner*, FS Kutscher, 1981, S. 123, 132.

[118] Man kann dies als pragmatische Argumentation bezeichnen, vgl. etwa *Kühling/Lieth*, EuR 38 (2003), 371, 382 ff.

solche Falsifikation ist in der gerichtlichen Praxis im Europarecht in der Regel auch ein adäquates Mittel, da auch der EuGH nur über die Vereinbarkeit von konkreten (national-rechtlichen, aber auch europarechtlichen) Rechts- oder Realakten mit dem Europarecht zu befinden hat. Das Gericht genügt den rechtsstaatlichen Anforderungen an eine rationale Begründung, wenn es nachweist, aus welchen Gründen eine bestimmte Vorschrift gegen europarechtliche Vorgaben verstößt.[119] Dieses Vorgehen ist zum Teil auch Ausdruck einer Begründungsökonomik im Hinblick auf den begrenzten Streitgegenstand bei den besonders häufigen Vorabentscheidungsverfahren.[120] Insofern genügt zur Entscheidung einer Vorlagefrage bei der Auslegungsvorlage die Antwort auf die konkrete Auslegungsfrage, die auch im Lichte der Entscheidungsgründe und damit im Lichte der betroffenen nationalen Vorschriften zu verstehen ist.[121]

Zwar entbindet eine solche Argumentation nicht von der grundsätzlichen Aufgabe des Gerichts, zur Vorhersehbarkeit der Ergebnisse in der Rechtsfindung und zur Sicherstellung des Gleichbehandlungsgebots eine stimmige Dogmatik zur Lösung vergleichbarer Probleme zu entwickeln. Eine solche Dogmatik wird in der Rechtsprechung freilich nur schrittweise anhand des Fallmaterials entwickelt, was sogar Korrekturen bisheriger Entscheidungen (im Hinblick auf die Begründung, nicht unbedingt im Hinblick auf deren Ergebnis) einschließt.[122] Eine richterrechtlich entwickelte Dogmatik kann und sollte aber nicht von Beginn an erwartet werden, sondern ist das Ergebnis einer schrittweisen Annäherung an die maßgeblichen Kriterien. In zahlreichen Rechtsgebieten ist eine entsprechende Dogmatik der Anforderungen des Europarechts an eine wirksame Umsetzung der europarechtlichen Vorgaben auch entwickelt worden.[123]

f) Zusammenfassung: Das Konzept der praktischen Wirksamkeit

Bei dem Konzept der praktischen Wirksamkeit handelt es sich um eine spezielle, für die Rechtsprechung des EuGH besonders charakteristische Form der teleologischen Auslegung. Die Besonderheit der Methode liegt darin, dass sie europarechtliche Vorschriften so auslegt, dass sie in der Rechtswirklichkeit der Mitgliedstaaten vor dem Hintergrund der nationalen Rechtsordnungen die ihnen zukommenden Wirkungen entfalten können. Im Gegensatz zum Verbot der funktionalen Negation im Sinne einer Mindesteffektivität stellt das Konzept der praktischen Wirksamkeit die positive Komponente dieses Effektivitätsgedankens dar (vgl. b)aa)). Es handelt sich damit um einen Teilaspekt des Grundsatzes der teleologischen Auslegung.

In der Rechtsprechung des EuGH kann zwischen zwei Argumenten unterschieden werden (vgl. unter c)): Zum einen werden Auslegungsvarianten befürwortet, die zur

---

[119] Zur Bedeutung der Falsifikation für die Rechtsfindung, vgl. auch *Riehm*, Abwägungsentscheidungen in der praktischen Rechtsanwendung, 2006, S. 172f.; *Canaris*, JZ 1993, 377, 383ff.

[120] Vgl. dazu Fn. 88.

[121] Damit deckt sich der Befund, dass den Auslegungsentscheidungen des Gerichtshofs nach Art. 267 AEUV keine *erga-omnes*-Rechtskraft, sondern nur eine eingeschränkte Präjudizienbindung zukommt, vgl. näher *Germelmann*, Die Rechtskraft von Gerichtsentscheidungen in der Europäischen Union, 2009, S. 410ff.

[122] Der Hinweis auf die Entwicklung der Rechtsprechung der Einschränkungen des Anwendungsbereichs der Grundfreiheiten zugunsten des Regelungsspielraums der Mitgliedstaaten und ihrer Grenzen drängt sich hier geradezu auf, vgl. näher dazu *Streinz*, AöR 135 (2010), 1, 15f., 21ff. m.w.N. aus der Rechtsprechung.

[123] Vgl. etwa zur Staatshaftung der Mitgliedstaaten nur Grabitz/Hilf/Nettesheim-*v. Bodgandy/Jacob*, Das Recht der Europäischen Union, 46. EL 2011, Art. 340 AEUV Rn. 144ff.

Sicherstellung einer praktischen Wirksamkeit der Vorschrift mindestens erforderlich sind (*minimale praktische Wirksamkeit*); zum anderen tritt der EuGH – weitergehend – für solche Auslegungsergebnisse ein, welche die volle praktische Wirksamkeit der Vorschrift sicherstellen (*volle praktische Wirksamkeit*). Ein solcher, auf die effektive Wirkung abstellender Auslegungsgrundsatz birgt dabei durchaus die Gefahr, in extensiver Weise verwendet zu werden (vgl. d)). Gegen eine solche Verwendung richtet sich im Wesentlichen auch die Kritik am *effet utile*.

Das Argument der praktischen Wirksamkeit wird vom EuGH häufig zur Falsifikation bestimmter Auslegungsvarianten im Sinne eines *argumentum ad absurdum* herangezogen, um aufzuzeigen, dass bestimmte Ergebnisse mit dem Gebot einer praktisch wirksamen Umsetzung unvereinbar sind (vgl. e)). Auch wenn der EuGH die Entwicklung einer Dogmatik in einzelnen Bereichen durchaus erkennen lässt, ist für die Verwendung des *effet utile* kein (abstrakter) Grundsatz ersichtlich, der die Reichweite und die Grenzen dieses Prinzips aufzeigen könnte.

4. Der *effet utile* als Grundsatz größtmöglicher Wirkung?

Die bisherige Untersuchung hat zwei Gemeinsamkeiten der positiven und negativen Formulierung des *effet utile* ergeben: Zum einen lassen sich beide als Teil der teleologischen Auslegungsmethode verstehen, zum anderen beruhen sie beide auf dem Prinzip der minimalen Effektivität. Während das Verbot der funktionalen Negation eine völlige teleologische Entwertung von Vorschriften zu verhindern sucht, ist das Konzept der praktischen Wirksamkeit in der Form der minimalen praktischen Wirksamkeit auf eine minimale Effektivität gerichtet. In einem nicht unbeträchtlichen Teil der, insbesondere kritischen, Literatur wird der *effet utile* aber auch dahin verstanden, dass er derjenigen Auslegungsvariante den Vorzug gibt, die den Zweck in größtmöglicher Weise fördert.[124]

Es ist bereits gezeigt worden, dass das Konzept der praktischen Wirksamkeit in vielen Fällen zu einer weiten Auslegung führt, die man im Sinne einer größtmöglichen Zweckverwirklichung verstehen kann.[125] Indessen gibt es keine Hinweise in der Rechtsprechung des EuGH, dass er den *effet utile* auch tatsächlich so versteht.[126] Ein solcher

---

124 So insbesondere das BVerfG in seinem Maastricht-Urteil (BVerfGE 89, 155, 210 – *Maastricht*) und der ehemalige Präsident des EuGH *Hans Kutscher*, in: Gerichtshof der Europäischen Gemeinschaften (Hrsg.), Begegnung von Justiz und Hochschule, 1976, S. I-43; *Brown/Jacobs*, The Court of Justice of the European Communities, 1983, S. 212; *Dänzer-Vanotti*, FS Everling I, 1995, S. 205, 215 f.; ebenso *Buck*, Über die Auslegungsmethoden des Gerichtshofs der Europäischen Gemeinschaft, 1998, S. 211; (in der Tendenz) *Ormand*, Rev. trim. dr. eur 1976, 624, 633 f.; *Grundmann*, Die Auslegung des Gemeinschaftsrechts durch den Europäischen Gerichtshof, 1997, S. 371 ff.; *Henninger*, Europäisches Privatrecht und Methode, 2009, S. 289 f., 391; *v. Danwitz*, Verwaltungsrechtliches System und Europäische Integration, 1996, S. 145 f.; unklar *Bleckmann/Pieper*, in: Dauses (Hrsg.), Handbuch des EU-Wirtschaftsrechts, 30. EL. 2012, B I Rn. 38; ohne Differenzierung zum Prinzip der praktischen Wirksamkeit auch *Potacs*, EuR 44 (2009), 465, 468 f.; *Ukrow*, Richterliche Rechtsfortbildung durch den EuGH, 1995, S. 245; *Potacs*, Auslegung im öffentlichen Recht, 1994, S. 109 ff.

125 Vgl. § 1.A.II.3.d).

126 Zwar kommt im oben bereits genannten Urteil EuGH, Rs. C-438/89, Slg. 1991, I-3277 Rn. 44 – *Mecanarte* eine extensive Auslegungstendenz in der Urteilsbegründung explizit zum Ausdruck (krit. insofern *v. Danwitz*, Verwaltungsrechtliches System und Europäische Integration, 1996, S. 145 f. Fn. 350); vgl. zu weiteren Entscheidungen in diese Richtung auch *Potacs*, Auslegung

Grundsatz wäre in der Tradition der Auslegungskriterien auch singulär und könnte in dieser Allgemeinheit in keiner Rechtsordnung Bestand haben.[127]

III. Zwischenergebnis: Verschiedene Varianten des *effet utile*

1. Die bisherige Analyse der Rechtsprechung des EuGH zeigt, dass es sich beim *effet utile* um eine vielgestaltige Auslegungsmethode handelt. Auch wenn sich alle Formen auf einen einheitlichen Nenner, nämlich die Forderung nach der Effektivität von Vorschriften zurückführen lassen, wird diese Forderung in (z.T. nur leicht) unterschiedlicher Weise umgesetzt. Als Effektivitätsgrundsatz besagt der *effet utile* einerseits, dass Vorschriften nicht so ausgelegt werden dürfen, dass ihnen keinerlei Bedeutung zukommt (Gebot der Mindesteffektivität bzw. Verbot der funktionalen Negation, vgl. II.2). Bei näherer Betrachtung hat dieses Verbot der funktionalen Negation aber nur einen begrenzten Anwendungsbereich und ist insgesamt nicht charakteristisch für die *effet-utile*-Argumentation des EuGH. Die größte Bedeutung in der Rechtsprechung kommt dem *effet utile* als Konzept der praktischen Wirksamkeit zu. Dieses Konzept stellt die positive Kehrseite des Verbots der funktionalen Negation dar, indem es Vorschriften so auszulegen gebietet, dass der ihnen zugrunde liegende Zweck auch in einer praktisch sinnvollen Weise erreicht werden kann. In dieser Formulierung wird das beiden Bedeutungsvarianten zugrunde liegende Effektivitätsprinzip ins Positive gewendet und zugleich erweitert (vgl.II.3.b)). Die Nähe zum Verbot der funktionalen Negation wird im Argument der minimalen praktischen Wirksamkeit deutlich, das (nur) für eine Auslegungsvariante zutrifft, die zur Sicherstellung einer praktischen Wirksamkeit der Vorschrift mindestens erforderlich ist. Zum anderen kann das Konzept der praktischen Wirksamkeit aber deutlich über das Verbot der funktionalen Negation hinausgehen, wenn eine Auslegungsvariante befürwortet wird, die zur Sicherstellung der vollen Wirkungen einer Vorschrift förderlich oder gar erforderlich ist (volle praktische Wirksamkeit).
2. Entgegen der Einschätzung starker Stimmen in der Literatur wird der *effet utile* vom EuGH allerdings nicht als Grundsatz verstanden, der die weitestmögliche Förderung europarechtlicher Zwecke verlangt (vgl. II.4). Es gibt zwar eine Vielzahl von Entscheidungen, in denen das Konzept der praktischen Wirksamkeit im Ergebnis in einer solchen extensiven Weise verwendet wird. Daraus lässt sich für die hier interessierende Frage nach dem argumentativen Gewicht dieses Grundsatzes als Instrument der Methodenlehre indessen nur der Rückschluss ziehen, dass das Argument einer näheren Konturierung und insbesondere einer seine Wirkung begrenzenden Kontrolle bedarf.
3. Als wesentliche Motivation für die Verwendung des *effet utile* kann der Einwirkungsanspruch des Unionsrechts gegenüber dem nationalen Recht identifiziert werden (II.3.b)bb)). Wenn es um die (minimale, volle oder praktische) Wirksamkeit

---

im öffentlichen Recht, 1994, S. 109ff. Allerdings wird diese Tendenz mit der Zwecksetzung des Art. 234 EG begründet, den nationalen Gerichten eine möglichst weitgehende Vorlagemöglichkeit einzuräumen, so dass man das Urteil nicht im Sinne eines allgemeinen Grundsatzes deuten kann, dass Zwecke möglichst weitgehend zu verwirklichen sind. Auch im Übrigen gibt es keine Anhaltspunkte dafür, dass der EuGH den *effet utile* im Sinne eines Maximierungsgebots versteht, vgl. etwa *Everling*, JZ 2000, 217, 224.

[127] Zur rechtstheoretischen Bedeutung eines solchen Maximierungsgebots vgl. § 2.C.II.3.

des Europarechts geht, so bestimmt sich diese stets im Verhältnis zum nationalen Recht, das durch die europarechtlichen Vorgaben verdrängt oder modifiziert wird. Wenn ein Grundsatz wie der *effet utile* in seinen verschiedenen Deutungen die Wirksamkeit des Europarechts postuliert, bemüht er den Vorrang der Wertungen des Europarechts vor dem nationalen Recht als Auslegungsmaxime. Er steht somit als Auslegungsgrundsatz stellvertretend für die Wirkung des Europarechts gegenüber dem nationalen Recht (vgl. hierzu näher sogleich in Abschnitt B).

4. Das wesentliche Problem des *effet utile* ist indessen, dass seine Besonderheit im Rahmen der teleologischen Argumentation nicht näher ausgeführt wird. Zum einen ist nicht ersichtlich, ob, inwiefern und warum dem Gebot der praktischen Wirksamkeit, sofern es über das Gebot der Mindesteffektivität (Verbot der funktionalen Negation) hinausgeht, ein besonderes argumentatives Gewicht zukommt. Damit verbunden ist insbesondere das Problem, dass der EuGH keine Vorgaben dafür erkennen lässt, wie – jedenfalls aus abstrakter Sicht – zu ermitteln ist, was (und vor allem: wie viel) die praktische Wirksamkeit einer Vorschrift fordert. Wenn mit dem *effet utile*, wie der Befund der Rechtsprechung es nahelegt, tatsächlich etwas anderes als ein Grundsatz größtmöglicher Wirkung gemeint sein soll, bleibt die Frage offen, wie sich die praktische Wirksamkeit von einer größtmöglichen Wirkung unterscheidet. Das Problem des *effet utile* ist damit im Ergebnis dasjenige nach der Bestimmung seiner Grenzen. Will man die Bestimmung hierüber nicht allein dem Judiz des EuGH im Einzelfall überlassen, gilt es Vorgaben zu entwickeln, anhand derer sich die Bestimmung der praktischen Wirksamkeit im Einzelfall zu orientieren hat. An diesem Problem ist die weitere Untersuchung im theoretischen (§ 2) und im normativen (§ 3) Teil ausgerichtet (vgl. auch unter E). Zuvor gilt es jedoch noch einige weitere, für die Untersuchung ebenfalls bedeutsame Besonderheiten und Bezüge des *effet utile* aufzuzeigen.

B. *Effet utile* als Ausdruck des Einwirkungsanspruchs des Unionsrechts

Nach der Untersuchung der unterschiedlichen argumentativen Formen des *effet utile* und ihrer Verwendung durch den EuGH ist es für eine weitere Annäherung an die Bedeutung dieses Grundsatzes erforderlich, einen genaueren Blick auf die unterschiedlichen Anwendungssituationen zu werfen, in denen er bemüht wird. Das Einwirkungsbedürfnis und der Einwirkungsanspruch des Unionsrecht wurden bereits in A.II.3.b)bb) als wesentliche Motivation für die Verwendung des *effet utile* ermittelt. Eine nähere Analyse der EuGH Rechtsprechung nach Sachgebieten wird diesen ersten Befund bestätigen und aufzeigen, dass die eigentliche Funktion des *effet utile* darin liegt, eine effektive Umsetzung europarechtlicher Vorgaben gegenüber dem grundsätzlich vollständigen Geltungsanspruch des nationalen Rechts sicherzustellen. Das Bedürfnis nach Einwirkung des Unionsrechts hat seine unionsverfassungsrechtliche Anerkennung im Vorrang des Europarechts erhalten und ist damit aus staatsrechtlicher Sicht mehr als ein reines Bedürfnis; der Einwirkungsanspruch des Unionsrechts wird durch das Vorrangprinzip für die Mitgliedstaaten zum Gebot der Umsetzung der unionsrechtlichen Vorgaben.[128]

---

[128] Näher zur unionsverfassungsrechtlichen Grundslage des Vorranganspruchs unter § 3.A.I.2.b).

Der Einwirkungsanspruch des Unionsrechts und damit auch die Verwendung des *effet utile* als Auslegungsgrundsatz unterscheiden sich in der Rechtsprechung des EuGH stark danach, ob sie bei der Entwicklung und Auslegung der institutionellen Rahmenbedingungen oder bei der Auslegung materiell-rechtlicher Vorgaben des Europarechts verwendet werden. Diese Unterscheidung entspricht einem bekannten Phänomen der Methodenlehre, nämlich dem Umstand, dass für die Verwendung einzelner methodischer Instrumente je nach Rechtsgebiet unterschiedliche Kriterien gelten können.[129] Ohne näher auf die verfassungsrechtliche Legitimation dieser Unterscheidung einzugehen (dazu unter § 3.C.I), soll in diesem Abschnitt anhand der Rechtsprechung des EuGH zunächst eine deskriptive Skizze für die Unterscheidung zwischen der Verwendung des *effet utile* bei der Auslegung des institutionellen und des materiellen Rechts vorgelegt werden.

I. Der Einwirkungsanspruch als methodische Besonderheit des Unionsrechts

Im Rahmen des Konzepts der praktischen Wirksamkeit wurde bereits der Einwirkungsanspruch des Unionsrechts als wesentlicher Grund für die besondere Prominenz des *effet utile* im Europarecht ermittelt. Bei der Analyse des *effet utile* in der Rechtsprechung hat sich gezeigt, dass er – anders als die teleologische Auslegung im Allgemeinen – den Schwerpunkt nicht so sehr auf die Ermittlung der Zwecke sondern vielmehr auf die Art und Weise ihrer Durchsetzung liegt. Dies lässt sich im Europarecht damit erklären, dass sich dessen Wertungen erst vor dem Hintergrund einer geschlossenen Rechtsordnung durchsetzen müssen. Bei dem *effet utile* handelt es sich mithin um eine Besonderheit der Auslegung supranationalen Rechts, das – anders als das klassische Völkerrecht – nicht nur Rechtsbeziehungen auf einer anderen Rechts- und Beziehungsebene (nämlich zwischen souveränen Staaten) regelt, sondern auch den Anspruch hat, die Rechtsbeziehungen im innerstaatlichen Recht zu erfassen.[130] Die unmittelbare Regelung der Rechtsverhältnisse zwischen den einzelnen Rechtsunterworfenen führt notwendigerweise zu einem Konkurrenzverhältnis der punktuellen Regelungen des Unionsrechts mit den Regelungen des nationalen Rechts, das notwendigerweise einen umfassenden (positiven bzw. negativen) Regelungsanspruch erhebt. Die Auslegung des Europarechts ist damit stets von einem Spannungsverhältnis zu den Regelungen des nationalen Rechts geprägt. Dieses Spannungsverhältnis hat aus der Sicht des Europarechts im *effet utile* Ausdruck gefunden.

1. Institutionelle und materielle Einwirkungsebene

Allgemein ist es nützlich, bei der Rechtsfindung zwischen dem materiellen und dem institutionellen Recht der EU zu unterscheiden. Während mit dem materiellen

[129] Vgl. *Larenz/Canaris*, Methodenlehre der Rechtswissenschaft, 3. Aufl. 1995, S. 65.; *Rüthers/Fischer/Birk*, Rechtstheorie, 6. Aufl. 2011, Rn. 672 ff.; *Röhl/Röhl*, Allgemeine Rechtslehre, 3. Aufl. 2008, S. 604.

[130] Vgl. aus rechtstheoretischer Sicht *Lecheler*, Der Grundsatz der Effektivität im Gemeinschaftsrecht – Herkunft und Ausprägung, 2002, S. 4; *Schroeder*, Das Gemeinschaftsrechtssystem, 2002, S. 216 ff.; *Weiler*, Yale L.J. 100 (1991), 2404, 2413 f.; zur zentralen Bedeutung dieses Grundsatzes vgl. auch EuGH, Gutachten 1/91, Slg. 1991, 6079, Rn. 21; *v. Danwitz*, Verwaltungsrechtliches System und Europäische Integration, 1996, S. 104 ff.

oder sachlichen Recht die jeweiligen sachlichen Regelungsbereiche des Europarechts bezeichnet werden, sind mit dem institutionellen Recht der EU die verfassungsmäßigen Grundlagen der europäischen Rechtsordnung nach den EU-Verträgen und deren (häufig richterrechtliche) Ausgestaltung gemeint.[131] Im Hinblick auf den im *effet utile* zum Ausdruck kommende Einwirkungsanspruch ist das institutionelle Recht vor allem insoweit von Interesse, als dieses das generelle Verhältnis zwischen Unionsrecht und mitgliedstaatlichem Recht festlegt und einzelne Rechtsfiguren beschreibt, die eine Einwirkung des Unionsrechts in das mitgliedstaatliche Recht zulassen (vgl. II).

Auch wenn das soeben skizzierte Spannungsverhältnis zwischen dem Unionsrecht und dem Recht der Mitgliedstaaten die Verwendung des *effet utile* allgemein kennzeichnet, gelangt es auf der institutionellen und der materiellen Ebene in unterschiedlicher Weise zum Ausdruck: Auf der Ebene des materiellen Rechts, die im Hinblick auf ihre methodologische Funktion auch als Auslegungsebene bezeichnet werden kann (vgl. näher zu dieser Kategorie § 2.C.III.1), bringt das *effet-utile*-Argument den teleologischen Geltungsanspruch der konkreten materiell-rechtlichen unionsrechtlichen Vorgabe zum Ausdruck. Auf der Ebene des institutionellen Rechts, die für Zwecke der methodologischen Untersuchung als Umsetzungsebene bezeichnet werden kann (vgl. § 2.C.III.2.b), bringt es dagegen den Geltungsanspruch des Unionsrechts als solchem gegenüber dem nationalen Recht unabhängig von der damit verbundenen materiell-rechtlichen Zweckvorgabe zum Ausdruck.

Bei der Verwendung des *effet utile* ist eine Unterscheidung zwischen beiden Ebenen deshalb notwendig, weil sich aus den unterschiedlichen Regelungsfeldern unterschiedliche methodische Anforderungen ergeben: Während das institutionelle Recht als Verfassung der supranationalen Ordnung staats- und verfassungsrechtlichen Charakter hat und spezifischen Besonderheiten verfassungsrechtlicher Rechtsfindung unterliegt, orientiert sich das materielle Recht vielmehr an den teleologischen Strukturen der sachlichen Regelungsbereiche, was nicht ohne Auswirkung für die Methodenlehre in diesem Bereich bleibt. Ein weiterer bedeutsamer Unterschied ergibt sich zudem aus der unterschiedlichen Regelungskompetenz: Während der EU für die Bestimmung ihrer institutionellen Grundlagen eine ausschließliche Kompetenz kraft Natur der Sache zukommt, ist ihre Regelungsbefugnis im Bereich der geteilten Zuständigkeit gegenüber den Mitgliedstaaten eingeschränkt (vgl. dazu sowie zur Bedeutung dieser Fragen für die *effet-utile*-Auslegung unter § 3.C.III.2). Daraus folgt zugleich, dass die EU den Anspruch erhebt, den Bereich des institutionellen Rechts abschließend zu regeln, während der Regelungsanspruch der EU im Bereich des materiellen Recht stets in Konkurrenz zu den national-rechtlichen Normen zu sehen ist.

Die beiden Ebenen des Unionsrechts betreffen zudem zwei unterschiedliche Ebenen des nationalen Rechts. Die institutionellen Vorgaben betreffen in besonderem Maße nationales Verfassungs- und Verfahrensrecht, da sie auf einer grundsätzlichen Ebene Kompetenzfragen zwischen dem Europarecht und dem Recht der Mitgliedstaaten

---

[131] Diese Unterscheidung liegt etwa auch der Untersuchung bei *Seyr*, Der *effet utile* in der Rechtsprechung des EuGH, 2008, S. 114ff. zugrunde, die zwischen der Verwendung des *effet utile* bei der Begründung der „Grundfesten des Gemeinschaftsrechts" und seiner Verwendung in „spezifischen Breichen des Gemeinschaftsrechts" unterscheidet; eine Unterscheidung im Hinblick auf die Auslegungsmethoden wird außerdem etwa bei *Bleckmann*, NJW 1982, 1177, 1178, allerdings zwischen Primärrecht und Sekundärrecht vorgenommen. Zum Begriff „institutionelles Recht" vgl. *Constantinesco*, Das Recht der Europäischen Gemeinschaften. Band I. Das institutionelle Recht, 1977, S. 8.

beantworten. Die materiellen Vorgaben befinden sich vielmehr in einem Spannungsverhältnis zu den Regelungen spezifischer materieller Rechtsgebiete im nationalen Recht. Inwiefern diese unterschiedlichen Konfliktlagen nach einer unterschiedlichen Einordnung des *effet-utile*-Arguments verlangen, soll im weiteren Verlauf der Untersuchung erläutert werden (vgl. insbesondere unter V).

2. Einwirkung und Kompetenzkonflikte

Hinter dem hier geschilderten und für den EuGH maßgeblichen Einwirkungsanspruch des Unionsrechts verbirgt sich ein für das Verhältnis von supranationalem Recht zu nationalem Recht wesentlicher kompetenzieller Konflikt.[132] Sowohl im Hinblick auf die institutionellen Mechanismen als auch hinsichtlich der Bestimmung der Reichweite einzelner Sachvorschriften des Europarechts geht eine Anerkennung der Einwirkung des Unionsrechts stets zu Lasten des nationalen Rechts, das anderenfalls die betroffenen Rechtsfragen regelt. Dem nationalen Recht kommt ein umfassender Regelungsanspruch zu, während die EU nach dem Grundsatz der begrenzten Einzelermächtigung nur punktuell tätig wird, d. h. nur von einzelnen vertraglich bestimmten Kompetenzen Gebrauch machen darf.[133] In den Bereichen, in denen die Union aufgrund einer Ermächtigung tätig geworden ist, sind deren Regelungsvorgaben auch für die Mitgliedstaaten verbindlich. Dies setzen die Gründungsverträge voraus, die eine Übertragung nationaler Kompetenzen an die EU als supranationalen Staatenverband zum Gegenstand haben.[134] Soweit es bei der Auslegung dieser Rechtsakte der EU zu Zweifelsfragen über deren Anwendbarkeit oder Reichweite kommt, steht diese Frage stets in einem Zusammenhang zur Kompetenzverteilung zwischen dem mitgliedstaatlichen und dem europäischen Recht. Wenn die Reichweite des Einwirkungsanspruchs vom EuGH im Wege der Auslegung oder Rechtsfortbildung bestimmt wird, trifft er dabei zugleich stets eine Entscheidung über die Kompetenzverteilung zwischen nationalem Recht und Unionsrecht.[135]

Gerade im Hinblick auf diese Kompetenzbestimmungen ist eine Unterscheidung zwischen dem institutionellen Gefüge und den sachlichen Regeln des Unionsrechts erforderlich, da sich die Kompetenzfrage bei diesen beiden Rechtsgebieten in unterschiedlicher Form stellt: Bei der Auslegung des institutionellen Rechts wird in einer allgemeinen Form über das Verhältnis zwischen Europarecht und nationalem Recht entschieden, wobei sich die Kompetenzfrage in aller Deutlichkeit stellt. Die Auslegung des materiellen Rechts betrifft hingegen rechtliche, z. T. höchst technische Einzelfragen, bei denen die Auswirkung auf die Kompetenzverteilung zwischen nationalem Recht und dem Unionsrecht nicht immer hinreichend offenkundig ist. Die

[132] *Stettner*, Grundfragen einer Kompetenzlehre, 1983, S. 375 ff.; *Schilling*, Rang und Geltung von Normen in gestuften Rechtsordnungen, 1994, S. 458 ff. Ein solcher kompetenzieller Konflikt besteht grundsätzlich stets, wenn zwei verschiedene Rechtkreise verwandte Rechtsfragen regeln, und somit auch im Verhältnis von Bundesrecht und Landesrecht. Im deutschen Recht sind die Kollisionsregeln (Art. 30, 70 GG) und Konfliktentscheidungen aber selten, weil die Gesetzgebungskompetenzen nach Sachgebieten getrennt sind und verbundene Rechtsfragen selten von zwei Rechtskreisen geregelt werden.

[133] Vgl. näher dazu unter § 3.A.II.

[134] Zu den institutionellen Grundlagen der Geltung des Gemeinschaftsrechts im nationalen Recht vgl. *Schroeder*, Das Gemeinschaftsrechtssystem, 2002, S. 384 ff.; vgl. näher unter § 3.A.I.

[135] Vgl. näher unter § 3.B.III.

Entscheidungen des EuGH im Bereich des materiellen Rechts orientieren sich daher in weitaus größerem Umfang an teleologischen Erwägungen der entsprechenden Regelungsbereiche, so dass der Kompetenzkonflikt bei der Argumentation in den Hintergrund treten kann.

Wenn z.B. im Zusammenhang mit der Entscheidung des EuGH in der Rechtssache *Quelle*[136] intensiv über die Anforderungen diskutiert wurde, die an eine richtlinienkonforme Rechtsfortbildung im Einzelfall zu stellen sind, lag der Kompetenzkonflikt zwischen dem EU-Recht und dem Recht der Mitgliedstaaten auf der Hand,[137] auch wenn insoweit der *effet utile* nicht ausdrücklich als Auslegungsgrundsatz bemüht wurde. Gleichwohl darf auch in solchen Fällen nicht vernachlässigt werden, dass mit der – weniger grundlegenden – Bestimmung über die Reichweite der Anwendung des Europarechts zugleich eine Entscheidung über die Reichweite des nationalen Rechts getroffen wird. So liegt der Frage, ob eine uneingeschränkte Nutzungsersatzpflicht, wie sie in §439 Abs.4 BGB vorgesehen war, im Einklang mit den Vorgaben der Verbrauchsgüterkaufrichtlinie steht,[138] ebenso ein kompetenzieller Konflikt zwischen Europarecht (Reichweite der Verbrauchsgüterkaufrichtlinie) und nationalem Recht zugrunde. Eine Entscheidung über die Reichweite der Richtlinie ist in jedem Einzelfall zugleich eine Entscheidung über die konkrete Verteilung der Kompetenzen zwischen der EU und den Mitgliedstaaten (vgl. ausführlich zur kompetenziellen Abgrenzung §3.A.II.1).

3. Grenzen des Einwirkungsanspruchs?

Auch im Rahmen dieser eben erläuterten und im Einzelnen noch näher zu beschreibenden Koordinierungsfunktion des *effet utile* zwischen dem Europarecht und dem nationalen Recht wird das Problem der fehlenden Begrenzung dieses Grundsatzes deutlich. Die Verwendung des Grundsatzes durch den EuGH hat bereits gezeigt, dass ein wesentliches Problem der Argumentation mit dem *effet utile* darin besteht, dass er keine Grenzen der Zweckverwirklichung aufzeigt (vgl. A.III). Die Begrenzung erfolgt unter Bezug auf die zugrunde gelegte (unionsrechtliche) Zwecksetzung insoweit, als der *effet utile* „nur" das zur Verwirklichung der praktischen Wirksamkeit Erforderliche postuliert. Wie das Maß des zur Verwirklichung der praktischen Wirksamkeit Erforderlichen ermittelt werden soll, bleibt jedoch offen (vgl. näher zu Begrenzung aus theoretischer Sicht unter §2.C.IV).[139]

---

[136] EuGH, Rs. 404/06, Slg. 2008, I-2685 – *Quelle*.

[137] Vgl. hierzu etwa *Herresthal*, NJW 2008, 2475, 2477f. sowie aus dem umfangreichen Schrifttum etwa *Fischinger*, EuZW 2008, 312, 313; *Höpfner*, EuZW 2009, 159f.; *Osterloh-Konrad*, CR 2008, 545, 546ff.

[138] Eine Richtlinienwidrigkeit hat der EuGH, Rs. 404/06, Slg. 2008, I-2685 Rn. 33ff. – *Quelle* angenommen; zust. aus dem Blickwinkel des Unionsrechts *v. Danwitz*, ZEuP 2010, 463, 473f., jedoch mit dem zutreffenden Hinweis auf das Rechtsfindungsproblem der Korrdination der Wertungen des Unionsrechts mit dem Recht der Mitgliedstaaten (a.a.O., 475) Krit. zu einer solchen erweiternden Auslegung des Unionsrechts dagegen *Herresthal*, NJW 2008, 2475, 2477; sowie *ders.*, ZEuP 2009, 600, 603ff.; *Herrler/Tomasic*, BB 2008, 1245, 1246f.; *dies.*, ZGS 2007, 209, 211f., 214 m.w.N.

[139] Auf diese Problematik im Zusammenhang mit der Einwirkung des Unionsrechts auf das mitgliedstaatliche Privatrecht weist auch *v. Danwitz*, ZEuP 2010, 463, 474f. hin.

II. Der Einwirkungsanspruch im institutionellen Recht

1. Das Verhältnis zwischen Unionsrecht und mitgliedstaatlichem Recht als institutionelle Frage

Das Unionsrecht ist von der Befolgung durch die Mitgliedstaaten abhängig und wird in den meisten Fällen nicht von den Organen der EU selbst umgesetzt.[140] Es ist daher darauf angewiesen, von den Rechtsunterworfenen, d. h. von den Mitgliedstaaten beachtet zu werden. Im Fall der Nichtbeachtung durch die Mitgliedstaaten sind, wie dies für völkerrechtliche Verträge üblich ist, in den Verträgen entsprechende Sanktionsmechanismen, insbesondere das Vertragsverletzungsverfahren gemäß Art. 258 AEUV (Art. 226 EG), vorgesehen worden. Was das Europarecht als supranationales Recht allerdings im Gegensatz zum traditionellen Völkervertragsrecht auszeichnet, ist, dass die EU-Verträge sowie das aufgrund der Verträge erlassene Sekundärrecht den Rechtssubjekten der Mitgliedstaaten unmittelbare Rechte, unter anderem im Verhältnis zu dem jeweiligen Ansässigkeitsstaat, gewähren und ihnen auch unmittelbare Pflichten auferlegen. In vielen Fällen erweitert, modifiziert oder derogiert es damit nationale Rechtsvorschriften.[141] Paradigmatisch für die derogative und modifizierende Wirkung des Europarechts sind die Grundfreiheiten. Diese unionsrechtlichen Vorschriften sind an die Mitgliedstaaten gerichtet, verleihen aber auch den Angehörigen der Mitgliedstaaten bestimmte Rechte. Sie sind darauf angewiesen, von den Vollzugsorganen (insbesondere von Verwaltungsorganen und Gerichten) und auch von den gesetzgebenden Organen der Mitgliedstaaten angewandt und beachtet zu werden.[142] Man kann insoweit von einem Vollzugsdefizit der EU sprechen, deren Recht auf die Beachtung und Durchsetzung durch die Mitgliedstaaten angewiesen ist. Diese Grundbedingung wird typischerweise anhand des Charakters der EU (bzw. der EG) als Rechtsgemeinschaft deutlich gemacht.[143]

Der soeben bezeichnete Wesensunterschied der europäischen Verträge im Vergleich zum gewöhnlichen Völkervertragsrecht war bei der Gründung der Verträge ausweislich der Präambeln im Rahmen des europäischen Projekts durchaus gewollt und entspricht auch dem Anspruch der Regelungsgebiete des Europarechts.[144] Mit der EGKS und den Römischen Verträgen begab man sich 1951 bzw. 1957 auf juristisches Neuland und hatte die institutionellen Konsequenzen, die sich aus dem Regelungsanspruch der Verträge ergaben, in vielen wesentlichen Einzelheiten nicht bedacht.[145] Die Frage, wie sich der auf Integration gerichtete Anspruch des materiellen Vertragsinhalts

---

[140] Grabitz/Hilf/Nettesheim-*v. Bogdandy/Schill*, Das Recht der Europäischen Union, 46. EL 2011, Art. 4 EUV Rn. 68 ff.; *Oppermann/Classen/Nettesheim*, Europarecht, 5. Aufl. 2011, § 12 Rn. 23 ff. (= S. 197 ff.); *Streinz*, Europarecht, 9. Aufl. 2012, Rn. 575.

[141] Eine Klassifizierung der Wirkungen des *effet utile* anhand dieser Kriterien findet sich bei *Mosiek*, Effet utile und Rechtsgemeinschaft, 2003, S. 22 ff.

[142] Vgl. *Mülbert*, ZHR 159 (1995), 2, 8; *Herresthal*, Rechtsfortbildung im europarechtlichen Bezugsrahmen, 2006, S. 73 ff.

[143] Grundlegend *Hallstein*, RabelsZ 28 (1964), 211, 228 ff., *ders.*, Die Europäische Gemeinschaft, 1973, S. 31 ff. Insbesondere in Hinblick auf die Rolle des *effet utile* vgl. die Arbeit von *Mosiek*, Effet utile und Rechtsgemeinschaft, 2003, S. 93 f.; *Oppermann/Classen/Nettesheim*, Europarecht, 5. Aufl. 2011, § 9 Rn. 8 ff. (= S. 106).

[144] Vgl. insgesamt zur Entwicklung des europäischen institutionellen Systems in der Rechtsprechung des EuGH *Schroeder*, Das Gemeinschaftsrechtssystem, 2002, S. 107 ff. m.w.N.

[145] *H. P. Ipsen*, Europäisches Gemeinschaftsrecht, 1972, S. 259 f.

in der Rechtswirklichkeit der Mitgliedstaaten durchsetzen lässt, blieb zum großen Teil unbeantwortet, bis der EuGH zu ihr in zahlreichen Nuancen Stellung nehmen konnte.[146] Der Wortlaut der Verträge ließ insofern zahlreiche Fragen offen, die der EuGH sehr häufig mit dem Hinweis auf den im *effet utile* zum Ausdruck kommende Einwirkungsanspruch gelöst hat.

Da das Unionsrecht in weiten Teilen gerade auch individuelle Rechte für den Einzelnen begründet, bedingt die effektive Auslegung des Unionsrechts den Schutz individueller Rechte; zugleich führen die (ebenfalls auf Effektivitätsargumenten beruhende) verfahrensmäßigen Rechtsschutzmöglichkeiten der Individuen bei der Durchsetzung ihrer Rechte, dass sie bei der Verfolgung individueller Interessen zugleich auch die Effektivität der Unionsrechtsordnung insgesamt bewirken.[147] Dies stellt indessen keine Besonderheit des *effet utile* als Auslegungsgrundsatz dar, sondern ist eine logische Konsequenz, die sich aus der Individualgerichtetheit der Unionsrechtsordnung ergibt.

2. Verwendung des *effet utile* im Bereich des institutionellen Rechts

a) Der Wirksamkeitsgedanke in den grundlegenden Urteilen zur Gemeinschaftsrechtsordnung

Die Serie der Urteile, mit denen der EuGH die institutionellen Grundlagen der EG begründet hat, wird vor allem an den Urteilen *Van Gend & Loos*[148] und *Costa/ENEL*[149] festgemacht.[150] Dort hat der EuGH unter Berufung auf „Geist", „Systematik", „Wortlaut" die unmittelbare Anwendbarkeit, sowie der Vorrang des Gemeinschaftsrechts vor dem nationalen Recht begründet,[151] die ebenso für das Unionsrecht fortgelten.[152] Zu diesen institutionellen Grundlagen des Unionsrechts gehören neben der unmittelbaren Anwendbarkeit und dem Vorrang, deren Gehalt und Reichweite in weiteren Entscheidungen präzisiert und erweitert wurden, auch die Rechtsprechung zur Durchführung des Unionsrechts und zum unionsrechtlichen Staatshaftungsanspruch.[153] Angesichts der Problemlage, die in den genannten Bereichen angesprochen wird, verwundert es nicht, dass der Effektivitätsgedanke gerade in diesem Bereich sehr häufig bemüht

---

[146] Vgl. insgesamt zur Entwicklung des europäischen institutionellen Systems in der Rechtsprechung des EuGH *Schroeder*, Das Gemeinschaftsrechtssystem, 2002, S. 107 ff. m. w. N. Zu den institutionellen Grundlagen allgemein vgl. auch *v. Danwitz*, Verwaltungsrechtliches System und Europäische Integration, 1996, S. 87 ff.

[147] Vgl. insbesondere *v. Oettingen*, Effet utile und individuelle Rechte im Recht der Europäischen Union, 2010, S. 97 ff. u passim.

[148] EuGH, Rs. 26/62, Slg. 1963, 1/24 ff. – *Van Gend & Loos.*

[149] EuGH, Rs. 6/64, Slg. 1964, 1251 ff. – *Costa/ENEL.*

[150] Zur früheren und weiteren Entwicklung der Besonderheiten des Gemeinschaftsrechts vgl. *Schroeder*, Das Gemeinschaftsrechtssystem, 2002, S. 107 ff.

[151] Zur Bedeutung dieser Grundentscheidungen für das Unionsrecht vgl. *v. Danwitz*, Verwaltungsrechtliches System und Europäische Integration, 1996, S. 104 ff.

[152] Vgl. dazu *Streinz/Ohler/Herrmann*, Der Vertrag von Lissabon zur Reform der EU, 3. Aufl. 2010, S. 91 f.

[153] Vgl. *Lecheler*, Der Grundsatz der Effektivität im Gemeinschaftsrecht – Herkunft und Ausprägung, 2002, S. 14 ff.; *v. Oettingen*, Effet utile und individuelle Rechte im Recht der Europäischen Union, 2010, S. 101 ff., 129 ff., 160 ff.; sowie die ausführlichen Nachweise zur Bedeutung des Wirksamkeitsgedankens des *effet utile* in diesen vier Bereichen des institutionellen Rechts *Seyr*, Der *effet utile* in der Rechtsprechung des EuGH, 2008, S. 115 ff.

wurde. In den wegweisenden Urteilen, *Van Gend & Loos*[154] und *Costa/ENEL*,[155] hat sich der EuGH auf die Wirksamkeit des Europarechts berufen. Ausdrücklich wird betont, dass die Vorschriften des Europarechts nicht ihrer Wirksamkeit beraubt werden dürfen[156] bzw. einer wirksamen Kontrolle[157] unterliegen müssen.

b) Ausdrückliche Verwendung des *effet utile*

Auch der *effet utile* als Auslegungsgrundsatz hat gerade in diesem Bereich seine besondere Prominenz erlangt.[158] Zum ersten Mal begegnet der *effet utile* in der deutschen Sprachfassung ausdrücklich im Urteil *Grad*, das die unmittelbare Wirkung von staatengerichteten Entscheidungen betrifft. Der EuGH argumentiert dort, dass „die nützliche Wirkung ('effet utile')" einer Entscheidung abgeschwächt würde, wenn die Angehörigen eines Mitgliedstaates sich vor staatlichen Gerichten nicht auf sie berufen könnten, und begründet damit die unmittelbare Wirkung von Entscheidungen i. S. d. Art. 249 Abs. 4 EG.[159] Auch im Urteil *Van Duyn*, in dem die umstrittene unmittelbare Wirkung von Richtlinien begründet wurde, verwendet der EuGH den Begriff „effet utile" ausdrücklich.[160] Die „nützliche Wirkung ('effet utile')" einer Richtlinie, heißt es in unmittelbarer Anlehnung an die soeben erwähnte Argumentation im Urteil *Grad*, würde abgeschwächt, wenn Individuen sich vor den staatlichen Gerichten nicht hierauf berufen könnten.

c) Entwicklung anhand der Anforderungen des materiellen Rechts

Die hier angesprochenen institutionellen Fragen haben sich, wie dies für die judikative Rechtsfortbildung typisch ist,[161] nicht im abstrakten dogmatischen Zusammenhang gestellt – die institutionellen Defizite traten vielmehr von Fall zu Fall in Erscheinung und sind vom EuGH vor dem Hintergrund der akut gewordenen Sachfragen beantwortet worden. Die einzelnen institutionellen Probleme traten damit stets im Zusammenhang mit Fragen des materiellen Rechts auf, die im Hinblick auf die Konfliktlage zwischen Europarecht und nationalem Recht Schritt für Schritt gelöst werden mussten. Indem der EuGH betont hat, dass die im Einzelfall infrage stehenden europarechtlich eingeräumten Rechte auch praktisch wirksam sein müssten, hat er in vielen Fällen dieses institutionelle Gefüge aus den Vorgaben des materiellen Rechts heraus entwickelt. Da dieses auf unmittelbaren Individualschutz gerichtet war, lag es nahe, Rechtsbehelfe zu entwickeln, die dem jeweils Begünstigten auch einen (effektiven) Rechtsbehelf gewährten. Zu den hierzu eingesetzten Instrumenten gehörten der Vorrang und die unmittelbare Wirkung, sowie die sie flankierenden Mechanismen, etwa die mitgliedstaatliche Staatshaftung, das Gebot der europarechtskonformen Auslegung bzw. Rechtsfortbildung und die Grundsätze zur Durchführung des Unionsrechts.[162]

---

[154] EuGH, Rs. 26/62, Slg. 1963, 1/24 ff. – *Van Gend & Loos.*
[155] EuGH, Rs. 6/64, Slg. 1964, 1251 ff. – *Costa/ENEL.*
[156] EuGH, Rs. 6/64, Slg. 1964, 1251, 1269 f. – *Costa/ENEL.*
[157] EuGH, Rs. 26/62, Slg. 1963, 1/24 ff., 25 – *Van Gend & Loos.*
[158] Vgl. bereits oben § 1.A.I.2.
[159] EuGH, Rs. 9/70, Slg. 1970, 825 ff. – *Grad.*
[160] EuGH, Rs. 41/74, Slg. 1974, 1337 ff. – *Van Duyn.*
[161] *Langenbucher*, Die Entwicklung und Auslegung von Richterrecht, 1996, S. 48 ff.; *Meier-Hayoz*, JZ 1981, 417, 422 f.; *Stein*, FS Jur. Fakultät Universität Heidelberg, 1986, S. 619, 639 ff.
[162] Vgl. hierzu nur die Zusammenstellung der unterschiedlichen Instrumente bei *Schroeder*, Das Gemeinschaftsrechtssystem, 2002, S. 439.

Dabei handelt es sich auch um die wesentlichen richterrechtlich entwickelten Mechanismen. Das institutionelle Gefüge, durch welches das Verhältnis des Unionsrechts zum nationalen Recht bestimmt wird, ist unter Berücksichtigung der Anforderungen des Regelungsinhalts des materiellen Rechts entwickelt worden. Die Forderung nach der praktischen Wirksamkeit einzelner materieller Rechtsvorschriften hat sich als Leitmotiv für das Bedürfnis eines im Vergleich zum Völkervertragsrecht erweiterten institutionellen Rahmens erwiesen.[163]

d) Entwicklung von Grenzen in der Rechtsprechung

Da mit dem *effet utile* als Leitmotiv das Bedürfnis für die Entwicklung des institutionellen Gefüges der EG formuliert wurde, verwundert es nicht, dass sich die Kritik an dieser Entwicklung in methodischer Hinsicht gegen diesen Grundsatz gerichtet hat.[164] So hat insbesondere *v. Danwitz* darauf hingewiesen, dass der EuGH – anders als der IGH, der auch auf den *effet utile* zurückgreift – keine gegenläufigen Auslegungsgrundsätze herangezogen hat.[165] Diese Kritik verdeutlicht die Rolle, die der *effet utile* bei der Auslegung des institutionellen Rechts der EU spielte. Der EuGH hat den *effet utile* nicht als Argument verwendet, das eine sorgfältig ausgearbeitete Begründung unterstützen oder aufstellen sollte. Mit dem *effet utile* wurde in den einschlägigen Urteilen zumeist nur das Bedürfnis herausgearbeitet und anhand dieses Bedürfnisses das konkrete Auslegungsergebnis gerechtfertigt, ohne dass dieses als Folge einer ausführlichen Abwägungsentscheidung dargestellt worden wäre. Vielmehr vermittelt die Verwendung des *effet utile* in der Rechtsprechung in der Tat den Eindruck, dass vorher auf anderen Wegen gefundene Ergebnisse lediglich im Nachhinein gerechtfertigt wurden.[166] Er wurde auch nicht zu anderen Auslegungskriterien in Verhältnis gesetzt und wird somit nicht als Teil eines Auslegungskanons verstanden.

Allerdings weist die Rechtsprechung des EuGH auf dem Gebiet des institutionellen Rechts – gerade in jüngerer Zeit – auch differenzierende Tendenzen auf.[167] Es lässt sich feststellen, dass der EuGH immer mehr die Rolle eines Verfassungsgerichts eingenommen hat, das weniger damit beschäftigt ist, einseitig den Geltungsanspruch des Europarechts zu propagieren, sondern bemüht ist, einen angemessenen Ausgleich zum nationalen Recht herbeizuführen.[168] Insofern ist gerade die jüngere Rechtspre-

[163] Vgl. hierzu insbesondere *Seyr*, Der *effet utile* in der Rechtsprechung des EuGH, 2008, S. 199; Streinz-*Streinz*, EUV/AEUV, 2. Aufl. 2012, Art. 4 EUV Rn. 33; *Henrichs*, Haftung der Mitgliedstaaten für Verletzung von Gemeinschaftsrecht, 1995, S. 62.

[164] Am prominentesten wohl BVerfGE 89, 155, 192, 210 – *Maastricht* (*effet utile* als „größtmögliche Ausschöpfung der Gemeinschaftsbefugnisse"); s. aber auch *v. Danwitz*, Verwaltungsrechtliches System und Europäische Integration, 1996, S. 151 ff.; *Ukrow*, Richterliche Rechtsfortbildung durch den EuGH, 1995, S. 273 ff., 307 ff.; *Ossenbühl*, DVBl. 1992, 993, 994 f.; zu den Gründen vgl. *Everling*, EuR 29 (1994), 127, 132 ff. Grundsätzlich nach wie vor kritisch zur Begründungstiefe auch *Streinz*, AöR 135 (2010), 1, 25.

[165] *v. Danwitz*, JZ 1994, 335, 338.

[166] Zu einer grundlegenden, freilich methodisch durchaus differenzierten Kritik eines solchen Vorgehens durch die Richterschaft vgl. *Esser*, Vorverständnis und Methodenwahl, 1970, S. 134 ff.

[167] Vgl. die Darstellung bei *Streinz*, AöR 135 (2010), 1, 19 ff.

[168] Vgl. dazu etwa EuGH, Rs. C-91/92, Slg. 1994, I-3325 – *Faccini Dori*; diese Urteile zeichnen sich dadurch aus, dass der EuGH Grenzen der institutionellen Mechanismen zur Durchsetzung des Europarechts formuliert hat, vgl. hinsichtlich der tatbestandlichen Einschränkung der Grundfreiheiten anhand der *Keck*-Rechtsprechung (EuGH, verb. Rs. C-267 u. 268/91, Slg. 1993, I-6097 – *Keck und Mithouard*) Calliess/Ruffert-*Kingreen*, EUV/AEUV, 4. Aufl. 2011, Art. 36

chung[169] zum institutionellen Gefüge zunehmend von einer –in den Entscheidungsgründen offengelegten – Abwägung zwischen dem Geltungsanspruch des Unionsrechts und der Souveränität der Mitgliedstaaten geprägt.[170]

Im Ergebnis wird der *effet utile* vom EuGH allerdings nicht als Bestandteil einer abwägenden Argumentation verstanden, sondern als Leitmotiv zur Verdeutlichung eines bestimmten Bedürfnisses des Unionsrechts. Letztlich beschreibt das *effet-utile*-Argument in der Rechtsprechung des EuGH zum institutionellen Recht die Probleme der Einwirkung nur, präsentiert sich aber nicht als rationales Kriterium zur Lösung des dahinter stehenden Kompetenzproblems. Er schildert nur das Bedürfnis der Einwirkung des Europarechts und präsentiert nur einen Teil der für die Lösung entscheidenden Erwägungen. Der *effet utile* wird im Ergebnis im Rahmen des institutionellen Rechts mit dem Einwirkungsanspruch des Europarechts gleichgesetzt. Er ist die methodische Einkleidung der Forderung nach einer wirksamen Einwirkung des Europarechts und bringt als solcher keine gegenläufigen Aspekte, die im Schutz nationaler Kompetenzbereiche bestehen könnten, zur Geltung. Eine ausdrückliche Relativierung dieses Grundsatzes ist in der Rechtsprechung nicht zu beobachten, auch wenn der EuGH in einzelnen Fällen weitergehende, auf einer *effet-utile*-Argumentation beruhende Vorschläge in den Schlussvorträgen der Generalanwälte oder der Parteien zurückweist.[171]

3. *Effet utile* bei der Auslegung von Kompetenznormen

Dem institutionellen Recht der EU gehören auch die Normen der Kompetenzverteilung an.[172] Bevor auf die Verwendung des *effet utile* bei der Auslegung von Kompetenznormen eingegangen wird, sollte vorab klargestellt werden, dass der Begriff der Kompetenzausweitung in unterschiedlicher Weise verstanden werden kann und z.T. auch im Rahmen dieser Untersuchung in unterschiedlichen Zusammenhängen verwendet wird. Zum einen handelt es sich um die erweiternde Auslegung von

---

AEUV, Rn. 162 ff.; *ders.*, Die Struktur der Grundfreiheiten des Europäischen Gemeinschaftsrechts, 1999, S. 202 ff.; Grabitz/Hilf/Nettesheim-*Leible/T. Streinz*, 46. EL 2011, Art. 34 AEUV Rn. 74 ff.; Streinz-*Schroeder*, EUV/AEUV, 2. Aufl. 2012, Art. 34 AEUV Rn. 41 ff.

[169] Auch in den frühen Urteilen kann zwar von einer „einseitigen" Handhabung des *effet utile* zu Lasten der Mitgliedstaaten gesprochen werden. Diese Urteile lassen sich aber durchaus aus sachlichen Gründen rechtfertigen, wenn man die Grundannahmen des EuGH akzeptiert, vgl. *Streinz*, AöR 135 (2010), 1, 27 nach dem der EuGH zu Recht seine Rolle zunächst als „Motor der Integration" verstanden und die Ausfüllung der zahlreichen Lücken in den Gemeinschaftsverträgen im Geiste der Vertragsgeber übernommen hat; vgl. auch *dens.*, ZEuS 2004, 408 ff.

[170] So auch *Streinz*, AöR 135 (2010), 1, 19 ff. m. w. N. aus der Rechtsprechung des EuGH insbesondere zu Tatbestand und Einschätzungsspielräumen bei der Beschränkung der Grundfreiheiten (a. a. O., S. 19 ff.), sowie zu den Grenzen des unionsrechtlichen Einflusses auf das Verwaltungsrecht der Mitgliedstaaten (a. a. O., S. 24).

[171] Vgl. EuGH, Rs. C-91/92, Slg. 1994, I-3325 Rn. 22 ff. – *Faccini Dori* und dagegen die Schlussanträge *GA Lenz*, EuGH, Rs. C-91/92, Slg. 1994, I-3325 Rn. 43 ff., 73; vgl. hierzu auch *Seyr*, Der *effet utile* in der Rechtsprechung des EuGH, 2008, S. 301 f. Aus dem europäischen Privatrecht vgl. EuGH, Rs. C-350/03, Slg. 2005, I-9215 Rn. 94 ff. – *Schulte*; so auch schon *GA Léger*, EuGH, Rs. C-350/03, Slg. 2005, I-9215 Rn. 89 ff.; EuGH, Rs. C-489/07, Slg. 2009, I-7315 Rn. 24 ff. – *Messner*.

[172] Vgl. z.B. Art. 114 ff. AEUV sowie insgesamt *Streinz/Ohler/Herrmann*, Der Vertrag von Lissabon zur Reform der EU, 3. Aufl. 2010, S. 104 ff.

Kompetenznormen wie etwa des Art 114 AEUV (Art. 95 EG).[173] Mit dem Begriff Kompetenzausweitung bzw. – neutral formuliert – mit der Bestimmung von Kompetenzen der Union kann aber auch eine erweiternde Auslegung des materiellen Rechts gemeint sein. Eine erweiternde Auslegung des aufgrund einer bestimmten Kompetenzgrundlage legitim erlassenen Unionsrechts kann ebenfalls als (richterliche) Kompetenzausweitung angesehen werden.[174] An dieser Stelle wird mit der Auslegung von Kompetenznormen nur die erste Form der Kompetenzausweitung in den Blick genommen.

Besondere Aufmerksamkeit ist dem *effet utile* bei der Auslegung von Kompetenznormen im *ERASMUS*-Urteil[175] zuteil geworden (zum Verhältnis zum Begriff *effet-nécessaire* sowie zur Rechtsfigur der *implied powers* vgl. unter C.I). Der EuGH hat dort Art. 128 EWG dahingehend ausgelegt, dass auch die Einführung eines Aktionsprogramms zur Förderung der Mobilität von Hochschulstudenten[176] als ein „allgemeiner Grundsatz zur Durchführung einer gemeinsamen Politik" in Bezug auf die Berufsbildung zu qualifizieren sei. Dies wurde insbesondere damit begründet, dass eine solche Auslegung im Einklang mit dem Wortlaut des Art. 128 stehe und dessen praktische Wirkung (*effet utile*) gewährleiste.[177]

Das Urteil ist zu Recht kritisiert worden. Gerade wenn eine Kompetenz derart einschränkend formuliert ist wie in Art. 128 EWG, der von „allgemeinen Grundsätzen" zur Durchführung einer gemeinsamen Politik spricht, ist es wenig überzeugend, diese Kompetenz mit der Begründung, dass dadurch die praktische Wirksamkeit der Vorschrift gewährleistet werde, weit auszulegen.[178] Sind die Mittel, die in Anspruch genommen werden dürfen, bei einer Kompetenzgrundlage verhältnismäßig klar und restriktiv mit dem Begriff „allgemeine Grundsätze" definiert, erscheint es höchst angreifbar, die Kompetenz durch Rückgriff auf die praktische Wirksamkeit der zugrunde liegenden Zwecksetzung umsetzen zu wollen. Die Auslegung sollte vielmehr auf eine Abgrenzung dessen gerichtet sein, was mit allgemeinen Grundsätzen im Vergleich zu konkreten Maßnahmen gemeint ist.

Nun sind zahlreiche Kompetenznormen in den Verträgen der allgemeinen Konzeption der Verträge entsprechend final ausgelegt (vgl. insbesondere auch Art. 114 AEUV mit seiner Verweisung auf das allgemeinen Binnenmarktziel des Art. 26 AEUV).[179] Dies führt dazu, dass sich Kompetenznormen sehr weit ausdehnen lassen und somit auch Rechtsgebiete erfassen können, die nur einen entfernten und höchst mittelbaren

---

[173] Dies ist die Form der Kompetenzausweitung, die das BVerfG in seiner *Maastricht*-Entscheidung in erster Linie kritisiert hat, vgl. BVerfGE 89, 155, 210 – *Maastricht*; vgl. ebenso BVerfGE 123, 267, 355 – *Lissabon*.

[174] Vgl. hierzu sogleich unter § 1.B.III.3.

[175] EuGH, Rs. 242/87, Slg. 1989, 1425 – *ERASMUS*. Kritisch hierzu *Classen*, EuR 25 (1990), 10, 18; *Wank*, FS Stahlhacke, 1995, S. 633, 650 ff.

[176] Sog. *ERASMUS*-Programm, eingeführt durch Beschluss des Rates 87/327/EWG vom 15. Juni 1987.

[177] EuGH, Rs. 242/87, Slg. 1989, 1425 Rn. 11 – *ERASMUS*.

[178] Zur Kritik vgl. bereits unter § 1.A.II.3.d); vgl. insbesondere aus methodischer Sicht *Wank*, FS Stahlhacke, 1995, S. 633, 649 ff.; deutlich auch *Streinz*, FS Everling II, 1995, 1491, 1503 ff.; *Schweitzer*, in: Merten (Hrsg.), Föderalismus und Europäische Gemeinschaften unter besonderer Berücksichtigung von Umwelt und Gesundheit, Kultur und Bildung, 1990, S. 147, 153.

[179] Zur Finalität der Gemeinschaftskompetenzen und den sich hieraus ergebenden Abgrenzungsproblemen, vgl. *v. Danwitz*, Verwaltungsrechtliches System und Europäische Integration, 1996, S. 432 ff.

Bezug zur eigentlich anvisierten Zwecksetzung haben.[180] Da sie somit eine teleologische Auslegung, die zu Lasten der mitgliedstaatlichen Kompetenzen geht, ohnehin bedingen, erübrigt sich in der Regel ein zusätzlicher Rückgriff auf den *effet-utile*-Gedanken. Dieser bringt schließlich auch nur die Geltung europarechtlicher Ziele im Verhältnis zum mitgliedstaatlichen Recht zum Ausdruck. Nur im Hinblick auf Ausweitungen über die eigentliche Zielsetzung hinaus (etwa bei der Begründung von aus der Innenkompetenz abgeleiteten Außenkompetenzen) erweist sich eine weitergehende Begründung als erforderlich und erfolgt unter Rückgriff auf die Grundsätze von *effet utile* und die *implied-powers*-Doktrin (zur Unterscheidung der beiden Grundsätze vgl. C.I). Die Auslegung von Kompetenznormen betrifft damit auch das Problem der impliziten Außenkompetenzen, die der EuGH häufig anhand der *implied-powers*-Doktrin aus bestehenden Innenkompetenzen ableitet.[181]

Das eigentliche Problem der Auslegung finaler Kompetenznormen besteht ebenso wie das Problem erweiternder Auslegungen anhand des *effet utile* oder der *implied-powers*-Doktrin aber darin, die Reichweite einer Kompetenzzuweisung in Abstimmung mit deren Zwecksetzung zu bestimmen.[182] Derartige Probleme ergeben sich auch im Rahmen der Kompetenzverteilung nach Maßgabe des Grundgesetzes, die sich in höherem Maße an der Zuweisung zu bestimmten Sachgebieten orientiert, aber gleichwohl ohne finale Komponenten nicht auskommt.[183] Die Kompetenznormen bezwecken es zwar durchaus, der EU Mittel zu einer praktisch wirksamen Umsetzung der zugrunde liegenden Ziele an die Hand zu geben. Das Prinzip begrenzter Einzelermächtigung (Art. 5 Abs. 1 S. 1 EUV),[184] das den Verträgen zugrunde liegt, kann indessen durch eine ausweitende Auslegung von Kompetenzbestimmungen ausgehebelt werden. Wenn dieses Prinzip eine rechtliche Bedeutung erfahren soll, müssen Kompetenznormen auch in ihrer die Kompetenzermächtigungen begrenzenden und nicht nur in ihrer begründen Funktion ernst genommen werden.[185] Auch insoweit zeigt sich das Erfordernis, ein Gegengewicht bei der Bestimmung der Reichweite der Kompetenzermächtigungen zu etablieren, das die Bestimmung der Grenzen ihrer praktischen Wirksamkeit ermöglicht.[186] Dass das (teleologische) Prinzip des *effet utile* für sich allein als Argument der praktischen Wirksamkeit eine solche Begrenzung nicht erlaubt, wird anhand der Kompetenznormen besonders deutlich. Es ist insbesondere nicht ersichtlich, wie das Maß zulässiger praktischer Wirksamkeit bei der Auslegung von Kompetenznormen

---

[180] Vgl. etwa die Beispiele bei *Steinberger*, FS Helmrich, 1994, S. 427, 429 f.; *Schneider*, FS Steinberger, 2002, S. 1401, 1416 f. *Everling*, in: Hrbek (Hrsg.), Die Entwicklung der EG zur Politischen Union und zur Wirtschafts- und Währungsunion unter der Sonde der Wissenschaft, 1993, S. 12, 18 ff.

[181] Vgl. hierzu unter § 1.C.I.1.

[182] Zu diesem Umstand als zentralem Kritikpunkt der EU-Kompetenzordnung vgl. insbesondere *Nettesheim*, EuR 39 (2004), 511, 523 ff.; *Schroeder*, EuR 34 (1999), 452 ff.

[183] *v. Danwitz*, Verwaltungsrechtliches System und Europäische Integration, 1996, S. 434; *Steinberger*, VVDStRL 50 (1990), S. 9, 20 f.

[184] Vgl. § 3.A.II.1.a).

[185] Zur besonderen Problematik finaler und sachlicher weiter Kompetenzzuweisungen wie in Art. 114 AEUV vgl. *Calliess*, EuGRZ 2003, 181, 182; *Götz*, in: ders./Martínez Soria (Hrsg,), Kompetenzverteilung zwischen der EU und den Mitgliedstaaten, 2002, S. 83, 93 ff. Dazu, dass sich eine gewisse Unbestimmtheit und Finalität bei der Kompetenzzuweisung nicht vermeiden lässt, v. der Groeben/Schwaze-*Zuleeg*, EU/EG-Vertrag, 6. Aufl. 2003, Art. 5 EG Rn. 4.

[186] Vgl. zu Methoden der Kompetenzbegrenzung v. der Groeben/Schwaze-*Zuleeg*, EU/EG-Vertrag, 6. Aufl. 2003, Art. 5 EG Rn. 6 m. w. N. aus der Rechtsprechung.

anhand einer einseitigen Betonung der Zielsetzung zu ermitteln sein soll. Im Ergebnis ist allerdings festzuhalten, dass der EuGH bei der Kontrolle der Inanspruchnahme von Kompetenzen durch die Union im vertikalen Verhältnis grundsätzlich zurückhaltend ist; eine erweiternde Verwendung des *effet-utile*-Grundsatzes ist in diesem Zusammenhang im Wesentlichen nicht zu beobachten.

Schließlich ist bei der Anwendung des *effet-utile*-Grundsatzes auf Kompetenznormen Folgendes zu beachten: Der Einwirkungsanspruch, der die Besonderheit des *effet-utile*-Arguments auf europäischer Ebene ausmacht, lässt sich auf Kompetenznormen nicht übertragen. Diese leiden nämlich – anders als die übrigen unionsrechtlichen Normen – nicht an einer strukturellen Durchssetzungsschwäche gegenüber den gewachsenen Regelungsstrukturen der Mitgliedstaaten und können sich nicht in gleichem Maße auf den Vorranganspruch begründen. Vielmehr enthalten die Kompetenznormen aufgrund des Prinzips der begrenzten Einzelermächtigung (Art. 5 Abs. 1 S. 1 EUV) weder einen Vor- noch einen Nachrang, sondern bestimmen gerade die Reichweite des Vorrangs des Unionsrechts. Auch wenn Kompetenznormen so ausgelegt werden müssen, dass die Kompetenzverteilung zu praktisch sinnvollen Ergebnissen führt und das bestimmte Kompetenzzuweisungen nicht (praktisch) leer laufen, ist das unionsrechtsspezifische, im Wesentlichen auf dem Vorrang des Unionsrechts basierende *effet-utile*-Argument auf sie nicht übertragbar.

4. Zusammenfassung: Der *effet utile* im institutionellen Recht der EU

Im Bereich des institutionellen Rechts der EU hat der *effet utile* seine – umstrittene – Prominenz als besonderer Auslegungsgrundsatz des Europarechts erhalten. Indem er den unionsrechtlichen Einwirkungsanspruch zum Ausdruck bringt, wurden mit diesem Auslegungsgrundsatz anhand zahlreicher bedeutender Einzelfälle die institutionellen Vorgaben entwickelt, die das Verhältnis des EU-Rechts zum nationalen Recht ausmachen. Dazu gehören insbesondere die unmittelbare Anwendbarkeit, der Vorrang, die unmittelbare Wirkung von Richtlinien und Entscheidungen, der Staatshaftungsanspruch, das Gebot unionsrechtskonformer Auslegung bzw. Rechtsfortbildung sowie die Grundsätze der Durchführung des Unionsrechts durch die Mitgliedstaaten. Der *effet utile* hat sich auf der institutionellen Ebene aus argumentativer Sicht als Ausdruck des Einwirkungsanspruchs des Unionsrechts erwiesen, allerdings als eine einseitige Betonung dieses Anspruchs; Ausführungen zu gegenläufigen Wertungen des nationalen Rechts und zum institutionellen Verhältnis beider Rechtsordnungen zueinander werden durch den *effet utile* nicht zum Ausdruck gebracht – und finden sich auch im übrigen in den weitgehend apodiktisch formulierten Urteilen des EuGH nicht unter dem Stichwort des *effet utile*. Andererseits zeigt die EuGH-Rechtsprechung durchaus begrenzende Tendenzen bei der Durchsetzung europarechtlicher Vorgaben im institutionellen Recht auf. Ein Bezug zum *effet-utile*-Argument ist im Rahmen dieser Begrenzungen jedoch bislang noch nicht formuliert worden.

III. Der Einwirkungsanspruch im materiellen Recht

1. Das materielle Recht der EU und die Unterscheidung vom institutionellen Recht bei der Rechtsfindung

Der im *effet-utile*-Grundsatz zum Ausdruck kommende Einwirkungsanspruch äußert sich nicht nur auf der institutionellen Ebene, sondern auch auf der Ebene des materiellen Rechts der EU. Mit dem materiellen Recht der EU sind die Vorschriften gemeint, die sachliche Regelungen im Kompetenzbereich der EU treffen. Im Hinblick auf die sachliche Regelungsmaterie zählen hierzu alle vom EU-Recht erfassten Rechtsgebiete, die derart unterschiedliche Regelungsmaterien wie das Agrarrecht, den Verbraucherschutz, das Wettbewerbsrecht und nicht zuletzt die Grundfreiheiten und damit den Binnenmarkt betreffen.[187]

Bei der Behandlung des institutionellen Rechts ist darauf hingewiesen worden, dass dieses vom EuGH zu einem wesentlichen Teil aus den Anforderungen des materiellen Rechts, also aus der Tatsache heraus entwickelt wurde, dass das materielle Recht der EU das Verhältnis zwischen Mitgliedstaaten und deren Rechtssubjekten bzw. zwischen den Rechtssubjekten untereinander unmittelbar gestaltet. Hierzu war es auf eine Anerkennung seiner Wirksamkeit auch im Verhältnis zu den Bürgern der Mitgliedstaaten angelegt, zu der die Verträge in zahlreichen Einzelheiten nicht Stellung genommen hatten (näher dazu II.2.a)). Ebenso wie sich das institutionelle Recht an den Anforderungen des materiellen Rechts orientiert, werden bei der Auslegung des materiellen Rechts auch institutionelle Fragen relevant. So stand etwa die Entwicklung der Staatshaftung der Mitgliedstaaten im Fall *Francovich*[188] in Zusammenhang mit der Frage nach dem Schutzbereich und insbesondere der Schutzwirkung der zugrunde liegenden Richtlinie zugunsten der Arbeitnehmer bei Zahlungsunfähigkeit des Arbeitgebers.[189] Denn eine Staatshaftung kommt nur dann in Betracht, wenn dem Kläger auch individuelle Rechte durch das Unionsrecht eingeräumt werden. Es zeigt sich, dass beide Fragen bei der Auslegung des Unionsrechts miteinander verbunden sind.

2. Verwendung des *effet utile*

In ihrer Untersuchung der Verwendung des *effet utile* ist *Seyr* zu dem Ergebnis gekommen, dass 63 % der Urteile, in denen der *effet utile* in dem hier verstandenen weiten Sinne verwendet wird, das materielle Recht der EG/EU betreffen.[190] Der Anteil von 37 %, der auf das institutionelle Recht entfällt, ist damit – gemessen an der verhältnismäßig geringen Zahl von Urteilen zu den institutionellen Fragen – verhältnismäßig hoch. Bei dem *effet utile* handelt es sich um einen Auslegungsgrundsatz, der bei der Fortbildung des institutionellen Rechts eine bedeutende Rolle gespielt hat und mit diesem auch in der Rezeption in der Regel in Verbindung gebracht wird.[191] Bereits

---

[187] Vgl. insoweit die Darstellung der *effet utile* Urteile bei *Seyr*, Der *effet utile* in der Rechtsprechung des EuGH, 2008, S. 203 ff.

[188] EuGH, Rs. C-6/90 u. 9/90, Slg. 1991, I-5357 – *Francovich*.

[189] Richtlinie 80/987/EWG des Rates vom 20. Oktober 1980 zur Angleichung der Rechtsvorschriften der Mitgliedstaaten über den Schutz der Arbeitnehmer bei Zahlungsunfähigkeit des Arbeitgebers, ABl. L 283, S. 23.

[190] *Seyr*, Der *effet utile* in der Rechtsprechung des EuGH, 2008, S. 203.

[191] Vgl. § 1.B.II.2.

gemessen an der zahlenmäßigen Verteilung der Urteile spricht einiges dafür, dass dem *effet utile* im materiellen Recht nicht nur eine andere Rolle zukommt als im institutionellen Recht, sondern dass im materiellen Recht andere Auslegungsargumente eine größere Rolle gespielt haben.

3. Der *effet utile* bei der Auslegung materiellen Rechts und das Problem der indirekten Kollisionslagen

Der Einwirkungsanspruch des Unionsrechts äußert sich bei der Auslegung des materiellen Recht in einer weniger grundlegenden, aber gleichwohl entscheidenden Weise als einer der Kerngehalte des *effet utile*. Der Grundkonflikt zwischen europarechtlichen und nationalen Regelungen hat sich im Sinne eines Anwendungsvorrangs des Unionsrechts – begleitet von zahlreichen anderen Instrumenten, die dessen Vorrang auch zugunsten der begünstigten Bürger sichern (Staatshaftung, unmittelbare Wirkung von Richtlinien) – in den wesentlichen institutionellen Fragen geklärt. Bei der Auslegung des materiellen Unionsrechts besteht indessen ein konstantes Spannungsfeld zwischen europarechtlichen und mitgliedstaatlichen Regelungen fort. Besondere Probleme werfen dabei die Fälle auf, in denen der Konflikt zwischen dem Unionsrecht und dem materiellen Recht nicht bereits auf der Ebene sich widersprechender Wortlaute der Normtexte erkennbar und anhand der im Prinzip des Anwendungsvorrangs enthaltenen Kollisionsregel ohne weiteres zu lösen ist, sondern erst infolge einer (im Regelfall teleologischen) Auslegung des Unionsrechts zutage tritt. Damit ist ein Problem angesprochen, das in der Literatur unter dem Stichwort indirekter Kollisionslagen behandelt wird.[192]

a) Indirekte Normenkollisionen als Problem der Auslegung des materiellen Unionsrechts

Direkte Kollisionslagen werden durch das Prinzip des Anwendungsvorrangs des Unionsrechts gelöst. Dieser beruht seinerseits auf einer *effet-utile*-Argumentation, bei welcher der *effet utile* darauf gerichtet ist, den unionsrechtlichen Vorschriften im Verhältnis zum nationalen Recht zur Wirksamkeit und Durchsetzung zu verhelfen.[193] Die einheitliche Anwendbarkeit und Wirksamkeit des Unionsrechts wären ernsthaft infrage gestellt, würde man den Vorrang des Unionsrecht bei direkten Kollisionen in Zweifel ziehen.[194] Der Anwendungsvorrang stellt damit als allgemeine Kollisionsregel im Verhältnis zwischen Unionsrecht und nationalem Recht die wesentliche Grundlage der Rechtsordnung des Unionsrechts dar.

Die Anwendung des Vorrangprinzips ist allerdings bei sog. indirekten Kollisionslagen relativiert. Hierunter versteht man im Wesentlichen Fälle, in denen zwei Normen unterschiedlicher Regelungsbereiche in Konflikt miteinander stehen, deren Rechts-

---

[192] Vgl. zu dem Begriff *Komendera*, Normenkonflikte zwischen EWG- und BRD-Recht – insbesondere indirekte Kollisionen, 1974, S. 3, 145 ff.; *Huthmacher*, Der Vorrang des Gemeinschaftsrechts bei indirekten Kollisionen, 1985, S. 135 ff.; *Weber*, EuR 21 (1986), 1, 3.; *v. Danwitz*, Verwaltungsrechtliches System und Europäische Integration, 1996, S. 115.

[193] Vgl. bereits § 1.B.II.2.a). Zum gemeinschaftsrechtlichen Ursprung und der Entwicklung des Anwendungsvorrangs vgl. *Schroeder*, Das Gemeinschaftsrechtssystem, 2002, S. 384 f.; *Zuleeg*, VVDStRL 53 (1994), 154, 159 ff.,; *v. Danwitz*, Verwaltungsrechtliches System und Europäische Integration, 1996, S. 112 f.

[194] Vgl. dazu die Grundsatzentscheidung EuGH, Rs. 6/64, Slg. 1964, 1251 – *Costa/ENEL*.

folgen sich nicht gegenseitig vollständig ausschließen, sondern die vielmehr weiterhin kumulativ nebeneinander anzuwenden sind.[195] Häufig, aber nicht zwingend geht es dabei um Fälle, in denen materielle Regelungen des Unionsrechts durch das Verfahrensrecht der Mitgliedstaaten beeinträchtigt werden, insbesondere im Bereich des Verwaltungsverfahrens.[196] Eine Kollision ist in indirekten Kollisionslagen nicht schon aufgrund desselben Regelungsanspruchs der beiden Normen sichtbar, sondern ergibt sich vielmehr erst daraus, dass die wirksame Umsetzung der Vorgaben des materiellen Europarechts durch eine mitgliedstaatliche Regelung behindert wird, die einem anderen Regelungsbereich unterfällt, etwa durch eine verfahrensrechtliche Regelung.

Wenn etwa eine allgemeine nationale Rückforderungsfrist des Verwaltungsverfahrensrechts (vgl. §48 Abs.4 S.1 VwVfG), das grundsätzlich nicht in der Regelungskompetenz der EU liegt, die Rückforderung unionsrechtswidriger Beihilfeleistungen praktisch unmöglich macht oder erschwert, besteht ein indirekter Normenkonflikt zwischen beiden Normen.[197] Dieser Konflikt ist aufgrund des unterschiedlichen Regelungsbereichs und Regelungsanspruchs der beiden Vorschriften nicht unmittelbar ersichtlich. Es ist offenkundig, dass durch nationale Fristenregelungen die Rückforderung unionsrechtswidriger Beihilfen erschwert bzw. vereitelt werden kann; zugleich ist aber auch ein Interesse des Betroffenen an Vertrauensschutz anzuerkennen, das in den Regelungen der §§48ff. VwVfG zum Ausdruck kommt. Der Normkonflikt kann im konkreten Fall auch nicht durch den generellen Vorrang einer Norm beseitigt werden, da die einschlägigen Normen des AEUV (etwa Art. 107ff. AEUV über staatliche Beihilfen) keinen verfahrensbezogenen Inhalt haben und keine Fristen für die Rückforderungen vorsehen. Anhand dieser Präzisierung wird der Bezug zum *effet-utile*-Grundsatz deutlich, denn es geht bei den indirekten Kollisionslagen um die Auswirkungen europarechtlicher Regeln auf nicht unmittelbar betroffene Rechtsgebiete des mitgliedstaatlichen Rechts und damit um eine Auslegung, die über die Anerkennung des unmittelbaren Anwendungsvorrangs hinausgeht.

Zugleich wird aber auch deutlich, dass es sich dabei nicht um eine institutionelle Frage handelt, die sich durch eine einheitliche Kollisionsregel beantworten ließe. Es wird nicht der Vorrang des Unionsrechts generell infrage gestellt. Vielmehr geht es zunächst um die Bestimmung der Reichweite des materiellen Europarechts und damit um die Frage, ob und inwieweit eine (indirekte) Kollision überhaupt vorliegt. Erst wenn

---

[195] Zum Begriff und zur Schwierigkeit der Abgrenzung gegenüber direkten Kollisionen vgl. etwa *Streinz*, in: Isensee/Kirchhof (Hrsg.), Handbuch des Staatsrechts, Bd.VII, 1992, §182 Rn.26f.; *v. Danwitz*, Verwaltungsrechtliches System und Europäische Integration, 1996, S.114f.; *Weber*, EuR 21 (1986), 1, 3; *Hatje*, Die gemeinschaftsrechtliche Steuerung der Wirtschaftsverwaltung, 1998, S.56; *Huthmacher*, Der Vorrang des Gemeinschaftsrechts bei indirekten Kollisionen, 1985, S.135ff.; *Komendera*, Normenkonflikte zwischen EWG- und BRD-Recht – insbesondere indirekte Kollisionen, 1974, S.149ff. Im Hinblick auf den Effektivitätsgrundsatz vgl. *Schroeder*, Das Gemeinschaftsrechtssystem, 2002, S.397.

[196] Vgl. etwa EuGH, Rs. 33/76, Slg. 1976, 1989 Rn.5 – *Rewe I*; EuGH, Rs. 45/76, Slg. 1976, 2043 Rn.11/18 – *Comet*. Beide Urteile betrafen verwaltungsverfahrensrechtliche Fristenregelungen zur Sicherung der Bestandskraft von verwaltungsrechtlichen Entscheidungen, die gegen das Gemeinschaftsrecht verstießen. Der EuGH hat die Fristenregelungen in beiden Fällen nicht beanstandet. Erfasst können aber auch Regelungen des nationalen Prozessrechts sein, vgl. zur Problematik der Rechtskraft insbesondere *Germelmann*, Die Rechtskraft von Gerichtsentscheidungen in der Europäischen Union, 2009, S.259ff.

[197] Vgl. EuGH, Rs. C-24/95, Slg. 1997, I-1591 – *Alcan*. Näher hierzu unter §1.B.III.3.c) sowie *Oppermann/Classen/Nettesheim*, Europarecht, 5.Aufl. 2011, §12 Rn.43ff. (= S.201f.).

diese Frage positiv beantwortet ist, geht es auf einer zweiten Stufe um die Umsetzung dieser Vorgaben in das nationale Recht anhand institutioneller Instrumente, etwa aufgrund einer konformen Auslegung nationalen Rechts oder durch einen Staatshaftungsanspruch des Betroffenen. Dabei wird es – wie das Beispiel des § 48 Abs. 4 S. 1 VwVfG zeigt – häufig auch nicht um eine Verdrängung nationaler Regeln gehen, da das Unionsrecht im Regelfall keine eigenständige Ersatzregelung anbietet. Vielmehr wird das Unionsrecht eine Modifikation des nationalen Rechts erforderlich machen. Die Reichweite dieser Modifikation betrifft eine Frage des materiellen Rechts, während das institutionelle Recht nur noch über die Möglichkeiten der Umsetzung dieser Vorgabe entscheidet, an der Begründung eines – zumindest nach Art. 256 AEUV sanktionierten – Verstoßes gegen das Europarecht aber nichts mehr ändert, sondern an diesen durch eine (im Wege der Rechtsfortbildung begründete) Erweiterung der Sanktionsmöglichkeiten weitere Rechtsfolgen knüpft.

b) Die Bestimmung der Reichweite des materiellen Rechts bei indirekten Normenkollisionen

aa) Unterscheidung zwischen der materiellen und der institutionellen Ebene bei indirekten Normenkollisionen. Es ist zutreffend, dass indirekte Normenkollisionen nicht allein anhand des Vorrangprinzips gelöst werden können.[198] Indirekte Kollisionslagen werfen damit zwei zu unterscheidende Fragen der Rechtsanwendung auf:[199] Zunächst geht es darum, ob und inwieweit ein Konflikt zwischen dem Europarecht und dem nationalen Recht besteht. Erst nach Beantwortung dieser Frage lässt sich das folgende Problem angehen, in welcher Weise das nationale Recht umzugestalten ist, um diesen Anforderungen des Europarechts gerecht zu werden. Die erste Frage betrifft die Auslegung der europarechtlichen Vorgabe, während die zweite dahin geht, in welcher Form sich das nationale Recht in unionsrechtskonformer Weise anpassen lässt.

bb) Beispiel aus dem europäischen Privatrecht. Diese Unterscheidung lässt sich am Urteil in der Rechtssache *Schulte*[200] aus dem Bereich des europäischen Privatrechts verdeutlichen. In dieser Entscheidung ging es – unter anderem – um die Frage, welche Folgen das Unterlassen einer ordnungsgemäßen Belehrung gemäß Art. 4 der Haustürwiderrufs-Richtlinie[201] nach sich zieht. Die Verbraucher hatten in diesem Fall eine Immobilie erworben und finanziert, wobei beide Geschäfte in einer Haustürsituation (Art. 1 der Richtlinie) zustande gekommen waren. Die Immobilie erwies sich im Nachhinein als unvermietbar und daher praktisch wertlos (sog. „Schrottimmobilie"). Gemäß Art. 3 Abs. 2 lit. a der Richtlinie fiel der Immobilienkaufvertrag allerdings nicht in ihren Anwendungsbereich, so dass ein Widerrufsrecht nur hinsichtlich des Kreditvertrags bestand. Der alleinige Widerruf des Kreditvertrags war indessen nicht im Interesse der Verbraucher, wenn sie sich nicht zugleich auch vom Immobilienkauf-

---

[198] Vgl. nur *v. Danwitz*, Verwaltungsrechtliches System und Europäische Integration, 1996, S. 115 f.; *Schroeder*, Das Gemeinschaftsrechtssystem, 2002, S. 397; *Streinz*, in: Isensee/Kirchhof (Hrsg.), Handbuch des Staatsrechts, Bd. VII, 1992, § 182 Rn. 27.

[199] Dies entspricht in etwa der Unterscheidung von indirekten Normenkollisionen als „Kompetenzfrage" (materiell) und „Loyalitätsfrage" (institutionell) bei *Schroeder*, Das Gemeinschaftsrechtssystem, 2002, S. 397 ff., S. 417 ff.

[200] EuGH, Rs. C-350/03, Slg. 2003, I-9215 Rn. 76 ff. – *Schulte*.

[201] Richtlinie 85/577/EWG des Rates vom 20. Dezember 1985 betreffend den Verbraucherschutz im Falle von außerhalb von Geschäftsräumen geschlossenen Verträgen, ABl. L 372, S. 31.

vertrag lösen konnten, da der Finanzierungsbedarf, den sie durch die Loslösung vom Darlehensvertrag vermeiden wollten, in diesem Fall bestehen blieb.

Der EuGH hat eine (analoge) Anwendung der nur in der Verbraucherkreditrichtlinie,[202] nicht aber in der Haustürgeschäfte-Richtlinie vorgesehenen Vorschriften über verbundene Verträge[203] abgelehnt und sich auch nicht auf die Argumentation eingelassen, beide Geschäfte seien als ein einheitlicher Vertrag anzusehen, der insgesamt der Haustürwiderrufs-Richtlinie unterfalle.[204] Es stellte sich aber die Frage, welche Rechte der Verbraucher infolge der unterlassenen Belehrung geltend machen konnte. Insofern sieht Art. 4 Abs. 2 der Richtlinie vor, dass die Mitgliedstaaten dafür sorgen müssen, dass „ihre innerstaatlichen Rechtsvorschriften geeignete Maßnahmen zum Schutz des Verbrauchers vorsehen, wenn die... vorgesehene Belehrung nicht erfolgt." Welcher Art diese Maßnahmen sind, ließ das Gericht offen, stellte jedoch klar, dass der Verbraucher, falls er bei ordnungsgemäßer Belehrung über sein Widerrufsrecht hinsichtlich des Kreditvertrags den (für ihn nachteiligen) Immobilienkaufvertrag nicht geschlossen hätte, auch von den Risiken dieses Kaufvertrags freizustellen sei. Dies begründet der EuGH unter anderem durch Rückgriff auf die praktische Wirksamkeit (*effet utile*) der Belehrungspflicht, die insbesondere in Art. 4 Abs. 3 zum Ausdruck komme.[205]

Damit äußert sich der EuGH zu den Vorgaben des Unionsrechts, wenngleich nicht in allzu präziser Weise, sondern überlässt die Einzelheiten der wirksamen Umsetzung dem nationalen Recht. Das nationale Recht wird bei der Überprüfung der europarechtlichen Vorgaben nicht ausgeblendet, ihm wird vielmehr – im Rahmen der praktischen Wirksamkeit der Vorschrift – ein durchaus bedeutender Spielraum zugestanden. Eine konkrete Vorgabe, wie das Gebot einer praktisch wirksamen Umsetzung zu verwirklichen ist, sucht man freilich vergebens. Sie wurde im Wesentlichen den (Gerichten der) Mitgliedstaaten überlassen.[206]

---

[202] Richtlinie 87/102/EWG des Rates vom 22. Dezember 1986 zur Angleichung der Rechts- und Verwaltungsvorschriften der Mitgliedstaaten über den Verbraucherkredit, ABl. L, S. 48; nunmehr aufgehoben und ersetzt durch Richtlinie 2008/48/EG des Europäischen Parlaments und des Rates vom 23. April 2008 über Verbraucherkreditverträge und zur Aufhebung der Richtlinie 87/102/EWG des Rates, ABl. L 133, S. 66.

[203] Art 15 der Verbraucherkreditrichtlinie 2008 (Nachweis in Fn. 202).

[204] EuGH, Rs. C-350/03, Slg. 2003, I-9215 Rn. 76 ff. – *Schulte*. Dies befürworten etwa *Fischer*, DB 2005, 2507, 2510; *Hofmann*, BKR 2005, 487, 492 ff.; *Staudinger*, NJW 2005, 3521, 3525. Zur zurückhaltenden Tendenz des BGH vgl. BGHZ 168, 1, 12 ff. Ein Schadensersatzanspruch des Verbrauchers wegen unterbliebener Widerrufsbelehrung scheidet jedenfalls in all den Fällen aus, in denen der Verbraucher bei Abschluss des Darlehensvertrags bereits an seine Erklärung zum Abschluss des Immobilienkaufvertrags gebunden ist, ähnlich auch *Thume/Edelmann*, BKR 2005, 477, 483; *Habersack*, JZ 2006, 91, 93.

[205] EuGH, Rs. C-350/03, Slg. 2003, I-9215 Ls. 3, Rn. 94 ff. – *Schulte*. Bei der Umsetzung dieser Vorgaben stellt sich das Problem, das ein entsprechender Kausalitätsnachweis nur äußerst schwer zu führen ist, vgl. BGHZ 168, 1, 18 f. sowie grundsätzlich *Grigoleit*, Vorvertragliche Informationshaftung, 1997, S. 163 ff. Zum damit verbundenen schadensrechtlichen Kausalitätsproblem im Rahmen einer Haftung für Aufklärungspflichtverletzungen auf der Grundlage der c.i.c. (§§ 280 Abs. 1, 241 Abs. 2, 311 Abs. 2 BGB) vgl. etwa BGHZ 61, 118, 121 f.; BGHZ 124, 151, 159 ff., der bei Aufklärungspflichtverletzungen im Rahmen der Haftung nach c.i.c. eine Vermutung aufklärungsrichtigen Verhaltens zugunsten des unzureichend Aufgeklärten annimmt, vgl. dazu *Canaris*, FS Hadding, 2004, S. 3 ff. MünchKomm-*Emmerich*, BGB. 5. Aufl. 2007, § 311 Rn. 267 ff. m.w.N.

[206] Vgl. zu den Folgen dieser Rechtsprechung im deutschen Recht die Nachweise in Fn. 204.

Diese Frage ist allerdings ebenfalls europarechtlicher Natur, kann aber nicht ohne Rückgriff auf die Vorgaben des nationalen Rechts entschieden werden. Bei indirekten Normenkollisionen lässt sie sich nicht einfach im Wege des Anwendungsvorrangs des Europarechts lösen, da das Europarecht selbst keine hinreichend präzisen Regelungen trifft, sondern nur die praktische Wirksamkeit der eigenen Vorgaben fordert. Der EuGH bedient sich dabei weiterer Instrumente, die er zur Sicherstellung der Wirksamkeit des Europarechts entwickelt hat, insbesondere des Gebots der richtlinienkonformen Auslegung und Rechtsfortbildung, das sowohl europarechtlicher, als auch national-rechtlicher Natur ist.[207] Aber auch der Staatshaftungsanspruch bei fehlerhafter Umsetzung der Richtlinie ist ein denkbares Instrument der Umsetzung dieser Vorgaben, wenn erstere Lösung nicht möglich sein sollte.

Die Unterscheidung zwischen institutionellen und materiellen Vorgaben des Europarechts tritt im Urteil in der Rechtssache *Schulte* besonders zutage: Die Art und Weise der Umsetzung wird als Frage des institutionellen Rechts in einer generellen Weise beantwortet, indem der Anwendungsvorrang durch die Instrumente der unmittelbaren Wirkung von Richtlinie, das Gebot richtlinienkonformer Rechtsfortbildung und den Staatshaftungsanspruch bei fehlerhafter Richtlinienumsetzung ergänzt wird. Die Bestimmung der Vorgaben im Einzelfall stellt hingegen eine Frage der konkreten Richtlinienvorgaben dar. Indirekte Normenkollisionen zeichnen sich durch eine Verbindung beider Fragestellungen aus, wobei insbesondere die Frage der (materiellen) Reichweite problematisch ist. Die institutionelle Umsetzung der Vorgaben hängt wiederum von der Reichweite der unterschiedlichen institutionellen Einwirkungsinstrumente ab. Typischerweise geht es dabei um das Gebot der richtlinienkonformen Auslegung bzw. Rechtsfortbildung.[208]

c) Indirekte Normenkollisionen in Rechtsprechung und Literatur

aa) Die Rechtsprechung des EuGH bei indirekten Normenkollisionen und die Rolle des effet utile. Konflikte zwischen europäischen Sachnormen und nationalen Normen des Verfahrens- oder Prozessrechts[209] wurden in der EuGH Rechtsprechung anhand des *effet-utile*-Grundsatzes gelöst, wie etwa im *Alcan*-Urteil.[210] Der EuGH hat in diesem Fall entschieden, dass nationale Vorschriften des Verfahrensrechts (in diesem Fall §48 Abs.4 S.1 VwVfG-RhPf) zugunsten eines Beihilfeempfängers in solchen

[207] Zu den national-rechtlichen Vorgaben richtlinienkonformer Rechtsfortbildung vgl. insbesondere *Herresthal*, Rechtsfortbildung im europarechtlichen Bezugsrahmen, 2006, S.123ff., 191ff.

[208] Vgl. hierzu aus unionsrechtlicher Sicht *Herresthal*, Rechtsfortbildung im europarechtlichen Bezugsrahmen, 2006, S.173ff. m.w.N.; *Herrmann*, Richtlinienumsetzung durch die Rechtsprechung, 2003, S.134ff.

[209] Vgl. *v. Danwitz*, Verwaltungsrechtliches System und Europäische Integration, 1996, S.115f. sowie die Nachweise in Fn.196.

[210] EuGH, Rs. C-24/95, Slg.1997, I-1591 – *Alcan*; bestätigt in EuGH, Rs. C-298/96, Slg.1998, I-4767 Rn.36f. – *Oelmühle Hamburg* sowie innerstaatlich durch das BVerfG, vgl. die Beschlussentscheidung BVerfG EuR 2000, 257, 260. Vgl. dazu aus der europarechtlichen Literatur zust. etwa Grabitz/Hilf/Nettesheim-*v. Bogdandy/Schill*, Das Recht der Europäischen Union, 46. EL 2011, Art.4 EUV Rn.83; *Scheuing*, Die Verwaltung 34 (2001), 107, 124ff.; *Kadelbach*, Allgemeines Verwaltungsrecht unter europäischem Einfluß, 1999, S.465ff., 470ff.; *Kokott*, DVBl.1993, 1235f.; krit. *Scholz*, DÖV 1998, 261, 264f.; *Müller*, Die Aufhebung von Verwaltungsakten unter dem Einfluss des Europarechts, 2000, S.277ff.; *Sinnaeve*, Die Rückforderung gemeinschaftsrechtswidriger nationaler Beihilfen, 1997, S.151, 207ff.

Fällen nicht angewendet werden dürfen, in denen sie die Rückforderung gegen das Gemeinschaftsrecht verstoßender staatlicher Beihilfen praktisch unmöglich machen würden, da anderenfalls die Vorschriften des Gemeinschaftsrechts über Beihilfen ihrer *praktischen Wirksamkeit* beraubt würden.[211] Die Begründung stützte sich dabei darauf, dass die uneingeschränkte Anwendung der nationalen Vertrauensschutzvorschrift des §48 Abs. 4 S. 1 VwVfG-RhPf die praktische Wirksamkeit der europarechtlichen Beihilfevorschriften in den Fällen beeinträchtigen würde, in denen die nationalen Behörden die Anordnung zu spät erlassen. Dahinter stand auch die strukturelle Erwägung, dass die europarechtlichen Beihilfevorschriften einen Konfliktfall regeln, in dem nationale Behörden und der Beihilfeempfänger – anders als im von §48 Abs. 4 S. 1 VwVfG-RhPf vorgesehenen Fall des Konflikts zwischen nationaler Behörde und dem Leistungsempfänger – gleiche Interessen verfolgen, so dass ein derart strikter Vertrauensschutz eine unionsrechtliche Regelung in der Tat stark beeinträchtigen, ja praktisch komplett aushöhlen kann.[212] Zudem war aufgrund der unterlassenen Notifikation der Kommission das Vertrauen des Betroffenen weniger schutzwürdig.[213] Ähnliche Konstellationen ergeben sich aber nicht nur im Verfahrens- oder Prozessrecht. Indirekte Kollisionen sind auch im Hinblick auf sachrechtliche nationale Regelungen vorstellbar, welche der europarechtlichen Norm nicht unmittelbar entgegenstehen, deren Wirksamkeit aber zu beeinträchtigen vermögen.

Indirekte Normenkollisionen sind im Bereich des europäischen Privatrechts typisch, ja geradezu charakteristisch für dieses Rechtsgebiet, das in besonderem Maße vom Systemzusammenhang unterschiedlicher Regelungsinstrumente geprägt ist. Im europäischen Privatrecht sind solche Konstellationen auch an verschiedenen Stellen virulent geworden, etwa in dem oben erläuterten Beispiel in der Rechtssache *Schulte*.[214] Dass zur praktisch wirksamen Umsetzung einer bestimmten europarechtlich geregelten Materie ein Übergriff in andere Regelungsgebiete vorgenommen wird, die grundsätzlich nicht in den Anwendungs- oder Kompetenzbereich des Europarechts fallen, zeigt sich etwa besonders deutlich in der Entscheidung *Simone Leitner.*[215] Der EuGH hat in diesem Fall entschieden, dass Art. 5 Abs. 2 der Pauschalreiserichtlinie[216] grundsätzlich einen Anspruch auf Ausgleich von Nichtvermögensschäden vorschreibt, da solche Schäden im Reisegewerbe besonders häufig zu verzeichnen sind.[217] Der Generalanwalt hatte sich diesbezüglich auch auf die praktische Wirksamkeit der Richtlinienregelung berufen, was der Gerichtshof zwar nicht der Formulierung nach, wohl aber mit dem Hinweis der Häufigkeit von Nichtvermögensschäden bei der Nicht- oder Schlechterfüllung von Reiseleistungen in der Sache übernommen hat.[218] Mit keinem Wort erwähnt wurden im konkreten Fall (legitime) nationale Anliegen, die im betref-

[211] EuGH, Rs. C-24/95, Slg. 1997, I-1591 Rn. 37 – *Alcan.*

[212] So auch *GA Jacobs* in seinen Schlussanträgen, EuGH, Rs. C-24/95, Slg. 1997, I-1591 Rn. 21, 26 – *Alcan;* auch in EuGH, Rs. C-298/96, Slg. 1998, I-4767 Rn. 36 f. – *Oelmühle Hamburg* wird die *Alcan*-Rechtsprechung mit dem Wettbewerbsvorteil des Mitgliedstaats begründet; *Kadelbach*, Allgemeines Verwaltungsrecht unter europäischem Einfluß, 1999, S. 476.

[213] EuGH, Rs. C-24/95, Slg. 1997, I-1591 Rn. 25, 41, 49– *Alcan.*

[214] Vgl. etwa das Beispiel bei *Herresthal*, Rechtsfortbildung, 2006, S. 107 unter Berufung auf die Urteile EuGH, Rs. C-481/99, Slg. 2001, I-9945 – *Heininger* und EuGH, Rs. C-229/04, Slg. 2005, I-9273 – *Crailsheimer Volksbank.*

[215] EuGH, Rs. C-168/00, Slg. 2001, I-2631 – *Simone Leitner.*

[216] Richtlinie 90/214/EWG.

[217] EuGH, Rs. C-168/00, Slg. 2001, I-2631 Rn. 21 – *Simone Leitner.*

[218] Vgl. SA *GA Tizzano*, Rs. C-168/00, Slg. 2001, I-2631 Rn. 44 – *Simone Leitner.*

fenden Mitgliedstaat für eine Ablehnung des Ersatzes von Nichtvermögensschäden sprechen.[219] Obwohl die Pauschalreiserichtlinie nicht den Anspruch hat, das Schadensrecht als Kernmaterie des nationalen Privatrechts zu harmonisieren, können die Richtlinienvorschriften Auswirkungen auf diese Rechtsmaterie haben, wenn einzelne Regeln dieser nicht harmonisierten Regelungsmaterien geeignet sind, die praktische Wirksamkeit der Richtlinienvorschriften infrage zu stellen.

bb) Das Prinzip der Funktionssicherung und der effet utile bei indirekten Normenkollisionen. Die Lösung indirekter Normenkollisionen hat die europarechtliche Literatur beschäftigt,[220] wobei eine Lösung weitestgehend auf der Grundlage eines Prinzips der Funktionssicherung des Gemeinschaftsrechts gesucht wurde, das dem hier als wesentlichen Bestandteil des *effet utile* aufgezeigten Einwirkungsanspruch des Unionsrechts entspricht. Das Problem ist zutreffend als ein solches der Funktionsfähigkeit und damit der teleologischen Auslegung der gemeinschaftsrechtlichen Norm erkannt worden. Die Grenzen dieses Prinzips bleiben in der europarechtlichen Literatur jedoch unklar. *Komendera* hat davor gewarnt, das Prinzip der Funktionssicherung als ein absolutes zu verstehen und geht bei indirekten Kollisionen davon aus, dass die Funktionsfähigkeit des Gemeinschaftsrechts und damit des *effet utile* ihre Grenzen in den „fundamentalen Verfassungssätzen" der Mitgliedstaaten, sowie in „sehr wichtigen, staatlichen" Interessen finden.[221] Zugleich nimmt *Komendera* bei indirekten Kollisionen, anders als bei direkten Normenkollisionen, eine Vermutung für die Zulässigkeit nationaler Regelungen, also dafür an, dass sie nicht im Widerspruch zum Prinzip der Funktionssicherung stehen.[222] Eine befriedigende dogmatische oder unionsverfassungsrechtliche Begründung der Grenzen lässt die Arbeit von *Komendera* indessen vermissen.[223] Auch *Huthmacher* tritt für eine Abwägung zwischen Funktionssicherung des Gemeinschaftsrecht und Wahrung der nationalen Interessenabwägung bei der betroffenen Regelung ein. Er begründet die Einschränkungen allein aus der gemeinschaftsrechtlichen Reichweite des Funktionssicherungsprinzips; die „Durchsetzung des unmittelbar anwendbaren Gemeinschaftsrecht" dürfe durch die nationale Norm nicht „gänzlich ausgeschlossen werden."[224] Er geht dabei nicht von einer Abwägung zwischen Wertungen des nationalen Rechts und des Europarechts, sondern vielmehr von einer einseitigen Betrachtung der Funktionsfähigkeit des Gemeinschaftsrechts aus; das Prinzip der Funktionssicherung bei *Huthmacher* entspricht nach dieser Definition einem Verständnis des *effet utile* als Verbot der funktionalen Negation und somit allein dem Gebot der Mindesteffektivität (dazu A.II.2). *Huthmacher* geht aber ebenfalls von

219 Zur Problematik des Ersatzes von Nichtvermögensschäden vgl. *E. Kaufmann*, AcP 162 (1963), 421 ff, der die gesetzgeberische Konzeption des BGB unter historischen Gesichtspunkten untersucht; kritisch zu den gesetzgeberischen Gründen für die Beschränkung dagegen Staudinger-*Schiemann*, BGB, Neubearbeitung 2005, § 253 Rn. 1 f.; *Grundmann*, AcP 204 (2004), 569, 601.

220 Vgl. insbesondere die Dissertationen von *Komendera*, Normenkonflikte zwischen EWG- und BRD-Recht – insbesondere indirekte Kollisionen, 1974, S. 3 u. 145 ff. sowie *Huthmacher*, Der Vorrang des Gemeinschaftsrecht bei indirekten Kollisionen, 1985, S. 141 ff.

221 *Komendera*, Normenkonflikte zwischen EWG- und BRD-Recht – insbesondere indirekte Kollisionen, 1974, S. 174 ff.

222 *Komendera*, Normenkonflikte zwischen EWG- und BRD-Recht – insbesondere indirekte Kollisionen, 1974, S. 176.

223 Vgl. insoweit die zutreffende Kritik bei *Huthmacher*, Der Vorrang des Gemeinschaftsrecht bei indirekten Kollisionen, 1985, S. 170 ff.

224 *Huthmacher*, Der Vorrang des Gemeinschaftsrecht bei indirekten Kollisionen, 1985, S. 201.

einer grundsätzlichen Vermutung zugunsten des nationalen Rechts aus und argumentiert, dass unterschiedliche nationale Regelungen akzeptiert werden müssen, solange in einem Bereich keine Harmonisierungsmaßnahmen eingeleitet worden sind.[225]

Zutreffend wird in der Literatur erkannt, dass das Vorrangprinzip im Rahmen der indirekten Normenkollisionen relativiert ist und durch einen Grundsatz der Funktionssicherung zum Ausdruck gelangen sollte, der letztlich nichts anderes als das *effet-utile*-Argument beinhaltet. Ebenso wie bei letzterem liegt das Problem nicht in der Ermittlung und Begründung des Prinzips der Funktionssicherung, sondern in der Ermittlung seiner Grenzen, die im Wesentlichen der Rechtsprechung überantwortet ist. Ebenso wie allgemein in den Fällen des *effet utile* wird die Lösung des Problems darin zu liegen haben, dass man die Reichweite der Funktionssicherung als Abwägungsproblem im Verhältnis zweier Rechtsordnungen erkennt und die relevanten Abwägungskriterien insbesondere die – auch für die Auslegung des Unionsrechts – relevanten mitgliedstaatlichen Interessen ermittelt.[226]

d) Indirekte Normenkollisionen und die unterschiedlichen Rechtsakte der EU

Indirekte Normenkollisionen können sich bei der Wirkung sämtlicher Rechtsakte der EU ergeben. Sie treten aber vor allem bei Richtlinien (Art. 288 Abs. 3 AEUV) auf, wie die hier vorgestellten Beispiele zeigen, da es für diesen Rechtsakt typisch ist, dass er nur in begrenzter Weise in ein bestehendes Regelsystem eingreift und somit an vielen Stellen Fragen nach der Wirkung von Richtlinienvorgaben im Verhältnis zu nationalen Vorschriften aufwirft. Seltener kommen entsprechende Rechtsfindungsprobleme dagegen bei der Verordnung (Art. 288 Abs. 2 AEUV) vor, weil ihr direkte Geltung zukommt und diese daher typischerweise ihren (abgeschlossenen) Regelungsbereich möglichst umfassend selbst regelt, so dass die Auswirkungen auf verwandte Rechtsgebiete des nationalen Rechts bei Verordnungen erheblich geringer sind. In noch geringerem Maße treten indirekte Normenkollisionen bei Beschlüssen (Art. 288 Abs. 4 AEUV) auf, da diese unmittelbar anwendbar sind und zudem konkrete Einzelfälle betreffen. Indirekte Normenkollisionen treten dagegen durchaus häufig im Bereich des Primärrechts auf, das allgemeine Vorgaben macht, zu deren Umsetzung der Anwendungsvorrang alleine nicht ausreicht, sondern das darüber hinaus Auswirkungen auf verwandte Rechtsgebiete haben kann.

e) Zusammenfassung: Indirekte Kollisionslagen als eigentliches Problem der *effet-utile*-Auslegung im materiellen Recht

Zwischen dem Unionsrecht und dem mitgliedstaatlichen Recht ergeben sich indirekte Normenkollisionen, wenn bestimmte europarechtliche Regeln Auswirkungen auf andere Rechtsbereiche haben, die europarechtlich nicht geregelt sind und damit der Regelungskompetenz des nationalen Rechts unterfallen. Solche Kollisionen können grundsätzlich in allen gestuften Rechtsordnungen auftreten, sind aber vor allem dann häufig anzutreffen, wenn sich der Regelungsanspruch der höherrangigen Rechtsordnung (wenngleich punktuell) auf Regelungsbereiche erstreckt, die grundsätzlich auch der niederrangigen Rechtsordnung unterfallen. Eine besondere Bedeutung haben diese Konflikte zumal, wenn – wie im Verhältnis von Unionsrecht und nationalem Recht – die niederrangige Rechtsordnung einen vollständigen Regelungsanspruch hat,

---

[225] *Huthmacher*, Der Vorrang des Gemeinschaftsrecht bei indirekten Kollisionen, 1985, S. 201.
[226] Vgl. näher unter § 2.C.III.2.a) sowie unter § 3.C.II.1.

während die höherrangige Rechtsordnung kompetenziell weitgehend auf punktuelle Einwirkungen in unterschiedliche, systematisch geschlossene Regelungsbereiche begrenzt ist. Die angeführten Beispiele haben gezeigt, dass eine auf die Wirksamkeit unionsrechtlicher Normen gerichtete Auslegung anhand des *effet utile* auf Kosten mitgliedstaatlicher Regelungsbereiche geht, da sie in aller Regel Fragen betrifft, für die auch das mitgliedsstaatliche Recht eine jedenfalls in bestimmten Aspekten abweichende Regelung bereitstellt. Die Bestimmung der Reichweite einer unionsrechtlichen Vorschrift steht damit stets in einem Spannungsverhältnis zum Regelungsanspruch des nationalen Rechts.[227]

Bei dem Problem der indirekten Normenkollisionen handelt es sich daher um den typischen Anwendungsfall des *effet utile* bei der Auslegung des materiellen EG-Rechts. Insbesondere hier ist die institutionelle (Umsetzungsfrage) von der materiell-rechtlichen Frage (Auslegungsfrage) zu trennen. In einem ersten Schritt, der die materielle Ebene betrifft, ist über die Reichweite der unionsrechtlichen Norm zu befinden. Erst in einem zweiten Schritt, der die institutionelle Form der Einwirkung betrifft, geht es um die Frage, wie diese Vorgabe im nationalen Recht umzusetzen ist. Die materiell-rechtliche Frage nach der Reichweite der unionsrechtlichen Norm ist nach anderen Grundsätzen zu beantworten als die institutionelle Frage. Während es bei der institutionellen Frage um ein verfassungs- bzw. verfahrensrechtliches Problem des grundsätzlichen Verhältnisses zwischen Unionsrecht und nationalem Recht handelt, geht es bei der materiell-rechtlichen Frage um die Kompetenzabgrenzung im Rahmen eines bestimmten Regelungsbereichs im Einzelfall. Die Auslegung betrifft insofern das Verhältnis zum nationalen Recht auf einer weniger grundlegenden, aber gleichwohl für die Kompetenzverteilung entscheidenden Weise.

Auf der institutionellen Ebene ergeben sich bei indirekten Normenkollisionen im Hinblick auf den *effet utile* nur wenige Besonderheiten im Vergleich zu direkten Normenkollisionen; insbesondere sind die im institutionellen Recht anhand des *effet utile* entwickelten Rechtsinstitute (unmittelbare Wirkung, Vorrang, Staatshaftung, Gebot europarechtskonformer Rechtsfindung) grundsätzlich ohne nennenswerte Einschränkungen anwendbar.[228] Das besondere Problem der indirekten Normenkollisionen liegt vielmehr darin, den Regelungsbereich des europarechtlichen Rechtsakts im Verhältnis zu anwendbaren national-rechtlichen Vorschriften zu bestimmen.

4. *Effet utile* außerhalb indirekter Kollisionslagen im materiellen Recht

Im Unionsrecht bestehen auch materiell-rechtliche Auslegungsfragen, die nicht ein (unmittelbares oder mittelbares) Konkurrenzverhältnis zum nationalen Recht zum Gegenstand haben, sondern bei denen es um die Reichweite einer europarechtlichen Norm vor dem Hintergrund einer anderen unionsrechtlichen Norm geht. In solchen Fällen wäre eine *effet-utile*-Argumentation zwar grundsätzlich auch denkbar, in dem Sinne, dass die praktische Wirksamkeit einer Vorschrift eine bestimmte modifizie-

[227] Vgl. aus der Sicht des Verwaltungsrechts insbesondere *v. Danwitz*, Verwaltungsrechtliches System und Europäische Integration, 1996, passim.

[228] Gerade bei der Rechtsfortbildung kann eine indirekte Normenkollision jedoch anders als direkte Konflikte nicht durch einfache Reduktionen oder Analogien verwirklicht werden, sondern erfordert mitunter eine modifizierende Rechtsfortbildung, vgl. hierzu *Mosiek*, Effet utile und Rechtsgemeinschaft, 2003, S. 30 ff. zu den normergänzenden und normmodifizierenden Wirkungen des *effet utile*.

rende Auslegung vor dem Hintergrund einer anderen Vorschrift erfordert. Indessen bemüht der EuGH das *effet-utile*-Argument in diesen Fällen grundsätzlich nicht. Daran zeigt sich, dass der EuGH die eigentliche Funktion des *effet utile* im Verhältnis des EU-Rechts zum nationalen Recht sieht. In den übrigen Fällen begnügt er sich mit dem allgemeinen Grundsatz teleologischer Auslegung, ohne – wie dies beim *effet utile* geschieht – die *effektive* Verwirklichung einer bestimmten Vorschrift besonders zu betonen. Ob aus argumentationstheoretischer Sicht überhaupt ein Unterschied zwischen *effet utile* und dem allgemeinen Grundsatz teleologischer Auslegung besteht, d. h. inwiefern dem *effet utile* eine Sonderstellung als theoretisches Argument zukommt, ist ohnehin fraglich (vgl. dazu § 2.C.IV). Aus dogmatischer Sicht wird mit dem *effet utile* im Regelfall jedoch der Umstand zum Ausdruck gebracht, dass einer unionsrechtlichen Zwecksetzung vor dem Hintergrund mitgliedstaatlichen Rechts Vorrang zukommt, so dass Auslegungsfragen, die das Verhältnis unionsrechtlicher Normen untereinander betreffen, nicht mit dem *effet-utile*-Problem gleichgesetzt werden können. Der Befund der Rechtsprechung und das Verständnis des *effet utile* in der Literatur legen es vielmehr nahe, diesen Grundsatz allein auf Rechtsfindungsprobleme im Verhältnis zwischen dem Europarecht und dem nationalen Recht zu beziehen.

IV. Einwirkungsanspruch und nationales Recht

Auch wenn sich sowohl der materiell-rechtliche als auch der institutionelle Aspekt der Auslegungsfrage grundsätzlich nach dem Europarecht bestimmen, werden sie vom EuGH zu Recht nicht ohne einen Blick auf die Perspektive des nationalen Rechts beantwortet. Die grundsätzliche Art und Weise der Umsetzung ins nationale Recht kann nicht ohne Berücksichtigung der Möglichkeiten beantwortet werden, die das nationale Recht dem Unionsrecht eröffnet. Dies zeigen die zahlreichen Einschränkungen, die im Rahmen der unterschiedlichen institutionellen Instrumente zugunsten des nationalen Rechts vorgenommen werden.[229] Ebenso wenig kann die Auslegung des sachlichen Rechts der EU die Dimension des nationalen Rechts ausblenden, vor dessen Hintergrund es wirken soll. In welcher Form nationales Recht die Auslegung von Europarecht bestimmt, ist indessen eine Frage der Kompetenzverteilung zwischen Europarecht und nationalem Recht, die in § 3 näher untersucht wird. Vorliegend sollen aufgrund der Problemstellung der Untersuchung die unionsrechtlichen Vorgaben der Rechtsfindung im Vordergrund stehen, zumal sich die Umsetzung in das nationale Recht nach der Beantwortung der ersten zu richten hat.[230]

[229] Vgl. im Bereich der Staatshaftung die einschränkenden Kriterien des qualifizierten Verstoßes gegen das Unionsrechts (vgl. EuGH, verb. Rs. C-46/93 u. 48/93, Slg. 1996, I-1029 Rn. 55 – *Brasserie du Pêcheur*; EuGH, verb. Rs. C-178/94, 179, 188/94 u. 190/94, Slg. 1996, I-4845 Rn. 23 – *Dillenkofer* und dazu Streinz-*Gellermann*, EUV/AEUV, 2. Aufl. 2012, Art. 340 AEUV Rn. 47 ff.; Grabitz/Hilf/Nettesheim-*v. Bogdandy/Jacob*, Das Recht der Europäischen Union, 46. EL 2011, Art. 340 EGV Rn. 184 m. w. N. sowie die verfahrensrechtliche Autonomie der Mitgliedstaaten (hierzu etwa *Dougan*, National Remedies before the Court of Justice, 2004, S. 227 ff.; *Gundel*, in: Schulze/Zuleeg (Hrsg.), Europarecht, 2. Aufl. 2010, § 3 Rn. 109 ff.; *Schroeder*, AöR 129 (2004), 3, 34 ff.).

[230] Die zweite Frage betrifft insbesondere die Möglichkeiten einer europarechtskonformen Rechtsfortbildung des nationalen Rechts, die nicht Gegenstand der vorliegenden Untersuchung ist, vgl. hierzu eingehend *Herresthal*, Rechtsfortbildung im europarechtlichen Bezugsrahmen, 2006.

Der Bezug zum nationalen Recht, der in beiden Fällen deutlich wird, sollte jedoch nicht darüber hinwegtäuschen, dass sowohl die Frage nach der Reichweite unionsrechtlicher Vorschriften als auch diejenige nach den Anforderungen der Umsetzung im nationalen Recht zunächst solche des Unionsrechts sind und sich allein nach dessen Vorgaben richten. Inwiefern diese unionsrechtlichen Vorgaben auch im nationalen Recht anzuerkennen sind, ist wiederum eine Frage des nationalen Verfassungsrechts.[231] Erkennt ein Mitgliedstaat in bestimmten Fällen nach seinem nationalen Recht unionsrechtliche Vorgaben nicht an, etwa weil dieses Recht über die dem Europarecht gewährten kompetenziellen Grenzen hinausgeht oder gegen fundamentale Prinzipien des nationalen Verfassungsrechts (insbesondere gegen Grundrechte) verstößt, ändert dies nichts an ihrer europarechtlichen Gebotenheit und den sich hieraus ergebenden Konsequenzen auf der unionsrechtlichen Ebene (insbesondere in Form eines Vertragsverletzungsverfahrens).

Im Ergebnis wird bei der Bestimmung der Einwirkung des Unionsrechts anhand des *effet utile* die Notwendigkeit deutlich, die Grenzen der erforderlichen bzw. zulässigen Einwirkung zu bestimmen. Diese können sich nur aus dem Verhältnis zum nationalen Recht ergeben. Der EuGH berücksichtigt in seiner Rechtsprechung auch nationalrechtliche Belange und Wertungen und zwar sowohl im Bereich des institutionellen als auch im Bereich des materiellen Europarechts. Indessen wurde die Art und Weise der Berücksichtung nationaler Belage auf einer theoretischen Ebene in der Rechtsprechung noch nicht hinreichend reflektiert. In einem deutlichen Widerspruch zu dieser die Belange der Mitgliedstaaten anerkennenden Praxis des Gerichtshofs steht der methodologische Befund, dass das Unionsrecht keine gegenläufigen Auslegungsmaximen bzw. Grenzen zum prominenten Prinzip des europarechtlichen Einwirkungsanspruchs kennt, die in unmittelbarem Zusammenhang mit dem *effet-utile*-Argument berücksichtigt werden.[232] Der *effet utile* ist insoweit ein eindimensionaler Ausdruck eines zweidimensionalen Koordinationsproblems.

V. Zwischenergebnis: *Effet utile* als Ausdruck des unionsrechtlichen Einwirkungsanspruchs und die Unterscheidung zwischen dem *effet utile* im institutionellen und materiellen Recht

1. Anhand der Rechtsprechung des EuGH wird deutlich, dass der mit dem *effet utile* verbundene Einwirkungsanspruch auf zwei Ebenen zum Ausdruck gelangt, die voneinander zu unterscheiden sind. Auf einer institutionellen Ebene wurde er als Auslegungsgrundsatz verwendet, der das Verhältnis zwischen dem Unionsrecht und dem nationalen Recht auf einer generellen Ebene klärt und Rechtsinstitute begründet hat, welche die Einwirkung des Europarechts auf das nationale Recht ermöglichen und optimieren. Auf einer anderen, materiellen Ebene dient der *effet utile* nicht der Umsetzung bzw. Effektuierung einmal ermittelter unionsrechtlicher Vorgaben, sondern – als Auslegungsgrundsatz – der Bestimmung dieser Vorgaben im Verhältnis zum nationalen Recht. Mit der Unterscheidung zwischen institutioneller und materieller Ebene geht einher eine Trennung zwischen der Art und Weise der Umsetzung einmal bestimmter europarechtlicher Vorgaben (institutionelle

[231] Vgl. hierzu unter § 3.A.III.

[232] Zu Recht kritisch daher *v. Danwitz*, JZ 1994, 335, 338.

Ebene) und der Auslegung, d.h. der vorrangigen Frage nach der Bestimmung der Reichweite einzelner Normen (materielle Ebene).

2. In beiden Fällen ist der *effet utile* dabei Ausdruck des Einwirkungsanspruchs des Unionsrechts im Verhältnis zum nationalen Recht und beschreibt damit ein Rechtsfindungsproblem, das die Koordination mehrstufiger Rechtsordnungen betrifft, wenn die Vorgaben der höherrangigen Rechtsordnung auch ohne weitere Umsetzungsakte im Recht niedrigerer Rangordnung gelten und sich in ihrem Regelungsbereich mit Vorschriften des niederrangigen Rechts überschneiden. Dieses Problem teleologischer Auslegung im Verhältnis zwischen zwei Rechtsordnungen ist nicht zwingend auf das Verhältnis des Europarechts zum nationalen Recht beschränkt, sondern beschreibt ein allgemeines Rechtsfindungsproblem im Spannungsverhältnis zweier Rechtsordnungen. Zwar lässt sich der *effet utile* als Auslegungsgrundsatz auch auf Auslegungsfragen innerhalb *einer* Rechtsordnung anwenden, indem er die wirksame Umsetzung bestimmter Zweckvorgaben betont (zur Struktur des *effet-utile*-Arguments vgl. §2.C). Indessen ist die besondere Betonung der wirksamen Umsetzung einer Vorgabe innerhalb einer Rechtsordnung kein Problem, das mit dem *effet utile* verbunden werden sollte. In diesem Falle handelt es sich um einen einfachen Grundsatz teleologischer Auslegung im Spannungsverhältnis zweier unterschiedlicher, aber gleichrangiger Rechtsvorschriften, bei dem sich eine Wertung aufgrund bestimmter Argumente durchsetzen, nicht aber grundsätzlich einen Vorrang für sich beanspruchen kann.
3. Das bereits unter A.III herausgearbeitete Problem der Verwendung des *effet utile* liegt in erster Linie in der einseitigen Formulierung und der fehlenden Begrenzung seines Einwirkungs- und Vorranganspruchs. Dieses Problem lässt sich unter Berücksichtigung der Differenzierung zwischen materiellem und institutionellem Recht präziseren und z.T. relativieren. Bei der Entwicklung von Begrenzungen des *effet utile* ist eine Unterscheidung zwischen der materiellen und der institutionellen Ebene angezeigt, da der Effektivitätsgrundsatz im materiellen und im institutionellen Recht unterschiedliche Rollen erfüllt. Der entscheidende Unterschied besteht darin, dass er auf der institutionellen Ebene nach Mitteln für eine effektive Durchsetzung bereits ermittelter europarechtlicher Vorgaben eintritt, während er auf der materiellen Ebene einen Schritt vorher, nämlich bei der Ermittlung dieser Vorgaben ansetzt. Zwar kann er in beiden Fällen als Auslegungsgrundsatz bezeichnet werden und hat mit der Forderung nach Effektivität in beiden Fällen den gleichen argumentativen Anspruch. Seine Verwendung und insbesondere die Grundsätze für seine Begrenzung unterscheiden sich aber je nach dem Rechtsproblem, bei dem er eingesetzt wird, erheblich.
4. Auf der institutionellen Ebene wurde der *effet utile* weitgehend zur Begründung von Rechtsfortbildungen eingesetzt, die darauf beruhten, Normen des Unionsrechts, deren Reichweite grundsätzlich bestimmt bzw. unproblematisch war, eine über die ursprünglichen Mittel des EG-Vertrags hinausgehende Geltung zu verschaffen. Die Frage, welche institutionellen Mittel zur Verfügung stehen, um einmal ermittelten Vorgaben des Europarechts zur Wirksamkeit zu verhelfen, kann aus Sicht des Europarechts eine hohe Legitimität für sich in Anspruch nehmen und stößt allenfalls auf verfassungsrechtliche Vorbehalte gegenüber dem Recht der Mitgliedstaaten. Eine Argumentation mit dem *effet utile* kann auf dieser Ebene die Geltung des Unionsrechts in vollem Umfang für sich in Anspruch nehmen. Da aber solche Vorgaben für die Mitgliedstaaten in jedem Fall verbindlich und zumindest nach Art.258 AEUV

sanktioniert sind, geht es vor allem um die Frage, in welcher Form sie bereits vorab gegenüber den betroffenen Bürgern durchgesetzt werden können. Auch hier stößt eine Rechtsfortbildung auf besondere Begründungsanforderungen – das durch den *effet utile* zum Ausdruck gebrachte Prinzip der Effektivität ist insoweit mit national-rechtlichen Anforderungen des Verfassungsrechts abzuwägen (vgl. näher unter § 3.C.III).

5. Auf der materiellen Ebene kann der *effet utile* die Effektivität von Normen nur unter anderen Vorzeichen hervorheben. Hier geht es nicht um die Durchsetzung einmal ermittelter normativer Vorgaben, sondern um die Bestimmung der Reichweite von Normen. Von Effektivität kann hier damit nicht bezogen auf die Norm selbst, sondern nur bezogen auf ein bestimmtes anderes Kriterium, d.h. auf eine bestimmte Zwecksetzung des Europarechts, gesprochen werden (vgl. § 2.C.I). In dieser Form ist der *effet utile* damit ein Grundsatz teleologischer Auslegung und die von ihm ins Feld geführte Wirksamkeit kann nicht die Legitimität des Europarechts insgesamt, sondern nur die Legitimität einer bestimmten europarechtlichen Zwecksetzung für sich in Anspruch nehmen. Sie steht daher stets unter dem Vorbehalt einer Abwägung mit anderen gegenläufigen Zwecksetzungen des Europarechts- sowie ggf. auch des nationalen Rechts (hierzu unter § 3.C.II.1.b)bb)).
6. Die Unterscheidung zwischen diesen beiden Ebenen ist für ein weiteres Verständnis des *effet utile* von entscheidender Bedeutung, denn der Effektivität kommt ein unterschiedliches Gewicht zu, je nachdem, ob es um die Effektivität einer Rechtsordnung insgesamt oder um die Effektivität bestimmter Zwecksetzung im Rahmen dieser Rechtsordnung geht. Diese Unterscheidung kann damit nicht ohne Folgen für die Verwendung des *effet utile* als Auslegungsgrundsatz bleiben.

C. Verwandte Auslegungsgrundsätze im Unionsrecht

Im Zusammenhang mit dem *effet utile* werden weitere für das Europarecht besonders charakteristische Auslegungsgrundsätze diskutiert, die sich ebenfalls als Ausprägungen des Grundsatzes der teleologischen Auslegung darstellen. Um die mit dem *effet utile* verbundenen Probleme der teleologischen Auslegung im Verhältnis zwischen dem Unionsrecht und dem mitgliedstaatlichen Recht deutlich herauszuarbeiten, ist eine genaue Unterscheidung zu diesen Prinzipien erforderlich. Dazu gehören insbesondere der Grundsatz *des effet nécessaire*, der in unmittelbarer Nähe zum Prinzip der *implied powers* steht (dazu unter I). Daneben wird der *effet utile* auch zum Teil der *dynamischen Auslegung* zugeordnet, die als Bestandteil der teleologischen Auslegung ebenfalls eine Besonderheit des Europarechts darstellt (dazu unter II). Man würde wertvolle Differenzierungen, die auch in der Rechtsprechung des EuGH aufscheinen, unterschlagen, wenn man diese Grundsätze allein auf einen gemeinsamen teleologischen Nenner zurückführte.

I. *Effet nécessaire* und die *implied powers* Lehre

1. *Effet nécessaire* und *implied powers* im AETR-Urteil des EuGH

Sowohl der Begriff des *effet nécessaire* als auch die Doktrin der *implied powers* werden im Europarecht mit dem *AETR*-Urteil des EuGH in Verbindung gebracht. In dieser Entscheidung argumentiert der EuGH, dass die Zuständigkeit der EG für internationales Verkehrswesen auch die Kompetenz zum Abschluss von Verträgen mit Drittstaaten beinhaltet:[233]

> *„(sc. Ls.) 2. Die Zuständigkeit der Gemeinschaft für das Verkehrswesen erstreckt sich auf Beziehungen, die dem internationalen Recht unterliegen, und schließt damit insoweit die Notwendigkeit ein, mit den beteiligten Dritten Ländern Abkommen zu schließen. Den Übergang einer solchen Zuständigkeit auf die Gemeinschaft hat die Verordnung Nr. 543/69 des Rates über die Harmonisierung bestimmter Sozialvorschriften im Straßenverkehr bewirkt.*
>
> *23/29... Diese Bestimmung (sc. ex-Art. 75, Art. 71 EG n. F.) betrifft auch den Verkehr aus oder nach dritten Staaten. Sie setzt daher voraus, dass die Zuständigkeit der Gemeinschaft sich auf Beziehungen erstreckt, die dem internationalen Recht unterliegen, und schließt damit insoweit die Notwendigkeit ein, mit den beteiligten Dritten Ländern Abkommen zu schließen. Allerdings sehen die Artikel 74 und 75 (sc. Art. 70, 71 EG n. F.) nicht ausdrücklich eine Gemeinschaftszuständigkeit zum Abschluss internationaler Abkommen vor; die Inkraftsetzung der Verordnung Nr. 543/69 des Rates über die Harmonisierung bestimmter Sozialvorschriften im Straßenverkehr... hat jedoch zwangsläufig (die französische Fassung lautet: „a eu néanmoins pour effet nécessaire") die Zuständigkeit der Gemeinschaft für alle Abkommen mit dritten Staaten nach sich gezogen, welche das in der Verordnung geregelte Sachgebiet betreffen. Diese Zuständigkeitsverteilung erkennt übrigens Artikel 3 der Verordnung ausdrücklich an...*
>
> *30/31 Da das im AETR geregelte Sachgebiet zum Anwendungsbereich der Verordnung Nr. 543/69 gehört, liegt die Zuständigkeit zur Aushandlung und zum Abschluss dieses Abkommens seit Inkrafttreten der Verordnung bei der Gemeinschaft. Neben dieser Gemeinschaftszuständigkeit kann es keine konkurrierende Zuständigkeit der Mitgliedstaaten geben, da alles, was außerhalb der Gemeinschaftsorgane geschieht, mit der Einheit des gemeinsamen Marktes und der einheitlichen Anwendung des Gemeinschaftsrechts unvereinbar ist."*

Der EuGH stellt hier heraus, dass das Aufstellen gemeinsamer Regeln für den internationalen Verkehr (vgl. Art. 91 Abs. 1 lit. a AEUV = Art. 71 Abs. 1 lit. a EG a. F., der den Verkehr zu Drittstaaten ausdrücklich erwähnt) zwangsläufig die Koordination mit Drittstaaten in Form völkerrechtlicher Verträge voraussetzt. Auch wenn eine solche Kompetenz nicht unmittelbar im Rahmen der Verkehrspolitik der Gemeinschaft (Artt. 90ff. AEUV = Artt. 70ff. EG, ex-Artt. 74ff. EG) geregelt ist, ergebe sie sich aus dem Anwendungsbereich der Vorschrift, die auch den Verkehr mit Drittstaaten erfasst. Indem nun der Rat durch Erlass der Verordnung Nr. 543/69 diese Kompetenz in Anspruch genommen hat, ergebe sich *zwangsläufig* (*effet nécessaire*), dass der EG auch die Kompetenz zum Abschluss entsprechender völkerrechtlicher Abkommen zustehe.[234] Diese sog. *implied-powers*-Doktrin ist vom EuGH bislang vor allem zur

[233] EuGH, Rs. 22/70, Slg. 1971, 263 Rn. 23/29 – *AETR* (Hervorh. d. Verf.).

[234] Der *effet-nécessaire* Grundsatz lässt sich noch in einem weiteren Urteil nachweisen: EuGH, Rs. 56/77, Slg. 1978, 2215 – *Agence européenne d'interims.*

Begründung von Außenkompetenzen der EG verwendet worden.[235] Die Gemeinsamkeit dieser Argumentation mit dem *effet utile* besteht darin, dass Vorschriften implizite Bedeutungsgehalte entnommen werden. So wird etwa auch das oben als Anwendungsfall des *effet utile* vorgestellte Urteil *Fédéchar*[236] als Ausprägung des *implied-powers*-Grundsatzes gesehen.[237]

2. *Implied Powers* (*effet nécessaire*) und der Unterschied zum *effet utile*

Indessen besteht – jedenfalls aus theoretischer Sicht – ein entscheidender Unterschied zwischen dem *effet utile* und der *implied-powers*-Argumentation anhand des *effet-nécessaire*-Arguments: Während der *effet utile* auf die Erforderlichkeit bestimmter Ergebnisse für die Wirksamkeit einer Norm bzw. der dahinter stehenden Zwecksetzung abstellt, kommt es bei den *implied powers* nicht auf die Erforderlichkeit, sondern auf den Sachzusammenhang an, d. h. auf die enge Verbindung beider Materien, die eine getrennte Regelung sinnlos machen würden. Das Notwendigkeitsverhältnis des *effet nécessaire* bezieht sich nicht auf die Notwendigkeit der Auslegung für die Verwirklichung der Ziele einer Vorschrift, sondern auf die Notwendigkeit der Verbindung beider Materien, weil eine Trennung sinnlos wäre.

In Anlehnung an die US-amerikanische[238] und völkerrechtliche Lehre wird die Außenkompetenz der EU auf die sog. *implied-powers*-Doktrin gestützt,[239] die im Wesentlichen den auch aus dem deutschen Staatsrecht bekannten Figuren der *Annexkompetenz* und der *Kompetenz kraft Sachzusammenhangs* entspricht:[240] Beide Figuren stellen auf eine enge Verbindung zwischen der kompetenziell zugewiesenen Materie und der zu begründenden Kompetenz ab.[241] Eine Annexkompetenz stützt sich dabei auf das Argument, dass die Zuweisung der Kompetenz in einer bestimmten Sachmaterie auch die Zuweisung derjenigen Kompetenzen beinhalten müsse, die verwandte

---

[235] Vgl. *Nicolaysen*, EuR 1 (1966), S. 129 ff.; v. der Groeben/Schwarze-*Zuleeg*, EUV/EGV, 6. Aufl. 2003, Art. 5 EG Rn. 3; Streinz-*Streinz*, EUV/AEUV, 2. Aufl. 2012, Art. 5 EUV Rn. 13 mit Hinweis auf EuGH, Gutachten 1/94, Slg. 1994, I-5267, Rn. 77 – *GATS und TRIPS*; EuGH, verb. Rs. 3,4 und 6/76, Slg. 1976, 1279 Rn. 16 ff. – *Kramer*. S. auch *Streinz*, FS Everling II, 1995, S. 1491, 1502. Monographisch vgl. insbesondere *Vedder*, Die auswärtige Gewalt des Europa der Neun, 1980, S. 115 ff.

[236] EuGH, Rs. 8/55, Slg. 1955, 269 – *Fédéchar*.

[237] Vgl. etwa *Anweiler*, Die Auslegungsmethoden des Gerichtshofs der Europäischen Gemeinschaften, 1997, S. 224 f.

[238] Vgl. zu den Ursprüngen der *implied powers*-Doktrin *Küchenhoff*, AöR 82 (1957), S. 413 ff.; *Böhm*, Kompetenzauslegung und Kompetenzlücken im Gemeinschaftsrecht, 1985, S. 120 ff.

[239] Vgl. *Vedder*, Die auswärtige Gewalt des Europa der Neun, 1980, S. 116 ff.; *Nicolaysen*, EuR 1 (1966), 129 ff.; *Köck*, FS Seidl-Hohenveldern, 1988, 279 ff.

[240] So auch *Böhm*, Kompetenzauslegung und Kompetenzlücken im Gemeinschaftsrecht, 1985, S. 151. Zur Unterscheidung zwischen Kompetenz kraft Sachzusammenhangs und Annexkompetenz s. Maunz/Dürig-*Uhle*, GG, Art. 71 Rn. 29.

[241] Krit. *Vedder*, Die auswärtige Gewalt des Europa der Neun, 1980, S. 117 f., der eine Außenkompetenz aufgrund der *implied powers* nur dann anerkennen will, wenn anderenfalls von der internen Rechtsetzungsbefugnis nicht sinnvoll und wirksam Gebrauch gemacht werden könne. Diese Ansicht steht gleichwohl nicht im Widerspruch zur hier vorgenommenen Einschätzung der *implied powers* nach der EuGH Rechtsprechung, sondern ist vielmehr als Kritik an der Begründung des EuGH zu verstehen. Das Verständnis der Grenzen der *implied powers* bei *Vedder* rückt diese in unmittelbare Nähe zum *effet utile*, die hier von der argumentativen Konzeption her bestritten wird. Vgl. näher sogleich.

Fragen betreffen, insbesondere die Vorbereitung, Verwaltung oder Durchführung der von der Kompetenzzuweisung gedeckten Sachfragen. Von einer Kompetenz kraft Sachzusammenhangs wird im Gegensatz hierzu dann gesprochen, wenn eine kompetenziell zugewiesene Materie verständlicherweise nicht geregelt werden kann, ohne dass eine nicht ausdrücklich zugewiesene Materie mitgeregelt wird, wenn also ein Übergreifen in nicht zugewiesen Materien unerlässliche Voraussetzung für die Regelung einer ausdrücklich zugewiesenen Materie ist.[242] Während die Annexkompetenz danach Gebiete betrifft, welche die Regelung der erfassten Materie vervollständigen und daher als Anhang zu dieser erscheinen, greift die Kompetenz kraft Sachzusammenhangs in andere Regelungsmaterien über, ohne deren Regelung die erfasste Materie sinnvollerweise nicht geregelt werden kann. Bildlich wird davon gesprochen, die Annexkomptenz gehe „in die Tiefe," die Kompetenz kraft Sachzusammenhangs dagegen „in die Breite."[243]

Bereitet die Differenzierung zwischen Annexkompetenz und Kompetenz kraft Sachzusammenhangs auf einer theoretischen Ebene schon gewisse Schwierigkeiten, so ist sie in der Praxis kaum jemals trennscharf durchzuführen, denn auch Annexregelungen greifen in einen grundsätzlich nicht erfassten Kompetenzbereich über. Die Annexkompetenz lässt sich in den meisten Fällen auch als Kompetenz kraft Sachzusammenhangs begründen: Erweist sich eine Materie nur als Annex zur Durchführung einer anderen, so wird sich auch oft – wenngleich mit zusätzlichem Begründungsaufwand – nachweisen lassen, dass ein Bereich verständlicherweise nicht ohne den anderen geregelt werden kann. Da es sich bei den durch *implied powers* begründeten Außenkompetenzen im *AETR*-Urteil[244] nicht um neue Sachbereiche, sondern um eine Form der Durchführung des betroffenen Rechtsgebiets handelt, entspricht die Argumentation den Anforderungen einer Annexkompetenz. Es geht um die Begründung eines zusätzlichen Mittels zur Verwirklichung einer bereits zugewiesenen Kompetenz und nicht um die Ausweitung der bestehenden Kompetenz auf andere Sachfragen.

Wie soeben angedeutet, scheint der *effet nécessaire* auf den ersten Blick zwar von seiner Formulierung her an den oben bereits erwähnten Grundsatz der Mindesteffektivität anzuknüpfen, indem er eine Notwendigkeitsverhältnis bemüht. Indessen gibt seine Verwendung im *AETR*-Urteil[245] eine solche Qualifikation nicht her. Indem auf die Figur der *implied powers* als Form der Annexkompetenz zurückgegriffen wird, wird nicht argumentiert, die Kompetenz sei für eine praktisch sinnvolle Erreichung des Zwecks der Vorschrift förderlich oder gar notwendig.[246] Der EuGH argumentiert nicht im Wege eines für den *effet utile* typischen Zweck-Mittel-Schlusses.[247] Vielmehr stellt sich die Begründung des EuGH so dar, als führe die Einräumung einer Kompetenz für Verkehrspolitik (und deren Inanspruchnahme durch den Rat durch die Richtlinie Nr. 543/69) dazu, dass der EG (bzw. nunmehr der EU) auch die inhaltlich damit verbundene Kompetenz zum Abschluss von Abkommen mit Drittstaaten zusteht. Nicht der Abschluss von externen Verträgen ist notwendig für die Verkehrspolitik, vielmehr ziehe die Zuweisung der Sachkompetenz die Außenkompetenz *notwendigerweise* nach

---

[242] So die Formulierung der Kompetenzzuordnung kraft Sachzusammenhangs, vgl. Maunz/Dürig-*Uhle*, GG, Art. 70 Rn. 67 m. w. N.; BVerfGE 3, 407, 423.

[243] Vgl. *Kunig*, Jura 1996, 254, 257.

[244] EuGH, Rs. 22/70, Slg. 1971, 263 Rn. 23/29 – *AETR*.

[245] EuGH, Rs. 22/70, Slg. 1971, 263 Rn. 23/29 – *AETR*.

[246] Auch wenn es durchaus zutrifft, dass ein solches Mittel zur Zielerreichung sinnvoll ist.

[247] Vgl. zu Zweck-Mittel-Schlüssen bei der *implied powers*-Doktrin näher *Böhm*, Kompetenzauslegung und Kompetenzlücken im Gemeinschaftsrecht, 1985, S. 159 ff.

sich und erscheine daher als unmittelbarer Bestandteil dieser Regelungsmaterie.[248] Es wird kein Notwendigkeitsverhältnis zwischen Zweck und Mittel, sondern hinsichtlich der sachlichen Verknüpfung zweier Materien behauptet. Das dem *effet nécessaire* inhärente Notwendigkeitsverhältnis bezieht sich nicht auf eine im praktischen Ergebnis spürbare Zweckerreichung, sondern auf den notwendigen Zusammenhang zweier Regelungsmaterien.[249] Der *effet-nécessaire*-Grundsatz steht daher in Zusammenhang mit der Lehre der *implied powers* im Europarecht. Im Übrigen kommt der *effet-nécessaire*-Grundsatz abgesehen von der eben behandelten *AETR*-Entscheidung nur in wenigen Urteilen vor und konnte außer in diesem Urteil nirgends als tragender Bestandteil einer Begründung des Gerichtshofs nachgewiesen werden.

Damit soll nicht bestritten werden, dass auch eine auf dem Effektivitätsgedanken (*effet utile*) beruhende Argumentation zur Begründung oder Erweiterung von Kompetenzen führen kann. Eine solche Argumentation klingt etwa bei der Begründung einer Außenkompetenz nach dem Vorbild der *implied powers* im Fall *Kramer*[250] an, wo der EuGH argumentierte, dass eine effektive Verwirklichung der gemeinschaftsrechtlich vorgegebenen Ziele ein System erfordere, dass Drittstaaten mit einschließt, und daraus eine Außenkompetenz der EG abgeleitet hat. Ähnliche Beispiele lassen sich auch in der weiteren Rechtsprechung des Gerichtshofs nachweisen.[251] Diese Figur kann aufgrund der Betonung der Wirksamkeit der Regelung als eine Form des *effet utile* qualifiziert werden. Eine solche Kompetenz zum Einschluss von Drittstaaten ergab sich im *AETR*-Fall aber bereits aus dem Wortlaut von Art. 71 EG a. F. und musste somit nicht im Wege einer besonderen teleologischen Argumentation begründet werden.[252]

3. Zwischenergebnis

Zusammenfassend lässt sich festhalten, dass die Außenkompetenzen und ebenso auch andere Formen der Kompetenzzuweisung aufgrund der *implied-powers*-Lehre im Wesentlichen auf der notwendig engen Verbindung zwischen den beiden betroffenen Regelungsmaterien beruhen, im Fall der Außenkompetenz also zwischen der europarechtlich geregelter Materie und dem Abschluss von Abkommen mit Drittstaaten. Der *effet nécessaire* und *implied powers* Gedanke beruht in seinem Kern nicht auf einer effektiven Zweckverwirklichung, sondern auf der (notwendig) engen Verknüpfung zweier Regelungsgebiete. Er ist somit vom *effet utile*, so wie in der Rechtsprechung des

---

[248] Eine engeres Näheverhältnis zum *effet utile* betonen allerdings *Vedder*, Die auswärtige Gewalt des Europa der Neun, 1980, S. 119f.; *Anweiler*, Die Auslegungsmethoden des Gerichtshofs der Europäischen Gemeinschaften, 1997, S. 225; *Buck*, Über die Auslegungsmethoden des Gerichtshofs der Europäischen Gemeinschaft, 1998, S. 212f.

[249] Anders *Buck*, Über die Auslegungsmethoden des Gerichtshofs der Europäischen Gemeinschaft, 1998, S. 212f., der den *effet nécessaire* als Spielart des *effet utile* ansieht; so auch Calliess/Ruffert-*Calliess*, EUV/AEUV, 4. Aufl. 2011, Art. 5 EUV Rn. 18, der den *effet utile* als im Vergleich zu den „implied powers" weniger weitreichende Auslegungsmethode ansieht.

[250] EuGH, verb. Rs. 3,4 und 6/76, Slg. 1976, 1279, Rn. 19f. – *Kramer*; zu dieser Bewertung vgl. auch *Dashwood*, in: Daswhood/Hillion (Hrsg.), The General Law of EC External Relations, 2000, S. 115, 132f.

[251] Vgl. etwa *Anweiler*, Die Auslegungsmethoden des Gerichtshofs der Europäischen Gemeinschaften, 1997, S. 225 unter Berufung auf das Urteil EuGH, Rs. 792/79, Slg. 1980, 19ff. – *Camera Care*, das allerdings keine Außenkompetenz betrifft.

[252] Vgl. zu diesem Unterschied zwischen den Urteilen *AETR* und *Kramer Craig/De Burca*, EU Law, 5. Aufl. 2011, S. 80f.

EuGH verwendet wird, zu unterscheiden, auch wenn beide in juristischen Argumentationen durchaus gemeinsam auftreten können, wie dies der Fall *Kramer*[253] zeigt.[254] Auch wenn der *effet nécessaire* im Rahmen methodologischer Untersuchungen des Europarechts häufiger erwähnt wird, kommt ihm weder aufgrund der Häufigkeit seiner Verwendung noch aus sachlichen Gründen besondere Bedeutung zu.

II. Dynamische Auslegung

Mit dem Begriff der dynamischen Auslegung wird eine Besonderheit der teleologischen Methode hervorgehoben, die auf die Veränderlichkeit der maßgeblichen Zielvorgaben hinweist. Dabei handelt es sich nicht um eine Besonderheit des Unionsrechts – die Abhängigkeit teleologischer Vorgaben von rechtlichen und tatsächlichen Entwicklungen im Umfeld einer bestimmten Regelung ist für die teleologische Auslegung in allen Rechtsgebieten, in denen man sich einer solchen Methode bedient, von Bedeutung. Gleichwohl wird die Dynamik zu Recht als eine Besonderheit des Unionsrechts angesehen, da es sich beim Unionsrecht um eine Rechtsordnung handelt, die in besonderem Maße auf eine evolutive Rechtsentwicklung angelegt ist, was nicht ohne Folgen für die Methoden der Rechtsanwendung bleibt.

1. Bedeutung der Dynamik bei der Rechtsfindung

Die Dynamik verweist als Kriterium auf die Veränderlichkeit der relevanten Faktoren der teleologischen Auslegung, also insbesondere der Zweckvorgaben (§ 2.B.II.1). Es können aber auch andere Argumente im Rahmen der Abwägung betroffen sein, die – je nach Entwicklung des Rechts – unterschiedlich zu bewerten sind. Die Dynamik einer Rechtsordnung hat damit in verschiedener Weise Einfluss auf die teleologische Rechtsfindung und kann auf unterschiedlichen Umständen beruhen.[255]

a) Ebenen dynamischer Einwirkung auf die Rechtsfindung

Zum einen kann sich die Dynamik auf die Entwicklung der Rechtsprechung beziehen, die durch eine Reihe immer präziserer und sich verdichtender Entscheidungen aus den für die Rechtsanwendung im Einzelfall zumeist unzureichend präzisen normativen Vorgaben ein immer stabileres Rechtssystem entwickelt. Diese Entwicklung kann nicht ohne Folgen für die Auslegung bleiben, da sich die Rechtsprechung aufgrund des Gebots der Systembildung, das sich aus dem Gleichheitssatz und der Rechtsidee ergibt,[256] sowie aus dem rechtsstaatlichen Gebot der Vorhersehbarkeit der Rechtsprechung an diesen Entwicklungen orientieren muss und sie nicht ohne gute Gründe verwerfen und neu entwickeln kann.

---

[253] EuGH, verb. Rs. 3,4 und 6/76, Slg. 1976, 1279 – *Kramer.*

[254] Vgl. insofern auch die Entscheidungen EuGH, Gutachten 1/76, Slg. 1977, 741 Rn. 3 – *Stillegungsfonds für die Binnenschifffahrt;* EuGH, Gutachten 2/94, Slg. 1996, I-1759 – *EMRK Beitritt.* Im letzteren Fall hat der EuGH eine Außenkompetenz aufgrund der gravierenden Veränderungen des institutionellen Gefüges, insbesondere des Rechtschutzsystems der EG, verneint; so auch *Dashwood,* in: Daswhood/Hillion (Hrsg.), The General Law of EC External Relations, 2000, S. 115, 132 f.

[255] Auf diese verschiedenen Ebenen der Dynamik hat mit Bezug zum Europarecht insbesondere *Bleckmann,* NJW 1982, 1177, 1180 f. hingewiesen.

[256] Vgl. dazu näher § 2.B.I.4.

Der Wandel des rechtlichen Umfelds hat aber auch jenseits der Entwicklung und Verdichtung der Rechtsprechung Einfluss auf die teleologische Rechtsfindung. Im Laufe der Zeit entwickelt sich in einer Rechtsordnung nicht nur die Rechtsprechung; von weitaus grundlegenderer Bedeutung kann insbesondere die gesetzgeberische Tätigkeit sein, die das der teleologischen Auslegung zugrunde liegenden Prinzipien- und Wertmaterial ebenfalls und in noch höherem Maße beeinflussen kann.[257]

Schließlich kann auch ein Wandel der tatsächlichen Umstände die Rechtsfindung beeinflussen, etwa wenn sich gesellschaftliche Anschauungen oder technische Umstände und Gegebenheiten derart ändern, dass ein abweichendes Verständnis der auszulegenden Normen vor dem Hintergrund dieser Veränderungen notwendig wird.[258] Die Voraussetzungen für die Anerkennung eines solchen Funktionswandels sind nicht leicht zu bestimmen und die Anwendung dieser Figur ist aufgrund der Entfernung vom Text und ursprünglichen Zweck, welcher der Norm von den Gesetzgebungsorganen verliehen wurde, mit einer hohen Argumentationslast verbunden.[259] Ein Eingehen auf veränderte technische oder gesellschaftliche Umstände kann sich in vielen Fällen aber als notwendig erweisen, insbesondere dann, wenn der heutige Gesetzgeber an den früheren Wertungen erkennbar nicht mehr festhält, eine Änderung der gesetzlichen Vorgaben jedoch (aus unterschiedlichen, zumeist politischen Gründen) noch nicht erfolgt ist.[260]

b) Rolle der Dynamik in verschiedenen Rechtsgebieten

Die soeben beschriebenen Formen der Einwirkung äußerer Umstände auf das (insbesondere teleologische) Verständnis einer Norm kommen, wenngleich in unterschiedlichem Ausmaß, in jeder Rechtsordnung vor. Sie spielen eine umso größere Rolle in Bereichen, in denen die normativen Vorgaben selbst sehr abstrakt, vage und programmatisch ausgestaltet sind, wie etwa in Verfassungstexten. Eine weitaus geringere Bedeutung kommt ihnen in *statischen* Rechtsgebieten zu, die in hohem Maße auf den Vertrauensschutz der beteiligten Parteien angelegt sind, wie etwa im Sachenrecht oder im Verfahrensrecht. Als statisch ist im Grundsatz auch das Völkervertragsrechts anzusehen, das auf Entscheidungen souveräner Staaten aufbaut und als punktuelle und abschließende Entscheidung einer dynamischen Anpassung nur in den engen Grenzen der Absichten der Vertragsparteien zugänglich ist.[261] Die Unionsverträge zeichnen sich hingegen durch eine Vielzahl teleologisch final formulierter Vorgaben (insbesondere

---

[257] Zum Einfluss des Rechtswandels auf die teleologisch-systematische Auslegung vgl. insbesondere *Canaris*, Systemdenken und Systembegriff in der Jurisprudenz, 2. Aufl. 1983, S. 63 f.

[258] Eingehend *Bydlinski*, Juristische Methodenlehre und Rechtsbegriff, 2. Aufl. 1991, S. 574 ff., 577 ff. mit Beispielen aus dem Zivilrecht; *Rüthers/Fischer/Birk*, Rechtstheorie, 6. Aufl. 2011, Rn. 954, 956 ff.; vgl. etwa zum Kriterium des „Funktionswandels" aus dem Bereich der vorvertraglichen Informationshaftung im Hinblick auf das im BGB angelegte „Vorsatzdogma" *Grigoleit*, Vorvertragliche Informationshaftung, 1997, S. 46 ff.

[259] Vgl. *Neuner*, Die Rechtsfindung contra legem, 2. Aufl. 2005, S. 148 ff.; *Krebs*, AcP 195 (1995), S. 171 ff.

[260] Vgl. näher hierzu *Bydlinski*, Juristische Methodenlehre und Rechtsbegriff, 2. Aufl. 1991, S. 579 ff.; *Neuner*, Die Rechtsfindung contra legem, 2. Aufl. 2005, S. 148 ff.; *Wank*, Grenzen richterlicher Rechtsfortbildung, 1978, S. 65 ff.; *Rüthers/Fischer/Birk*, Rechtstheorie, 6. Aufl. 2011, Rn. 959 ff.

[261] Zur dynamischen Auslegung im Völkerrecht vgl. *Degan*, Sources of International Law, 1997, S. 105 ff. (bezogen auf die allgemeinen Grundsätze des Völkerrechts); *Fitzmaurice*, in: Evans (Hrsg.), International Law, 3. Aufl. 2010, S. 172, 188 (bezogen auf die Vertragsauslegung).

in Art.3 EUV) aus, in denen die Abhängigkeit ihres Gehalts von der rechtlichen Entwicklung explizit zum Ausdruck gebracht wird (etwa Art.2 Abs.2 EUV a.F., der die Tätigkeiten der Gemeinschaft von den „...Maßgaben dieses Vertrags entsprechend den darin vorgesehenen Bedingungen und der darin vorgeschriebenen Zeitfolge...“ abhängig macht; ähnlich, wenngleich nicht derart deutlich, ist nunmehr auch Art.3 Abs.6 EUV formuliert).[262] Die Rolle der Dynamik hängt damit entscheidend vom Charakter und Selbstverständnis der Rechtsordnung ab.

Von großer Bedeutung ist neben dem Regelungsgebiet und dem Selbstverständnis auch die Regelungsdichte. Je präziser die rechtlichen Vorschriften für einen Regelungsbereich sind, desto geringere Auswirkungen wird im Regelfall der rechtliche Wandel auf die Normen haben. Präzise Vorgaben lassen der Methodenlehre und damit auch dynamischen Elementen der Rechtsfindung zwangsläufig einen geringeren Spielraum, da durch die hinreichende konkrete Regelung von Einzelfragen äußere Einflüssen anderer Rechtsgebiete und tatsächlicher Veränderungen in geringerem Maße ein Rolle spielen können.

c) Umsetzung in der Methodenlehre

Veränderungen der normativen und tatsächlichen Vorgaben kommen in der Methodenlehre in Form der (objektiv-)teleologischen bzw. der (teleologisch-)systematischen Auslegung zum Ausdruck, da nur diese Methode(n) auf Wertungen und Zielvorgaben abstellen, die sich ändern können bzw. die Änderung des Kontexts als verbindlichen Grundsatz der Auslegung erklären. Diese Auslegungsmethoden können damit als offen für die Dynamik des Rechts bezeichnet werden, während Argumente aus dem Wortlaut, der (Gesetzgebungs-)Geschichte oder aus dem ursprünglichen Vorstellungen der Gesetzgeber sich in aller Regel als Ausdrücke statischer Rechtsvorstellungen erweisen.[263] Da aber auch objektiv-teleologische und systematische Argumente Wertungen aufzeigen können, die gegen eine dynamische Anpassung sprechen, sind diese nicht zwangsläufig dynamisch ausgerichtet. Die Dynamik ist vielmehr eine eigene Dimension der Auslegung, die – in aller Regel – anhand systematischer und insbesondere teleologischer Argumente zum Ausdruck gelangt.

d) Positive und negative Dynamik

Im Übrigen muss Dynamik – entgegen einer verbreiteten Vorstellung – nicht zwingend auf eine Erweiterung bestimmter Vorschriften gerichtet sein. Der Begriff der Dynamik bezeichnet das Phänomen der Abhängigkeit einer Rechtsnorm von Veränderungen in ihrem tatsächlichen und rechtlichen Umfeld. Diese Veränderungen können zur Aufwertung, aber auch zum Funktionsverlust von Normen führen, so dass aus dem Blickwinkel einer Norm oder einer Zwecksetzung die Dynamik eine positive oder eine negative Richtung haben kann. Wie die Rechtsprechung des EuGH zeigt, kann

[262] Zur Bedeutung dieser Zielkataloge als Auslegungsmaßstäbe vgl. EuGH, Rs. 53/81, Slg. 1982, 1035 Rn. 15 – *Levin/Staatssecretaris van Justitie*; EuGH, Rs. 15/81, Slg. 1982, 1409 Rn. 33 – *Schul*; EuGH, Rs. 299/86, Slg. 1988, 1213 Rn. 24 – *Drexl*; *Streinz/Ohler/Herrmann*, Der Vertrag von Lissabon zur Reform der EU, 3. Aufl. 2010, S. 65; Streinz-*Streinz*, EUV/AEUV, 2. Aufl. 2012, Art. 3 EUV Rn. 13; Calliess/Ruffert-*Ruffert*, EUV/AEUV, 4. Aufl. 2011, Art. 3 EUV Rn. 9.

[263] Eine Ausnahme kann freilich dann bestehen, wenn eine historische Analyse zeigt, dass eine bestimmte Norm gerade offen für eine dynamische Entwicklung sein sollte, wie dies insbesondere bei Generalklauseln der Fall ist, vgl. zur historischen Dimension der Generalklauseln im Privatrecht *Auer*, Materialisierung, Flexibilisierung, Richterfreiheit, 2005, S. 103ff.

die Dynamik aber auch als (zeitbezogene) Grenze für die (teleologische) Auslegung einer Norm dienen, insbesondere wenn der Gerichtshof darauf hinweist, dass eine bestimmte Auslegung „beim gegenwärtigen Stand des Gemeinschaftsrechts" (noch) nicht geboten ist.[264] Die besonderen argumentativen Anforderungen dynamischer Rechtsfindung bleiben aber in jedem Fall bestehen, da der Norm eine andere Bedeutung gegeben wird, als sie ursprünglich hatte. Dies mag zwar durchaus im Einklang mit den Absichten der Gesetzesverfasser stehen. Dies gilt insbesondere im Europarecht, das auf eine dynamische Entwicklung geradezu angelegt ist (dazu sogleich unter 2.a)). Gleichwohl entfernt sich jede Bestimmung dynamischer Entwicklungen von präziseren Vorgaben einer am Wortlaut ausgerichteten gesetzgeberischen Entscheidung, so dass die besonderen argumentativen Anforderungen stets zu berücksichtigen sind (vgl. unter 2.c)).

2. Besonderheiten der Dynamik im Europarecht

a) Evolutiver Charakter des Europarechts

Dass die dynamisch-teleologische Auslegung im Europarecht eine herausgehobene Rolle spielt, liegt im evolutiven Charakter dieser Rechtsordnung begründet. Dieser Charakter ist zwar nunmehr durch den Reformprozess und die Neufassung der Verträge infolge des Lissabon-Vertrags etwas zurückgedrängt worden, so dass der evolutive Charakter einer gewissen Konsolidierung des bisherigen *Acquis* Platz machen musste.[265] Dennoch verstehen sich die EU-Verträge im Gegensatz zu nationalen Verfassungen nicht als umfassende, wenngleich auf einzelne Aufgaben beschränkte Regelungen bestimmter Sachbereiche, sondern sollen eine einheitliche, integrative Regelung von Sachbereichen weiter schrittweise verwirklichen, ohne dass das Ziel der Integration notwendigerweise vorgegeben wäre. Daher hat sich auch die Auslegung des Europarechts und der Kompetenzen der EU am Stand der Integration zu orientieren, so dass insbesondere als Folge der fortschreitenden Integration durch Erlass neuer Rechtsakte auch andere Rechtsakte des Primär- und Sekundärrechts im Lichte der Weiterentwicklung zu verstehen sind.

Dieser evolutive Charakter des Europarechts kommt aber auch nach wie vor in der Präambel zum AEUV zum Ausdruck, ausweislich derer der Vertrag vom festen Willen der Vertragsparteien getragen ist, „die Grundlagen für einen *immer engeren*[266] Zusammenschluss der europäischen Völker zu schaffen" sowie vom „Vorsatz, die *stetige*[267] Besserung der Lebens- und Beschäftigungsbedingungen ihrer Völker als wesentliches Ziel anzustreben". Zudem ist dort von einer „*beständigen* Wirtschaft*ausweitung*", einer

---

[264] Vgl. etwa EuGH, Rs. C-210/06, Slg. 2008, I-9641 Ls. 5, Rn. 109, 124 – *Cartesio*; EuGH, Rs. C-524/06, Slg. 2008, I-9705 Rn. 54 – *Huber*; EuGH, Rs. C-50/00, Slg. 2002, I-6677 – *Unión de Pequeños Agricultores (UPA)*; Ebenso *Seyr*, Der *effet utile* in der Rechtsprechung des EuGH, 2008, S. , 57 ff., 71 jeweils m. w. N. aus der Rechtsprechung des EuGH.

[265] Vgl. insbesondere die begrenzende Formulierung in Art. 7 AEUV („Die Union achtet auf die Kohärenz zwischen ihrer Politik und ihre Maßnahmen... und trägt dabei unter Einhaltung des Grundsatzes der begrenzten Einzelermächtigung ihren Zielen in ihrer Gesamtheit Rechnung") im Vergleich zur Parallelnorm in Art. 3 EUV a. F. („...Maßnahmen zur Erreichung ihrer Ziele unter gleichzeitiger Wahrung und Weiterentwicklung des gemeinschaftlichen Besitzstandes"); s. auch zu den Vorgaben im Konvent zur Vorbereitung des Lissabon Vertrags *Streinz/Ohler/Hermmann*, Der Vertrag von Lissabon zur Reform der EU, 3. Aufl. 2010, S. 85 f.

[266] Hervorh. d. Verf.

[267] Hervorh. d. Verf.

„harmonischen *Entwicklung*[268]“ der Volkswirtschaften und einer „*fortschreitenden*[269] Beseitigung der Beschränkungen im zwischenstaatlichen Wirtschaftsverkehr“ als Grundlage der Kompetenzen der EU die Rede.

Auch die Definition der Befugnisse der EU verdeutlicht den finalen Charakter des Europarechts. Zwar ist der Kompetenzkatalog in Art. 2ff. AEUV nach Sachbereichen orientiert, die Zuständigkeit (und damit die Befugnisse) der Gemeinschaft hängen indessen gemäß Art. 3 Abs. 6 EUV von den Zuständigkeiten der Union nach den Verträgen ab. Aufgrund des finalen Charakters dieser Kompetenzzuweisungen wird deutlich, dass die Integration im politischen Prozess schrittweise zu verwirklichen ist. Dies machen einzelne Kompetenznormen deutlich, die eine Verwirklichung bestimmter Integrationsziele von äußeren Umständen abhängig machen. Als Beispiel genannt seien etwa die in Art. 60 AEUV (= Art. 53 Abs. 1 EG a. F.) geregelte – schrittweise – Verpflichtung, über die Standards der erlassenen Dienstleistungsrichtlinien gemäß Art. 59 Abs. 1 AEUV (= 52 Abs. 1 EG a. F.) hinauszugehen, falls „ihre wirtschaftliche Gesamtlage und die Lage des betreffenden Wirtschaftszweigs dies zulassen.“ Unter den Vorbehalt schrittweiser Verwirklichung stehen zudem Maßnahmen bei der Beschäftigungspolitik, die gemäß Art. 145 AEUV (= Art. 125 EG a. F.) eine koordinierte Beschäftigungsstrategie „entwickeln“ soll, wobei im Rahmen der Förderung der Zusammenarbeit zwischen den Mitgliedstaaten gemäß Art. 147 Abs. 1 S. 2 AEUV (= Art. 127 Abs. 1 S. 2 EG a. F.) auf die Zuständigkeit der Mitgliedstaaten zu achten ist. Schließlich ist die gemeinsame Handelspolitik gemäß Art. 206 AEUV (= Art. 131 Abs. 1 EG a. F.) „schrittweise“ zu vereinheitlichen, um einige wichtige Beispiele aus dem Anwendungsbereich des EG-Vertrags zu nennen.

b) Unterscheidung zwischen Primärrecht und Sekundärrecht

Dieser dynamische Charakter spielt insbesondere bei der Auslegung und Fortbildung des Primärrechts der EU, das von derart finalen, teleologischen Programmen geradezu durchwirkt ist, eine bedeutsame Rolle.[270] Etwas anderes gilt im Regelfall allerdings für die Auslegung des Sekundärrechts. Dieses aufgrund der Kompetenzzuweisungen des Primärrechts von den Gesetzgebungsorganen der Union erlassene Recht dient der Verwirklichung der im Primärrecht verankerten Ziele und konkretisiert dessen Vorgaben in zahlreichen Fällen (vgl. etwa die Ermächtigung zum Erlass von Dienstleistungsrichtlinien gemäß Art. 59 Abs. 1 AEUV). Das Sekundärrecht nimmt als Konkretisierung der Programmsätze typischerweise eine präzisere und damit statischere Form an, so dass es nur in einem weitaus geringeren Maße offen für dynamische Auslegungsargumente ist. Zur Umsetzung der primärrechtlichen Programmsätze sind die Akte des Sekundärrechts als Mittel auf dem Weg einer dynamischen Entwicklung der Zielvorgaben zu betrachten, die als solche nicht programmatisch-dynamisch, sondern eher statisch sind. Zwar können auch sie einer dynamischen Auslegung zugänglich sein, wenn sich etwa das normative primär- und sekundärrechtliche Umfeld ändert; sie sind aber anders als das Primärrecht in der Regel nicht auf eine dynamische

---

[268] Hervorh. d. Verf.

[269] Hervorh. d. Verf.

[270] So *Pescatore*, Miscellanea W. J. Ganshof van der Meersch II, 1972, S. 325, 327 („Lest traités institutant les Communatutés sont entièrement pétris de téléologie: loin de consacrer, comme tant d'autres actes internationaux, des échanges de prestations, l'ajustement d'intêrets réciproques, la délimitation de zones de puissance, si ce n'est même des règlements de compte, les traités instituant les Communautés sonst entièrement fondés sur la notion d'objectifs à atteindre.“).

Auslegung angelegt. Die Ausführungen zum evolutiven Charakter des EG-Rechts treffen auf das Sekundärrecht daher nicht in gleichem Umfang zu.[271]

Eine besondere Wirkung kann das Sekundärrecht aber in der Form entfalten, dass zur Verwirklichung des Primärrechts erlassenes Sekundärrecht wiederum die Auslegung des Primärrechts in einer dynamischen Auslegung konkretisieren kann. Es handelt sich dann um eine dynamische Auslegung des Primärrechts, die sich auf Veränderungen im Sekundärrecht und somit auf einer Veränderung der rechtlichen Rahmenbedingungen stützt. Dies kann häufig zu Kompetenzausweitungen führen,[272] wie es das Beispiel der *ERASMUS*-Entscheidung[273] des EuGH im Zusammenhang mit der Auslegung von Kompetenznormen zeigt. Dort wurde die Stützung des *ERASMUS*-Programms auf die Kompetenzgrundlage des Art 128 EG (a.F.) unter anderem damit gerechtfertigt, dass der Rat bereits mit einem Beschluss als Ausgangspunkt die Berufsausbildung in eine bestimmte Richtung konkretisiert habe und sich der Erlass des neuen Programms als Fortentwicklung dieser bereits eingeschlagenen Politik darstelle; somit sei er auch von der Kompetenzgrundlage gedeckt.[274] Eine solche Argumentation ist nicht per se illegitim. Sie liegt vielmehr in der Natur der dynamischen Auslegung begründet, die ihre Auslegungsergebnisse vom gegenwärtigen Stand der Rechtsentwicklung abhängig macht, so dass die Reichweite einer Auslegung durchaus von bisher erlassenem Recht abhängig gemacht werden kann. Allerdings ist es bei einer solchen argumentativen Vorgehensweise entscheidend, sich auch der (möglichen) Grenzen einer solchen Auslegungsmethode bewusst zu werden und diese im Einzelfall auch offen anzusprechen.[275]

c) Konkretisierung der Dynamik, ihre Grenzen und die Rolle des EuGH

Das Problem der dynamischen Auslegung besteht – wie bei der teleologischen Auslegung allgemein – darin, die Grenzen ihres Anwendungsbereichs, also insbesondere das Maß der zulässigen Einwirkung dynamischer Vorgaben zu bestimmen. Dieses ist in hohem Maße dem Rechtsanwender und im Unionsrecht damit dem EuGH überlassen. Dies liegt jedoch in der Natur der dynamischen Auslegung begründet, die das Recht für eine schrittweise Entwicklung öffnen soll, die gerade nicht im Voraus von den Vertragsparteien bestimmt werden kann. Die (breitflächige) Zulassung, ja die Ausrichtung der EU-Verträge auf diese Form der Auslegung bedingt es, dass der Rechtsprechung eine bedeutsamere Rolle eingeräumt wird, als dies in statischen Rechtsgebieten der Fall ist.[276]

---

[271] Vgl. auch *Bleckmann*, EuR 14 (1979), 239ff., der sich ausschließlich auf das Primärrecht als Wirtschaftsverfassungsordnung bezieht. Vgl. insbesondere zur dynamischen Ausweitung des europäischen Privatrechts *Herresthal*, ZEuP 2009, 600, 606f.; *Riesenhuber*, in: ders. (Hrsg.), Europäische Methodenlehre, 2. Aufl. 2010, S. 315, 338f. mit dem Hinweis darauf, dass entsprechende dynamische Auslegungen im Bereich des europäischen Privatrechts bislang noch nicht zu beobachten waren.

[272] Dies hebt *Bleckmann*, NJW 1982, 1177, 1180f. als eine der Funktionen der dynamischen Auslegung des Unionsrechts hervor; so auch *Buck*, Über die Auslegungsmethoden des Gerichtshofs der Europäischen Gemeinschaft, 1998, S. 215 mit Erörterung der ERASMUS Entscheidung.

[273] EuGH, Rs. 242/87, Slg. 1989, 1615 – *ERASMUS*.

[274] EuGH, Rs. 242/87, Slg. 1989, 1615 Rn. 10f. – *ERASMUS*.

[275] Zu Recht kritisch daher etwa *Streinz*, FS Everling II, 1995, 1405, 1503ff., vgl. auch unter § 1.A.II.3.d) m.w.N.

[276] Vgl. zum Einfluss des Normendichte auf die richterliche Rechtsfindungskompetenz unter § 3.B.II.1.a)aa).

Eine solch weitreichende Zuweisung von Entscheidungsmacht über die Entwicklung des Unionsrechts an die Rechtsprechung muss aber nicht zwangsläufig bedeuten, dass der Gerichtshof stets als Motor der Entwicklung wirken muss. Vielmehr ist es ihm überantwortet, die Entwicklung des Unionsrechts in seiner Rechtsprechung zu berücksichtigen. Da die Dynamik eine positive wie eine negative Komponente enthält, ist mit der Anerkennung dynamischer Auslegung und mit der damit größeren Machtzuweisung an den Gerichtshof kein Auftrag zu einer Expansion des Unionsrechts verbunden. Vielmehr ist es dessen Aufgabe, auch die Grenzen der Entwicklung des Unionsrechts in seiner Rechtsprechung nachzuvollziehen. Worin aus staatsrechtlicher Sicht die grundsätzlichen Grenzen des Europarechts im Verhältnis zum nationalen Recht bestehen, soll in § 3 genauer geklärt werden.

3. Verwendung dynamischer Argumente im Europarecht

Die Verwendung der dynamischen Auslegungsmethode als herausgehobene Besonderheit des Gemeinschaftsrechts wird von EuGH im Urteil *CILFIT* herausgestellt, in dem er darauf hinweist, dass es sich bei der Berücksichtigung des „Entwicklungsstands" des Unionsrechts um eine Frage handelt, zu der er selbst berufen ist und die somit eine Vorlage an den Gerichtshof erforderlich machen kann.[277] In zahlreichen Urteilen lässt sich eine zurückhaltende Verwendung dieser Methode nachweisen, in denen der Gerichtshof auf den bisherigen Stand des Unionsrechts verweist, der eine weitergehende Auslegung verbiete.[278]

Oft wird die Aussage, dass ein bestimmtes Rechtsgebiet beim gegenwärtigen Stand des Unionsrechts dem nationalen Recht unterfällt, allerdings mit dem Hinweis verbunden, dass gleichwohl die übrigen Vorgaben des Unionsrecht beachtet werden müssen, insbesondere die Grundfreiheiten.[279] Auch das bereits angesprochene *ERAMUS*-Urteil liefert ein Beispiel für eine dynamisch-erweiternde Auslegungsmethode des EuGH.[280] Es zeigt sich, dass der EuGH dynamische Argumente in beide Richtungen verwendet.

Bei der dynamischen Methode handelt es sich um eine Besonderheit, die auch in der Rechtsprechung des EuGH eine Rolle spielt. Die Berücksichtigung der Rechtsentwicklung und des Rechtswandels spielt in allen Rechtsordnungen eine gewisse Rolle. Im Unionsrecht kommt ihnen aber eine herausgehobene Rolle zu, da dieses auf einer Entwicklung und Erweiterung seiner Kompetenzen angelegt ist, die schrittweise erfolgen soll. Die Auslegung von Vorgaben, insbesondere des Primärrechts, hängt damit entscheidend davon ab, in welchem Maße der Integrationsprozess bereits vorangeschritten ist. Auch wenn der EuGH die Entwicklung des Unionsrechts im Blick hat und sie in zahlreichen Urteilen auch vorangetrieben hat, hat er seine Auslegungs-

[277] EuGH, Rs. 283/81, Slg. 1982, 4315 Rn. 20 – *C.I.L.F.I.T./Ministero della sanità*. Ausdrückliche Hinweise zur dynamischen Auslegung finden sich etwa auch in EuGH, Rs. C-127/05, Slg. 2007, I-4619 Rn. 108 – *Kommission/Vereinigtes Königreich*; EuGH, Rs. C-369/96, Slg. 1998, I-6821 Fn. 33 – *Gemeente Arnhem, Gemeente Rheden/BFI Holding;* EuGH, Rs. 234/87, Slg. 1989, 63 Rn. 10 – *Casio Computer.*

[278] Vgl. die Nachweise in Fn. 264.

[279] Vgl. etwa EuGH, Rs. C-499/06, Slg. 2008, I-3993 Rn. 23 – *Halina Nerkowska*; EuGH, Rs. C-9/02, Slg. 2004, I-2409 Rn. 44 – *Lasteyrie du Saillant.*

[280] EuGH, Rs. 242/87, Slg. 1989, 1615 Rn. 10f. – *ERASMUS*. S. dazu insbesondere *Streinz*, FS Everling II, 1995, 1491, 1504f.; *Schweitzer*, EG-Kompetenzen im Bereich von Kultur und Bildung, in: Merten (Hrsg.), Föderalismus und Europäische Gemeinschaften unter besonderer Berücksichtung von Umwelt, Gesundheit, Kultur und Bildung, 1990, S. 147, 153.

ergebnisse nicht stets mit dem Hinweis auf die Dynamik begründet, sondern in zahlreichen Fällen auf andere Auslegungskriterien zurückgegriffen. Die Rechtsprechung zur dynamischen Auslegung lässt kein klares Bild erkennen, in dem Sinne etwa, dass der EuGH diese in einer die Kompetenzen der EU stets erweiternden Weise verwenden würde.[281] In zahlreichen Urteilen verweist er vielmehr darauf, dass bestimmte Regelungsbereiche beim gegenwärtigen Stand der Entwicklung nicht unter das Unionsrecht fallen und somit nur eine zurückhaltende Verwirklichung unionsrechtlicher Vorgaben in diesem Bereich gerechtfertigt ist. Er verwendet die dynamische Auslegung damit durchaus auch in ihrer negativen Form, um so restriktive Auslegungsergebnisse zu rechtfertigen.

4. Dynamik und *effet utile*

Obwohl die dynamische Auslegung ebenso wie der *effet utile* dem Bereich der teleologischen Auslegung zuzurechnen ist und beide Auslegungsmethoden von besonderer Bedeutung im Europarecht sind, sind sie voneinander zu unterscheiden. Mit der dynamischen Auslegung wird auf die Bedeutung der Berücksichtigung von rechtlichen und tatsächlichen Entwicklungen bei der Rechtsfindung verwiesen, während der *effet utile* als Effektivitätsgrundsatz auf die wirksame Umsetzung europarechtlicher Vorgaben gerichtet ist. Die dynamische Auslegung betrifft daher die Ermittlung und Bestimmung der maßgeblichen Zweckvorgaben, während der *effet utile* die Umsetzung einmal ermittelter Zweckvorgaben im Verhältnis zum mitgliedstaatlichen Recht betrifft.

Das Problem des *effet utile* steht nicht ganz unverbunden neben den Anforderungen der dynamischen Auslegung. Die Rolle des *effet utile* besteht nicht nur darin, ein wirksames institutionelles Gefüge für die Wirkung des Europarechts im nationalen Recht bereitzustellen, sondern er wird auch als Grundsatz der Auslegung im materiellen Recht verwendet und betrifft damit nicht nur die Wirkung sondern auch die Bestimmung der Reichweite europarechtlicher Vorschriften im Verhältnis zum nationalen Recht. Die Bestimmung der Reichweite europarechtlicher Normen in teleologischer Sicht kann dabei auch von einer dynamischen Bestimmung des Inhalts der Zweckvorgaben beeinflusst sein. Eine dynamisch erweiternde Entwicklung von Zwecksetzungen, die gegenüber dem nationalen Recht wirksam werden, ist für die Rechtsprechung des EuGH auch nicht untypisch.[282] Obwohl beide Aspekte bei der teleologischen Auslegung zusammenwirken können, besteht ein wesentlicher Unterschied zwischen diesen beiden Aspekte der teleologischen Auslegung. Der *effet utile* betrifft die Bestimmung der Reichweite von europarechtlichen Zweckvorgaben im Verhältnis zum mitgliedstaatlichen Recht unabhängig davon, ob sie in dynamischer Weise bestimmt werden.

---

[281] Vgl. auch gerade unter Berücksichtigung der jüngeren Entwicklung den Befund bei *Streinz*, AöR 135 (2010), 1, 27ff., der – trotz ausführlicher Kritik im Einzelfall – die Rechtsprechungstendenzen des EuGH im Ergebnis billigt („Motor der Integration" in den Anfangsjahren der Integration versus Tendenz zur angemessenen Berücksichtigung der Kompetenzverteilung beim gegenwärtigen Stand der Integration).

[282] Als Beispiel mag die gesamte Rechtsprechung des EuGH zum institutionellen Recht dienen, die im wesentlichen von materiellen Fragestellungen ausging vgl. die Skizze bei § 1.B.II.2, insbesondere § 1.B.II.2.c).

D. Der *effet-utile*-Gedanke in europäischen Rechtsakten

Bislang hat sich die Analyse des *effet utile* und seiner Bedeutungen auf die Rechtsprechung des EuGH konzentriert. Dies ist bei einer Untersuchung der Methoden der Rechtsfindung im Europarecht auch angezeigt, da die Rechtsfindung Aufgabe der rechtsprechenden Gewalt ist und die Regeln der Auslegung typischerweise von der Rechtsprechung selbst entwickelt werden; nur selten finden sich hinreichend konkretisierte Auslegungsregeln in gesetzlichen Vorgaben und selbst in diesem Fall bedürften sie zumeist einer weiteren Konkretisierung durch die Rechtsprechung. Bei Auslegungsregeln handelt es sich daher im Wesentlichen um richterrechtliche Regelungen.[283] Der *effet utile* als Auslegungsregel lässt sich als solcher einheitlich auf keinen bestimmten europäischen Rechtsakt zurückführen. Der Gedanke, den der EuGH mit dem *effet utile* verfolgt, bzw. die Probleme, die er hiermit anspricht, sind aber in mehreren Rechtsakten der EU vorhanden und können sich daher auf eine gesetzliche Verankerung berufen.

Bei der Darstellung des *effet utile* in europäischen Rechtsakten soll es hier daher zunächst um eine Bestandsaufnahme der Verwendung des *effet utile* im Unionsrecht gehen, damit die verschiedenen mit ihm verbundenen Probleme anhand von Beispielen nachgezeichnet werden, die im Unionsrecht von Bedeutung sind. Dabei soll – anders als in den §§2 und 3 – nicht die Legitimität des *effet utile* als Auslegungsgrundsatz untersucht, sondern auf seine *tatsächliche* Verwendung im Europarecht abgestellt werden. Wenn hier nun auf die Verwendung des *effet utile* in Gesetzgebungsakten der Union verwiesen wird, wird damit also nicht die theoretische Zulässigkeit erörtert, sondern nur darauf hingewiesen, dass sich der Gedanke des *effet utile*, der in der Rechtsprechung des EuGH bemüht wird, auch in europäischen Rechtsakten wiederfindet und daher eine sowohl von den Vertragsgebern als auch vom Gesetzgeber des Sekundärrechts der Union in Kauf genommene und sogar geförderte Auslegungsmethode darstellt.

I. Art.4 Abs.3 EUV als Ausdruck des Einwirkungsanspruchs gegenüber den Mitgliedstaaten

Der Gedanke, dass europarechtliche Zwecksetzungen im Recht der Mitgliedstaaten effektiv zu verwirklichen sind, wird sehr häufig – außer an der Geltung der Rechtsnormen selbst – an der allgemeinen Unterstützungspflicht des Art.4 Abs.3 EUV (Art.10 EG) festgemacht, der auch als Grundsatz der Gemeinschaftstreue bzw. als Grundsatz der loyalen Zusammenarbeit bezeichnet wurde.[284] Diese lässt sich als Ausdruck des

[283] Dies bedeutet allerdings nicht, dass gesetzliche Vorgaben ohne Bedeutung für die Auslegung wären. Der Einfluss des normativen Umfelds auf die *effet-utile*-Auslegung wird hier in §3 näher untersucht. Vgl. zur Bedeutung gesetzlicher Auslegungsregeln insbesondere *Kramer*, Juristische Methodenlehre, 3. Aufl. 2010, S. 39ff.; *Bydlinski*, Juristische Methodenlehre und Rechtsbegriff, 2. Aufl. 1991, S. 78ff. Vorliegend geht es indessen nicht um die Ermittlung bestimmter gesetzlicher Auslegungsregeln, sondern um Aussagen des Unionsrechts, die Aussagen über die Auslegung und das Verständnis des Unionsrechts anhand des *effet-utile*-Kriteriums treffen.

[284] So Streinz-*Streinz*, EUV/AEUV, 2. Aufl. 2012, Art.4 EUV Rn.2ff.; vgl. auch Grabitz/Hilf/Nettesheim-*v. Bogdandy/Schill*, Das Recht der Europäischen Union, 46. EL 2011, Art.4 EUV Rn.47. Vgl. auch die Urteile EuGH, Rs. 13/77, Slg. 1977, 2115 Rn. 30/35 – *GB.-INNO-BM*;

effet-utile-Gedankens verstehen, da sie eine – an die Mitgliedstaaten gerichtete – Forderung enthält, die Wirksamkeit des Unionsrechts – in einem positiven Sinne – sicherzustellen (Art. 4 Abs. 3 UAbs. 2 EUV) und – in einem negativen Sinne – nicht zu vereiteln (Art. 4 Abs. 3 UAbs. 3 EUV).[285] Auf eben diesen Gedanken beruht auch der *effet utile* als Auslegungsgrundsatz so wie er vom EuGH verwendet wird (vgl. unter A). In zahlreichen Fällen zieht der EuGH Art. 10 EG a. F. (= Art. 4 Abs. 3 EUV) zur Unterstützung einer auf dem Effektivitätsgedanken beruhenden Argumentation heran.[286] Dass die Vorschrift vor allem ergänzend – etwa auch zur Verdeutlichung des *effet utile* als Auslegungsgrundsatz – herangezogen wird, erklärt sich daraus, dass ihr nach der Rechtsprechung des EuGH zunächst keine eigenständige, über die Verdeutlichung des an die Mitgliedstaaten gerichteten Normprogramms hinausgehende Wirkung zukam.[287] Indem sie die Beachtung und Umsetzung der vertraglichen Verpflichtungen der Mitgliedstaaten postuliert, ist sie im Grundsatz von diesen Vorgaben abhängig. Mit der Zeit hat der EuGH allerdings von konkreten Vorschriften losgelöste Kooperationspflichten der Mitgliedstaaten aus Art. 10 EG (= Art. 4 Abs. 3 EUV) hergeleitet.[288]

Unabhängig davon, ob man anhand von Art. 4 Abs. 3 EUV weitergehende Mitwirkungspflichten und Kooperationspflichten der Mitgliedstaaten begründet,[289] richtet sich die Bestimmung und Reichweite dieser Mitwirkungspflichten nicht nach der – insoweit inhaltsleeren und rein formalen – Vorschrift des Art. 4 Abs. 3 EUV, sondern ist stets von den spezifischen normativen Vorgaben des Vertrags bzw. des aufgrund des Vertrags erlassenen Sekundärrechts abhängig.[290] Da der *effet utile* sich aus dem besonderen Einwirkungsanspruch des Europarechts gegenüber dem nationalen Recht heraus erklärt (vgl. unter B), findet er seine primärrechtliche Stütze in Art. 4 Abs. 3

EuGH, verb. Rs. C-6 u. 9/90, Slg. 1991, I-5357 Ls. 3 u. 4 – *Francovich,* in denen der *effet utile* unter Bezugnahme auf Art. 10 EG verwendet wird.

[285] Vgl. *Bleckmann*, in: Bieber/Ress (Hrsg.), Die Dynamik des Europäischen Gemeinschaftsrechts, 1987, S. 161, 191 ff.; so auch *Herresthal*, Rechtsfortbildung im europarechtlichen Bezugsrahmen, 2006, S. 70 f. Vergleichbare Bestimmungen fanden sich in Art. 192 EAG (wortgleich), sowie in Artt. 1 Abs. 3, 11 EU. Zur Bedeutung der allgemeinen Unterstützungspflicht im EU-Recht vgl. Schwarze-*Hatje*, EU-Kommentar, 2. Aufl. 2009, Art. 10 Rn. 60.

[286] Vgl. etwa EuGH, Rs. 14/83, Slg. 1984, 1981 Rn. 15 – *von Colson und Kamann*; EuGH, Rs. 382/92; Slg. 1994, I-2435 Rn. 55 – *Kommission/Vereinigtes Königreich*; s. dazu die umfangreichen Nachweise aus der Rechtsprechung bei Grabitz/Hilf/Nettesheim-*v. Bogdandy/Schill*, Das Recht der Europäischen Union, 46. EL 2011, Art. 4 EUV Rn. 63 ff., 68 ff., der insbesondere nach der Verpflichtung der jeweiligen nationalen Gewalten (Legislative, Judikative, Exekutive) unterscheidet.

[287] Vgl. die Darstellung der Kasuistik und ihrer Entwicklung bei *Söllner*, Artikel 5 EWG-Vertrag in der Rechtsprechung des Europäischen Gerichtshofes, 1985, S. 49 ff. Kritischer *Bleckmann*, in: Bieber/Ress (Hrsg.), Die Dynamik des Europäischen Gemeinschaftsrechts, 1987, S. 161, 191 ff.

[288] Vgl. etwa EuGH, Rs. 804/79, Slg. 1981, 1045 Rn. 28, 37 – *Kommission/Vereinigtes Königreich (Seefischerei)*; vgl. insgesamt *Söllner*, Artikel 5 EWG-Vertrag in der Rechtsprechung des Europäischen Gerichtshofes, 1985, S. 49 ff.

[289] Vgl. hierzu etwa Streinz-*Streinz*, EUV/AEUV, 2. Aufl. 2012, Art. 4 EGV Rn. 45, sowie zu den Förderungspflicht nach Art. 4 Abs. 3 UAbs. 2 *ders.*, a. a. O., Rn. 46 ff., jeweils m.w.N.

[290] Zutr. *Bleckmann*, in: Bieber/Ress (Hrsg.), Die Dynamik des Europäischen Gemeinschaftsrechts, 1987, S. 161, 192 ff., 207 ff., der insoweit von der Justitiabilität des Art. 10 EG (Art. 5 EWG a. F.) spricht; deutlich auch Grabitz/Hilf/Nettesheim-*v. Bogdandy/Schill*, Das Recht der Europäischen Union, 46. Aufl. 2011, Art. 4 AEUV Rn. 63 ff.; Calliess/Ruffert-*Kahl*, EUV/AEUV, 4. Aufl. 2011, Art. 10 AEUV Rn. 54 ff.; Streinz-*Streinz*, EUV/AEUV, 2. Aufl. 2012, Art. 4 Rn. 25.

EUV, der diese Forderung gegenüber den Mitgliedstaaten zum Ausdruck bringt.[291] Das Gebot der effektiven Umsetzung ergibt sich zwar bereits aus den Normen selbst, so dass es eines Grundsatzes wie des Art. 4 Abs. 3 EUV zur Sicherstellung von deren Effektivität insoweit nicht bedurft hätte. Indessen zeigt diese Bestimmung auf, dass die Verpflichtungen der Mitgliedstaaten sich über die Beachtung des Vorrangprinzips hinaus erstrecken können. Aus Art. 4 Abs. 3 EUV werden daher vor allem über die eigentliche Normbeachtung und Normumsetzung hinausgehende begleitende Pflichten hergeleitet. Die Norm verdeutlicht zudem den Wirksamkeitsanspruch des Europarechts gegenüber dem Recht der Mitgliedstaaten und ist somit ein primärrechtlicher Ausdruck des europarechtlichen Einwirkungsanspruchs, der dem Gehalt des *effet utile* entspricht. Er verdeutlicht, dass mit dem (selbstverständlichen) Wirksamkeitsanspruch des Europarechts eine primärrechtliche Pflicht der Mitgliedstaaten korrespondiert, dieses auch wirksam umzusetzen.

Der *effet utile* in der Rechtsprechung des EuGH wird aber auch zur Bestimmung der Reichweite von Vorschriften des materiellen EG-Rechts eingesetzt (zur dieser Unterscheidung vgl. bereits unter B.III). Dieses Verhältnis betrifft Art. 4 Abs. 3 EUV im Grundsatz nicht, da er nur eine effektive Unterstützung der Mitgliedstaaten bei der Beachtung und Umsetzung des EU-Rechts fordert, im Grundsatz aber keine Aussage über die Reichweite dieser Vorschriften enthält. Zur Bestimmung der Reichweite der Vorschrift selbst trifft Art. 4 Abs. 3 EUV aber keine Aussage. Legt man die hier vorgenommene Unterscheidung zwischen dem *effet utile* als Einwirkungsanspruch im materiellen und im institutionellen Recht (B.I) zugrunde, so betrifft Art. 4 Abs. 3 EUV vor allem die Ausarbeitung und Beachtung der institutionellen Grundlagen den Mitgliedstaaten gegenüber.[292] Die Bestimmung der Reichweite der materiellen Vorschriften wird von ihm nicht erfasst, sondern ist vielmehr Voraussetzung seiner Anwendung. Dies gilt auch insoweit, als auf Art. 4 Abs. 3 EUV ergänzende Pflichten gestützt werden, wie etwa das Gebot, ergänzende Pflichten zu Verordnungen zu erlassen oder im Fall indirekter Normenkollisionen eine Anpassung auch nicht unmittelbar angeglichenen Rechts vorzunehmen.[293] Art. 4 Abs. 3 EUV bestimmt nur, dass eine solche Pflicht grundsätzlich besteht, kann aufgrund seiner Abstraktionshöhe aber nicht die Frage beantworten, ob und inwieweit sich eine solche Pflicht auch aus der europarechtlichen Norm selbst ergibt. Aus Art. 4 Abs. 3 EUV lässt sich nur ableiten, dass Wirkungen einer Vorschrift auch außerhalb ihres konkreten Anwendungsbereichs Umsetzungsverpflichtungen der Mitgliedstaaten auslösen können; in welchem Umfang bestimmte Einwirkugen aus europarechtlicher Sicht geboten sind, beantwortet Art. 4 Abs. 3 EUV daher nicht.

Gleichwohl bringt Art. 4 Abs. 3 EUV den in jeder europarechtlichen Norm angelegten Kompetenzkonflikt zwischen Europarecht und mitgliedstaatlichem Recht zum Ausdruck, der auch die Bestimmung der Reichweite der europarechtlichen Norm betrifft. Indem die Norm die Beachtung der normativen Vorgaben durch die Mitgliedstaaten fordert, taugt sie nicht nur zur institutionellen Begründung und Erweiterung einer

---

[291] Art. 10 verpflichtet die Mitgliedstaaten, „in seinem innerstaatlichen Recht die Konsequenzen aus seiner Zugehörigkeit zur Gemeinschaft zu ziehen", vgl. EuGH, Rs. 30/72, Slg. 1973, 161 Rn. 11 – *Kommission/Italien*.

[292] Vgl. insoweit die institutionell ausgelegten Pflichten, die etwa bei Calliess/Ruffert-*Kahl*, EUV/AEUV, 4. Aufl. 2011, Art. 10 Rn. 24 ff. ausführlich dargestellt sind.

[293] Beispiele für solche ergänzenden Pflichten können etwa im Erlass ergänzender oder in der Modifikation bestehender Vorschriften bestehen, vgl. Calliess/Ruffert-*Kahl*, EUV/AEUV, 4. Aufl. 2011, Art. 4 EUV Rn. 54 ff.

allgemeinen Vorrangregel zugunsten des Europarechts, sondern erkennt implizit auch auf einer materiellen Ebene an, dass unionsrechtliche Vorgaben vor dem Hintergrund national-rechtlicher Vorschriften wirksam umzusetzen sind. Konkrete Vorgaben für eine *effet-utile*-Auslegung, die über den Befund der Rechtsprechung hinausgehen, ergeben sich aus Art. 4 Abs. 3 EUV indessen nicht. Insbesondere lässt auch er nicht erkennen, wie die Reichweite einer praktisch wirksamen Umsetzung in positiver (Art. 4 Abs. 3 Uabs. 2 EUV) oder negativer (Art. 4 Abs. 3 UAbs. 3 EUV) Weise zu bestimmen ist. Er zeigt insofern keine Grenzen auf. Andererseits lässt sich auf ihn auch nicht der Grundsatz größtmöglicher Wirkung europarechtlicher Vorgaben stützen. Zur Lösung des eigentlichen mit dem *effet utile* verbundenen Problems trägt Art. 4 Abs. 3 EUV somit nichts bei. Er bekräftigt allein die wirksamkeitsbezogene Auslegung des Unionsrechts, die im *effet-utile*-Kriterium zum Ausdruck kommt.

II. Der *effet-utile*-Gedanke in Richtlinien

1. Begründungserwägungen

Ausdrücklich finden sich die Worte „praktische Wirksamkeit" in einigen europäischen Richtlinien, zumeist in den Begründungserwägungen.[294] Zum Teil wird hiermit die Wahl bestimmter Regelungen damit begründet, dass sie zu einer praktisch sinnvollen Verwirklichung der angestrebten Ziele erforderlich seien. Im Rahmen einer teleologisch orientierten Gesetzgebung, bei der eine ausführliche Erläuterung der Begründungserwägungen Teil des Rechtstextes ist, ist ein Rückgriff auf teleologische Begründungen wie den *effet utile* nicht verwunderlich. Verwunderlich ist vielmehr, dass sich dieses in der Rechtsprechung zur Begründung bestimmter Auslegungsergebnisse verwendete Argument nicht noch häufiger in den Begründungserwägungen zur Gesetzgebung findet. Immerhin lassen sich aber vergleichbare Gedanken auch unmittelbar in der EU-Gesetzgebung nachweisen.

2. Regelungsteil

Für die Rechtsprechung vielleicht noch bedeutsamer ist der Umstand, dass sich der Gedanke einer effektiven Verwirklichung europarechtlicher Vorgaben auch im Regelungsteil einiger Richtlinien findet. So sieht etwa Art. 4 Abs. 3 der Haustürwider-

[294] Vgl. etwa Richtlinie 92/85/EWG des Rates vom 19. Oktober 1992 über die Durchführung von Maßnahmen zur Verbesserung der Sicherheit und des Gesundheitsschutzes von schwangeren Arbeitnehmerinnen, Wöchnerinnen und stillenden Arbeitnehmerinnen am Arbeitsplatz (zehnte Einzelrichtlinie im Sinne des Artikels 16 Absatz 1 der Richtlinie 89/391/EWG), ABl. L 348 vom 28.11.1992 S. 1; Richtlinie 2004/25/EG des Europäischen Parlaments und des Rates vom 21. April 2004 betreffend Übernahmeangebote (Text von Bedeutung für den EWR), Abl. L 142 vom 30.04.2004 S. 12, Erwägungsgrund 18; Richtlinie 2002/14/EG des Europäischen Parlaments und des Rates vom 11. März 2002 zur Festlegung eines allgemeinen Rahmens für die Unterrichtung und Anhörung der Arbeitnehmer in der Europäischen Gemeinschaft - Gemeinsame Erklärung des Europäischen Parlaments, des Rates und der Kommission zur Vertretung der Arbeitnehmer, ABl. L 080 vom 23/03/2002 S. 29, Erwägungsgründe 22, 28, Art. 1 Abs. 2, Art. 8 Abs. 2; Richtlinie 90/425/EWG des Rates vom 26. Juni 1990 zur Regelung der veterinärrechtlichen und tierzüchterischen Kontrollen im innergemeinschaftlichen Handel mit lebenden Tieren und Erzeugnissen im Hinblick auf den Binnenmarkt, ABl. L 224 vom 18.08.1990 S. 29.

rufs-Richtlinie[295] hinsichtlich der Belehrungspflicht des Unternehmers vor, dass die Mitgliedstaaten dafür sorgen, dass „ihre innerstaatlichen Rechtsvorschriften *geeignete* Maßnahmen zum Schutz des Verbrauchers vorsehen, wenn die... vorgesehen Belehrung nicht erfolgt (Hervorh. d. Verf.)."[296] Damit wird die Art und Weise der Umsetzung den Mitgliedstaaten überlassen, ihnen aber aufgetragen, dass die Vorschriften zum Schutz des Verbrauchers auch geeignet sein müssen.

Zwar ist es für Richtlinien typisch, dass sie nur hinsichtlich der festgelegten Ziele verbindlich sind und die Wahl der Mittel den Mitgliedstaaten überlassen wird (vgl. Art. 288 Abs. 3 AEUV). Indessen gehen europäische Richtlinien in der Regel über bloße Zielvorgaben hinaus und schreiben konkrete Mittel vor, deren Ausgestaltung in allen Einzelheiten dann dem Mitgliedstaat überlassen wird (so etwa Art. 5 der Haustürwiderrufs-Richtlinie, der dem Verbraucher als zentrales Mittel zum Verbraucherschutz in der Haustürwiderrufs-Richtlinie ein Recht gewährt, sich unter bestimmten Umständen vom Vertrag zu lösen). Daher ist die offene, vollständige Überlassung der Mittelwahl an die Mitgliedstaaten in der Richtlinie untypisch. Ein ähnliches Vorgehen findet sich aber auch etwa in Art. 17 Abs. 2 der Übernahme-Richtlinie,[297] der den Mitgliedstaaten die Sanktionierung überlässt, aber zugleich die Voraussetzung aufstellt, dass diese Sanktionen *wirksam*, verhältnismäßig und abschreckend sein müssen. Im Kernbereich des bürgerlichen Rechts findet sich eine ähnliche Richtlinienvorschrift im Entwurf zu einer konsolidierten Verbraucherrechte-Richtlinie.[298] Dieser sieht etwa in Art. 6 Abs. 2 vor, dass sich die Verletzung von Informationspflichten nach dem innerstaatlichen Recht richtet, allerdings unter der Voraussetzung, dass (bei Verletzungen der Pflicht nach Art. 5) die vorgesehenen Rechtsbehelfe wirksam sind.[299]

Der europäische Gesetzgeber überlässt also den Mitgliedstaaten in gewissen Bereichen die Erfüllung der in Richtlinien vorgeschriebenen Ziele ohne Vorgabe konkreter Mittel unter dem Vorbehalt, dass diese Ziele auch wirksam gefördert werden. Dies entspricht der Vorgabe, welche die Rechtsprechung mit dem *effet utile* im Europarecht verbindet (vgl. unter A). Zudem zeigt sich, dass das (selbstverständliche) Gebot der Wirksamkeit von Vorschriften eigentlich erst im Verhältnis zu anderen Rechtsordnungen zum Problem wird. Gerade weil die Einpassung in eine Vielzahl unterschiedlicher Rechtsordnungen und in deren Systematik erforderlich ist, überlässt der Gesetzgeber die Konkretisierung der unionsrechtlichen Vorgaben oft den Mitgliedstaaten und damit konkludent der Rechtsprechung, die z. T. ausdrücklich dazu angehalten wird, die Umsetzung auf ihre (praktische) Wirksamkeit hin zu überprüfen. Es wird dabei eine Parallele zwischen dem Denken der Rechtsprechung und demjenigen der europäischen Gesetzgebung erkennbar. Zwar verwendet die Gesetzgebung im Regelungsteil den *effet-utile*-Gedanken nur dann, wenn sie die Mittelwahl offen lässt. Etwas anderes wäre aber bei der Gesetzgebung nicht zu erwarten. Die Fälle, in denen die Wahl des Mittels

---

[295] Richtlinie 85/577/EWG des Rates vom 20. Dezember 1985 betreffend den Verbraucherschutz im Falle von außerhalb von Geschäftsräumen geschlossenen Verträgen, ABl., L 372 vom 31.12.1985 S. 31.

[296] Zur Reichweite dieser Vorgabe im nationalen Recht vgl. EuGH, Rs. C-350/03, Slg. 2005, I-9215 Rn. 94 ff. – *Schulte*.

[297] Richtlinie 2004/25/EG des Europäischen Parlaments und des Rates vom 21. April 2004 betreffend Übernahmeangebote (Text von Bedeutung für den EWR), ABl. L 142 vom 30.04.2004 S. 12.

[298] Vorschlag für eine Richtlinie des Europäischen Parlaments und Rates über Rechte der Verbraucher, KOM (2008) 614 endg.

[299] Vgl. auch die Vorschriften in Art. 41 f. des Richtlinienentwurfs, COM (2008), 614 endg.

bereits aus Sicht der Gesetzgebung offen sind, lassen sich aber auch für die Lösung der typischen Rechtsprechungsfälle heranziehen, in denen ein konkretes Mittel vorgesehen ist, aber Unklarheit über seine Reichweite herrscht.

III. Der *effet-utile*-Gedanke in anderen Rechtsakten

Im Rahmen von Verordnungen (Art. 288 Abs. 2 AEUV) und Beschlüssen (Art. 288 Abs. 4 AEUV), die selbst konkrete Regeln treffen, stellt sich das Problem zielorientierter Vorgaben, das soeben als Anwendungsfall von *effet-utile*-Vorgaben im Regelungsteil von Richtlinien herausgearbeitet wurde, nicht in dieser Schärfe. Dort kommen Wirksamkeitsgedanken – in sehr geringem Umfang – in den Begründungserwägungen vor.[300] Dies lässt sich insbesondere damit erklären, dass die konkreten Regelungen der Verordnungen und Entscheidungen nicht mehr darauf angewiesen sind, die Wirksamkeit der europarechtlichen Vorgaben betonen zu müssen, da sich deren Wirksamkeit bereits aus der unmittelbaren Wirksamkeit und aus dem innerstaatlichen Vorrang dieser Rechtsinstrumente ergibt. Dass Wirksamkeitsgedanken unter ausdrücklicher Verwendung des *effet utile* geäußert werden, lässt sich vor allem aufgrund der allgemeinen Plausibilität solcher Argumente erklären. Sie stellen aber keine Besonderheit der Auslegung von Verordnungen oder Entscheidungen dar, die sich auch in den Rechtstexten selbst vorfinden würde.

IV. Bedeutung des *effet utile* in europäischen Rechtsakten

Die Tatsache, dass der im *effet utile* enthaltene Effektivitätsgedanke auch in zahlreichen europäischen Rechtsakten vorkommt, lässt sich zum einen damit erklären, dass es sich dabei um ein selbstverständliches Argument bei der Rechtsanwendung handelt: Rechtliche Vorschriften sind so zu gestalten, auszulegen und anzuwenden, dass die hinter ihnen stehenden Zwecksetzungen auch wirksam erreicht werden.[301] Es verwundert nicht, dass gerade die stark teleologisch orientierte Rechtsetzung im Europarecht von diesem Gedanken getragen ist.

Eine Besonderheit des *effet utile* in der Rechtsprechung des EuGH, die über diese Selbstverständlichkeit des Arguments hinausgeht und das besondere Bedürfnis nach seiner Betonung erklärt, ist der hier als Einwirkungsanspruch umschriebene Umstand, dass sich das Europarecht – anders als nationales Recht – gegenüber der Geltung des mitgliedstaatlichen Rechts durchsetzen muss. Dieser Konflikt, den der EuGH anhand des *effet utile* löst, wird auch von der Gesetzgebung in einigen Richtlinien angesprochen. Das Effektivitätspostulat ist im Unionsrecht auf die Wirkung im Verhältnis zum nationalen Recht gerichtet und zeigt somit eine Grundbedingung der Rechtsfindung in dieser supranationalen Rechtsordnung auf, die sowohl in der Rechtsprechung als auch in der Gesetzgebung (also im Sekundärrecht) zur Geltung kommt.

---

[300] In der französischen Sprachfassung wird der Begriff „effet utile" etwa verwendet in: Verordnung Nr. 358/2003 der Kommission vom 27. Februar 2003 über die Anwendung von Artikel 81 Absatz 3 EG-Vertrag auf Gruppen von Vereinbarungen, Beschlüssen und aufeinander abgestimmten Verhaltensweisen im Versicherungssektor (Text von Bedeutung für den EWR), ABl. L 053 vom 28.02.2003 S. 8, Erwägungsgrund 5; 2004/138/EG: Entscheidung der Kommission vom 11. Juni 2002 in einem Verfahren nach Artikel 81 EG-Vertrag in der Sache COMP/36.571/D-1 — Österreichische Banken („Lombard Club"), ABl. L 056 vom 24/02/2004 S. 1 Rn. 487.

[301] Zur Bedeutung der Effektivität im Rahmen der teleologischen Argumentation vgl. § 2.C.I.

In den Rechtsakten der EU findet sich der Effektivitätsgedanke dieser besonderen Ausprägung aber nur in Richtlinien. Richtlinien bedürfen – anders als die Verordnung oder die Entscheidung – zu ihrer (wirksamen) Umsetzung des nationalen Rechts. Die Betonung der effektiven Einwirkung des Europarechts ist im Übrigen, wie auch der Anwendungsbereich des Art. 4 Abs. 3 EUV und das Problem der indirekten Normenkollisionen (B.III.3) zeigen, immer (noch) dann notwendig, wenn es nicht genügt, dass sich das Europarecht anhand des Vorrangprinzips selbst Geltung verschafft.[302] Dies gilt für Richtlinien, denen aufgrund des Vorrangprinzips keine unmittelbar verdrängende Wirkung zukommt, aber auch im Fall der Geltung des Primärrechts, das allein durch die Verdrängung nationaler Regeln nicht wirksam umgesetzt wird, sondern das auf eine weitere Umsetzung durch die Mitgliedstaaten angewiesen ist.[303]

Sowohl die EU-Verträge als auch das Sekundärrecht unterstreichen in diesen Fällen den Einwirkungsanspruch, ohne präzise Forderungen über seine Reichweite zu ziehen. Sie beschreiben mit der Effektivität und der damit verbundenen Betonung des Einwirkungsanspruchs des Unionsrechts ein sowohl in der Rechtsprechung als auch im Gesetzesrecht der EU (und zwar sowohl im Primär- als auch im Sekundärrecht) erkanntes Problem der Rechtsgewinnung, das in der Koordinierung europarechtlicher Vorgaben mit dem Recht der Mitgliedstaaten besteht. Ob der *effet-utile*-Gedanke tatsächlich maßgeblich zur Lösung des beschriebenen Konflikts beitragen kann oder ihn überhaupt hinlänglich präzise umschreibt, bleibt – trotz seiner Verwendung in den Rechtsakten und in der Rechtsprechung – zweifelhaft. Die nähere Bestimmung seiner Vorgaben bei der Entscheidung über die Reichweite der effektiven Wirkung des Europarechts wird jedenfalls zwangsläufig der Rechtsprechung überantwortet, die den Konflikt im Streitfall entscheiden muss. Insbesondere zeigen die gesetzlichen Vorgaben – jedenfalls aus abstrakter Sicht – der Rechtsprechung keinen Weg dafür auf, wie die Grenzen des *effet utile* zu bestimmen sind. Versteht man den *effet utile*, wie es der Befund der Rechtsprechung und des Gesetzesrechts der EU nahelegen, nicht als Grundsatz größtmöglicher Wirkung, so ist eine solche Grenzziehung notwendig in ihm enthalten und kommt in der Beschränkung auf eine praktische Wirksamkeit zum Ausdruck. Auch eine Analyse des *effet utile* in den gesetzlichen Vorgaben des Europarechts zeigt damit, dass er als Auslegungsgrundsatz das mit ihm verbundene Problem einseitig und damit unvollständig beschreibt.

E. Zwischenergebnis: Der Gedanke und die Problematik des *effet utile* als Auslegungsgrundsatz

1. Die Verwendung des *effet utile* im Unionsrecht hat gezeigt, dass es sich hierbei um einen Grundsatz der teleologischen Auslegung handelt, der bei der Umsetzung von Zweckvorgaben deren effektive Verwirklichung betont. Er befasst sich daher weniger mit der – gleichwohl vorrangigen – Frage der Bestimmung der maßgebli-

[302] Indessen ist das Vorrangprinzip selbst Ausdruck des *effet utile* Gedankens und aus diesem heraus auch von EuGH begründet worden vgl. dazu § 1.B.II.2.a).

[303] *Herresthal*, Rechtsfortbildung im europarechtlichen Bezugsrahmen, 2006, S. 5 Fn. 20 spricht insoweit von Rechts(setzung)pflichten, um das Erfordernis der Anpassung nationalen Rechts auch an Vorgaben zum Ausdruck zu bringen, die sich nicht aus konkreten Umsetzungspflichten des Sekundärrecht ableiten.

chen Zweckvorgabe, sondern betont den Umstand, dass diese Zweckvorgabe auch wirksam umzusetzen ist. Diese Wirksamkeit wird in der Rechtsprechung zum einen in einer negativen Weise durch das Verbot bestimmt, die Zwecksetzung von Vorschriften komplett leer laufen zu lassen (Verbot der funktionalen Negation, Mindesteffektivität, vgl. A.II.2). Zum anderen kommt sie in einer positiven Weise dadurch zum Ausdruck, dass Vorschriften weitergehend auch so auszulegen sind, dass sie praktisch wirksam sind (Gebot der praktischen Wirksamkeit, vgl. A.II.3). Auch wenn in der Rechtsprechung des EuGH durchaus extensive Auslegungstendenzen bei der Verwendung des *effet utile* erkennbar sind, ist der *effet utile* indessen nicht als Grundsatz der größtmöglichen Wirkung europarechtlicher Vorschriften nachweisbar (A.II.4). Insofern enthält der *effet utile* eine Begrenzung der praktischen Wirksamkeit von Vorschriften, ohne dass in der Rechtsprechung jedoch näher zum Ausdruck kommt, wie diese Grenzen zu bestimmen sind. Der EuGH begnügt sich – jedenfalls aus theoretischer Sicht – insofern mit den oben genannten Formeln der minimalen bzw. praktischen Effektivität, ohne den Weg näher aufzuzeigen, wie diese näher zu bestimmen ist. Dies entspricht auch dem Befund des *effet utile*, soweit er in europäischen Rechtsakten, insbesondere in Art. 4 Abs. 3 AEUV zum Ausdruck kommt (D).

2. Sofern der *effet-utile*-Grundsatz nur auf eine Rechtsordnung bezogen wird, erscheint eine solche Betonung überflüssig, da die Wirksamkeit als verbindlich erkannter Zweckvorgaben in einem Rechtssystem im Grundsatz nicht ernstlich bestritten wird. Vielmehr kommt es dort auf eine genauere Abgrenzung gegenläufiger Zwecksetzungen zueinander an. Daher drückt der *effet utile* eine Besonderheit der Auslegung von Rechtsnormen im Verhältnis zwischen zwei konkurrierenden Rechtsordnungen aus. Im Unionsrecht findet diese Betonung der Effektivität der europarechtlichen Vorgaben bei Auseinandersetzungen mit dem nationalen Recht Verwendung. Mit dem *effet utile* bringt der EuGH den Einwirkungsanspruch des Europarechts zum Ausdruck, wobei zwischen dem Einwirkungsanspruch auf einer institutionellen und auf einer materiellen Ebene unterschieden werden kann (B.I). Auf der institutionellen Ebene wurden anhand des *effet utile* Rechtsinstitute wie der Vorrang, die unmittelbare Anwendbarkeit des Unionsrechts, aber auch die unmittelbare Wirkung von Richtlinien oder der Staatshaftungsanspruch gegen die Mitgliedstaaten bei Verstößen gegen das Unionsrecht entwickelt, die den Einwirkungsanspruch des Unionsrechts auf einer grundlegenden Ebene im Verhältnis zum nationalen Recht verwirklichen (B.II). Der *effet utile* wird aber als Ausdruck des Einwirkungsanspruchs auch auf einer materiellen Ebene bei der Bestimmung der Reichweite europarechtlicher Vorschriften im Verhältnis zu national-rechtlichen Vorschriften verwendet (B.III). Insgesamt betont der *effet utile* damit eine Koordinationsaufgabe, die sich für die Rechtsprechung bei der Auslegung des Unionsrechts im Verhältnis zum nationalen Recht ergibt, einseitig zugunsten des Unionsrechts.
3. Eine Unterscheidung zwischen der institutionellen und der materiell-rechtlichen Funktion erweist sich bei der weiteren Analyse der mit dem *effet utile* angedeuteten Koordinationsaufgabe als weiterführend. Die Frage, in welcher Weise bestimmte festgelegte Vorgaben des Unionsrechts in das nationale Recht umzusetzen sind, ist von der Frage zu unterscheiden, wie die Reichweite dieser Vorgaben im Verhältnis zum nationalen Recht zu bestimmen ist. Beide Fragen betreffen zwar eine Koordination zwischen dem Unionsrecht und dem nationalen Recht; gleichwohl stellen sich auf den unterschiedlichen Koordinationsebenen unterschiedliche

Fragen. Bei der Umsetzung unzweifelhafter Vorgaben des Unionsrechts überzeugt eine effektive Umsetzung derselben im nationalen Recht und damit trifft der *effet utile* als Einwirkungsanspruch lediglich auf begrenzte grundsätzliche Interessen der Mitgliedstaaten, die einer erweiternden Auslegung oder Rechtsfortbildung entgegenstehen, insbesondere im Hinblick auf eine vorhersehbare rechtsstaatliche Umsetzung. Dagegen spielt der *effet utile* bei der vorgelagerten Frage der Bestimmung der Reichweite einer unionsrechtlichen Norm im Verhältnis zum nationalen Recht die Koordination mit abweichenden Wertungen des regelungsverwandten nationalen Rechts eine weitaus bedeutendere Rolle.

4. Das entscheidende Problem der *effet-utile*-Auslegung liegt im Ergebnis darin, eine nähere Bestimmung der Begriffe der minimalen bzw. praktischen Wirksamkeit vorzunehmen, die auf eine Begrenzung europarechtlicher Vorgaben im Verhältnis zum nationalen Recht hinauslaufen müssen. Will man tatsächlich damit Ernst machen, dass der *effet utile* nicht die größtmögliche Wirkung europarechtlicher Vorgaben fordert, und die Bestimmung des notwendigen Maßes nicht allein dem punktuellen Judiz des EuGH überlassen, so gilt es auf einer abstrakten Ebene Maßgaben dafür zu entwickeln, wie die Reichweite der Normen des Unionsrechts im Rahmen der teleologischen Auslegung im Verhältnis zum nationalen Recht zu begrenzen ist. Eine solche Bestimmung setzt zum einen eine Analyse der theoretischen Grundlagen der (teleologischen) Rechtsfindung voraus, um so aus rechtstheoretischer Sicht einen Weg zur Bestimmung der praktischen Wirksamkeit aufzuzeigen (§ 2). Die Frage der Begrenzung dieses Grundsatzes lässt sich zum anderen nicht ohne eine Untersuchung der staatsrechtlichen Vorgaben der Rechtsfindung im Verhältnis zwischen Unionsrecht und nationalem Recht bestimmen (§ 3).

§ 2. Teleologische Rechtsfindung und das Kriterium des *effet utile*

Die bisherige Untersuchung hat gezeigt, dass es sich beim *effet utile* um einen für die Rechtsprechung des EuGH charakteristischen Topos der teleologischen Auslegung handelt, der das Verhältnis des Unionsrechts zum nationalen Recht betrifft. Er kommt dabei auf einer institutionellen und auf einer materiellen Ebene zum Einsatz (§ 1.B). In beiden Konstellationen tritt der *effet utile* nicht als materiell-inhaltlicher Grundsatz, sondern als ein technisches Rechtsanwendungsprinzip[304] in Erscheinung, das bei der Rechtsfindung im Unionsrecht von besonderer Bedeutung ist. Auch wenn die Rechtsprechungsanalyse im deskriptiven Teil der methodologischen Analyse in § 1 bestimmte Differenzierungen im Hinblick auf die Verwendung des *effet utile* in der Rechtsprechung aufgezeigt hat, kann sie für sich allein noch keine hinreichende Grundlage für eine umfassende Kritik dieses Grundsatzes bilden. Eine kritische Analyse muss um einen zweiten, analytischen Teil ergänzt werden. Ziel dieses analytisch-methodologischen Abschnitts ist es, ein möglichst präzises Verständnis der spezifischen Voraussetzungen und Folgen, aber auch der Grenzen der *effet-utile*-Argumentation aus theoretischer Sicht zu gewinnen, bevor im folgenden Abschnitt (§ 3) die normativen Rahmenbedingungen der *effet-utile*-Argumentation im Unionsrecht beleuchtet werden. Der vorliegende zweite Teil soll die theoretische Grundlage für eine Kritik des *effet utile* in seiner bisherigen Verwendung bilden.

Der *effet utile* nimmt als Rechtsfindungsgrundsatz eine bestimmte Rolle im Vorgang der Rechtsanwendung ein, die der Explikation des rechtlichen Gehalts unionsrechtlicher Normen dient. Eine weiterführende Kritik des *effet utile* setzt daher zunächst eine Klärung dieser Funktion im Rechtsanwendungsvorgang voraus. Eine Bezeichnung des *effet utile* als Grundsatz der Auslegung bzw. der Rechtsfindung bleibt unpräzise, solange keine Klarheit über die funktionalen Anforderungen an diese Begriffe besteht. Eine Analyse der Funktion und Verwendung des *effet utile* muss sich daher zunächst einmal die Funktion der Auslegungskriterien im Rechtsanwendungsvorgang vergegenwärtigen (A). Auf der Erkenntnis des vorherigen Abschnitts (§ 1) aufbauend, dass es sich bei dem *effet utile* um ein teleologisches Argument handelt, werden sodann der Stellenwert und die Funktionsweise (Struktur) teleologischer Argumentation für sich betrachtet näher untersucht werden (B). In einem abschließenden Kapitel (C) werden diese theoretischen Erkenntnisse über die teleologische Rechtsfindung für eine analytisch-methodologische Kritik des *effet utile* als Auslegungskriterium fruchtbar gemacht.

[304] Vgl. zu dieser Differenzierung und ihrer Relativität *Esser*, Grundsatz und Norm, 4. Aufl. 1990, S. 107 ff.; zum Charakter methodischer Instrumente vgl. auch *Bydlinski*, Juritische Methodenlehre und Rechtsbegriff, 2. Aufl. 1991, S. 78 ff.

A. Die Rolle der Auslegungskriterien im Verfahren der Rechtsanwendung

Will man den Argumentationsgehalt eines Auslegungsgrundsatzes genauer würdigen, ist es erforderlich, sich Klarheit darüber zu verschaffen, welche Bedeutung einer Argumentationsfigur oder einem Auslegungsgrundsatz überhaupt zukommt, und wie sie in der Rechtsfindung im Allgemeinen verwendet werden. Ziel des Abschnitts ist es, die Rahmenbedingungen der Verwendung eines bestimmten Grundsatzes, insbesondere im Verhältnis zu anderen Grundsätzen, zu ermitteln. Dazu werden zunächst der Vorgang der Rechtsanwendung und dessen Verständnis nach dem gegenwärtigen Erkenntnisstand der Methodenlehre aus theoretischer Sicht, d. h. ohne Bezug zu einer bestimmten Rechtsordnung, analysiert (I). Auf dieser Analyse aufbauend werden die Funktion methodischer Überlegungen allgemein (II), sowie die Anwendungsvoraussetzungen und -grenzen der Auslegungs*canones* im Besonderen aufgezeigt (III), die anschließend eine präzisere Kritik des *effet-utile*-Kriteriums ermöglichen.

I. Grundlagen der Rechtsanwendung und der Methodenlehre

1. Die erkenntnistheoretischen Grenzen der Jurisprudenz

Trotz der zentralen Stellung der Auslegungslehre in jeder Darstellung einer juristischen Methodenlehre fällt es beim gegenwärtigen Stand der Diskussion schwer, ein einheitliches Verständnis des Rechtsfindungsvorgangs ausfindig zu machen, das für die Rechtspraxis verwertbar ist. Dies lässt sich aber zu einem großen Teil mit der unterschiedlichen Terminologie bzw. den dahinter stehenden theoretischen Konzepten erklären, die von den jeweiligen Autoren verwendet wird, und die im Wesentlichen auf der unterschiedlichen Rezeption der Hermeneutik in Bezug auf die Rechtsfindung beruhen. Die Grundannahmen der Hermeneutik als allgemeiner Methodik geisteswissenschaftlicher Erkenntnis für den Rechtsfindungsprozess sind indessen weitgehend anerkannt.[305] Dass Gesetzesauslegung nicht allein anhand eines logischen Deduktionsschemas ablaufen kann und eine eigene schöpferische Erkenntnisleistung des Interpreten erfordert, hat schon *F. C. von Savigny* in seiner bis heute die deutsche Rechtswissenschaft nachhaltig prägenden Auslegungslehre erkannt.[306] Im *System des Römischen Rechts* (1840) beschreibt er die Auslegung als „eine Kunst" und warnt – gerade auch im Hinblick auf seine eigene Auslegungstheorie – davor, dass „man sich über den Werth einer solchen Theorie nicht täusche."[307] Er begründet diese Einschätzung wie folgt: „Denn diese Kunst lässt sich eben so wenig, als irgend eine andere, durch Regeln mittheilen oder erwerben. Allein wir können durch die Betrachtung vorzüglicher Muster ergründen, worin die Trefflichkeit derselben liegt; dadurch aber werden wir unseren Sinn schärfen für das, worauf es bey der Auslegung ankommt, und unser

---

[305] Vgl. dazu *Schroth*, in: Kaufmann/Hassemer/Neumann (Hrsg.), Einführung in die Rechtsphilosophie und Rechtstheorie der Gegenwart, 7. Aufl. 2004, S. 270, 273 m.w.N.

[306] Vgl. differenzierter zum Einfluss Savignys auf die Methodenlehre in Deutschland *Vogenauer*, Auslegung I, 2001, S. 441 m. w. N., der feststellt, dass Savignys Auslegungskanon erst später rezipiert wurde.

[307] *Savigny*, System des heutigen römischen Rechts I, 1840, S. 211.

Streben auf die rechten Punkte richten lernen. Dieses, und die Vermeidung mancherley möglichen Abwege, ist es, was wir hier, wie in jeder Kunst durch die Theorie zu gewinnen hoffen dürfen."[308]

Diese Erkenntnis ist in ihrer Grundannahme im Wesentlichen auch der Befund der heutigen juristischen Hermeneutik.[309] Danach erfolgt die Anwendung eines Gesetzes, typischerweise durch den Richter bei der Fallentscheidung, nicht allein deduktiv aus dem Gesetzestext – unter Anwendung zahlreicher anerkannter methodischer Regeln – heraus, sondern vermittels einer eigenständigen und damit vom subjektiven Vorverständnis[310] beeinflussten Verständnisleistung des Interpreten.[311] Vor dem Hintergrund dieser Erkenntnis ist eine vollständig objektivierte Rechtsfindung jedenfalls weder allein durch gesetzliche Vorgaben noch in Verbindung mit einem – auch noch so ausgefeilten – Kanon methodischer Regeln in allen Fällen durchführbar. Zwar mag es durchaus zahlreiche Fälle geben, in denen die anerkannten methodischen Regeln ein konkretes Ergebnis zweifelsfrei bestimmen; in vielen Fällen werden sich aber selbst bei Einigkeit über die anzuwendenden methodischen Regeln aufgrund des notwendigerweise hohen Abstraktionsniveaus dieser Regeln keine einheitlichen Lösungen erzielen lassen.[312]

Dies bedeutet indessen nicht, dass methodische Regeln keinen Sinn hätten oder entbehrlich wären. Ihnen kommt vielmehr die im Rahmen der Rechtsfindung unverzichtbare Aufgabe zu, den Rechtsanwender bei schwierigen Rechtsfragen anzuleiten, und sie zwingen ihn dazu, seine Entscheidung so zu begründen, dass sie – so weit wie möglich – nachvollziehbar wird.[313] Die Gewährleistung der rationalen Nachprüfbarkeit ihrer Entscheidungen ist aber die eigentliche Kompetenz der Rechtsprechung als dritter Gewalt, aus der sie die Legitimation für ihre Tätigkeit bezieht. Die Ausübung der rechtsprechenden Gewalt ist daher stets an die Bedingung einer rationalen, nachvollziehbaren Begründung geknüpft, welche die relevanten Entscheidungsfaktoren transparent macht.

Hieraus ergibt sich die herausragende (auch verfassungsrechtliche) Bedeutung methodischer Regeln. Sie sind nicht deshalb wertlos, weil sie nicht stets eindeutige Lösungen hervorbringen können. Vielmehr ist es die Aufgabe der Methodenlehre, Regeln mit größtmöglicher Bestimmtheit zu entwickeln, um so den Rechtsfindungsvorgang so weit wie möglich zu rationalisieren und auf allgemeine, normative Maßstäbe

---

[308] *Ders.*, a.a.O.

[309] Vgl. *Schroth*, in: Kaufmann/Hassemer (Hrsg.), Einführung in die Rechtsphilosophie und Rechtstheorie der Gegenwart, 7. Aufl. 2004, S. 273; *Kaufmann*, Das Verfahren der Rechtsgewinnung, 1999, S. 38 ff. Zum Begriff der Hermeneutik *Hassemer*, ARSP 72 (1986), 195, 208 ff.; eine andere, wenn auch nicht grundlegend andere, Bedeutung, die indessen spezifisch auf sein Rechtsnormverständnis ausgerichtet ist, misst *Müller* (Strukturierende Rechtslehre, 2. Aufl. 1994, S. 241 ff., insbes. 244 f.) dem Begriff der Hermeneutik bei.

[310] Vgl. *Esser*, Voverständnis und Methodenwahl, 1970, S. 7 ff., 133 ff. u passim; *Larenz*, Methodenlehre der Rechtswissenschaft, 6. Aufl. 1991, S. 321; *Larenz/Canaris*, Methodenlehre der Rechtswissenschaft, 3. Aufl. 1995, S. 27 ff.

[311] Vgl. *Esser*, Voverständnis und Methodenwahl, 1970, S. 135 ff.; *Alexy*, in: *ders.*, Recht, Vernunft, Diskurs, 1995, S. 71, 75 f.

[312] Vgl. etwa *Auer*, Materialisierung, Flexibilisierung, Richterfreiheit, 2005, S. 78 ff. (am Beispiel der Generalklauseln des Privatrechts).

[313] Die Unterscheidung zwischen Entscheidungsfindung und -begründung betrifft den später noch genauer zu erläuternden Unterschied zwischen dem Entdeckungszusammenhang und dem Begründungszusammenhang juristischer Entscheidungen, vgl. unter § 2.A.II.1.d).

zurückzuführen. Auch wenn man nicht jede rechtswissenschaftliche Erkenntnis daraus ableiten kann, so lassen sich in zahlreichen Fällen die eine Entscheidung tragenden Begründungen falsifizieren, wenn sie gegen methodische Regeln verstoßen.[314] Durch eine systematisch konsequente Anwendung und Ausgestaltung des methodischen Instrumentariums werden Gerichte schließlich dazu gezwungen, die Machtausübung der Judikative auf eine abstrakt-generelle Basis zu stellen und – auch außerhalb des vom positiven Gesetz bestimmten Bereichs – dabei das Ideal der Gleichheit vor dem Gesetz zu verwirklichen.

2. Das deduktive Subsumtionsmodell

Um die Funktionsweise eines Auslegungsgrundsatzes genauer einordnen zu können, gilt es zunächst, den Vorgang der Rechtsfindung aus theoretischer Sicht näher zu betrachten. Die Entscheidung von Rechtsfällen ist im Laufe der historischen Entwicklung der Rechtstheorie Gegenstand zahlreicher Analysen gewesen, die etliche Modelle zur Analyse des Rechtsfindungsvorgangs erarbeitet haben.[315] Dabei ist der – oft als banal bzw. nichtssagend kritisierte – Justizsyllogismus mittlerweile als richtiger, wenngleich rein formaler Ausgangspunkt methodischer Bemühungen identifiziert worden.[316]

Das Ziel des Rechtsanwendungsvorgangs ist es, einen konkreten Lebenssachverhalt einer rechtlichen Bewertung anhand vorgegebener abstrakter Normen zu unterziehen.[317] Der Justizsyllogismus, der den Tatbestand einer abstrakten Norm mit dem streitigen Lebenssachverhalt abgleicht, stellt das klassische formale Verfahren zur Ermittlung von Rechtsfolgen dar.[318] In diesem Verfahren muss sich der Rechtsanwender der Lösung von zwei Seiten annähern: Zum einen wird der Lebenssachverhalt unter Berücksichtigung einschlägiger normativer Vorgaben ermittelt, zum anderen werden diese normativen Vorgaben, also im Regelfall der Tatbestand einer Rechtsnorm, daraufhin untersucht, ob sie den vorgegebenen Fall erfassen. *Engisch* hat diesen Vorgang als ein Hin- und Herwandern des Blicks zwischen Rechtsnorm und Sachverhalt bezeichnet.[319] Es handelt sich dabei um einen sog. hermeneutischen Zirkel, nämlich den Zirkel, der zwischen normativer Vorgabe und dem konkret zu beurteilenden Sachverhalt besteht.[320] Bei der Analyse des Syllogismus ist – trotz zahlreicher Verschränkungen auf der Erkenntnisebene – zwischen dem (empirischen) Vorgang der

[314] Vgl. *Canaris*, JZ 1993, 377, 386 (zur Falsifizierung juristischer Theorien).

[315] Vgl. insbesondere *Koch/Rüßmann*, Juristische Begründungslehre, 1982, S. 14ff.; *Bydlinski*, Juristische Methodenlehre und Rechtsbegriff, 2. Aufl. 1991, S. 41ff.; *Alexy*, Die logische Analyse juristischer Entscheidungen, in: ders. (Hrsg), Recht Vernunft, Diskurs, 1995, S. 19f. u passim; vgl. auch *Riehm*, Abwägungsentscheidungen in der praktischen Rechtsanwendung, 2006, S. 6.

[316] Vgl. *Riehm*, Abwägungsentscheidungen in der praktischen Rechtsanwendung, 2006, S. 6f.; *Stück*, ARSP 84 (1998), 405ff.; *Koch/Rüßmann*, Juristische Begründungslehre, 1982, S. 18ff.

[317] *Engisch*, Logische Studien, 3. Aufl. 1963, S. 3ff., 6.

[318] Vgl. zum Subsumtionsmodell näher *Riehm*, Abwägungsentscheidungen in der praktischen Rechtsanwendung, 2006, S. 4ff.; *Bydlinski*, Juristische Methodenlehre und Rechtsbegriff, 2. Aufl. 1991, S. 395ff.; *Koch/Rüßmann*, Juristische Begründungslehre, 1982, S. 14ff.; *Engisch*, Einführung in das juristische Denken, 10. Aufl. 2005, S. 55.

[319] *Engisch*, Logische Studien, 3. Aufl. 1963, S. 15.

[320] Dieser Zirkel ist gegenüber dem oben beschriebenen Zirkel zwischen dem Vorverständnis des Interpreten und der Rechtsnorm zu unterscheiden. Zu den unterschiedlichen Stufen des hermeneutischen Zirkels in der Rechtsfindung vgl. *Alexy*, in: ders. (Hrsg.), Recht, Vernunft,

Tatsachenfeststellung und dem (normativen) Vorgang der Bildung des Obersatzes zu unterscheiden. Gegenstand der Auslegung ist (nur) letzteres Verfahren. Die Konkretisierung der Sachverhalts ist ein damit verbundener Vorgang, der jedoch eigenen, besonderen Regeln der Rechtsfindung unterliegt.[321]

a) Deduktion und Justizsyllogismus in der Methodenlehre

aa) Auslegung der Rechtsnorm als Bildung von Obersätzen. Als Auslegung wird (allein) der Vorgang bezeichnet, bei dem aus einer abstrakten Norm in mehreren Schritten ein bestimmter, auf den konkreten Sachverhalt bezogener, mit möglichst großer Präzision anwendbarer Obersatz ermittelt wird. Die abstrakte Norm als Ausgangspunkt muss dabei nicht zwingend eine positiv-rechtliche Gesetzesnorm sein. Es kommt vielmehr eine Rechtsnorm beliebigen Ursprungs infrage, solange ihre Geltung anerkannt ist.[322] Eine Rechtsnorm als Ausgangprämisse kann insbesondere auch erst begründet werden, wobei die Bildung der Rechtsnorm dann ebenfalls normativen methodischen Vorgaben genügen muss, um zu überzeugen.[323]

Methodische Probleme werden zudem in Fällen von Unbestimmtheiten und Lücken im Gesetz aufgeworfen. In diesen beiden für die methodologische Forschung bedeutsamen Konstellationen wird deutlich, dass sich die Entscheidung des Falles nicht stets allein aus dem Gesetz ergibt, sondern dass ein Rückgriff auf weitere normative Grundlagen erforderlich ist, um dem Gesetz Bedeutung abzugewinnen. Die Funktion von Auslegungsregeln wie dem *effet utile* ist im Grundsatz unabhängig davon, ob sie in Fällen von Unbestimmtheiten oder von Lücken verwendet werden. Bei der Lückenfeststellung und -schließung lassen sich – unter Berücksichtigung der besonderen, mit diesen methodischen Instrumenten verbundenen Argumentationslast – dieselben Interpretationsregeln verwenden, die auch in Fällen von gesetzlichen Unbestimmtheiten angewendet werden.[324] Der *effet utile* präsentiert sich in der Rechtsprechung des EuGH zwar als ein Grundsatz, der primär bei der Lösung von Unbestimmtheiten im Gesetz helfen soll, da er die Effektivität einer normativen Vorgabe postuliert (näher zu diesen Regeln und den Funktionen der Methodenlehre unter II). Als Beispiel für eine solche Unbestimmtheit im Europäischen Privatrecht mag etwa die Frage dienen, ob der Verbraucher im Fall eines Bürgschaftsvertrag gemäß Art. 5 der Haustürwiderrufs-Richtlinie[325] auch dann

Diskurs, 1995, S. 76 f.; ausführlich hierzu *Riehm*, Abwägungsentscheidungen in der praktischen Rechtsanwendung, 2006, S. 36 u. ff.

[321] Vgl. näher unter § 2.A.I.2.a)ee).

[322] Dies belegen insbesondere die prozessrechtlichen Vorschriften, die von der Verletzung einer „Rechtsnorm" ausgehen, etwa § 546 ZPO. Zum Begriff des „Rechts" als Maßstab der Tätigkeit des EuGH gemäß Art. 19 Abs. 1 UAbs. 1 EUV Grabitz/Hilf/Nettesheim-*Mayer*, Das Recht der Europäischen Union, 46. EL 2011, Art. 19 EUV Rn. 23 ff.; zur Bedeutung des Begriffs „Recht" im Vergleich zur Gesetzesbindung vgl. auf der Grundlage des deutschen Rechts insbesondere *Neuner*, Die Rechtsfindung contra legem, 2. Aufl. 2005, S. 5 ff.

[323] Die Begründung von Normen als Ausgangspunkt der Rechtsfindung deckt sich daher mit dem Verfahren der Ableitung konkreter Entscheidungsprämissen aus einer normativen Vorgabe. In beiden Fällen geht es um die Begründung juristisch relevanter Prämissen nach rechtlich begründeten Regeln (vgl. zur sog. externen Begründung von Prämissen näher sogleich unter § 2.A.I.2.a)dd)).

[324] Vgl. etwa differenzierend *Canaris*, Die Feststellung von Lücken im Gesetz, 2. Aufl. 1983, S. 169 ff.; *Alexy*, in: ders. (Hrsg.), Recht, Vernunft, Diskurs, 1995, S. 91 f.

[325] Richtlinie 85/577/EWG des Rates vom 20. Dezember 1985 betreffend den Verbraucherschutz im Falle von außerhalb von Geschäftsräumen geschlossenen Verträgen, ABl. L 372, S. 31.

ein Widerrufsrecht hat, wenn der durch die Bürgschaft besicherte Kreditvertrag kein Verbrauchervertrag ist.[326] Diese Frage lässt sich nicht mit einem einfachen Blick in die Vorschriften der Richtlinie beantworten, sondern erfordert weitergehende, an der Richtlinie orientierte Überlegungen. Aber auch bei Lücken im Gesetz wird der *effet utile* im Europarecht verwendet, etwa bei der Frage, ob einer Person ein Anspruch gegen einen Mitgliedstaat wegen fehlerhafter oder unterlassener Umsetzung von Richtlinien zusteht.[327] Diese Frage wird in den EU-Verträgen ausdrücklich weder in positiver noch in negativer Weise beantwortet. Insofern betont der *effet utile* den Vorranganspruch und die unmittelbare Anwendbarkeit des Unionsrechts und damit die Effektivität bestimmter Rechtsprinzipien und nicht diejenige von Rechtsnormen. Der *effet utile* als Rechtsfindungsregel kann daher im Prinzip sowohl im Hinblick auf positivgesetzliche Normvorgaben als auch auf außerpositive Normen und Grundsätze angewandt werden.

bb) Die juristische Deduktion. Die Rückbindung des Obersatzes an die normativen Vorgaben erfolgt anhand methodischer Regeln in Form einer Deduktion. Deduktion, die Ableitung einer Entscheidung aus einer Rechtsnorm, muss dabei aber nicht bedeuten, dass sich der Obersatz allein aus der Norm ergibt. Mit deduktiver Argumentation ist hier vielmehr allein die (in verschiedener Form mögliche) methodische Rückbindung des Obersatzes an eine Rechtsnorm gemeint. Die wissenschaftliche juristische Arbeit sowie die höchstrichterliche Rechtsprechung, zu der auch die Rechsprechung des EuGH zu zählen ist, nimmt dabei die Perspektive der Rechtsnorm ein und expliziert diese, indem sie Fälle und Fallgruppen ermittelt, die sich unter die Norm subsumieren lassen. Im Fall des EuGH kommt diese Rechtsnormperspektive insbesondere im Verfahren der Vorabentscheidung (Art. 267 AEUV) zum Ausdruck, das hinsichtlich der europarechtlichen Normen eine Arbeitsteilung zwischen EuGH und dem vorlegenden nationalen Gericht vorsieht, wobei dem EuGH allein die Aufgabe der Auslegung zukommt. Die konkrete Anwendung des Obersatzes durch ein an die Parteien gerichtetes und verbindliches Urteil bleibt dem nationalen Gericht auf der Grundlage der entsprechenden Rechtsordnung überantwortet.[328]

cc) Unvollständigkeit der gesetzlichen Vorgaben – Unbestimmtheit und Lücken im Gesetz als zentrale Forschungsbereiche der Methodenlehre. In zahlreichen Fällen ist eine differenzierte Betrachtung des Rechtsanwendungsvorgangs, wie die hier unternommene, nicht erforderlich. Geht es um die Frage, ob ein von einem Sechsjährigen abgeschlossenes Rechtsgeschäft wirksam ist, so wird man unter Anwendung der §§ 104 Nr. 1, 105 Abs. 2 BGB ohne nähere Explikationen des Tatbestands, Sachverhaltsermittlungen oder komplexe Subsumtionsvorgänge zu einem eindeutigen und intersubjektiv akzeptierten Ergebnis gelangen. Dies liegt daran, dass die Norm klare Tatbestandsmerkmale aufweist, die ohne weitere Überlegungen verständlich werden. Freilich wird ein entsprechender Fall auch kaum jemals in dieser Simplizität Gegenstand einer richterlichen, geschweige denn einer höchstrichterlichen Entscheidung sein. In vielen Fällen und zwar gerade in den Fällen, welche die höchstrichterliche Rechtsprechung beschäftigen, sind die zu regelnden Sachverhalte jedoch zu vielschichtig und die Regelungsvorgaben zu unpräzise, als dass eine eindeutige Tatbestandsbeschreibung möglich

[326] Vgl. EuGH, Rs. C-46/96, Slg. 1998, I-1199 – *Dietzinger.*

[327] Vgl. hierzu EuGH, Rs. C-6/90 und C-9/90, Slg. 1991, 5357 – *Francovich.*

[328] Zur begrenzten Rolle des Vorabentscheidungsverfahrens vgl. Calliess/Ruffert-*Wegener*, EUV/AEUV, 4. Aufl. 2011, Art. 234 AEUV Rn. 47 ff. (zur Bindung des vorlegenden Gerichts an die Auslegung durch den EuGH).

(oder aus politischen Gründen nicht durchsetzbar) wäre.[329] Gerade im Bereich eines auf dem Grundsatz der Privatautonomie beruhenden Privatrechts besteht zudem eine gleichsam unendliche Vielfalt von Verhaltensweisen, die einer rechtlichen Bewertung bedürfen und für die in vielen Fällen keine präzisen oder überhaupt keine rechtlichen Regelungen bestehen. Die Notwendigkeit methodischer Überlegungen hängt damit zu einem großen Teil von der Präzision der normativen Vorgaben ab – Gesetze, insbesondere Kodifikationen, die ein bestimmtes Rechtsgebiet bis in Details systematisch durchdringen, geben präzise Obersätze häufiger vor als offene, teleologisch formulierte Normen, wie sie sich in zahlreichen europäischen Richtlinien finden.[330] Neben den Fällen von Unbestimmtheiten und Lücken im Gesetz zeigt sich die Notwendigkeit methodischer Regeln auch bei Normenkonflikten und in der grundsätzlich anerkannten Möglichkeit, in gewissen Fällen rechtlich verbindliche Entscheidungen entgegen dem Wortlaut eines Gesetzes zu treffen.[331] Eine nähere Analyse dieser Kategorien der Rechtsfindung, die sich gegen den Wortlaut der als einschlägig erkannten Norm richten, würde über die Zielsetzung der vorliegenden Untersuchung hinausführen.[332]

dd) Interne und externe Begründung von Entscheidungen und die Rolle der Auslegungskriterien (canones). Die Begründung der Deduktion juristischer Entscheidungen aus einer normativen Ausgangsprämisse vollzieht sich auf zwei unterschiedlichen Ebenen, die als interne und externe Begründung bzw. Rechtfertigung bezeichnet werden.[333] Die interne Rechtfertigung betrifft das logische Verfahren der Ableitung der konkreten Entscheidungsformel bzw. des konkreten Rechtssatzes aus den normativen Vorgaben anhand mehrerer logisch zusammenhängender Prämissen. Diese logische Ableitung des konkreten Rechtssatzes lässt sich dabei selten überzeugend in einem Akt darstellen, sondern setzt eine schrittweise Konkretisierung des ursprünglichen Rechtssatzes hin zu einem neuen Rechtssatz voraus, die mehrere konkretisierende Prämissen erfordert. Ergebnis der internen Rechtfertigung ist die logische Ableitung des Ergebnisses aus den zugrunde gelegten Prämissen.

Mit dieser logischen Ableitung kann sich eine juristische Begründung allerdings nicht begnügen, denn sie ist nur dann rechtlich verbindlich, wenn die Prämissen, auf denen sie aufbaut, ihrerseits rechtlich verbindlich sind. Die interne Rechtfertigung ist somit nur ein Verfahren, das Fehlschlüsse vermeiden und die logische Rückbindung der Entscheidung an die zugrunde gelegte Prämisse sicherstellen soll. Die eigentliche Aufgabe der juristischen Argumentation liegt in der Bildung überzeugender Konkretisierungsprämissen, die hier als externe Begründung bezeichnet wird. Diese ergeben sich ihrerseits nicht im Wege einer Deduktion aus der Norm, sondern aufgrund einer methodengerechten Auslegung der zugrunde gelegten normativen Vorgabe. Das Verfahren, das hier Anwendung findet, ist nicht das der logischen Deduktion, sondern

---

329 Als Beispiel für die mangelnde politische Durchsetzbarkeit durchaus präzise(r) zu regelnder Rechtsgebiete ist im deutschen Recht etwa insbesondere das kollektive Arbeitsrecht paradigmatisch, das in weiten Teilen allein richterrechtlich geregelt ist, vgl. nur MünchHdbArbR-*Ricken*, 3. Aufl. 2009, § 198 Rn. 3 ff.

330 Zur Bedeutung der Art und Weise Gesetzgebung für die Methodik näher unter § 3.B.II.1.a) aa).

331 Vgl. *Rüthers/Fischer/Birk*, Rechtstheorie, 6. Aufl. 2011 Rn. 949 ff.; *Neuner*, Die Rechtsfindung contra legem, 2. Aufl. 2005, S. 139 ff.

332 *Alexy*, Theorie der juristischen Argumentation, 3. Aufl. 1996, S. 17 f.

333 Vgl. etwa *Koch/Rüßmann*, Juristische Begründungslehre, 1982, S. 22 ff. („semantische Interpretationen der Norm"); *Alexy*, Theorie der juristischen Argumentation, 3. Aufl. 1996, S. 273.

ein hermeneutisches Verständnisverfahren, so wie es eingangs beschrieben worden ist (vgl. I). Die Regeln und Grundsätze der Normauslegung, die sog. Auslegungs*canones*, zu denen auch der *effet utile* als Auslegungsgrundsatz zu rechnen ist, werden auf dieser Ebene des Auslegungsvorgangs relevant (vgl. im Einzelnen unter III).

ee) Bedeutung der Sachverhaltsermittlung und der Subsumtion. Aus methodischer Sicht bedürfen zwar auch die Vorgänge der Sachverhaltsermittlung und der Subsumtion einer näheren Analyse, da sie sich nicht zwingend aus dem konkretisierten Obersatz ableiten lassen, sondern ihrerseits komplexe Probleme aufwerfen können, die methodisch nachvollziehbare Lösungen erfordern.[334] So bauen zahlreiche Normen auf wertungsoffenen Tatbestandsmerkmalen auf, die eine Abwägung auch im Subsumtionsschritt erfordern.[335] Dass sich die methodologische Literatur im Schwerpunkt mit der Auslegung im Sinne einer Bildung von Obersätzen beschäftigt, liegt darin begründet, dass es sich hierbei um die maßgeblichen normativen Probleme handelt, während Fragen der Sachverhaltsermittlung empirischer Natur sind. In der höchstrichterlichen Rechtsprechung ist der Sachverhalt im Übrigen typischerweise in Form der tatsächlichen Feststellungen der Tatsachen- oder Berufungsinstanz bereits vorgegeben und im Fall wissenschaftlicher Arbeiten steht ebenfalls die Problematik normativer Explikation im Vordergrund, während die Sachverhaltsermittlung und Subsumtion im Einzelfall Fragen der empirischen Ermittlung in der Tatsacheninstanz betreffen. Auf der Erkenntnisebene hat die Sachverhaltsermittlung zwar eine große Bedeutung für die Explikation einer Rechtsnorm, da zahlreiche schwierige Rechtsfragen erst aus der Praxis heraus entstehen; in den Fällen der Rechtsfortbildung macht die nicht vorhandene oder unpassende gesetzliche Lösung ja erst die Entwicklung einer (neuen) Rechtsnorm erforderlich. Indessen ändert dies nichts an dem Umstand, dass eine (richterliche) rechtliche Entscheidung ein konkretes Sollensurteil bildet und somit allein deshalb Bestand haben kann, weil sie sich aus einer bestimmten Rechtsnorm heraus ergibt; sie bezieht ihre Geltungskraft damit nicht etwa aus bestimmten empirischen Umständen, sondern aus normativen Vorgaben. Somit betrifft die Auslegung allein die deduktive Rückbindung des einschlägigen Obersatzes an eine Rechtsnorm. Dabei ist es durchaus möglich, dass Rechtsnormen auf bestimmten empirischen Sachgesetzlichkeiten beruhen.[336] Die Verbindlichkeit dieser Sachgesetzlichkeiten ergibt sich jedoch nicht aufgrund der tatsächlichen Gegebenheiten als solcher, sondern daraus, dass die empirische Analyse häufig bestimmte normative Strukturen nahelegt, die sich wiederum bei hinreichender Rückbindung an normative Prinzipien als Sachgesetzlichkeiten formulieren lassen; dabei wird die strikte Trennung zwischen der normativen und der empirischen Ebene nicht verlassen, sondern vielmehr eine weitere Ebene des Einflusses der empirischen auf die normative Ebene deutlich.

---

[334] Zu den Schwierigkeiten der Sachverhaltsermittlung und zum abwägenden Charakter dieses Vorgangs vgl. *Riehm*, Abwägungsentscheidungen in der praktischen Rechtsanwendung, 2006, S. 41 f.; *Bydlinski*, Juristische Methodenlehre und Rechtsbegriff, 2. Aufl. 1991, S. 43.

[335] Dieser Obersatz kann dabei noch wertungsoffene Tatbestandsmerkmale enthalten, die eine Berücksichtigung der Besonderheiten des Lebenssachverhalts ermöglichen, vgl. näher *Riehm*, Abwägungsentscheidungen in der praktischen Rechtsanwendung, 2006, S. 26 ff., 43 ff.

[336] Zur Methode der Rechtsfindung anhand der „Natur der Sache" *Radbruch*, Die Natur der Sache als juristische Denkform, 1960, S. 15; *Dreier*, Zum Begriff der „Natur der Sache", 1965, S. 117 ff.; sowie *Neuner*, Die Rechtsfindung contra legem, 2. Aufl. 2005, S. 77 ff.; *Garrn*, ARSP 68 (1982), S. 60, 62 ff.

Für die weitere Untersuchung des *effet utile* ist dabei festzuhalten, dass dieser sich als Auslegungsgrundsatz allein auf die normative Ebene bezieht. Anders als der völkerrechtliche Effektivitätsgrundsatz[337] nimmt er gerade nicht empirische Elemente als Bestandteil der Normgeltung an, sondern folgert aus der Geltung einer bestimmten normativen Vorgabe ein bestimmtes Auslegungsergebnis. Er ist damit ein Grundsatz, welcher der normativen Ebene zuzuordnen ist und dabei der Explikation einer normativen Vorgabe dient.

b) Rechtsstaatliche Funktionen des Deduktionsmodells

Das Modell des Justizsyllogismus beruht auf der Deduktion der Einzelfallentscheidung aus einer Norm. Im Fall nicht hinreichend bestimmter oder lückenhafter Gesetze (vgl. dazu unter 2) wird deutlich, dass allein anhand der gesetzlichen Vorgaben eine (eindeutige) Entscheidung nicht zu ermitteln ist. Die meisten gewichtigen Probleme der Jurisprudenz lassen sich nicht allein aus den Vorgaben der Gesetze heraus erklären, sondern erfordern gerade eine Konkretisierung der normativen Vorgaben. Dies muss aber auch in diesen Fällen nicht dazu führen, dass das Postulat nach einer deduktiven Begründung juristischer Entscheidungen aus einer normativen Vorgabe heraus obsolet wird.[338] In diesen Fällen erfüllt das deduktive Modell des Justizsyllogismus Anforderungen, die für eine nach rechtsstaatlichen Grundsätzen orientierte Rechtsfindungslehre geradezu unverzichtbar sind. Insbesondere stellt es sicher, dass sich jede Einzelfallentscheidung als (methodengerechte) Anwendung einer universal anwendbaren Norm darstellt und dass sich die Entscheidung (in mehreren Schritten) aus dieser universalen Norm heraus ableiten lässt.[339]

Die wichtigste Funktion des Deduktionsmodells liegt damit in der Wahrung des rechtstaatlichen Postulats der Gleichheit vor dem Gesetz und dem sich hieraus ergebenden Universalisierbarkeitsprinzip für Rechtsnormen.[340] Eine Rechtsordnung, die sich so wie die EU zum Gedanken der Rechtsgemeinschaft und des Rechtsstaats bekennt,[341] besteht auf der Grundlage allgemeiner, universaler Gesetze. Dies ist eine der zentralen Forderungen des Gleichbehandlungsgebots, das in Form des Gleichheitssatzes und als Gerechtigkeitsbestandteil eines nichtpositivistischen Rechtsbegriffs Geltung beansprucht.[342] Das deduktive Begründungsmodell setzt voraus, dass eine (positivrechtliche oder außerpositive, nach rechtsstaatlichen Grundsätzen begründete) Norm als Grundlage jeder Entscheidung benannt wird, aus der sich die konkrete Entscheidung ableiten lässt.

Daneben erlaubt das Erfordernis einer deduktiven Begründung, das mögliche Maß an Gesetzesbindung zu wahren, indem es den Rechtsanwender bei der Bildung des Obersatzes dazu zwingt, diesen argumentativ an eine normative Vorgabe anzu-

---

[337] Vgl, dazu bereits Fn. 9.

[338] *Koch/Rüßmann*, Juristische Begründungslehre, 1982, S. 112ff.; *Pawlowski*, Methodenlehre für Juristen, 3. Aufl. 1999, Rn. 510ff.

[339] Zum Universalisierbarkeitsprinzip vgl. Theorie der juristischen Argumentation, 3. Aufl. 1996, S. 90ff.; *Hare*, Freedom and Reason, 1965, S. 10ff., 30ff.; *Pawlowski*, Methodenlehre für Juristen, 3. Aufl. 1999, Rn. 53ff.

[340] Vgl. auch *Canaris*, JZ 1993, 377, 379.

[341] Zur Rechtsstaatlichkeit der EU und zum Begriff der Rechtsgemeinschaft vgl. *Hallstein*, Die Europäische Gemeinschaft, 1973, S. 33ff.; *Oppermann/Classen/Nettesheim*, Europarecht, 5. Aufl. 2011, § 9 Rn. 11ff. (= S. 106).

[342] Vgl. *Pawlowski*, Methodenlehre für Juristen, 3. Aufl. 1999, Rn. 53; *Bydlinski*, Juristische Methodenlehre und Rechtsbegriff, 2. Aufl. 1991, S. 179ff., 339ff.

knüpfen. Dies kann anhand verschiedener methodischer Regeln, Kriterien oder eines Auslegungskanons (zum Zusammenspiel dieser Elemente vgl. unter III.3) geschehen, deren Funktionsweise im Einzelnen noch zu untersuchen sein wird. Die Forderung des Deduktivitätspostulats, Einzelfallentscheidungen aus einer Norm abzuleiten, zwingt zugleich dazu, die methodischen Regeln an den normativen Vorgaben auszurichten und führt somit zu einem im Prinzip höchstmöglichen Maß an Gesetzesbindung. Die Art und Weise der Bindung an das Gesetz hängt davon ab, ob als normativer Ausgangspunkt eine Norm des positiven Rechts gewählt wird. Bei Heranziehung außerpositiver Grundsätze zur Begründung von Entscheidungen kann es sich nicht um eine Bindung an Gesetzesrecht, sondern um eine Bindung an nichtpositive Rechtsnormen handeln, die aber ebenfalls Geltung als (universale) Rechtsnormen beanspruchen müssen. Die Reichweite der Bindung an solche außerpositiven Rechtssätze hängt von dem zugrunde gelegten Rechtsbegriff ab.[343] Welches Verhältnis das Gesetzesrecht zu sonstigen Rechtsnormen einnimmt, ist ein Frage, die zu den umstrittensten, vielschichtigsten und schwierigsten Problemen der juristischen Methodenlehre zählt; eine Stellungnahme hierzu würde weit über das Anliegen der vorliegenden Arbeit hinausführen.[344] Für die Funktion des Deduktivitätspostulats ist sie auch ohne Belang, denn dieses kann die Sicherstellung des möglichen Maßes an Gesetzesbindung unabhängig von dem Verhältnis erfüllen, das zwischen dem Gesetzesrecht und außerpositiven Grundsätzen besteht.

Schließlich ermöglicht die Gesetzesbindung anhand des Deduktivitätspostulats ein größtmögliches Maß an Rechtssicherheit, da es eine logisch nachvollziehbare Ableitung von Entscheidungen aus normativen Vorgaben erfordert. Nur wenn ihr Ausgangspunkt klar und die Begründung einer Entscheidung selbst in ihren jeweiligen Schritten anhand allgemein anerkannter Regeln nachvollziehbar ist, lässt sich die rechtliche Behandlung von Lebenssachverhalten – im Rahmen des Möglichen – so genau vorhersagen, dass sich die Rechtsunterworfenen hierauf verlassen können.

II. Funktionen und Quellen methodischer Instrumente

Da zur Sicherung der Gesetzesbindung und Gleichbehandlung der Rechtsunterworfenen die Ableitung von Entscheidungen aus einer normativen Vorgabe erforderlich ist, der Text der Norm selbst hierfür in zahlreichen Fällen aber keine hinreichenden Anhaltspunkte liefert, kommt es darauf an, zur Bildung der konkretisierenden Obersätze auf weiterführende Überlegungen zurückzugreifen, welche den Inhalt der Norm erklären können. Aufgabe der juristischen Methodenlehre ist es, Regeln für die Rechtsfindung in dem Bereich aufzustellen, in dem die Gleichbehandlung und Gesetzesbindung nicht allein schon durch den Text der einschlägigen Rechtsnormen gewährleistet werden können. Methodische Regeln, die zur Auslegung einer Norm her-

---

[343] Vgl. dazu *Alexy*, Begriff und Geltung des Rechts, 2. Aufl. 1994, S. 27 ff. m. w. N. aus der rechtstheoretischen Literatur, vgl. auch *Buchwald*, Der Begriff der rationalen juristischen Begründung, 1990, S. 263 ff. m.w.N.

[344] Zum Verhältnis von Recht und Gesetz auf der Grundlage des Grundgesetzes vgl. *Neuner*, Die Rechtsfindung contra legem, 2. Aufl. 2005, S. 85 ff. Zur Rolle des positiven Gesetzesrechts im Europarecht *ders.*, Privatrecht und Sozialstaat, 1999, S. 191 ff. S. auch *Alexy*, Begriff und Geltung des Rechts, 2. Aufl. 1994, S. 39 ff.; ein weiterer, das Gesetzsrecht und außerpositive Grundsätze verbindender Gesetzesbegriff ist von *Bydlinski*, Juristische Methodenlehre und Rechtsbegriff, 2. Aufl. 1991, S. 300 ff. entwickelt worden.

angezogen werden, werden als Kriterien, Mittel, Elemente oder *canones* der Auslegung bezeichnet.[345] Eine Kritik des *effet-utile*-Grundsatzes setzt daher zunächst eine nähere Auseinandersetzung mit den Anforderungen voraus, die an methodische Instrumente allgemein und an Auslegungskriterien im Besonderen zu stellen sind.

1. Grundlagen methodischer Instrumente

a) Rechtsnormcharakter methodischer Instrumente

Die juristische Methodenlehre ist – anders als die Rechtstheorie oder die Rechtsphilosophie, mit denen sie als Disziplin eng verwandt ist – eine normative Wissenschaft, deren Aufgabe es ist, Regeln und Grundsätze der Rechtsanwendung zu entwickeln. Methodische Instrumente müssen damit den Anspruch haben, Rechtsnormen zu sein, wenngleich es sich bei ihnen um Rechtsnormen einer anderen Regelungsebene handelt.[346] Indem sie verbindliche Regeln aufstellt, geht die Methodenlehre über den deskriptiven Befund einer Zusammenstellung der tatsächlichen Erwägungen der Rechtsfindung hinaus, der vor allem Gegenstand der Untersuchung in § 1 war. Als normative Wissenschaft, die jenseits der unmittelbaren Gesetzesbindung ansetzt, ist die Methodenlehre damit aber stets auch auf nicht im positiven Recht zugrunde gelegte Wertungen angewiesen, über die nicht stets Einigkeit herrschen wird. Dies zeigt sich vor allem anhand der klassischen methodologischen Kontroversen, wie insbesondere der Konflikt zwischen subjektiver und objektiver Auslegungstheorie deutlich macht.[347]

b) Regeln oder Prinzipien?

Aufgrund ihres normativen Anspruchs stellen die Instrumente der Methodenlehre damit stets Rechtsnormen dar, die verbindliche Vorgaben für die Rechtsfindung aufstellen. Nach den Erkenntnissen der Rechtstheorie, können Rechtsformen in Form von Regeln oder in Form von Prinzipien formuliert werden. Prinzipien sind eine Form von Rechtsnormen, die sich von Regeln im Wesentlichen insofern unterscheiden, als sie keine unbedingte Anwendung in einer „Alles-oder-Nichts"-Weise beanspruchen. Während ein Konflikt zwischen abweichenden Regeln stets nur durch Vorrang der einen und Ungültigkeit der anderen Regel gelöst werden kann, liegt es in der Natur von Rechtsprinzipien, dass sie nur eine relative Geltung beanspruchen, die sich in der Abwägung mit anderen in der Rechtsordnung anerkannten Prinzipien bestimmt.[348]

---

[345] Vgl. etwa *Bydlinski*, Juristische Methodenlehre und Rechtsbegriff, 2. Aufl. 1991, S. 436 f.; *Savigny* spricht in seiner Auslegungslehre von Elementen der Rechtsgewinnung, vgl. *Savigny*, System des heutigen römischen Rechts I, 1840, S. 211.

[346] Vgl. zu den beschränkten Unterschieden zwischen den Grundsätzen der Rechtsfindung und den sonstigen rechtlichen Prinzipien *Esser*, Grundsatz und Norm, 4. Aufl. 1990, S. 116 ff.

[347] Vgl. *Alexy*, Theorie der juristischen Argumentation, 3. Aufl. 1996, S. 43 ff.; zu den Grenzen rationaler Rechtsfindung vgl. auch *Auer*, Materialisierung, Flexibilisierung, Richterfreiheit, 2005, S. 88 ff.

[348] Aus dem umfangreichen Schrifttum zur Theorie der Rechtsprinzipien grundlegend *Dworkin*, Taking Rights Seriously, 1978, S. 25 f.; in Anlehnung an diesen aus dem deutschen Schrifttum insbesondere *Esser*, Grundsatz und Norm, 4. Aufl. 1990, S. 47 ff.; *Canaris*, Systemdenken und Systembegriff in der Jurisprudenz, 2. Aufl. 1983, S. 55; *Alexy*, Zum Begriff des Rechtsprinzips, in: ders. (Hrsg.), Recht, Vernunft, Diskurs, 1995, S. 182 ff. Zur Struktur und Rolle der Prinzipien in der Rechtsfindung vgl. *Alexy*, in: Schilcher/Koller/Funk (Hrsg.), Regeln, Prinzipien und Elemente im System des Rechts, 2000, S. 31 ff.; *ders.*, Theorie der Grundrechte, 2. Aufl. 1994, S. 71 ff. Diese Unterscheidung beruht auf einem kategorialen Unterschied zwischen Regeln und

Methodische Normen lassen sich selten als Regeln formulieren, was insbesondere daran deutlich wird, dass sich in so gut wie keinem methodischen Lehrbuch eine verbindlich regelhafte Aussage über das relative Verhältnis unterschiedlicher methodischer Instrumente zueinander findet.[349] Dies beruht zum einen darauf, dass sich methodische Regeln nur in sehr geringem Maße auf hinreichend präzise positivrechtliche Regeln (insbesondere des Staatsrechts) stützen lassen; so findet sich nur in wenigen Rechtsordnungen eine gesetzliche Regelung, welche den Vorgang der Rechtsfindung betrifft und auch diese ist typischerweise nicht in Form leicht handhabbarer Regeln ausgestaltet.[350] Die Grundsätze der Rechtsfindung hängen zudem in erheblichem Maße von hermeneutischen Sachgesetzlichkeiten ab (vgl. unter d), die sich ohne verbindliche gesetzliche Entscheidung selten konsensfähig in hinreichender Präzision als Regeln etablieren lassen, als Prinzipien jedoch grundsätzlich anerkannt sind.

Sofern bestimmte Auslegungsregeln anerkannt sind, die den Anforderungen an eine Regel gerecht werden, sind sie zumeist entweder so allgemeiner Natur, dass sie banal und damit gerade in schwierigen Fällen nicht weiterführend oder völlig tautologisch sind. So ist etwa die aus der Rechtsgeschäftslehre stammende Auslegungsregel, dass klare Äußerungen keiner Interpretation bedürfen (*cum in verbis nulla ambiguitas est, non debet admitti voluntatis quaestio*[351]) bei näherer Betrachtung gänzlich inhaltsleer, denn sie hängt von dem Tatbestandsmerkmal ab, ob die Aussage klar genug ist oder nicht und dies lässt sich wiederum nur aufgrund einer nach hermeneutischen Gesetzlichkeiten zu treffenden Entscheidung bestimmen.[352] Die entscheidende Frage der Klarheit der Aussage, die sich im Wesentlichen nach bestimmten Prinzipien der Auslegung richtet, wird durch die Anwendung dieser Regel lediglich auf die Tatbestandsebene verschoben, womit für die Verlässlichkeit der Rechtsfindung, die durch die Verwendung der Regel im Gegensatz zum – stets unter dem Vorbehalt seines *prima-facie*-Charakters stehenden – Prinzip letztlich nichts gewonnen ist;[353] eher wird der hermeneutische Charakter der Auslegungsentscheidung durch Einkleidung in eine anerkannte rechtliche Regel verschleiert. Gleiches lässt sich ebenfalls über den Grundsatz des *effet utile* sagen. Dass Rechtsnormen so auszulegen sind, dass sie die hinter ihnen stehenden Regelungszwecke effektiv erreichen, wird auf einer allgemeinen Ebene kaum jemand bestreiten können. Die Formulierung eines solchen Grundsatzes verdeckt jedoch die eigentlich entscheidende Frage, wie ein effektives Maß an Zweckerreichung zu bestimmen ist (vgl. näher unter C.III.3).

Prinzipien und ist nicht mit der ebenfalls verbreiteten Unterscheidung zwischen beiden Begriffen nach dem Maß ihrer Generalität zu verwechseln, vgl. dazu *Raz*, Yale L.J. 81 (1972), 823, 838.

[349] Vgl. hierzu *Bydlinski*, Juristische Methodenlehre und Rechtsbegriff, 2. Aufl. 1991, S. 566 ff.; *Canaris*, FS Medicus, 1999, S. 25, 58 ff. (mit einer Unterscheidung zwischen der grundsätzlichen Behandlung methodischer Instrumente als Abwägungskriterien und der verinzelten Anerkennung von Vorrangregeln); *Larenz*, Methodenlehre der Rechtswissenschaft, 6. Aufl. 1991, S. 333 ff.; *Larenz/Canaris*, Methodenlehre der Rechtswissenschaft, 3. Aufl. 1995, S. 163 ff.

[350] Zum schweizerischen Privatrecht vgl. etwa *Kramer*, Juristische Methodenlehre, 3. Aufl. 2010, S. 39; vgl. auch *Bydlinski*, Juristische Methodenlehre und Rechtsbegriff, 2. Aufl. 1991, S. 79 f.

[351] Paul. Dig. 32, 25, 1.

[352] Vgl. dazu insbesondere *Canaris/Grigoleit*, in: Hartkamp u. a. (Hrsg.), Towards a European Civil Code, 4. Aufl. 2010, S. 567, 578; *Larenz/Canaris*, Methodenlehre der Rechtswissenschaft, 3. Aufl. 1995, S. 164 (zur „Regel", dass bei eindeutigem Wortsinn keine Auslegung mehr zulässig sei); *Höpfner*, DÖV 2006, 820, 821 f.; *Rüthers/Fischer/Birk*, Rechtstheorie, 6. Aufl. 2011, Rn. 742.

[353] Zu Recht wird der Rückgriff auf diese Regel daher von *Höpfner*, Die systemkonforme Auslegung, 2008, S. 146 als Scheinbegründung bezeichnet.

Zwar lassen sich in bestimmten, eng umrissenen Konstellationen auch echte methodische Regeln aufstellen.[354] Doch kommen auch diese nicht ohne ein erhebliches Maß an unbestimmten Rechtsbegriffen aus.[355] Zum wesentlichen Teil lassen sich methodische Normen daher nur als Prinzipien formulieren, was aufgrund des hermeneutischen Charakters des Auslegungsvorgangs begründet ist, der seinerseits eine abwägende Entscheidung voraussetzt und einer starren Regulierung in Form von Regeln nur in sehr begrenztem Umfang zugänglich ist.

c) Hermeneutischer und verfassungsrechtlicher (staatstheoretischer) Aspekt der Methodenlehre

Als normative Quellen methodischer Regeln kommen zwei unterschiedliche, indessen vielfach ineinander übergreifende Faktoren in Betracht: Zum einen ergeben sich die Regeln der Rechtsfindung aus bestimmten hermeneutischen Gesetzlichkeiten, denen das Verständnis des Rechts als Erkenntnisobjekt unterliegt. Zum anderen werden diese Gesetzlichkeiten aber auch von höherrangigen verfassungsrechtlichen bzw. staatstheoretischen Rahmenbedingungen bestimmt, welche die Geltung des Rechts determinieren und so auch gewisse Vorgaben hinsichtlich der richtigen Interpretation des Rechts machen.[356] Hermeneutische Faktoren stützen sich auf allgemeine Gesetzlichkeiten, die im Umgang mit dem Recht als (geisteswissenschaftlichem) Erkenntnisobjekt zusammenhängen und – jedenfalls in ihren Grundzügen – unabhängig von den normativen Vorgaben der Rechtsfindung Geltung beanspruchen können; diese Geltung bezieht ihren Gültigkeitsanspruch nicht aus der rechtlichen Verbindlichkeit, sondern aus Sachgesetzlichkeiten hermeneutischer Erkenntnis.[357] Die rechtliche Verbindlichkeit der normativen (verfassungsrechtlichen und staatstheoretischen) Vorgaben der Rechtsfindung ergibt sich hingegen aus deren Geltung als Gesetzesrecht.

Letztlich durchdringen sich beide Aspekte aber im Ergebnis gegenseitig. Zum einen ist die hermeneutische Bestimmung einer Rechtsnorm von dem Rechtssystem abhängig, in das sie eingebettet ist, sowie von dem jeweils zugrunde gelegten Rechtsbegriff (vgl. insbesondere unter 2.d)). Zum anderen sind die staatsrechtlichen Vorgaben ihrerseits interpretationsbedürftig und in der Regel zu vage, um ein hinreichend präzises methodisches Verständnis zu begründen; sie bauen insoweit auch wieder auf allgemeinen hermeneutischen Erkenntnissen über den Charakter des Rechts auf, die von den jeweiligen Verfassungsgebern bzw. von den unterschiedlichen staatstheoretischen Konzepten und den damit verbundenen Rechtsbegriffen in Bezug genommen und damit ohne nähere Präzision zugrunde gelegt werden.[358]

---

[354] Vgl. insoweit etwa im Hinblick auf den relativen Rang der klassischen Auslegungs*canones* *Canaris*, FS Medicus, 1999, S. 25, 59f., der unter bestimmten Umständen sog. Vorrangregeln annimmt.

[355] Zu Erforderlichkeit einer abwägenden Entscheidung bei unbestimmten Rechtsbegriffen vgl. *Riehm*, Abwägungsentscheidungen in der praktischen Rechtsanwendung, 2006, S. 13f.

[356] Zur Bedeutung des Verfassungsrechts sowie zur Dichotomie von Hermeneutik und Verfassungsrecht vgl. insbesondere *Wank*, Grenzen richterlicher Rechtsfortbildung, 1978, S. 82ff.; *Larenz*, Kennzeichnen geglückter Rechtsfortbildung, 1965, S. 3; *Badura*, in: Rechtsfortbildung durch die sozialgerichtliche Rechtsprechung, 1973, S. 40, 54ff.; *Böckenförde*, NJW 1976, 2089, 2097.

[357] Zur Hermeneutik in der Jurisprudenz vgl. *Betti*, Allgemeine Auslegungslehre als Methodik der Geisteswissenschaften, 1967, S. 600ff.; *Coing*, Die juristischen Auslegungsmethoden und die Lehren der allgemeinen Hermeneutik, 1959, S. 13ff.

[358] Zur Erforderlichkeit des hermeneutischen Aspekts auch *Wank*, Grenzen richterlicher Rechtsfortbildung, 1978, S. 82; *Neuner*, Die Rechtsfindung contra legem, 2. Aufl. 2005, S. 3.

Der Zweck der hier vorgenommenen und die Untersuchung prägenden Unterscheidung zwischen hermeneutischen und normativen (verfassungsrechtlichen bzw. staatstheoretischen) Vorgaben für die Methodenlehre soll aber – trotz zahlreicher Verschränkungen im Ergebnis – die unterschiedlichen in Bezug genommenen Quellen methodischer Erkenntnis und Kritik offen legen. Das vorliegende Kapitel (§ 2) beschäftigt sich insbesondere mit den hermeneutischen Möglichkeiten und Grenzen einer teleologischen Auslegung anhand des *effet utile*, so wie er im Europarecht Verwendung findet (vgl. dazu ausführlich unter § 1). Die staatsrechtliche Ebene der Rechtsfindung anhand des *effet utile* wird im anschließenden Kapitel (§ 3) näher in den Blick genommen.

d) Unterscheidung zwischen Erkenntnis- und Begründungszusammenhängen

Bei methodischer Erkenntnis kann man in Anlehnung an die Wissenschaftstheorie, insbesondere in Anlehnung an *Reichenbach* zwischen dem Erkenntniszusammenhang (*context of discovery*) und dem Begründungszusammenhang (*context of justification*) unterschieden.[359] Während eine Erforschung des Erkenntniszusammenhangs all diejenigen Erwägungen zusammenstellt, die aus (subjektiv-psychologischer) Sicht bei der Entscheidungsfindung eine Rolle spielen (neben den herkömmlichen Auslegungskriterien fallen auch das persönliche Judiz des Richters, rechtshistorische[360] oder rechtsökonomische Betrachtung sowie ähnliche Erwägungen in diese Kategorie), konzentriert sich eine Methode der Rechtfertigungszusammenhänge auf Verfahren, die es erlauben, die gefundenen Entscheidungen so zu rechtfertigen, dass sie sich aus rechtsstaatlichen Gründen als legitime richterliche Entscheidung erweisen. Trotz ihrer hohen Bedeutung für das Verständnis des Rechts lassen sich historische und ökonomische Argumente nicht unmittelbar auf der Rechtfertigungsebene ansiedeln, da weder die historische Erkenntnis noch das ökonomische Effizienzgebot für sich genommen unmittelbar rechtliche Geltung beanspruchen können.[361]

Der Erkenntnis- und der Begründungszusammenhang stehen zwar nicht unvermittelt nebeneinander, laufen aber auch nicht zwangsläufig parallel. Selbstverständlich kann und sollte gerade die Anwendung anerkannter methodischer Begründungsregeln auch zur Gewinnung von Rechtserkenntnis eingesetzt werden und genauso können erkenntnisfördernde Auslegungsmittel einen legitimen Kern zur Rechtfertigung juristischer Entscheidungen aufweisen, weil etwa eine historisch indizierte Auslegung auch dem erklärten Willen der Gesetzesverfasser entspricht und teleologisch stimmig ist oder der entsprechenden Norm eine ökonomische Zwecksetzung im Sinne einer Orientierung am Effizienzgebot zugrunde liegt.[362] Auf der methodologischen Ebene ist zwischen der Erkenntnis- und der Begründungsebene jedoch zu unterscheiden, denn

[359] Vgl. zur Unterscheidung zwischen Entdeckungs- und Begründungszusammenhängen *Reichenbach*, The Rise of Scientific Philosophy, 1963, S. 231; *Neumann*, Juristische Argumentationslehre, 1986, S. 4 f.; *Buchwald*, Der Begriff der rationalen juristischen Begründung, 1990, S. 24 ff. u. passim.; *Schneider*, in: Kaufmann/Hassemer/Neumann (Hrsg.), Rechtsphilosophie und Rechtstheorie der Gegenwart, 7. Aufl. 2005, S. 348, 349; *Alexy*, in: ders. (Hrsg.), Recht, Vernunft, Diskurs, 1995, S. 78.

[360] Vgl. zum erkenntnisfördernden Charakter des historischen Arguments vgl. *Grigoleit*, ZNR 30 (2008), 259, 268 ff.

[361] Vgl. zum ökonomischen Argument etwa *Eidenmüller*, Effizienz als Rechtsprinzip, 3. Aufl. 2005, S. 454 ff., 476 ff. Zum historischen Argument *Grigoleit*, ZNR 30 (2008), 259, 268 ff.

[362] Vgl. *Eidenmüller*, Effizienz als Rechtsprinzip, 3. Aufl. 2005, S. 450 ff.

bei der Entwicklung methodischer Regeln spielt es durchaus eine Rolle, ob ein gewisses Instrument lediglich die Erkenntnis fördern kann oder ob es auch die – weitergehende – Anforderung erfüllt, eine rechtlich valide Begründung für eine Entscheidung zu liefern. Auch wenn es letztlich die Aufgabe der Methodenlehre ist, beide Fragen zu behandeln, sind unterschiedliche Kriterien an die Behandlung der Fragen anzulegen. Bezogen auf den *effet utile* unterscheidet sich etwa die Frage, was zur Sicherstellung der praktischen Wirksamkeit einer Vorschrift alles notwendig ist, von der Fragestellung, ob diese Mittel aus staatstheoretischen oder verfassungsrechtlichen Gründen auch tatsächlich geboten sind.

Da die Methodenlehre als normative Rechtsanwendungslehre konkrete Aussagen darüber treffen soll, wie bei Fragen der Rechtsfindung vorzugehen ist, und somit einen normativen Anspruch hat (vgl. unter 1), ist sie im Ergebnis darauf gerichtet, Rechtfertigungszusammenhänge aufzustellen. Die Entwicklung und Bewertung von Rechtfertigungszusammenhängen setzt allerdings eine genaue Kenntnis über die Erkenntnismöglichkeiten eines methodischen Instruments voraus. Bevor also eine Antwort auf die Frage gegeben werden kann, welches Gewicht einer *effet-utile*-Argumentation aus unionsverfassungsrechtlicher Sicht zukommen soll, gilt es zunächst, die Erkenntnisweise und den Erkenntniswert der mit ihm verbundenen Argumente zu klären.

2. Hermeneutischer Aspekt der Methodenlehre

a) Juristische Hermeneutik

Wenn die erkenntnisfördernde Funktion der Methodenlehre hier als hermeneutische Funktion bezeichnet wird, bedarf dies einer Klarstellung. Mit dem Begriff der Hermeneutik wird zum einen eine allgemeine geisteswissenschaftliche Methodologie bezeichnet, andererseits aber auch eine philosophische Strukturtheorie des Verstehens.[363] Hier wird der Begriff der Hermeneutik nur insoweit bemüht, als damit eine geisteswissenschaftliche Verstehenslehre gemeint ist.[364] Als juristische Hermeneutik wird hier das Bemühen bezeichnet, juristische Probleme der Auslegung in normativer Weise zu erfassen, also eine spezifisch juristische Lehre des Verstehens zu erarbeiten, die sich damit befasst, konkrete Lebenssachverhalte einer Bewertung anhand universaler, nicht stets auf den konkreten Fall zugeschnittener rechtlicher Normen zu unterziehen.[365]

b) Möglichkeiten und Grenzen hermeneutischer Erkenntnis bei der Auslegung des Rechts

Die fundamentalen und weithin anerkannten Funktionen der deduktiven Entscheidungsbegründung (vgl. unter I) sind bereits erläutert worden; dabei ist auch der sich nach hermeneutischen Grundsätzen vollziehende Auslegungsvorgang, d.h. die Präziserung der normativen Vorgaben zu hinreichend konkreten Entscheidungsprämissen, als eigentlich entscheidender Schritt des Rechtsanwendungsprozesses identi-

[363] Vgl. dazu grundlegend *Gadamer*, Wahrheit und Methode, 3. Aufl. 1972, S. 415 ff.; s. auch *Alexy*, in: ders. (Hrsg.), Recht, Vernunft, Diskurs, 1995, S. 75.

[364] Eine Untersuchung der philosophischen oder erkenntnistheoretischen Grundlagen ist nicht Gegenstand der vorliegenden Untersuchung, vgl. insoweit die Hinweise bei *Bydlinski*, Juristische Methodenlehre und Rechtsbegriff, 2. Aufl. 1991, S. 66 ff.

[365] Zur juristischen Auslegung als Anwendungsfall einer allgemeinen (geistes-)wissenschaftlichen Hermeneutik vgl. *Gadamer*, Wahrheit und Methode, 3. Aufl. 1972, S. 307 ff.; *Betti*, Allgemeine Auslegungslehre als Methodik der Geisteswissenschaften, 1967, S. 600 ff.

fiziert worden. Der hermeneutische Aspekt der Methoden besteht darin, diejenigen Erkenntnismöglichkeiten aufzuzeigen, die sich aus einer Norm ergeben, und gewisse Gesetzlichkeiten, die das Verständnis von Rechtsnormen beeinflussen, zu bestimmen. Ergibt sich aus dem Wortlaut einer Norm die Lösung nicht ohne weiteres, so muss der materielle Gehalt der Norm und damit ihre Anwendung auf den konkreten Fall durch weitere, über den Wortlaut der Norm hinausgehende Erwägungen geklärt werden. Indem jede juristische Auslegungslehre in der einen oder anderen Form auf semantische, historische, genetische, systematische und teleologische Argumente zurückgreift,[366] klärt sie den Gehalt der Norm durch Rückgriff auf ihre Bedeutungszusammenhänge. Die soeben genannten, klassischen juristischen Auslegungsargumente greifen auf Bedeutungsschichten und Bedeutungszusammenhänge des Rechts zurück, die ohne unmittelbaren Bezug zur Rechtsfindungsaufgabe des Richters (Rechtsanwenders) in einer konkreten Rechtsordnung stehen. Sie zeigen universale Aspekte auf, die das Verständnis von Rechtstexten fördern und die sich zum Teil auch als Aspekte des Verständnisses in anderen geisteswissenschaftlichen Disziplinen wie der Theologie, der Kunst- oder der Literaturwissenschaft finden.[367] Allerdings ist das Recht als Erkenntnisobjekt zugleich von staatsrechtlichen und staatstheoretischen Faktoren der konkreten Rechtsordnung sowie der gesetzlichen Vorgaben des konkreten Rechtsgebiets beeinflusst, die besondere Auswirkungen auf das Verständnis des Rechts haben; diese Besonderheiten sind Gegenstand einer spezifisch juristischen Hermeneutik, die sich auf ein bestimmtes Rechtsgebiet bezieht.

Die oben genannten klassischen Auslegungs*canones* machen den Kern des hermeneutischen Regelbestands aus. Hermeneutische Erkenntnisse können allerdings auch über die Benennung der maßgeblichen Faktoren bei der Rechtsfindung hinausgehen und bestimmte Gesetzlichkeiten bei der Verwendung der einzelnen *canones* oder im Hinblick auf ihr Verhältnis zueinander entwickeln. In zahlreichen Fällen decken sich die Ergebnisse aller soeben genannten Kriterien.[368] Ergeben sich Widersprüche, stellt sich allerdings die Frage nach der „richtigen" Deutung, hinsichtlich derer die hermeneutische Funktion der Methoden wiederum – jedenfalls in einem gewissen Umfang – Antworten geben kann. Die Frage nach dem richtigen Auslegungsergebnis deckt sich mit der klassischen zentralen Streitfrage der juristischen Methodenlehre nach dem Rangverhältnis der einzelnen Auslegungskriterien zueinander.

Die juristische Hermeneutik muss als Verstehenslehre nicht zwangsläufig auf eine Rekonstruktion des vom Gesetzesverfasser Gewollten ausgerichtet sein, sondern kann vielmehr auch ein objektives Verständnis des Rechtstextes in seinen systematischen und teleologischen Zusammenhängen erfassen. Eine auf dem Grundsatz der Gewaltenteilung basierende Rechtsordnung geht davon aus, dass die Legislative Gesetze

---

[366] Daher ist der Kern der Auslegungs*canones* insgesamt anerkannt und grundsätzlich auch unabhängig von der Rechtsordnung oder dem Rechtsgebiet, in denen sie zur Anwendung gelangen, vgl. *Bydlinski*, Juristische Methodenlehre und Rechtsbegriff, 2. Aufl. 1991, S. 593 ff. (der von einem Rahmenmodell der klassischen *canones* ausgeht). Aber auch die meisten rechtsgebietsspezifischen Methodenlehren richten sich am klassischen Kanon der Methoden aus, vgl. nur *Rüthers/Fischer/Birk*, Rechtstheorie, 6. Aufl. 2011, Rn. 731 ff.; zum Unionsrecht *Riesenhuber*, in: ders. (Hrsg.), Europäische Methodenlehre, 2. Aufl. 2010, S. 315, 322 ff.

[367] Vgl. etwa *Betti*, Allgemeine Auslegungslehre als Methodik der Geisteswissenschaften, 1967, passim.

[368] Vgl. nur *Bydlinski*, Juristische Methodenlehre und Rechtsbegriff, 2. Aufl. 1991, S. 558 ff., der sogar von einem Subsidiaritätsverhältnis der *canones* in der praktischen Rechtsanwendung ausgeht.

erlässt, deren Anwendung durch die Verwaltung und deren verbindliche Auslegung im Streitfall durch die Gerichte erfolgt.[369] Deren Aufgabe ist es wiederum nicht zwingend, sich an einer subjektiv orientierten Interpretation des vom Gesetzgeber Gemeinten zu orientieren, sondern zu einem eigenständigen, primär auf der Basis des Rechts basierenden Urteil zu gelangen. Welche Rolle dem subjektiven (gesetzgeberischen) Verständnis im Verhältnis zu einem eigenständigen[370] (objektiven) Verständnis des Rechts durch den anwendenden Richter zukommt, kann, sofern beide tatsächlich im Einzelfall abweichen sollten, nicht ohne Berücksichtigung verfassungsrechtlicher und staatstheoretischer Prinzipien der Gewaltenteilung erfolgen.[371] Man würde allerdings die Einbettung eines Gesetzes in den Kontext der Gesamtrechtsordnung und die Gewaltenteilung zwischen Legislative und Judikative zulasten letzterer verkennen, wenn man die Aufgabe der juristischen Hermeneutik allein in der möglichst detailgenauen Rekonstruktion des gesetzgeberischen Willens sähe. Insofern ist die juristische Hermeneutik – wie bereits erläutert – von den jeweiligen staatsrechtlichen Rahmenbedingungen abhängig, so dass durchaus auch eine rein bzw. primär[372] subjektiv orientierte juristische Hermeneutik geboten sein kann. Zwingend ist dies jedoch nicht, zumal es im Europarecht keine ausdrückliche Rechtsnorm gibt, die einen solchen Vorrang verlangt.[373] Zutreffend ist die in den Parlamentsmaterialien und in anderen Erkenntnisquellen zum Ausdruck kommende Regelungsabsicht ein ausgesprochen bedeutsames Kriterium der Rechtsfindung, das beim Vorliegen gewichtiger gegenläufiger Gründe zurücktreten muss. Gleichwohl ist aufgrund der vielfältigen Bezüge des Rechts zu höherrangigen Rechtsquellen, zu seiner Teleologie und Systematik, insbesondere zum Zusammenspiel der unterschiedlichen (zu unterschiedlichen Zeitpunkten gesetzten)

---

[369] Zum verfassungsrechtlichen Aspekt dieser Frage vgl. näher unter § 2.A.II.3 sowie unter § 3.B.I.

[370] Dass die Berufung auf eine objektive Bedeutung einer Norm von den subjektiven Vorstellungen des Interpreten abhängt, ist dabei selbstverständlich, vgl. *Rüthers/Fischer/Birk*, Rechtstheorie, 6. Aufl. 2011, Rn. 723 f., 806 ff. Indessen ist der Vorwurf, ein Rückgriff auf objektive Kriterien sei methodenunehrlich und verschleiernd (*Rüthers/Fischer/Birk*, a. a. O., Rn. 814 ff.) in dieser Allgemeinheit nicht zutreffend und kann die objektive Methode als solche nicht diskreditieren. Eine Offenlegung des Widerspruchs zwischen objektiv- und subjektiv-teleologischer Sichtweise ist andererseits durchaus ein Gebot der Methodenehrlichkeit, ohne dass eine Abweichung vom Verständnis des Gesetzgebers zwingend als Contra-legem-Judizieren klassifiziert werden muss (so aber *Neuner*, Die Rechtsfindung contra legem, 2. Aufl. 2005, S. 132 ff.).

[371] Ausführlich aus subjektiver Sicht hierzu *Neuner*, Die Rechtsfindung contra legem, 2. Aufl. 2005, S. 132 f.; vgl. auch unter § 2.A.II.3 sowie unter § 3.B.

[372] Vgl. zu einem solchen Konzept auf der Grundlage staatstheoretischer Wertungen *Neuner*, Die Rechtsfindung contra legem, 2. Aufl. 2005, S. 132 ff., der indessen vor allem auf das Gebot der methodenehrlichen Derogation konkreter gesetzgeberischer Regelungsentscheidungen verweist, vgl. ders., a. a. O., S. 123 (Vorrang der konkreten gesetzgeberischen Regelungsvorstellung vor der systemtheoretischen Forderung nach Einheit und Folgerichtigkeit des Rechts).

[373] Anders *Neuner*, Privatrecht und Sozialstaat, 1999, S. 191, 193; *ders.*, in: Riesenhuber (Hrsg.), Europäische Methodenlehre, 2. Aufl. 2010, S. 373, 381 f.; *Höpfner/Rüthers*, AcP 209 (2009), 1, 13 ff. Daran ist zutreffend, dass das subjektive Kriterium zu berücksichtigen ist und nur durch gewichtige (objektiv-)teleologische Gründe verdrängt werden kann. Indessen ist die Annahme, das Ziel der Auslegung sei eine möglichst genaue Rekonstruktion der gesetzgeberischen Regelungsabsicht, staatsrechtlich oder unionsverfassungsrechtlich nicht zwingend geboten, vgl. *Herresthal*, Rechtsfortbildung im europarechtlichen Bezugsrahmen, 2006, S. 319; *Larenz/Canaris*, Methodenlehre der Rechtswissenschaft, 3. Aufl. 1995, S. 137 ff., 250 f.; *Kramer*, Juristische Methodenlehre, 3. Aufl. 2010, S. 133 ff.; BVerfGE 1, 299, 312; BVerfGE 10, 234, 244; BVerfGE 11, 126, 130.

gesetzgeberischen Regelungsvorgaben die Ermittlung der Regelungsabsicht des Gesetzgebers beim Erlass einer Norm nicht das Ziel der hermeneutischen Betrachtung einer bestimmten Norm.

Die in diesem Kapitel (§ 2) vorgenommene Analyse des *effet utile* hat allerdings auch ohne abschließende Stellungnahme zu diesem klassischen Problem der juristischen Methodenlehre, die an dieser Stelle nicht geleistet werden kann, einen entscheidenden Erkenntniswert. Die spezifische Bedeutung und Funktionsweise des *effet utile* als Auslegungskriterium lässt sich nämlich unabhängig von der eingenommenen Grundposition für die Rechtsfindung nutzbar machen.[374]

c) Das Recht als Erkenntnisobjekt und seine Wertungsschichten – die Besonderheiten der juristischen Hermeneutik

Die juristische Hermeneutik zeichnet sich im Vergleich zur Hermeneutik sonstiger geisteswissenschaftlicher Disziplinen dadurch aus, dass sich ihr Verständnis auf ein Handeln oder auf ein Entscheiden richtet. Der Richter, der ein Gesetz auslegt, untersucht dieses nicht auf seine historische oder kulturelle Bedeutung hin, sondern vor dem Hintergrund einer Entscheidung, die er im Namen des Gesetzes zu treffen hat.[375] Aus diesem Grunde ist das Recht primär ein anwendungsorientiertes Erkenntnisobjekt; es hat seine Funktion als zentrales soziales Organisations- und Herrschaftsinstrument.[376] Das Recht kann als Erkenntnisobjekt zwar auch Gegenstand soziologischer, ökonomischer oder historischer Analysen sein. Die Methodenlehre ist jedoch an normativer Erkenntnis interessiert und untersucht das Rechts als Entscheidungsvorgabe. Das Recht ist damit vor allem von den hinter seiner gestaltenden Aufgabe stehenden einzelnen Zwecksetzungen geprägt und hat aus methodologischer Betrachtungsweise eine im Wesentlichen teleologische Grundstruktur.

Das Recht als Erkenntnisobjekt besteht aus verschiedenen Erkenntnisschichten, deren Verbindlichkeit für die Auslegung mit dem zugrunde gelegten Rechtsbegriff einhergeht und die von einer juristischen Methodenlehre aufgegriffen werden müssen.[377] Den Ausgangspunkt des Rechtsverständnisses bildet dabei naturgemäß der Wortlaut der Rechtsnorm, so wie er von der gesetzgebenden Gewalt in Kraft gesetzt wurde und wie er für die Rechtsunterworfenen ersichtlich ist (Kern der *grammatischen Auslegung*). Ein wichtiges Kriterium für das Gesetzesverständnis bilden dabei insbesondere die Erwägungen und Absichten, die bei Erlass der Norm im Rahmen des Gesetzgebungsverfahrens zugrunde lagen (Kern der *subjektiv-teleologischen oder genetischen Auslegung*). Weiterhin von Bedeutung für die Auslegung sind andere Rechtsnormen, da eine einzelne Rechtsnorm nicht für sich allein besteht, sondern im Zusammenhang mit der Gesamtrechtsordnung, innerhalb derer sie gilt, gesehen werden muss (Kern der *systematischen Auslegung*).[378] Schließlich ist die Rechtsnorm in Anlehnung an das

---

[374] Vgl. dazu aus theoretischer Sicht sogleich unter § 2.A.II.2.c) sowie näher zu den staatsrechtlichen Vorgaben im Europarecht unter § 3.B.

[375] *Betti*, Allgemeine Auslegungslehre als Methodik der Geisteswissenschaften, 1967, S. 600 ff.

[376] *Hart*, The Concept of Law, 1961, S. 6 ff., 20 ff.; *Rüthers/Fischer/Birk*, Rechtstheorie, 6. Aufl. 2011, Rn. 72 ff. mit einer näheren Darstellung der unterschiedlichen Funktionen des Rechts.

[377] Zum Rechtsbegriff und seinen Implikationen für die praktische Rechtsanwendung vgl. insbesondere *Bydlinski*, Juristische Methodenlehre und Rechtsbegriff, 2. Aufl. 1991, S. 177 ff.; vgl. auch *Alexy*, Begriff und Geltung des Rechts, 2. Aufl. 1994, S. 22 ff.

[378] Hiervon wird z. T. die systemkonforme Auslegung unterschieden, die nicht als Hilfsmittel zur Erforschung des Norminhalts herangezogen wird, sondern die eine Vereinbarkeit mit

soeben Gesagte als Ausdruck eines dahinter stehenden Regelungszweckes zu sehen, der das Verhalten der Rechtsunterworfenen in einer bestimmten Weise beeinflussen bzw. bewerten will (Kern der *teleologischen Auslegung*).[379] Bei der Bestimmung des Regelungszwecks sind dabei zugleich diejenigen (insbesondere politischen, moralischen oder ökonomischen) Wertungen zu berücksichtigen, die auch dem Erlass der Regelung zugrunde lagen und so – jedenfalls auf einer hermeneutischen Ebene – die Bedeutung eines Rechtsakts verdeutlichen können.

d) Rolle des Rechtsbegriffs und der Rechtsidee im Hinblick auf die Rechtsfindung

Die soeben geschilderten Erwägungen zeigen, dass ein allein auf den wörtlichen Sinn der Rechtsnorm gestützter positiver Rechtsbegriff für die Belange der juristischen Auslegung unzureichend ist. Der Befund der juristischen Hermeneutik legt vielmehr einen Rechtsbegriff nahe, der diese weiteren Wertungsschichten und Geltungsgründe des Rechts als rechtlich relevante Faktoren mit einbezieht, wobei das Verhältnis der positivgesetzlichen zu den übrigen Elementen mit unterschiedlicher Gewichtung behandelt wird.[380] Bestandteil eines nichtpositivistischen Rechtsbegriffs sind neben diesen ergänzenden Elementen zugleich auch grundlegende Anforderungen der Gerechtigkeit, die unter dem Begriff der Rechtsidee beschrieben werden.[381] Einen solchen nachpositivistischen Rechtsbegriff hier im Einzelnen zu explizieren und aus ihm konkrete Folgerungen für die Rechtsfindung zu ziehen, ginge weit über den Untersuchungsgegenstand der vorliegenden Arbeit hinaus.[382]

---

höherrangigem Recht sicherstellen will, vgl. *Höpfner*, Die systemkonforme Auslegung, 2008, S. 142 f., 151.

[379] Z.T. wird der Zweck des Gesetzes als Auslegungsziel und nicht als Auslegungsmittel verstanden und der Rückgriff auf teleologische Argumente daher als unzulässig betrachtet (vgl. etwa *Herzberg*, JuS 2005, 1, 7 f.; ähnlich auch *Rüthers/Fischer/Birk*, Rechtstheorie, 6. Aufl. 2011, Rn. 725 ff.). Indessen lässt sich der Zweck einer Regelung nicht allein aus systematischen, historischen und grammatischen Aspekten gewinnen, sondern erfordert u. U. eine eigenständige Betrachtung des zu regelnden Sachproblems und der dahinter stehenden Interessenlage, vgl. zu den unterschiedlichen Quellen eines objektiv-teleologischen Verständnisses *Bydlinski*, Juristische Methodenlehre und Rechtsbegriff, 2. Aufl. 1991, S. 453 ff.; *Larenz*, Methodenlehre der Rechtswissenschaft, 6. Aufl. 1991, S. 333 ff.; *Alexy*, Theorie der juristischen Argumentation, 3. Aufl. 1996, S. 296 (mit dem Hinweis auf den diskursiven Charakter objektiv-teleologischer Argumente).

[380] Vgl. zur praktischen Ausrichtung eines nachpositivistischen wertorientierten Rechtsbegriffs insbesondere *Bydlinski*, Juristische Methodenlehre und Rechtsbegriff,. 2. Aufl. 1991, S. 248 ff.; zur prinzipienorientierten Argumentation in der Rechtsprechung s. *Dworkin*, Taking Rights Seriously, 1978, S. 81 ff.; *Esser*, Grundsatz und Norm, 4. Aufl. 1990, S. 14 ff.

[381] Vgl. etwa *Bydlinski*, Juristische Methodenlehre und Rechtsbegriff, 2. Aufl. 1991, S. 317 ff., der die Rechtssicherheit, die Zweckmäßigkeit und die Gerechtigkeit als Bestandteile des Rechtsbegriffs identifiziert; *Canaris*, Systemdenken und Systembegriff in der Jurisprudenz, 2. Aufl. 1983, S. 18; mit Bezug auf das Europarecht vgl. v. a. *Herresthal*, Rechtsfortbildung im europarechtlichen Bezugsrahmen, 2006, S. 228 f.; krit. zum Konzept der Rechtsidee indessen insbesondere *Rüthers/Fischer/Birk*, Rechtstheorie, 6. Aufl. 2011, Rn. 916 ff.; *Engisch*, Einführung in das juristische Denken, 10. Aufl. 2005, S. 230 (der vom „Zauberwesen" der Rechtsidee spricht), die indessen eine solche nichtpositivistische Konzeption nicht gänzlich ablehnen, sondern in erster Linie zu einem methodenehrlichen Umgang bei der Berufung auf außerpositive Rechtsquellen mahnen.

[382] Vgl. insofern insbesondere *Bydlinski*, Juristische Methodenlehre und Rechtsbegriff,. 2. Aufl. 1991, S. 317 ff.; *Alexy*, Begriff und Geltung des Rechts, 2. Aufl. 1994, S. 39 ff. Zur positivistischen Gegenkonzeption *Hart*, The Concept of Law, 1961, S. 151 ff.; *Kelsen*, Reine Rechtslehre, 1934, S. 12 ff.; *Hoerster*, Was ist Recht?, 2006, S. 70 ff.

e) Folgerungen für die teleologische Rechtsfindung

Für die hier maßgebliche Problematik der teleologischen Auslegung, zu welcher der *effet utile* in seinem Kern als Auslegungskriterium zu zählen ist (vgl. näher unter C), ergibt sich hieraus, dass sie ein wesentlicher und für das Verständnis des Recht unverzichtbarer Bestandteil eines Auslegungskanons ist, indem sie über den sprachlichen Äußerungsakt hinausgeht und auf die eigentlichen Beweggründe der rechtlichen Regelung zurückgreift. Das Denken in (systematischen) Zweckstrukturen ist die dem Recht eigene Denkweise. Auch wenn dieser Umstand auf der Grundlage der Wertungsjurisprudenz der herrschenden Meinung im deutschen Schrifttum entsprechen dürfte, sieht sich eine teleologische Betrachtungsweise in zahlreichen Fällen Einwänden ausgesetzt.[383] Diese Kritik richtet sich im Regelfall allerdings nicht gegen die zentrale Bedeutung teleologischer Zusammenhänge für die Rechtsfindung, sondern weist auf die Unsicherheiten bei der Verwendung teleologischer Argumente, insbesondere hinsichtlich der Bestimmung des rechtlich maßgeblichen Zwecks, hin, und plädiert im Wesentlichen für eine umsichtige Gewichtung sog. objektiv-teleologischer Argumente im Verhältnis zu anderen, insbesondere zu subjektiv-teleologischen bzw. am Wortlaut orientierten Argumenten.[384] Der legitime Kern dieser Kritik besteht vor allem darin, dass allein die Berufung auf den Sinn und Zweck eines Gesetzes den Weg für beliebige Rechtsnormvorstellungen des Rechtsanwenders offen lässt und der Richter durch den von der Wertungsjurisprudenz – mit unterschiedlichem Gewicht – propagierten Primat der teleologischen Auslegung die Berufung auf persönliche Gerechtigkeits- und Zweckmäßigkeitsvorstellungen ermöglicht. Diesem Einwand lässt sich auf zwei Ebenen begegnen:

Zum einen kann eine objektiv-teleologische Argumentation keinesfalls auf persönlichen Gerechtigkeitsanschauungen des Richters beruhen, sondern hat sich allein an solchen Zwecksetzungen zu orientieren, die auch der Rechtsordnung angehören.[385] Zwar ist zuzugeben, dass eine Unterscheidung zwischen rechtlichen und rechtspolitischen Wertungen im Ergebnis weder auf einer theoretischen und erst recht nicht auf einer praktischen Ebene in allen Fällen durchführbar sein mag.[386] Doch auch wenn dies zutrifft, kann die Reaktion hierauf allenfalls eine erhöhte Wachsamkeit und ein erhöhtes Begründungserfordernis bei teleologischen Argumenten sein. Keineswegs kann es überzeugen, diese für das Verständnis des Rechts elementare Ebene, die den eigentlichen Kern des Rechts ausmacht, aus der Rechtsfindung auszuschließen. Insofern ist zu berücksichtigen, dass richterliche Entscheidungen einer gerichtlichen Kontrolle durch verschiedene Rechtsprechungsinstanzen und einer Kontrolle im weiteren Sinn durch die Öffentlichkeit, insbesondere durch die Rechtswissenschaft unterliegen. Nur wenn es dem Richter gelingt, die eigene Entscheidung überzeugend auf bestimmte

[383] Vgl. die Nachweise in Fn. 379. Hier gilt es lediglich aufzuzeigen, dass sich Rechtsfindungsfragen und zwar auch solche höchst praktischer Art in den eigentlich problematischen Fällen nicht ohne Rückgriff auf einen bestimmten Rechtsbegriff beantworten lassen und dass durch Vernachlässigung der Bedeutungsgehalte des Rechts dem Recht als Erkenntnisobjekt nicht hinreichend Rechnung getragen wird.

[384] Insbesondere *Neuner*, Die Rechtsfindung contra legem, 2. Aufl. 2005, S. 132 f.; *Koch/Rüßmann*, Juristische Begründungslehre, 1982, S. 221 ff.; *Rüthers/Fischer/Birk*, Rechtstheorie, 6. Aufl. 2011, Rn. 810 ff.

[385] *Dworkin* unterscheidet insofern zwischen aus der Rechtsordnung entnommenen „principles" und rechtspolitischen „policies", vgl. *dens.*, Taking Rights Seriously, 1978, S. 22, 94 ff.

[386] So etwa *Auer*, Materialisierung, Flexibilisierung, Richterfreiheit, 2005, S. 88 ff. m. w. N.; *Canaris*, Richtigkeit und Eigenwertung in der richterlichen Rechtsfindung, 1993, S. 22, 41.

Prinzipien zu stützen und sich diese Prinzipien möglichst widerspruchsfrei in das Gesamtssystem der Rechtsordnung einfügen, kann eine Entscheidung überzeugen und wird sie langfristig in einer Rechtsordnung Bestand haben. Zudem lassen sich richterliche Grundsatzentscheidungen ohne Weiteres von der Legislative im Gesetzgebungsverfahren korrigieren. Im Übrigen ist diese Gefahr von Scheinbegründungen keinesfalls nur mit objektiv-teleologischen Argumenten verbunden, sondern ist bei Berufungen auf die (vermeintlich erkannte) Zweckvorstellung des Gesetzgebers oder den (vermeintlich unmissverständlichen Wortlaut) ebenso gegeben.

Zum anderen können etwaige verbleibende Unsicherheiten und Entscheidungsspielräume der Judikative im Interesse einer Gewaltenteilung durchaus hinzunehmen sein. Die Vorstellung, die Aufgabe beschränke sich darauf, präzise gesetzgeberische Entscheidungen nachzuvollziehen,[387] wird der Art und Weise der Gesetzgebung nicht gerecht, die sich typischerweise in hohem Maße auch auf richterliche Wertungen verlässt.

f) Zwischenergebnis: Methodenlehre als Begründungslehre – Hermeneutischer Aspekt und Objektivierung der Erkenntnis

Die juristische Methodenlehre ist eine normative Begründungslehre und das Ziel methodischer Erkenntnis auf der hermeneutischen Ebene ist es, Rechtsregeln aufzustellen, die zur Begründung juristischer Entscheidungen geeignet sind, bzw. solche Rechtsregeln zu präzisieren oder zu falsifizieren. Eine rein hermeneutische Betrachtungsweise der Methoden kann als solche keine abschließenden verbindlichen Kriterien für die Beschränkung der richterlichen Rechtsfindung in Konfliktfällen bewirken und ist zudem selbst von staatstheoretischen Vorgaben abhängig. Die hermeneutisch begründete Methodenlehre ist damit eine reine Handwerkslehre.[388] Durch die präzise Analyse der Instrumente der teleologischen Auslegung können allerdings bereits auf dieser „handwerklichen" Ebene weiterführende Erkenntnisse über die Rahmenbedingungen der Verwendung eines Arguments gewonnen werden. Diese können zwar nicht die Frage nach den Grenzen der Verwendung des *effet utile* endgültig lösen, aber einen Beitrag dazu leisten, die Frage nach seinen Grenzen auch auf der normativ-staatsrechtlichen Ebene richtig zu stellen.

3. Verfassungsrechtlicher Aspekt der Methodenlehre

Bereits im Rahmen der hermeneutischen Analyse der Methoden hat sich gezeigt, dass die Art und Weise der Rechtsfindung auch in hermeneutischer Sicht von staatsrechtlichen und staatstheoretischen Rahmenbedingungen des Rechts beeinflusst wird.[389] Verfassungsrechtliche Vorgaben und staatstheoretische Prinzipien sind für die Rechtsfindung durch die Gerichte schon deshalb relevant, weil ihre Tätigkeit eine Ausübung staatlicher Hoheitsgewalt darstellt, die ihrerseits einer verfassungsrechtlichen Rückbindung und Rechtfertigung bedarf. Dieser staatsrechtliche Aspekt der Methoden wird zum Teil auch unter dem Stichwort der Verfassungsgebundenheit der

---

[387] Vgl. insbesondere etwa *Auer*, Materialisierung, Flexibilisierung, Richterfreiheit, 2005, S. 77 ff.

[388] *Wank*, Grenzen richterlicher Rechtsfortbildung, 1978, S. 78 f.; *Fikentscher*, Methoden des Rechts I, 1975, S. XIX.

[389] Vgl. unter § 2.A.II.1.c) sowie unter § 2.A.II.2.b).

Methodenlehre diskutiert.[390] Die Methodendiskussion hat schon seit längerer Zeit die Maßgeblichkeit verfassungsrechtlicher Vorgaben für die methodischen Instrumente erkannt und versucht, diese für die Rechtsfindung fruchtbar zu machen. In der Literatur ist insoweit plakativ davon die Rede, die methodologische Diskussion sei „von ihrem hermeneutischen Kopf auf die verfassungsrechtlichen Beine zu stellen."[391]

Auch wenn die Begriffe des Staatsrechts bzw. des Verfassungsrechts typischerweise auf das nationale (Staats-)Recht verweisen, sollten sie – jedenfalls aus methodologischer Sicht – entsprechend auch für die Grundlagen des Unionsrechts verwendet werden, da es sich insofern um dieselbe Fragestellung nach normativen Einflüssen auf die Rechtsfindung handelt.[392] Mit den verfassungsrechtlichen Vorgaben sind vorliegend die gesamten EU-vertraglichen Legitimationsgrundlagen der EU angesprochen, also die EU-Verträge sowie das nationale Verfassungsrecht, das die Übertragung von Hoheitsrechten auf die EU ermöglicht.[393] An dieser Stelle gilt es nur, die allgemeine Art und Weise der Auswirkung staatsrechtlicher Vorgaben für die Rechtsfindung zu ermitteln, um die Rolle und die Bedeutung der primär hermeneutisch ausgerichteten Analyse des vorliegenden Kapitels (§ 2) einzuordnen.

a) Verfassungsrechtliche Vorgaben für die Methodenlehre und ihre Grenzen

Dass der Rückgriff auf verfassungsrechtliche Vorgaben für die Methodenlehre von großer Bedeutung ist, zeigt sich insbesondere, wenn es darum geht, eine (Abwägungs-) Entscheidung zwischen mehreren konkurrierenden methodischen Instrumenten zu treffen, die in einem bestimmten Fall unterschiedliche Lösungen suggerieren (das Problem des Rangverhältnisses der Methoden). Solche Konflikte können – wie bereits angedeutet – nicht allein nach hermeneutischen Erkenntnismaßstäben aufgelöst werden; ihre Lösung bedarf vielmehr eines externen Maßstabs.[394] Im Rahmen korrekt verwendeter Begründungen ist die Methodenlehre ohne Rückgriff auf staatsrechtliche Wertung nicht geeignet, verbindliche Vorgaben für die Anwendung bestimmter methodischer Instrumente zu machen.[395] Zudem ist eine Berücksichtigung staatsrechtlicher Faktoren bei der Rechtsfindung aufgrund des Vorrangs höherrangigen Rechts geboten.

---

[390] Vgl. dazu etwa *Neuner*, Die Rechtsfindung contra legem, 2. Aufl. 2005, S. 3 m. w. N.; *Rüthers/Fischer/Birk*, Rechtstheorie, 6. Aufl. 2011, Rn. 705 ff.; *Wank*, Grenzen richterlicher Rechtsfortbildung, 1978, S. 82 ff.

[391] *Schneider*, DÖV 1975, 443, 452. In diese Richtung auch *Koch/Rüßmann*, Juristische Begründungslehre, 1982, S. 176 ff.

[392] Der Begriff der Verfassung beschreibt das vertragliche Gefüge der Union auch nach dem Scheitern des Verfassungsprojekts in adäquater Weise, ohne dass damit bestimmte Aussagen über die Rechtsnatur der EU getroffen werden müssen, insbesondere ohne dass die EU damit als ein bundesstaatliches Gebilde qualifiziert würde, vgl. bereits *Badura*, VVDStRL 23 (1966), 34, 64; *Pernice*, VVDStRL 60 (2001), 148, 150 ff.; *Huber*, VVDStRL 60 (2001), 194, 198 f.; *Streinz/Ohler/Herrmann*, Der Vertrag von Lissabon zur Reform der EU, 3. Aufl. 2010, S. 17 f.; Anders jedoch etwa *Grimm*, JZ 1995, 581, 586.

[393] Zu den national-rechtlichen Grundlagen des Europarechts vgl. näher unter § 3.A.III.

[394] Vgl. aus der umfangreichen Literatur nur *Wank*, Grenzen richterlicher Rechtsfortbildung, 1978, S. 79; *Rüthers/Fischer/Birk*, Rechtstheorie, 6. Aufl. 2011, Rn. 704 ff.; *Neuner*, Die Rechtsfindung contra legem, 2. Aufl. 2005, S. 3; *J. Ipsen*, in: Achterberg (Hrsg.), Rechtsprechungslehre, S. 435, 439 ff.; *Canaris*, GS Dietz, 1973, S. 199, 202 ff.; *Redeker*, NJW 1972, 409, 412 ff.; *Fikentscher*, Methoden des Rechts IV, 1977, S. 325 ff.; *Koch/Rüßmann*, Juristische Begründungslehre, 1982, S. 176 ff., 254 ff.

[395] *Wank*, Grenzen richterlicher Rechtsfortbildung, 1978, S. 79 spricht insoweit von einer Handwerkslehre; vgl. auch *Fikentscher*, Methoden des Rechts I, 1975, S. XIX.

Die abstrakten Wertungen und Prinzipien des Staatsrechts lassen sich für die Zwecke der Methodenlehre in verschiedener Weise fruchtbar machen, auch wenn sie nicht jede Entscheidung determinieren können. So ist es denkbar, dass bestimmte methodische Instrumente aus verfassungsrechtlichen Gründen im Ausnahmefall als allein verbindlich bestimmt oder widerlegt werden können. Die Verfassung wird es in einigen Fällen ermöglichen, bestimmte Anwendungsregeln zu gewinnen, wie das Beispiel des strafrechtlichen Analogieverbots (Art. 103 Abs. 2 GG) verdeutlicht.[396] Dies deckt sich mit Beiträgen aus der methodologischen Literatur zum Problem des Rangverhältnisses der einzelnen Auslegungselemente, die in einzelnen Fällen sog. Vorrangregeln formuliert haben, die bestimmten methodischen Kriterien in bestimmten Fällen einen absoluten Vorrang einräumen.[397] Die abstrakten Vorgaben des Staatsrechts lassen es also in einigen Fällen zu, präzise methodische Regeln zu formulieren. Dies ist immer dann der Fall, wenn bestimmten, hinter den Methoden stehenden staatsrechtlichen Wertungen ein klarer Vorrang unabhängig davon zukommt, wie stark der argumentative Gehalt gegenläufiger Wertungen ist. Als Beispiel hierfür können in erster Linie die richtlinienkonforme und die verfassungskonforme Auslegung herangezogen werden, die aus verfassungs- bzw. europarechtlichen Gründen Vorrang vor anderen grammatischen, teleologischen und systematischen Erwägungen haben.[398]

Trotz dieser offenkundigen Gründe, staatsrechtliche Vorgaben für die Methodenlehre fruchtbar zu machen, sollte man den Ertrag einer Verlagerung der Methodendiskussion von der Hermeneutik ins Verfassungsrecht aus mehreren Gründen nicht überbewerten. Insbesondere entkommt man durch den Rückgriff auf staatsrechtliche Vorgaben nicht der Offenheit, die mit dem generellen und prinzipienartigen Charakter methodischer Regeln einhergeht (vgl. hierzu 1.b)). Zum einen bedürfen auch verfassungsrechtliche Normen der Auslegung und einer eigenen Methodenlehre, die ihrerseits auf nichtpositive Vorgaben zurückgreifen muss.[399] Zum anderen und im

[396] Zur Qualifikation dieser Norm als Anwendungshindernis *Rüthers/Höpfner*, JZ 2005, 21 ff.; Maunz/Dürig-Sch*midt-Aßmann*, GG, Art. 103 Abs. 2 Rn. 228 ff.

[397] Eine solche Vorrangregel nimmt insbesondere *Canaris*, FS Bydlinski, 2002, S. 47, 68 ff., bei der richtlinienkonformen Rechtsfortbildung an. Zur verfassungskonformen Rechtsfindung vgl. *dens.*, FS Kramer, 2004, S. 141, 143 ff. Grundlegend zur Kategorie der Vorrangregeln in der juristischen Methodenlehre vgl. *Canaris*, FS Medicus, 1999, S. 25, 59 f.; vgl. auch *Müller/Christensen*, Juristische Methodik I, 10. Aufl. 2009, S. 461 ff.

[398] Vgl. insbesondere *Canaris*, FS Bydlinski, 2002, S. 47, 64 ff.; *dens.*, FS Medicus, 1999, S. 25, 59 f. Zu den staatsrechtlichen und europarechtlichen Wertungen ausführlich *Herresthal*, Rechtsfortbildung im europarechtlichen Bezugsrahmen, 2006, S. 114 ff.

[399] Die Umsetzung normativer Vorgaben bereitet selbstverständlich dann Schwierigkeiten, wenn keine positivrechtlichen Vorgaben vorhanden sind, insbesondere bei der Auslegung des Verfassungsrechts selbst. In diesem Fall spielen hermeneutische Faktoren bei der Auslegung des (Verfassungs-)Rechts eine größere Rolle und lassen sich nicht durch zugrunde liegende positivrechtliche Prinzipien absichern. Zwar ist auch dann noch ein Rückgriff auf rechts- und staatsphilosophische Wertungen möglich, die dem Verfassungsrecht zugrunde liegen. Jedoch kommt ihnen aufgrund der fehlenden positivrechtlichen Anbindung nicht der Wert einer normativen Vorgabe zu. Sie lassen sich vielmehr als (teleologische) Gesichtspunkte der Verfassungsinterpretation verstehen, indem sie die der Verfassung zugrunde liegenden Prinzipien wiedergeben. Die Tatsache, dass sich eine Methodenlehre nicht ad infinitum auf normative Vorgaben stützen lässt bzw. nicht ad infinitum auf normative Vorgaben zurückgeführt werden kann, ändert jedoch nichts daran, dass normative Vorgaben für die Methodenlehre insoweit verbindlich sind, als sie existieren. Zu diesem sog. Münchhausen-Dilemma, vgl. *Neuner*, Die Rechtsfindung contra legem, 2. Aufl. 2005, S. 3, 85 ff., 88 ff.; *Kriele*, Theorie der Rechtsgewinnung, 2. Aufl. 1976, S. 19; vgl. aus

Ergebnis noch gewichtiger ist der Einwand, dass das Staatsrecht in der Regel wenig präzise Vorgaben zur Methodenlehre enthält und die – im „staatsrechtlichen Gewand" formulierten – Forderungen ihrerseits auf die Ergebnisse der juristischen Hermeneutik, allgemeiner staatstheoretischer Konzepte oder eigenständiger Rationalitätserwägungen gestützt sind.[400] In den meisten Fällen lassen sich Begründungen daher nicht anhand starrer Regeln entwickeln, sondern werden je nach dem Gewicht der Argumente unterschiedlich ausfallen, die für die jeweiligen methodischen Regeln Prinzipien sprechen.[401] Indem jedoch das hinter der jeweiligen Methode stehende staatsrechtliche Prinzip deutlich gemacht wird, lässt sich ein externes Kriterium für die Lösung methodischer Konflikte heranziehen und so werden die relevanten Kriterien der Abwägungsentscheidung offen gelegt.

b) Gewaltenteilung als Ausgangspunkt

Die Anwendung methodischer Instrumente bei der Rechtsfindung ist stets eine Frage der Gewaltenteilung zwischen Legislative und Judikative. Diese Gewaltenteilung ist im AEUV durch die Anerkennung einer Judikative und ihrer Zuständigkeiten in den Artt. 251 ff. AEUV verwirklicht. Der EuGH ist als Gericht aber nicht nur zur Anwendung des von der unionsrechtlichen Legislative erlassenen Rechts befugt und verpflichtet, sondern entscheidet in den im Vertrag bestimmten Fällen auch über die Vereinbarkeit von Gesetzgebungsakten mit dem AEUV (vgl. Artt. 263 f., 267 Abs. 1 lit. b AEUV). Aufgrund dieser Verwerfungskompetenz hinsichtlich des Sekundärrechts nimmt der EuGH auch die Funktionen eines Verfassungsgerichts wahr, das über die Einhaltung der Vorgaben des Primärrechts wacht. Präzisere Vorgaben über das Verhältnis von Rechtsprechung zur Gesetzgebung finden sich in Artt. 251 ff. AEUV – ebenso wie in den Vorschriften des Grundgesetzes – indessen nicht.[402] Neben der Gewaltenteilung spielen auch andere verfassungsrechtliche Vorgaben eine entscheidende Rolle bei der Rechtsfindung wie insbesondere das sich aus dem Rechtsstaatsgrundsatz ergebende Bestimmtheitsgebot oder der Gleichheitssatz.

c) Methodische Umsetzung staatsrechtlicher Vorgaben

Es zeigt sich, dass sich die traditionellen *canones* der Auslegung auch verfassungsrechtlich verankern lassen. So orientiert sich die juristische Auslegung zunächst am Wortlaut der im rechtstaatlichen Verfahren erlassenen Norm (*grammatische Auslegung*). Der Wortlaut wird so interpretiert, dass er die Zweckvorstellungen, die der Norm zugrunde liegen, verwirklichen kann, wobei die Vorstellungen der Gesetzes-

---

rechtstheoretischer Sicht *Buchwald*, Der Begriff der rationalen juristischen Begründung, 1990, S. 23, 232 ff. (zur wissenschaftstheoretischen Zulässigkeit einer Letztbegründung von Normen).

[400] Vgl. die Analyse bei *Wank*, Grenzen richterlicher Rechtsfortbildung, 1978, S. 87 ff., insbes. 90 ff., 113 ff., der – unter Rückgriff auf staatsrechtliche Prinzipien, die ihrerseits teleologisch analysiert werden, zwischen einer Macht- und einer Aufgabenteilung zwischen Judikative und Legislative unterscheidet.

[401] Vgl. dazu insbesondere *Dworkin*, Law's Empire, 1986, S. 110 f.; Theorie der juristischen Argumentation, 3. Aufl. 1996, S. 299; *Larenz/Canaris*, Methodenlehre der Rechtswissenschaft, 3. Aufl. 1995, S. 303; *Riehm*, Abwägungsentscheidungen in der praktischen Rechtsanwendung, 2006, S. 102 ff.

[402] Vgl. zum Grundgesetz insbesondere *Wank*, Grenzen richterlicher Rechtsfortbildung, 1978, S. 87 ff., der erst aufgrund einer teleologischen Interpretation der unterschiedlichen Aspekte der Gewaltenteilung zu konkreteren Vorgaben für die Methodendiskussion gelangt. Zur Gesetzesbindung des EuGH vgl. *Neuner*, Privatrecht und Sozialstaat, 1999, S. 190 f.

verfasser dabei eine entscheidende Rolle spielen (*subjektiv und objektiv teleologische Auslegung*).[403] Wortlaut und Zweck der Norm müssen sich zudem mit anderen rechtlichen Normen und Wertentscheidungen zu einem möglichst[404] widerspruchsfreien Ganzen fügen (*systematische Auslegung*). Die Verbindlichkeit des Wortlautarguments lässt sich aus dem Rechtsstaatsprinzip und dem damit verwandten Bestimmtheitsgebot rechtfertigen, die Verbindlichkeit subjektiv historischer Argumente mit dem Demokratieprinzip, da den Gesetzgebungsorganen im Regelfall die unmittelbarste demokratische Legitimität zugute kommt, und die Verbindlichkeit systematischer Argumente mit dem im Gleichheitssatz begründeten Gebot der Widerspruchsfreiheit der Rechtsordnung. Nicht ganz so offen auf der Hand liegt der verfassungsrechtliche Kern teleologischer Argumente, die über eine systematische Folgerichtigkeit des Rechts hinausgehen, doch lässt sich dieser auch verfassungsrechtlich bzw. staatstheoretisch dadurch absichern (vgl. dazu B.I), dass die wirksame und stimmige Umsetzung von Regelungszwecken der eigentliche Geltungsgrund des Rechts ist.

Verfassungsrechtliche Vorgaben wie das Demokratieprinzip, der Gleichheitssatz oder das Rechtsstaatsprinzip und die mit diesem im Zusammenhang stehenden Prinzipien sind aber so abstrakt, dass sie sich in den meisten Fällen nicht als methodische Regeln formulieren lassen. Zudem lässt sich jede methodische Regel verfassungsrechtlich legitimieren. Gerade bei problematischen methodischen Fragen wie insbesondere hinsichtlich des relativen Rangverhältnisses mehrerer methodischer Instrumente lässt sich eine Lösung als Abwägungsentscheidung zwischen den dahinter stehenden verfassungsrechtlichen Prinzipien auffassen. Eine verfassungsrechtliche Lösung dieser Konflikte ergibt sich nur anhand einer Abwägungsentscheidung zwischen mehreren staatsrechtlichen Prinzipien; sie ist – worauf bereits hingewiesen wurde – als eine der zentralen Streitfragen der Methodenlehre auch aus staatsrechtlicher Sicht umstritten.

d) Folgerungen für die Methodenlehre

Aus diesen (anhand der typischen Aufgabenverteilung konkretisierten) Vorgaben der Verfassung lassen sich für die Methodenlehre auf einer sehr abstrakten Ebene grundlegende Wertungsentscheidungen entnehmen. So fordert etwa die Gewaltenteilung zwischen Legislative und Judikative eine Teilung der Aufgaben insoweit, als erstere abstrakt-generelle politische Vorgaben macht, während letztere damit befasst ist, konkrete Lebenssachverhalte einer Bewertung unter Rückgriff auf diese Vorgaben zu unterziehen. Jeder Gewalt ist zur Sicherstellung einer Machtbalance ein funktionaler Kernbereich zugewiesen, der durch die jeweils andere Gewalt nicht besetzt werden darf.[405]

Ein darüber hinausgehendes, materielles Verständnis der Gewaltenteilung zwischen Legislative und Judikative lässt sich aber insofern gewinnen, als die Gewaltenteilung nicht nur eine (Macht-)Teilung nach Kernbereichen der Tätigkeiten erfordert, sondern auch eine Aufgabenteilung, die jeder Gewalt diejenigen Aufgaben zuweist, die sie besser

[403] Die relative Bedeutung dieses Merkmals steht auch im Mittelpunkt des vielfach beschworenen Streits zwischen subjektiver und objektiver Auslegungstheorie, auf die hier zunächst nicht näher eingegangen werden kann. Vgl. dazu unter § 2.A.II.2.e).

[404] Vgl. zu den Grenzen der Systembildung insbesondere *Canaris*, Systemdenken und Systembegriff in der Jurisprudenz, 2. Aufl. 1983, S. 112 ff.

[405] Vgl. *Wank*, Grenzen richterlicher Rechtsfortbildung, 1978, S. 113 ff.; *Herresthal*, Rechtsfortbildung im europarechtlichen Bezugsrahmen, 2006, S. 148 m. w. N. aus der Rechtsprechung des BVerfG.

als andere Gewalten erfüllen kann.[406] Diese funktionale Aufgabenteilung lässt eine Konkretisierung der Gewaltenteilungsaufgabe zwar weitergehend zu, als sie aufgrund einer reinen Machtverteilung möglich ist, die sich auf den Schutz des Kernbereichs jeder Gewalt beschränkt.[407] Jedoch kommt auch sie nicht ohne Rückgriff auf vorpositive bzw. im nachrangigen Recht verwirklichte Vorstellungen über die Aufgabenteilung zwischen den Gewalten und auf – nicht positivrechtlich fundierte – Zweckmäßigkeitsüberlegungen aus. Gleiches gilt auch für das Demokratie- und das Rechtsstaatsprinzip. Auch aus diesen Grundsätzen lassen sich nur allgemeine Prinzipien ableiten, die sich nicht ohne weitere Überlegungen zu präzisen methodischen Regeln konkretisieren lassen.[408] Viel mehr als die Tatsache, dass die Rechtsprechungstätigkeit eine Teilung zwischen den Gewalten voraussetzt, lässt sich damit aus den Vorgaben der Verfassung ohne Rückgriff auf weitere vorpositive Wertungen nicht entnehmen.[409]

e) Umsetzung staatsrechtlicher Vorgaben durch Begründungsanforderungen und die Kontrolle richterlicher Entscheidungen

Diese Überlegungen zeigen zugleich den Weg, auf welche Weise verfassungsrechtliche Vorgaben im Rechtsfindungsvorgang zu berücksichtigen sind. Gerichtliche Entscheidungen, die im Mittelpunkt methodologischer Bemühungen in der Jurisprudenz stehen, müssen ebenso wie das übrige staatliche Handeln verfassungsrechtlich legitimiert sein. Eine rechtliche Legitimation kann sich allein aus ihrer Begründung, d.h. aus ihrer argumentativen Rückbindung an konkrete normative Vorgaben ergeben und zu dieser Rückbindung sind methodische Regeln erforderlich.[410] Auch aus staatsrechtlicher Sicht ist Methodenlehre damit eine Begründungslehre,[411] die eine Falsifikation von Entscheidungen anhand normativer Vorgaben ermöglicht. Entscheidungen, die sich nicht anhand normativ abgesicherter Begründungen rechtfertigen lassen, sind damit rechtlich nicht haltbar.

Die besondere Problematik gerichtlicher Entscheidungen besteht darin, dass sie – anders als das Handeln der Exekutive oder der Legislative – keiner unmittelbaren Kontrolle durch eine andere Gewalt unterliegt. Vielmehr ist die Judikative die eigentlich kontrollierende Gewalt, so dass ihr die Einhaltung der verfassungsrechtlichen Vorgaben selbst überantwortet ist. Bei der Judikative bestehen gleichwohl mehrere Kontrollmöglichkeiten. Eine interne Kontrolle wird typischerweise durch einen Instanzenzug sichergestellt,[412] während eine externe Kontrolle durch die Legislative

---

[406] Vgl. etwa *Wank*, Grenzen richterlicher Rechtsfortbildung, 1978, S. 113 ff.; *Herresthal*, Rechtsfortbildung im europarechtlichen Bezugsrahmen, 2006, S. 148 ff.

[407] Vgl. *Herresthal*, Rechtsfortbildung im europarechtlichen Bezugsrahmen, 2006, S. 153 f.

[408] Vgl. hierzu insbesondere *Neuner*, Die Rechtsfindung contra legem, 2. Aufl. 2005, S. 85 ff., 132, der sich in seiner Untersuchung vor allem auf das Prinzip der Volkssouveränität als Grundlage der Gesetzesbindung beruft.

[409] So auch *Herresthal*, Rechtsfortbildung im europarechtlichen Bezugsrahmen, 2006, S. 149.

[410] Zum Begründungsgebot vgl. *Koch/Rüßmann*, Juritische Begründungslehre, 1982, S. 115 ff.; aus rechtstheoretischer Sicht insbesondere *Buchwald*, Der Begriff der rationalen juristischen Begründung, 1990, S. 35 ff.

[411] Vgl. zur Unterscheidung zwischen der Erkenntnis- und der Begründungsfunktion der Methoden unter §2.A.II.1.d).

[412] Gerade im Europarecht ist die Instanzenstruktur jedoch im Verhältnis zu den nationalen Gerichtsbarkeiten unterentwickelt, was angesichts der größer werdenden Bedeutung des Europarechts rechtsstaatlich bedenklich ist, vgl. hierzu *Streinz*, AöR 135 (2010), 1, 25; zu den Begründungsanforderungen vgl. auch *dens.*, ZEuS 2004, 387, 413 f.

dadurch erfolgt, dass die Legislative normative Vorgaben und deren Auslegung durch die Gerichte ohne weiteres präzisieren und durch klare Vorgaben den Spielraum für die Auslegung einengen kann. Schließlich wird eine externe öffentliche Kontrolle durch die Publizität der Entscheidungen und das Begründungserfordernis gesichert, so dass gerichtliche Entscheidungen stets einer Begründungskontrolle durch die Bürger und insbesondere durch die Rechtswissenschaft unterliegen.[413] Das Begründungserfordernis, das auch für die übrigen Staatsgewalten gilt, ist für die Legitimation der Judikative damit von herausragender Bedeutung.

4. Zwischenergebnis: Die hermeneutische und die verfassungsrechtliche Dimension der Methoden und ihre Verschränkung

Wenn hier von hermeneutischen und staatsrechtlichen Funktionen der Methodenlehre die Rede ist, gilt es zunächst dem Missverständnis vorzubeugen, es handele sich dabei um zwei unverbundene Vorgänge bei der Rechtsanwendung. Tatsächlich durchdringen sich beide Funktionen gegenseitig. Während es bei der hermeneutischen Dimension darum geht, die inhaltlichen Aspekte und Zusammenhänge der Rechtsnorm zu ermitteln, zeigt die verfassungsrechtliche Dimension die staatsrechtlichen Grundlagen der Rechtsfindung auf und ermöglicht so eine externe Bewertung des methodisch-hermeneutischen Instrumentariums. Dieses besteht seinerseits nicht allein aus konkreten staatsrechtlichen Vorgaben, vielmehr bauen die verfassungsrechtlichen Vorgaben zu einem entscheidenden Teil auf den hermeneutischen Erkenntnismöglichkeiten des Rechts auf. Die hermeneutische Dimension betrifft damit im Ergebnis unterschiedliche Aspekte, die zum rechtlichen Verständnis bestimmter Rechtsnormen bzw. Regelungsbereiche beitragen, während die verfassungsrechtliche Dimension die verfassungsrechtliche Aufgabe der Judikative im Verhältnis zu anderen Gewalten im Blick hat und z.T. auch weitere staatsrechtliche Rahmenbedingungen der Rechtsfindung aufstellt.

Bezogen auf den *effet utile* als Gegenstand der vorliegenden Untersuchung ergibt sich daraus, dass es zunächst seinen hermeneutischen Erkenntniswert zu ermitteln gilt, um die Möglichkeiten und Grenzen der Verwendung dieses Arguments offen zu legen. Dabei soll die Analyse seiner Verwendung insbesondere dazu beitragen, Scheinbegründungen auszuschließen und die Möglichkeiten der Rechtserkenntnis anhand eines teleologischen Kriteriums wie des *effet utile* zu präzisieren. Auch wenn beide Ebenen im Ergebnis zusammenwirken, ist eine Trennung der Untersuchung verfassungsrechtlicher und hermeneutischer Vorgaben deshalb angezeigt, weil sie auf unterschiedlichen Voraussetzungen beruhen. Während der hermeneutischen Aspekt die Erkenntnismöglichkeiten betrifft und insofern losgelöst von einer bestimmten Rechtsordnung anhand theoretischer Überlegung konkretisiert werden kann, ist der staatsrechtliche Aspekt von den konkreten verfassungsrechtlichen bzw. staatstheoretischen Vorgaben des jeweiligen Rechtsgebiets abhängig. Insofern ergeben sich für das Europarecht im Verhältnis zur methodologischen Analyse des nationalen Rechts Besonderheiten, die einer eingehenden eigenständigen Untersuchung bedürfen. Die

[413] *Lücke*, Begründungszwang und Verfassung, 1987, S. 1 ff. u. 37 ff. (zu den unterschiedlichen verfassungsrechtlichen Funktionen des Begründungszwangs); *Röthel*, Normkonkretisierung im Privatrecht, 2004, S. 140; *H.-J. Koch*, in: Alexy/ders./Rüßmann (Hrsg.), Elemente einer juristischen Begründungslehre, 2003, S. 37, 41 ff.; *Rüthers/Fischer/Birk*, Rechtstheorie, 6. Aufl. 2011, Rn. 652; *Koch/Rüßmann*, Juristische Begründungslehre, 1982, S. 115 ff.

staatsrechtlichen Faktoren, die für die Verwendung des *effet utile* bedeutsam sind und die seine Rolle als Ausdruck des Einwirkungsanspruchs des Europarechts prägen, werden anschließend in einem eigenen Kapitel (§ 3) untersucht.

III. Funktionsweise der Auslegungs*canones*

Bei dem *effet utile* handelt es sich um ein Kriterium, das der Auslegung von Normen dient und das somit die externe Rechtfertigung juristischer Entscheidungen betrifft (zur Unterscheidung zwischen der internen und der externen Rechtfertigung unter I.2.a)dd)). Solche Kriterien werden in der Methodenlehre gewöhnlich als Auslegungs*canones* bezeichnet. Auf der Basis der soeben erläuterten Grundlagen methodischer Erkenntnis sollen nun die spezifische Rolle und die Funktionsweise der Auslegungs*canones* allgemein bei der Rechtsfindung näher bestimmt werden. Bei der bisherigen Analyse der Funktionen und Quellen der Methodenlehre war häufig von methodischen Instrumenten die Rede. In Abgrenzung zum allgemeinen Begriff des methodischen Instruments, zu dem auch etwa Figuren der Rechtsfortbildung (Analogie, teleologische Extension bzw. Reduktion), sowie die Rechtsfindung aus der Natur der Sache oder ähnliche Instrumente gehören, lassen sich Auslegungs*canones* als Instrumente definieren, die der inhaltlichen Interpretation der Vorschrift dienen. Da sie sich allein auf die Inhalte des Rechts beziehen, lassen sie sich in gleicher Weise sowohl bei der Auslegung als auch bei der Rechtsfortbildung einsetzen.

Nach traditionellem Verständnis tragen die *canones* die wesentlichen für die Auslegung relevanten Gesichtspunkte zusammen, ohne dass sie über ihr Zusammenwirken und ihre Gewichtung im konkreten Fall eine Antwort zu geben. Auslegungs*canones* sind allerdings spezifisch rechtliche Kriterien und damit von solchen Argumenten und Kriterien zu unterscheiden, die zwar ebenfalls das Recht als Erkenntnisobjekt zum Gegenstand haben, aber nicht den eigentlichen Inhalt des Rechts zu ermitteln suchen, sondern dieses aus einer anderen – außerrechtlichen – Perspektive analysieren.[414] Sie dienen damit dem Verständnis des Rechts, so wie es Geltung beansprucht.

1. Die einzelnen *canones*

Die *inhaltlichen Bezugspunkte* der einzelnen *canones* wurden bereits im Rahmen der hermeneutischen Funktion der Methodenlehre dargestellt. Typischerweise werden bei der juristischen Argumentation grammatische, historische, subjektiv-teleologische oder genetische, systematische und teleologische Argumente verwendet. Wie bereits erläutert beziehen die *canones* ihre Bedeutung und Legitimität in erster Linie aus

---

[414] Hierzu gehört etwa die ökonomische Analyse des Rechts, vgl. dazu *Eidenmüller*, Effizienz als Rechtsprinzip, 3. Aufl. 2005, S. 450 f., der zwischen einer funktionalen Perspektive und einer rechtsdogmatischen Perspektive des ökonomischen Arguments unterscheidet; vgl. auch zu einer spezifisch rechtstheoretischen Analyse des Rechts *Auer*, Materialisierung, Flexibilisierung, Richterfreiheit, 2005, S. 217 ff. Im Hinblick auf die ökonomische Analyse ist freilich zu differenzieren. Ökonomische Argumente können durchaus im Rahmen der (objektiv- oder subjektiv-) teleologischen Auslegung auslegungsrelevante Argumente sein, wenn der Regelung aus (objektiver oder subjektiver) Sicht eine entsprechende ökonomische Zwecksetzung zugrunde liegt, vgl. *Eidenmüller*, a. a. O., S. 451 ff. Insgesamt ist der ökonomische Ansatz aber, so fruchtbar er für die Rechtserkenntnis auch sein mag, im Grundsatz kein rechtlich verbindliches Auslegungskriterium, vgl. dazu auch unter § 2.A.II.1.d).

hermeneutischen Gesichtspunkten, also aus der Tatsache, dass sie das Verständnis des Inhalts der Norm fördern. Die meisten Auslegungskriterien lassen sich zudem auch verfassungsrechtlich rechtfertigen (vgl. unter II.3.c)). Die *canones* rechtfertigen sich als solche indessen nicht nur aus staatsrechtlichen Gesichtspunkten, sondern in erster Linie danach, wie sehr sie das Verständnis der konkreten Rechtsnorm fördern können. Aufgrund der verfassungsrechtlichen Funktion der Rechtsprechung sind zwar *canones* nicht haltbar, die im Widerspruch zu verfassungsrechtlichen Vorgaben stehen; solche *canones* werden aber auch nicht ernsthaft diskutiert. Bei der verfassungsrechtlichen Überlagerung geht es vielmehr um die Frage nach der Entscheidung zwischen mehreren diskussionswürdigen Auslegungsgesichtspunkten und damit um die Frage nach dem relativen Rang der *canones*. Die Frage nach dem relativen Rang lässt sich nach dem hier zugrunde gelegten Verständnis von der Frage nach dem Erkenntniswert einzelner *canones* trennen, so dass im vorliegenden Paragraphen (§ 2) die Frage nach dem Erkenntnisgehalt des *effet utile* auch zunächst losgelöst von seiner staatsrechtlichen Funktion und den Grenzen seiner Verwendung untersucht wird.

2. Interne und externe Relativität der *canones*

Als methodische Instrumente sind die *canones* normativ verbindlich, aber sie stellen keine Regeln, sondern vielmehr „leitende Gesichtspunkte“[415] oder „Argumentformen“[416] dar.[417] Sie sind aus rechtstheoretischer Sicht als Prinzipien einzuordnen (vgl. II.1.b)). Ebenso wie den Prinzipien des Rechts kommt den Auslegungskriterien damit nur eine *prima-facie*-Verbindlichkeit, bzw. Relativität zu.[418] Anders als eine Entscheidung, die sich auf eine gültige Regel stützt, beansprucht eine aufgrund eines Prinzips gefundene bzw. begründete Entscheidung nur insoweit Verbindlichkeit, als ihr auch vor dem Hintergrund anderer, gegenläufiger Prinzipien Vorrang zukommt. Der Rechtsanwender, der seine Argumentation auf ein Prinzip stützt, ist damit zur Absicherung seiner Ergebnisse gehalten, gegenläufige Prinzipien ausfindig zu machen und sie argumentativ abzuwägen.[419] Jedenfalls steht eine anhand eines Rechtsprinzips begründete Entscheidung stets unter dem Vorbehalt gegenläufiger Prinzipien (*prima-facie*-Vorbehalt).

Versteht man die Auslegungs*canones* als Rechtsprinzipien, unterliegen sie bei ihrer Verwendung sogar einem doppelten *prima-facie*-Vorbehalt, der bei ihrer Anwendung zu berücksichtigen ist: Zum einen lassen sich aus einem bestimmten Auslegungskriterium mehrere Argumente konstruieren, die gegeneinander abzuwägen sind (interner *prima-facie* Vorbehalt). Der Wortlaut kann z. B. je nachdem unterschiedlich auszulegen sein, ob man eine an der juristischen Fachsprache oder am allgemeinen Sprachgebrauch orientierte Lesart zugrunde legt. Jedes einzelne Argument, das sich aus einem Aus-

---

[415] *Larenz*, Methodenlehre der Rechtswissenschaft, 6. Aufl. 1991, S. 343.

[416] *Alexy*, Theorie der juristischen Argumentation, 3. Aufl. 1996, S. 288 f.

[417] Vgl. etwa bereits *Esser*, Grundsatz und Norm, 4. Aufl. 1990, S. 121 ff.; Theorie der juristischen Argumentation, 3. Aufl. 1996, 303 ff., Vgl. auch *Riehm*, Abwägungsentscheidungen in der praktischen Rechtsanwendung, 2006, S. 16 ff. Allgemein zum Begriff des Prinzips und zum prinzipienartigen Charakter methodischer Instrumente unter § 2.A.II.1.b).

[418] Vgl. *Alexy*, Rechtstheorie Beiheft 1, 1979, S. 59, 78 f.; vgl. auch *Hensche*, Teleologische Begründungen in der juristischen Dogmatik, 1998, S. 52 ff.

[419] Zur Umsetzung dieser Gebote in der Praxis vgl. *Riehm*, Abwägungsentscheidungen in der praktischen Rechtsanwendung, 2006, S. 57 ff. u. passim.

legungskriterium heraus bilden lässt, muss zum einen mit anderen denkbaren Argumenten, die sich aus demselben Kriterium heraus rechtfertigen, in Zusammenhang gebracht werden. Gerade bei teleologischen Argumenten, die an der Prinzipienstruktur des betroffenen Rechtsgebiets orientiert sind, handelt es sich um eine Vielzahl gegenläufiger Prinzipien, die in einem konkreten Fall einschlägig sind. Zum anderen ist ein Argument aber auch gegenüber solchen Argumenten abzuwägen, die sich anhand von anderen *canones* ergeben, was sich als externe Relativität bezeichnen lässt (bzw. als externer *prima-facie* Vorbehalt).

3. Relativer Rang und Abwägung der Auslegungskriterien

Die *canones* stehen für unterschiedliche Prinzipien, auf die es bei der Auslegung ankommt, und die zueinander in Bezug zu setzen sind. Ein aus teleologischer Sicht überzeugendes Ergebnis kann etwa zurücktreten, wenn es vom Wortlaut her nicht gedeckt ist und gegen das mit dem Wortlautkriterium verbundene Bestimmtheitsgebot verstößt, dem der Vertrauensschutz als Ausprägung des Rechtsstaatsprinzips zugrunde liegt. Eine teleologisch überzeugende Lesart kann daran scheitern, dass sie mit den Absichten der Gesetzesverfasser nicht vereinbar ist.

Um die bei der Rechtsanwendung notwendige Abwägungsentscheidung nicht der reinen Intuition bzw. dem Judiz des Rechtsanwenders (Richters) zu überlassen, muss diese anhand rechtlich relevanter Kriterien getroffen werden. Nach welchen Gesichtspunkten die Kriterien auf der externen Ebene abzuwägen sind, lässt sich auf einer abstrakten Ebene bestimmen. Zum einen hängt die Argumentation von dem Gewicht der Argumente ab, die für ein Kriterium im konkreten Fall sprechen; dass ein starkes teleologisches Argument Vorrang vor dem Wortlaut haben kann, ist durch die Figuren der Analogie sowie der teleologischen Reduktion anerkannt. Insofern lassen sich allerdings kaum abstrakte Abwägungsregeln angeben, da der Vorrang von der Überzeugungskraft des einzelnen Arguments abhängt, d.h. davon, ob sie die zur Entscheidung berufene Instanz überzeugen kann.[420] Zum anderen, und hier lassen sich generelle Aussagen auf methodischer Ebene treffen, wird die Abwägung vom allgemeinen Verhältnis der Kriterien zueinander beeinflusst, also davon, welche allgemeinen, insbesondere verfassungsrechtlichen Legitimitätsgründe für das jeweilige Kriterium sprechen. Somit ist die Rechtsanwendung stets eine Abwägung, die sich auch an staatsrechtlichen Kriterien zu orientieren hat.[421]

Für seltene Ausnahmefälle lässt sich das Verhältnis zwischen mehreren Auslegungskriterien in Form von Rechtsregeln bestimmen, die in der methodologischen Literatur als Vorrangregeln bezeichnet werden; hierunter werden etwa die primärrechtskonforme, verfassungskonforme oder die richtlinienkonforme Auslegung diskutiert (vgl. bereits II 3 a).[422] Diese *canones* führen dazu, dass ein Argument aus staatsrechtlichen oder hermeneutischen Gründen in bestimmten Fällen unabhängig vom Gewicht eines gegenläufigen Arguments vorgeht. Im Übrigen ist das Rangverhältnis – wie jede andere Abwägungsentscheidung – aufgrund einer eigenständigen Bewertung durch den Rechtsanwender anhand bestimmter rechtlicher Kriterien für den Einzelfall selbst zu ermitteln. Der Abwägungsvorgang ist als solcher nicht vollständig determiniert und

[420] Zur inneren Überzeugung als Kriterium für Abwägungsentscheidungen *Riehm*, Abwägungsentscheidungen in der praktischen Rechtsanwendung, 2006, S. 193ff.

[421] Vgl. bereits unter § 2.A.II.3.d).

[422] Vgl. näher unter § 2.A.II.3.a).

setzt damit einen gewissen Entscheidungsspielraum des Rechtsanwenders, insbesondere des Gerichts voraus.[423] Im Rahmen der Abwägungsentscheidung können aber bestimmte Abwägungsfehler ermittelt werden und die Entscheidung als solche ist damit – in gewissem Umfang – einer Falsifikation zugänglich.

IV. Zusammenfassung: Die Funktion der Auslegungs*canones* bei der Rechtsfindung

Methodische Probleme sind insbesondere dann von Bedeutung, wenn die gesetzlichen Vorgaben zur Entscheidung konkreter Sachverhalte keine, keine hinreichend deutlichen oder nur solche Vorgaben geben, die ungerecht oder unsachgemäß erscheinen. In solchen Fällen sind die Gerichte gleichwohl gehalten, eine (nach rechtlichen Kriterien zu rechtfertigende) Entscheidung zu gewinnen. Will man außerhalb der strikten Wortlautbindung einen ungebundenen richterlichen Dezisionismus vermeiden, gilt es rationale Kriterien für die Entscheidung solcher problematischer Fälle bereitzuhalten. Dies ist die Aufgabe der juristischen Methodenlehre und der unterschiedlichen methodischen Instrumente. Die Auslegungs*canones* als methodische Instrumente sind im Besonderen darauf ausgerichtet, die Bedeutung der Normen des geschriebenen Rechts auch dann zu erkennen, wenn dieses allein aufgrund seines Wortlauts keine Entscheidungsgrundlage liefern kann.

Die *canones* weisen im Wesentlichen zwei Dimensionen auf, die ihre Geltung begründen. Zum einen haben sie einen hermeneutischen Kern, der darauf ausgelegt ist, den Gehalt der normativen Vorgabe unter Verwendung unterschiedlicher relevanter Auslegungsgesichtspunkte möglichst genau zu bestimmen. Zum anderen muss jede Regel der Rechtsfindung zugleich verfassungsrechtlich legitimiert sein, denn die Rechtsprechung erfüllt als Staatsgewalt bestimmte verfassungsrechtlich zugewiesene Funktionen und unterliegt insofern bestimmten staatsrechtlichen Vorgaben.

Als Auslegungsgrundsätze lassen sich die *canones* in den wenigsten Fällen als echte Rechtsregeln formulieren, denn ihre Anwendung kann nicht anhand klar umrissener Regel-/Ausnahmeverhältnisse mit universalem Geltungsanspruch definiert werden. Vielmehr hängt ihre Anwendung vom jeweiligen Gewicht des einzelnen Kriteriums im Einzelfall ab, so dass die Anwendung der Auslegungskriterien stets eine abwägende Entscheidung zwischen den unterschiedlichen relevanten Kriterien erfordert (vgl. III.2 und III.3). Diese Entscheidung liegt indessen nicht im freien Ermessen des Rechtsanwenders (Richters); sie hat anhand von rechtlich relevanten Kriterien zu erfolgen, die sich aus den wesentlichen Quellen methodischer Instrumente, nämlich aus hermeneutischen Sachgesetzlichkeiten sowie aus den normativen (verfassungsrechtlichen bzw. staatstheoretischen) Vorgaben ergeben.

Für die weitere Untersuchung des *effet utile* als Auslegungsgrundsatz bedeutet dies, dass er als Kriterium stets im Zusammenhang mit anderen bei der Rechtsfin-

[423] Dies gilt jedenfalls in praktischer Sicht, da es schon Schwierigkeiten bereitet, alle für die Abwägung relevanten Erwägungen zusammenzutragen und ihre Gewichtung zueinander so genau zu bestimmen, dass ein Abwägungsspielraum vollständig ausgeschlossen wird. Ob es aus theoretischer Sicht überhaupt möglich ist, eine richtige Entscheidung zu treffen, ist in der rechtstheoretischen Literatur umstritten. Vgl. etwa *Canaris*, Richtigkeit und Eigenwertung in der richterlichen Rechtsfindung, 1993, S. 22, 41; anders *Auer*, Materialisierung, Flexibilisierung, Richterfreiheit, 2005, S. 90. m.w.N.

dung relevanten Kriterien steht und daher ein relatives Argument ist, sofern sich nicht (ausnahmsweise) eine staatsrechtliche Regel begründen lässt, die einen unbedingten Vorrang dieses Kriteriums gebietet (zur staatsrechtlichen Analyse vgl. §3). Sein relatives Gewicht im Abwägungsvorgang hängt damit in entscheidender Weise von den hermeneutischen Rahmenbedingungen der Rechtsfindung anhand dieses Kriteriums ab, sowie von den staatsrechtlichen Vorgaben für die Rechtsfindung im Europarecht, insbesondere im Verhältnis zum nationalen Recht.

Während die verfassungsrechtlichen Vorgaben eine eingehende Untersuchung der staatsrechtlichen Vorgaben erfordern, die einem eigenen Kapitel (§3) vorbehalten ist, gilt es nun zunächst auf allgemeiner hermeneutisch-rechtstheoretischer Basis die Erkenntnismöglichkeiten und -grenzen des *effet utile* als Auslegungsgrundsatz zu untersuchen. Da aufgrund der deskriptiven Analyse bereits deutlich geworden ist, dass es sich beim *effet utile* im Kern um einen Grundsatz der teleologischen Auslegung handelt, wird zunächst die Struktur der juristischen teleologischen Argumentation näher in den Blick genommen (Abschnitt B). Anschließend wird anhand dieser allgemeinen Erkenntnisse das *effet-utile*-Kriterium, so wie es in der Rechtsprechung verwendet wird (vgl. §1.A.III) einer rechtstheoretischen Kritik unterzogen (Abschnitt C). Die hieraus gewonnene Kritik des *effet utile* als Auslegungsgrundsatz wird eine Grundlage der Analyse der unionsverfassungsrechtlichen Rahmenbedingungen der Rechtsfindung im Europarecht anhand des *effet utile* bilden (vgl. §3).

B. Teleologisches Denken und Rechtsfindung

Der *effet utile* ist im Rahmen des ersten Kapitels bereits in seiner Verwendung, insbesondere in der Rechtsprechung des EuGH, als Grundsatz teleologischer Auslegung identifiziert worden. Der folgende Abschnitt beschäftigt sich näher mit dem hermeneutischen Gehalt des teleologischen Arguments, um so eine Grundlage für ein Verständnis der Besonderheiten des *effet utile* als teleologischem Auslegungsgrundsatz zu schaffen.

I. Die teleologische Methode

Die teleologische Auslegung basiert auf den Zwecksetzungen, die dem (textlich fixierten) Recht zugrunde liegen. Sinn und Aufgabe des Rechts als normativer Ordnung ist es, das Verhalten der Rechtssubjekte zu beeinflussen sowie es nachträglich zu bewerten und Rechtsfolgen daran zu knüpfen (Herrschafts- und Organisationsfunktion des Rechts).[424] Hinter dem Recht stehen also stets bestimmte Ordnungszwecke, die durch die rechtlichen Normen, so wie sie verkörpert sind (ob in Form von Normtexten, von Gewohnheitsrecht oder in Form von Richterrecht), verwirklicht werden sollen.[425] Wenn *Rudolf Jhering* konstatiert, dass „der Zweck… der Schöpfer des

[424] Vgl. *Rüthers/Fischer/Birk*, Rechtstheorie, 6. Aufl. 2011 Rn. 76ff.; *Hart*, The Concept of Law, 1961, S. 20ff.

[425] Vgl. bereits auf der Grundlage seiner positivistisch angelegten „Reinen Rechtslehre" *Kelsen*, Reine Rechtslehre, 1934, S. 29ff., der allerdings eine Trennung zwischen dem Recht als Mittel und den zugrunde liegenden Zwecken fordert.

ganzen Rechts"[426] ist, hebt er damit die dem Recht eigene Bedeutungsebene hervor.[427] Rechtsnormen sind wie alle sprachlichen Äußerungen ohne Berücksichtigung ihres teleologischen Hintergrundes nicht verständlich;[428] ihr eigentlicher Gehalt besteht nicht in ihrer sprachlichen Verkörperung, sondern in dem dahinter stehenden zielorientierten Normbefehl und dem zugrunde liegenden Zweck (Telos). Die Aufgabe des Rechtsanwenders ist es, diesen Normbefehl und den hiermit befolgten Zweck so präzise wie möglich zu ermitteln.

1. (Objektiv-)teleologische Auslegung im Verhältnis zu anderen *canones*

Die sog. objektiv-teleologische Auslegung zeichnet sich vor allem dadurch aus, dass sie lediglich auf eine andere Betrachtungsweise der Vorschrift hinweist und für sich genommen mit der „Zwecksetzung" der Vorschrift noch kein inhaltliches Kriterium vorgibt. Der Hinweis auf die Verbindlichkeit des Zwecks einer Vorschrift bedarf für die Auslegung einer weiteren Interpretation, nämlich der Ermittlung des maßgeblichen Zwecks. Ist der Zweck einer Vorschrift unklar, lässt er sich wiederum im Wege der Auslegung anhand der übrigen Kriterien ermitteln.[429] Auch werden sich häufig einer Vorschrift unterschiedliche Zwecke zuordnen lassen, zwischen denen eine (begründete) Auswahl zu treffen ist. Aber auch einige andere *canones* bedürfen weiterer Interpretation und können durchaus unterschiedliche Ergebnisse nahe legen; der Wortlaut einer Vorschrift lässt sich in vielen Fällen in mehrere Richtungen deuten, ebenso sind die Äußerungen der Gesetzesverfasser im Rahmen der subjektiv-teleologischen Auslegung ihrerseits interpretationsbedürftig. Das teleologische Kriterium führt damit vor allem dazu, dass die Frage nach der Bedeutung der Vorschrift in einen anderen – teleologischen – Zusammenhang gestellt wird.

Indem die objektiv-teleologische Methode jedem Normbefehl einen Zweck zuweist, setzt sie die Rationalität der Rechtsordnung voraus. Zugleich ermöglicht sie es, Normen, denen kein rechtlich anerkannter Zweck zugrunde liegt, bzw. solchen Normen, die vorrangigen Zwecksetzungen zuwiderlaufen, einzuschränken bzw. sie unangewendet zu lassen. Das Denken in Zwecksetzungen berührt außerdem die rechtspolitische Ebene, da die (in aller Regel politischen) Beweggründe für den Erlass

---

426 *Jhering*, Der Zweck im Recht I, 3. Aufl. 1893.

427 Vgl. nur *Germann*, Probleme und Methoden der Rechtsfindung, 2. Aufl. 1967, S. 82; zur teleologischen Struktur des Rechtsdenkens vgl. insbesondere auch *Canaris*, Systemdenken und Systembegriff in der Jurisprudenz, 2. Aufl. 1983, S. 41 ff.; *Fikentscher*, Methoden des Rechts IV, 1977, S. 120f.; *Kramer*, Juristische Methodenlehre, 3. Aufl. 2010, S. 147; *Bydlinski*, Juristische Methodenlehre und Rechtsbegriff, 2. Aufl. 1991, S. 81.

428 *O. Weinberger/C. Weinberger*, Logik, Semantik, Hermeneutik, 1979, S. 189.

429 Insofern wird der Zweck der Norm z. T. als das Auslegungsziel und die übrigen *canones* als die eigentlichen Mittel der Auslegung bezeichnet, vgl. insbesondere *Rüthers/Fischer/Birk*, Rechtstheorie, 6. Aufl. 2011, Rn. 725 ff.; *Herzberg*, JuS 2005, 1, 7. Dagegen ist jedoch einzuwenden, dass die teleologische Methode, insbesondere in ihrer systematischen Dimension, durch ihre eigenständige Betrachtungsweise durchaus einen eigenen Erkenntnisaspekt darstellen kann, der in Konkurrenz zu den anderen *canones* steht, vgl. insbesondere zum Bezug zur Argumentation mit der „Natur der Sache" *Neuner*, Die Rechtsfindung contra legen, 2. Aufl. 2005, S. 110f. Zutreffend ist freilich der Hinweis, dass der Zweck nicht einfach vom Rechtsanwender postuliert werden darf, sondern auf rechtlich anerkannten Wertungen beruhen und sich ins Gesamtsystem der Rechtsordnung einfügen muss und daher in der Regel durch Rückgriff auf die übrigen *canones* ermittelt wird, vgl. dazu sogleich unter § 2.B.II.1.

der jeweiligen Norm unmittelbar betrachtet werden. Dadurch wird die teleologische Auslegung aber noch nicht zu einer rechtspolitisch gestaltenden Tätigkeit, sondern bleibt eine nachvollziehende Anwendung bestehender Zwecksetzungen. Sie erlaubt keinen Rückgriff auf „eigene" Zweckvorstellungen des Richters, sondern nur auf solche Zwecksetzungen, die im geltenden Recht angelegt sind. Insofern ist zwischen einem nachvollziehenden objektiv-teleologischem Denken bei der Auslegung und einem gestaltenden teleologischen Denken zu unterscheiden, das grundsätzlich – vorbehaltlich eines Rechtsfortbildungsauftrags – nur der Legislative zukommt.[430]

2. Quellen teleologischer Auslegung

Ein teleologisches Argument hängt entscheidend davon ab, wie die maßgebliche Zwecksetzung begründet wird. Die (objektiv)-teleologische Auslegung wird hier in einem sehr weiten Sinne verstanden. Sie stellt mit den Zwecken zunächst auf alle Beweggründe ab, die einer Rechtsnorm zugrunde liegen, solange sie rechtliche Relevanz haben, d.h. Bestandteil der Rechtsordnung sind.[431] Eine offenkundige Quelle für die Bestimmung der Zwecksetzungen einer Norm können zunächst in Normtexten verankerte Programmsätze sein. Gerade im Recht der EU ist eine ausführliche Begründung der Beweggründe für den Erlass eines Rechtsakts Teil des Rechtsakts und kann somit bei der (teleologischen) Interpretation des Rechtsakt ohne Weiteres zur Zweckbestimmung herangezogen werden.[432] Darüber hinaus lassen sich gesetzgeberische Zwecksetzungen aus den Gesetzesmaterialien, soweit diese zugänglich und ein Rückgriff auf dieselben aus staatsrechtlichen Gründen nicht ausgeschlossen ist,[433] entnehmen. Diesen Zwecksetzungen kommt zwar nicht die gleiche Bedeutung wie gesetzlich festgelegten Zwecksetzungen zu. Da die Vermutung naheliegt, dass sie die Vorstellungen der (demokratisch legitimierten) Parlamentarier als Gesetzgeber am nächsten wiedergeben, sind sie für die Auslegung ausgesprochen bedeutsam, wenngleich nicht unüberwindlich.[434] Sie sind der Kern der subjektiv-teleologischen Auslegung, der eine

---

[430] Zu den Schwierigkeiten einer Abgrenzung vgl. indessen *Auer*, Materialisierung, Flexibilisierung, Richterfreiheit, 2005, S. 81 ff. m. w. N.; *Greenawalt*, 11 Ga. L. Rev. 991, 1003 ff. (1977). Dagegen jedoch *Langenbucher*, Die Entwicklung und Auslegung von Richterrecht, 1996, S. 18 ff.; *Canaris*, Richtigkeit und Eigenwertung in der richterlichen Rechtsfindung, 1993, S. 22, 29 ff.

[431] Zur Unterscheidung zwischen rechtlichen und rechtspolitischen Argumenten vgl. die Nachweise in Fn. 430 sowie kritisch *Auer*, Materialisierung, Flexibilisierung, Richterfreiheit, 2005, S. 81 ff.; *Esser*, AcP 172 (1972), 97, 100 ff.

[432] Zur Bedeutung der Begründungserwägungen für die Möglichkeiten einer (subjektiv-) teleologischen Auslegung des Unionsrechts vgl. *Neuner*, in: Riesenhuber (Hrsg.), Europäische Methodenlehre, 2010, S. 347, 381.

[433] Vgl. etwa die Zurückhaltung beim Rückgriff auf *travaux préparatoires* im Völkerrecht (vgl. Art. 32 der Wienver Vertragskonvention und dazu *Verdross/Simma*, Universelles Völkerrecht, 3. Aufl. 1984, S. 492 f.; *Köck*, Vertragsinterpretation und Vertragsrechtskonvention, 1976, S. 92) sowie die Methodenlehre des englischen Rechts, in der ein Rückgriff auf parlamentarische Äußerungen (*Vogenauer*, Auslegung II, 2001, S. 967 ff.).

[434] Zu den Gründen für eine Gleichsetzung der Stellungnahmen in den Gesetzgebungsmaterialien mit dem Willen des Gesetzgebungsorgans vgl. schon *Heck*, AcP 112 (1914), 8 ff., 62 ff., 111 ff.; *Koch/Rüßmann*, Juristische Begründungslehre, 1982, S. 180 f.; *Neuner*, Die Rechtsfindung contra legem, 2. Aufl. 2005, S 104; *Engisch*, Einführung in das juristische Denken, 10 Aufl. 2005, S. 122. Zur Relativität subjektiv-teleologischer Argumente *Neuner*, a. a. O., S. 85 ff., 132, 140 ff. der aber aus Gründen der Volkssouveränität von einem *grundsätzlichen* Vorrang der Vorstellungen der Gesetzesverfasser ausgeht.

besondere Bedeutung zukommt, so dass sie hier von objektiv-teleologischen Argumenten unterschieden wird.[435]

Über die genannten ausdrücklich geäußerten Zwecksetzungen hinaus lassen sich die meisten Zweckvorgaben aber vor allem aus gesetzlichen Normen gewinnen, indem aus einer oder aus der Systematik mehrerer gesetzlicher Vorschriften bestimmte übergreifende Zwecksetzungen abgeleitet werden und den Vorschriften so ein folgerichtiges Gesamtregelungskonzept zugrunde gelegt wird. Normative (rechtlich verbindliche) Zwecke lassen sich im Übrigen anhand der anderen *canones* gewinnen, mithin aus Wortlaut, Systematik, gesetzgeberischen Regelungsabsichten und historischen Argumenten ableiten.[436] Über den objektiven Zweck von Normen werden nach dem Gesagten damit häufig Meinungsverschiedenheiten vorliegen, die eine eindeutige Lösung nicht immer ermöglichen werden.

Entscheidend bei der teleologischen Auslegung ist es, dass nur solche Zwecke herangezogen werden dürfen, die Grundlage der gesetzlichen Regelungen sind bzw. sein können und nicht eigene rechtspolitisch motivierte Zwecksetzungen zugrunde zu legen, die sich rechtlich nicht fundieren lassen. Eine Unterscheidung zwischen rechtsexternen und gesetzes- bzw. rechtsimmanenten Kriterien kann sicherlich im Einzelfall schwierig durchzuführen sein und in zahlreichen Fällen werden durchaus Auslegungsspielräume verbleiben,[437] so dass sich nicht stets nur ein verbindlicher Zweck ermitteln lassen wird. Bestimmte Zwecke werden sich aber als unvereinbar mit spezifischen gesetzlichen Wertungsentscheidungen oder mit der Gesamtrechtsordnung qualifizieren lassen, während andere deutlich im Einklang mit dem gesetzgeberischen Regelungssystem stehen.

3. Außerpositive Grundsätze und der Bezug zur Rechtsidee – Teleologische Rechtsfindung und der Maßstab der Richtigkeit

Wesentliche Quellen objektiv-teleologischer Auslegung können unter anderem Sachstrukturen oder objektive Sachgesetzlichkeiten des Regelungsbereichs und grundlegende außerpositive Gerechtigkeitsgrundsätze bilden, sofern diese im Einklang mit der Rechtsordnung stehen. Unter Verwendung solcher Argumente geht eine objektiv-teleologische Argumentation von einem nichtpositivistischen Rechtsbegriff aus, der sich auf die Wortlautbindung des Normtexts beschränkt. Das zugrunde gelegte Rechtsverständnis geht von rationaler, möglichst widerspruchsfreier und folgerichtiger Regelbildung aus, die insgesamt Ausdruck der Rechtsidee ist.[438] Objektiv-teleologische

---

[435] Zwar stellt die subjektiv-teleologische Auslegung einen Unterfall der teleologischen Auslegung dar, da sie ebenfalls zweckorientiert argumentiert. Da die Zielrichtung der Zweckermittlung (Ausrichtung am vom Gesetzgeber Gewollten bei der subjektiv-teleologischen Auslegung versus Ausrichtung an einem rationalen Gesetzeszweck bei der objektiv-teleologischen Auslegung) jedoch unterschiedlich ist und der subjektiv-teleologischen ein zusätzlicher staatsrechtlicher Legitimitätsbonus zukommt, ist eine Unterscheidung zwischen beiden Argumenten zweckmäßig und wird hier auch zugrunde gelegt.

[436] A.A. *Müller/Christensen*, Juristische Methodik, 10. Aufl. 2010, S. 95 f., die teleologische Argumente für kein „selbständiges Element der Konkretisierung" halten, sondern sie in erster Linie anhand der vorgenannten *canones* konkretisieren.

[437] Vgl. dazu in Fn. 430.

[438] Vgl. insoweit *Larenz/Canaris*, Methodenlehre der Rechtswissenschaft, 3. Aufl. 1995, S. 302 ff.; *Canaris*, Systemdenken und Systembegriff in der Jurisprudenz, 2. Aufl. 1983, S. 16 ff.; *Esser*, Vorverständnis und Methodenwahl, 1970, S. 80 ff.; *ders.*, Grundsatz und Norm, 4. Aufl.

Argumente beruhen u.a. auf Erwägungen darüber, wie das zu lösende Sachproblem auf der Grundlage der bestehenden rechtlichen Wertungsentscheidungen vernünftigerweise zu regeln ist, und solche Erwägungen haben nur dann eine Berechtigung, wenn man von einem Postulat vernünftiger, vorhersehbarer und auf fundamentalen Rechtsgrundsätzen basierender Regelbildung ausgeht, das Recht als auf rationalen Gerechtigkeitsgrundsätzen basierende Ordnung von der Gesetzgebung vorgegebener Regelungszwecke versteht. Dass objektiv-teleologische Argumente anzuerkennen sind, ist damit Ausdruck der Rechtsidee und des Bekenntnisses zu einer rationalen Rechtsordnung.

Eine andere Frage ist es, welches Gewicht solchen objektiv-teleologischen Argumenten im Verhältnis zu am geschriebenen Recht und an den Vorstellungen der Gesetzesverfasser ausgerichteten Begründungen zukommt. Aus hermeneutischer Sicht ist dies eine Frage des Verhältnisses des Wortlautarguments bzw. der subjektiv-teleologischen zur objektiv-teleologischen Argumentation, die nach der Überzeugungskraft der jeweiligen Argumente im Einzelfall zu erfolgen hat und sich danach richtet, inwiefern sich die teleologischen Argumente widerspruchsfrei in die vorhandene gesetzliche Regel einfügen und nicht reine rechtspolitische Forderungen ohne Bezug zum geltenden Recht darstellen. Aus staatsrechtlicher Sicht geht es bei diesem berühmten Problem der Methodenlehre um die Zuspitzung der Frage des Verhältnisses von Richterfreiheit und Gesetzesbindung. Der Versuch einer Antwort auf diese Frage würde über den Umfang der vorliegenden Untersuchung allerdings weit hinaus führen. Es soll hier lediglich festgehalten werden, dass die Anerkennung objektiv-teleologischer Argumente die Anerkennung eines über das positive Recht hinausgehenden Rechts- und damit Richtigkeitsbegriffs beinhaltet und auf der Basis eines solchen Rechtsbegriffs eine entscheidende Rolle erfüllt. Auf die methodologische Grundsatzfrage nach dem Verhältnis zwischen am geschriebenen Recht bzw. an den konkreten Vorstellungen der Gesetzesverfasser orientierten und objektiv-teleologischen Vorstellungen, so sie denn im Einzelfall tatsächlich kollidieren sollten, kann in der vorliegenden Untersuchung nicht eingegangen werden.[439]

4. Teleologische Systembildung

Von entscheidender Bedeutung für die objektiv-teleologische Rechtsfindung ist zudem der Gedanke der Systembildung, was bereits bei den Ausführungen zu den Quellen der teleologischen Auslegung deutlich geworden ist, die einen Hinweis auch auf die systematische Auslegung beinhalten (vgl. unter 2). Prinzipien als hinter den Zwecksetzungen des Rechts stehende Gebote haben ebenfalls normativen Charakter und sind auf die möglichst hohe Verwirklichung eines bestimmten Umstands gerichtet. Sie werden daher auch als *Optimierungsgebote* bezeichnet,[440] da das Prinzip selbst kein

---

1990, S. 120, 139, 284 ff., (der von einer Identität des gesetzlich Gewollten mit dem Vernünftigen ausgeht); *Bydlinski*, Juristische Methodenlehre und Rechtsbegriff, 2. Aufl. 1991, S. 318 ff. bezieht in seinen Rechtsbegriff auch Elemente der Rechtssicherheit mit ein und hebt die Rolle hervor, die dem positiven Recht unabhängig von seinem Rationalitätsanspruch zukommt. Für eine strikten Trennung des (subjektiv-teleologisch zu bestimmenden) Gehalts des positiven Rechts und der Anforderungen an seine Rationalität *Neuner*, Die Rechtsfindung contra legem, 2. Aufl. 2005, S. 132 f. Ähnlich, *Rüthers/Fischer/Birk*, Rechtstheorie, 6. Aufl. 2011, Rn. 806 ff.

[439] Vgl. unter § 2.A.II.2.b).

[440] *Alexy*, Theorie der Grundrechte, 1986, S. 75 ff.

bestimmtes Maß für seine Verwirklichung vorgibt, sondern zunächst die weitestmögliche Verwirklichung fordert. Ihre Begrenzung finden Prinzipien erst in Abwägung mit anderen, gegenläufigen Prinzipien, die ebenso die Eigenschaft als Optimierungsgebote aufweisen und somit in Konflikt zueinander treten. Konflikte zwischen unterschiedlichen Zwecksetzungen in der Rechtsordnung sind anders als Regelkonflikte nicht dadurch zu lösen, dass einem Prinzip auf einer abstrakten Ebene *generell* Vorrang eingeräumt wird, sondern dass in jedem Einzelfall ein Vorrangverhältnis bzw. ein Ausgleich bewirkt wird.[441]

Innerhalb des positiven Rechts erfolgt die Auflösung von Prinzipienkonflikten typischerweise anhand von Regeln, die unter bestimmten Voraussetzungen ein Prinzip zurücktreten lassen oder einen Ausgleich zwischen zwei Prinzipien im Einzelfall bewirken. Anhand solcher Regeln lassen sich die im Gesetz vorgesehenen Abwägungsentscheidungen zwischen gegenläufigen Rechtsprinzipien nachvollziehen. Außerhalb positivgesetzlicher Regeln hat sich die Auflösung an den vom Gesetzgeber vorgesehenen Abwägungsentscheidungen zu orientieren und muss das gesetzlich vorgesehene Zusammenspiel der Prinzipien nachvollziehen.

Prinzipien als Optimierungsgebote entfalten ihren eigentlichen Sinngehalt erst in einem Zusammenspiel wechselseitiger Ergänzung und Beschränkung.[442] Eine prinzipienorientierte (axiologische) Systembildung wird dabei als innere Systembildung von der an äußeren Strukturkriterien orientierten äußeren Systembildung unterschieden, welche nur eine begriffliche und logisch-strukturelle Ordnung des Rechts zum Gegenstand hat.[443] Teleologische Auslegung muss in ihrer systematischen Dimension im Gesetz bereits vorhandene Abwägungsentscheidungen zwischen unterschiedlichen Prinzipien berücksichtigen. In den Forderungen der Einheit und Folgerichtigkeit als Leitgedanken des Systemdenkens, insbesondere der möglichst weitgehenden Widerspruchsfreiheit, wird der Bezug dieses Systemdenkens zur Rechtsidee deutlich.[444] Teleologische Argumentation und teleologische Auslegung müssen damit stets von einer Vielzahl dem geltenden Recht zugrunde liegender Prinzipien ausgehen und können ihrer Argumentation nur solche Zwecksetzungen zugrunde legen, die sich möglichst widerspruchsfrei in das Gesamtsystem eines Rechtsgebiets bzw. der Gesamtrechtsordnung einfügen.[445]

5. Bedeutung der Regelungsdichte und der Regelungsweise

a) Regelungsdichte und teleologische Argumentation

Das Erfordernis wie auch die Bereitschaft, bei der Auslegung auf teleologische Argumente zurückzugreifen, steht und fällt mit der Regelungsdichte eines bestimm-

---

[441] Vgl. *Alexy*, Theorie der Grundrechte, 1986, S. 79 ff.; vgl. auch *Canaris*, Systemdenken und Systembegriff in der Jurisprudenz, 2. Aufl. 1983, S. 53. Zur Struktur des Abwägungsvorgangs sogleich unter § 2.B.II.4.a).

[442] Vgl. nur *Canaris*, Systemdenken und Systembegriff in der Jurisprudenz, 2. Aufl. 1983, S. 55 ff.

[443] Vgl. etwa *Canaris*, Systemdenken und Systembegriff in der Jurisprudenz, 2. Aufl. 1983, S. 41 ff.; *Bydlinski*, System und Prinzipien des Privatrechts, 1996, S. 42 ff.

[444] Vgl. insbesondere *Canaris*, Systemdenken und Systembegriff in der Jurisprudenz, 2. Aufl. 1983, S. 13 ff.

[445] Vgl. *Alexy*, Theorie der Grundrechte, 1986, S. 87 ff.; *Canaris*, Systemdenken und Systembegriff in der Jurisprudenz, 2. Aufl. 1983, S. 59.

ten Rechtsgebiets. Rechtsgebiete, die einer präzisen und detaillierten (begrifflichen) Normierung, insbesondere in Form von Kodifikationen, unterliegen, sind einer offen teleologischen und prinzipienorientierten Argumentation gegenüber im Grundsatz weniger zugänglich als Rechtsgebiete, die keiner oder nur einer rudimentären Regelung unterliegen und im Rahmen derer die Gerichte in erheblichem Umfang zu eigenständiger Rechtsfindung angehalten sind. Was das EU-Recht angeht, so gibt der AEUV, gemessen an der Weite der erfassten Regelungsmaterien, nur sehr allgemeine Vorgaben, die zahlreiche Fälle nicht im Detail entscheiden und daher eine weitreichende, primär teleologisch orientierte Rechtsprechung des EuGH hervorgerufen haben.[446] Im Bereich der Grundfreiheiten, aber auch bei den institutionellen Grundlagen des Europarechts, wie dies die Rechtsprechung zu unmittelbarer Anwendbarkeit und zum Vorrang des Unionsrechts zeigt (vgl. dazu § 1.B.II.2), zeigen sich zahlreiche Unklarheiten über den Charakter des EU-Rechts und dessen mangelnde inhaltliche Festlegung. Dies liegt vor allem daran, dass man im Rahmen des „Europäischen Projekts" einen neuartigen Regelungsbereich beschritten hat und bei Erlass des Vertrags noch keine genauen Vorstellungen über die Wirkungsweise und Reichweite dieses Rechtsgebiets hatte. Die zahlreichen allgemein gehaltenen Zielvorgaben, die sich etwa zu Beginn der Vorschriften zu den Politiken der Gemeinschaft finden (vgl. etwa Art. 39 AEUV zur Agrarpolitik) belegen dies.

b) Teleologische Regelungsweise im Europarecht

Diese an den Zielvorgaben orientierte Regelungsstruktur ist ein weiterer Grund für die hohe Bedeutung der teleologischen Rechtsfindung im Europarecht, das sich offen auf seine teleologischen Grundstrukturen bezieht. Sowohl im AEUV als auch in den Akten des Sekundärrechts sind die Zielvorgaben des Rechts deutlich hervorgehoben.[447] In Verordnungen und Richtlinien geschieht dies typischerweise im Rahmen der Begründungserwägungen, in denen die Motive und Regelungsinstrumente genau erläutert werden.[448] Somit muss auf die Zwecksetzungen der Normen, anders als dies etwa in der deutschen Gesetzgebung üblich ist, in weiten Teilen nicht anhand der Regelungen und anhand der Sachstrukturen des Regelungsbereichs geschlossen werden. Sie werden von der Gesetzgebung selbst in weitem Umfang offen gelegt. Indem diese Begründungserwägungen Bestandteil des Normtextes der Rechtsakte sind, ist der Rückgriff hierauf von den Gesetzgebern ausdrücklich vorgesehen; sie haben den Charakter von Interpretationshilfen.[449]

---

[446] Vgl. zu diesem Problem im Unionsrecht insbesondere *v. Danwitz*, EuR 43 (2008), 769, 779 ff.; *ders.*, JZ 2006, 1 ff., der auch die regelungstechnische Qualität des Sekundärrechts bemängelt.

[447] Vgl. die Nachweise in Fn. 446.

[448] Zur Bedeutung der subjektiv-teleologischen Methode in der Rechtsprechung des EuGH, insbesondere zum Sekundärrecht vgl. *Leisner*, EuR 42 (2007), 689 ff. m. zahlreichen Nachweisen aus der Rechtsprechung.

[449] So beruft sich der EuGH in Rs. C-404/06, Slg. 2008, I-2685 Rn. 38 f. – *Quelle* ausdrücklich auf Erwägungsgrund 15 der auszulegenden Verbrauchsgüterkaufrichtlinie. Vgl. allgemein zur Funktion der Begründungserwägungen EuGH, Rs. 215/88, Slg. 1989, 2789 Rn. 31 – *Casa Fleischhandel*; *Leisner*, EuR 47 (2007), 689, 702.

II. Struktur teleologischer Argumente

Über die argumentative Struktur teleologischer Argumente finden sich – trotz der Häufigkeit ihrer Verwendung – nur wenige Untersuchungen.[450] Sie ist auf den ersten Blick relativ einfach, so dass eine nähere Untersuchung oft entbehrlich erscheint. Nimmt man die einzelnen Elemente jedoch näher in den Blick, lassen sich aber auf einer abstrakten Ebene zahlreiche auch für die praktische Argumentation bedeutsame Präzisierungen der teleologischen Argumentation ausfindig machen.

Das Ziel eines jeden juristischen Arguments ist es, einen bestimmten Interpretationsvorschlag als Konkretisierungsprämisse zu begründen.[451] Dieser Vorschlag, also das zu begründende Ergebnis der Argumentation, stellt aus Sicht eines teleologischen Arguments das Mittel dar. Die Verbindlichkeit des Mittels wird in Bezug zu einer rechtlich verbindlichen Zweckvorgabe gesetzt. Zwischen Zweck und Mittel muss des Weiteren ein bestimmter Zusammenhang bestehen, der im folgenden als Zweck-Mittel-Verhältnis bezeichnet wird. Dies sind die drei wesentlichen logischen Schritte eines jeden teleologischen Arguments.[452] Sie werden von den Interpreten, insbesondere auch in der Gerichtspraxis des EuGH, selten ausdrücklich und nicht unbedingt in der hier zugrunde gelegten Reihenfolge verwendet. Dennoch handelt es sich um logisch implizierte Postulate teleologischer Argumente, die bei der Analyse des argumentativen Gehalts des Arguments behilflich sein können.

1. Zweckvorgabe

Die Legitimität eines jeden teleologischen Arguments steht und fällt mit der Zweckvorgabe. Sie ist das entscheidende Element des Arguments, denn im Rahmen eines teleologischen Arguments wird das Auslegungsergebnis als Mittel (zunächst) allein damit begründet, dass es ein bestimmtes rechtlich zu verfolgendes Ziel fördert. Als Zweckvorgabe kommen alle in einer Rechtsordnung rechtlich relevanten Zwecke infrage (vgl. unter I.2). Die besondere Problematik des teleologischen Arguments liegt vor allem in der Unterscheidung zwischen rechtlich verbindlichen und rein rechtspolitischen Zwecken.[453] Die Anforderungen an eine Zweckvorgabe lassen sich jedoch noch präziser fassen.

a) Art der Zweckvorgabe

Der Zweck als Ausgangspunkt eines juristischen teleologischen Arguments kann in zwei unterschiedlichen Form formuliert sein, nämlich als empirisch beschriebener Zustand (aa) oder als Rechtsprinzip (bb).

aa) Zweckvorgabe als empirisch beschriebener Zustand. Wird der Zweck als konkret zu erreichender Zustand definiert, bestimmt sich das Ziel durch die Verwirklichung bestimmter vorgegebener tatsächlicher Umstände, die entweder erreicht werden oder nicht. Im juristischen Gebrauch finden sich indessen nur selten Argumentationen, die

---

[450] Vgl. aber insbesondere *Hensche*, Teleologische Begründungen in der juristischen Dogmatik, 1998.

[451] Vgl. näher unter § 2.A.I.2.a)dd).

[452] Vgl. *Hensche*, Teleologische Begründungen in der juristischen Dogmatik, 1998, S. 43 ff.; *O. Weinberger/C. Weinberger*, Logik, Semantik, Hermeneutik, 1979, S. 139 ff.

[453] Vgl. Fn. 430.

den Zweck als einen solchen empirisch zu erfassenden Zustand beschreiben. Eine solch präzise empirische Umschreibung des Zwecks stellt zwar den Modellfall für teleologische Zusammenhänge dar, sie ist aber in der juristischen Auslegung kaum vorstellbar.[454] Um Zwecke in überzeugender Weise derart präzise als empirischen Zustand zu formulieren, muss dargelegt werden, dass sie in einem bestimmten begrenzten Umfang zu erreichen sind. Eine solche Präzision der Zweckbeschreibung entspricht aber weder der Realität der Anforderungen an die juristische Auslegung noch der Denkweise, die der Gesetzgebung zugrunde liegt. Normen werden von der Gesetzgebung in der überwiegenden Mehrzahl der Fälle nicht vor dem Hintergrund konkreter, empirisch fassbarer Zustände, sondern auf der Grundlage bestimmter Zielsetzungen, die nur als Kriterium bzw. Maximierungsgebot umschrieben werden können, erlassen.

Nichts anderes kann für die Auslegung gelten. Da die Ziele eines Gesetzes in der Regel bereits bei der Gesetzgebung axiologisch (als Prinzipien) definiert werden, ist der Versuch, bei der Interpretation einen bestimmten empirisch beschreibbaren Zustand zu ermitteln, in der Regel irreführend. So dient etwa die Verankerung eines unentgeltlichen Ersatzlieferungsrechts in Art. 3 Abs. 2 der Verbrauchsgüterkaufrichtlinie[455] zweifelsohne der Stärkung des Verbrauchervertrauens. Das Verbrauchervertrauen als Zustand zu definieren, in dem der Verbraucher im Neulieferungsfall keinerlei Zahlungsanspruch im Zusammenhang mit der Neulieferung (etwa einer Nutzungsersatzpflicht)[456] ausgesetzt ist, würde indessen die Zwecksetzung der Richtlinie überstrapazieren, die zu dieser Frage keine klare Stellungnahme trifft, und auf eine Tautologie hinauslaufen (zu diesem Problem siehe sogleich unter b)). Schlüssig wäre jedoch eine Argumentation, die darauf hinweist, dass es der Zweck der Richtlinie ist, das Vertrauen der Verbraucher zu fördern und dass dieser Zweck durch eine vollständige Absage an eine Haftungsbelastung im Zusammenhang mit der Neulieferung in besonders hohem Maße erreicht wird. Dass der Richtliniengeber aber einen klaren Zustand vor Augen hatte, lässt sich jedoch auf der Grundlage der vorhandenen Materialien nicht behaupten. Es ist zwar nicht unmöglich, solche präzisen Zweckbeschreibungen im Einzelfall ausfindig zu machen; sie lassen sich aber – gerade bei problematischen Auslegungsfragen – nicht begründen.[457]

bb) Prinzip als Zweckvorgabe (Rangkriterium). Viel häufiger sind daher Argumentationen, die als Zweck ein bestimmtes Prinzip heranziehen.[458] Rechtsprinzipien sind abstrakte normative Maximen, die – anders als zahlreiche (wenn auch nicht alle) Regeln – nicht expliziter Inhalt des positiven Rechts sind, sondern sich vielmehr als bedeutsame Gründe für die einzelnen Rechtsregeln darstellen; gleichwohl kommt ihnen eine normative Verbindlichkeit zu.[459] Da Prinzipien *Optimierungs-*

[454] Vgl. ausführlich *Hensche*, Teleologische Begründungen in der juristischen Dogmatik, 1998, S. 48 ff.; *O. Weinberger*, Rechtslogik, 2. Aufl. 1989, S. 283.

[455] Richtlinie 1999/44/EG des Europäischen Parlaments und des Rates vom 25. Mai 1999 zu bestimmten Aspekten des Verbrauchsgüterkaufs und der Garantien für Verbrauchsgüter, ABl. L 171 vom 7.7.1999, S. 12.

[456] Vgl. EuGH, Rs. C-404/06, Slg. 2008, I-2685 Rn. 34 ff. – *Quelle* und dazu *Herrler/Tomasic*, BB 2008, 1245, 1247.

[457] *Hensche*, Teleologische Begründungen in der juristischen Dogmatik, 1998, S. 53 ff.

[458] *Hensche*, Teleologische Begründungen in der juristischen Dogmatik, 1998, S. 48 ff., der insoweit – ohne wesentlichen Unterschiede im Ergebnis – von Rangkriterien spricht.

[459] Grundlegend *Dworkin*, Taking Rights Seriously, 1978, S. 24 ff.; *Bydlinski*, Fundamentale Rechtsgrundsätze, 1988, S. 121; *Canaris*, Systemdenken und Systembegriff in der Jurispru-

gebote[460] darstellen, können sie in unterschiedlichem Umfang erfüllt werden und stehen regelmäßig in Konflikt zu anderen rechtlich relevanten Prinzipien. Dies ist für teleologische Argumente bedeutsam, die auf Prinzipien gestützt sind. Denn durch die Verwendung von Prinzipien als Zweckvorgaben erweitern sich die Anforderungen an die Argumentation erheblich. Wer mit einem Prinzip als Zweckvorgabe argumentiert, kann die Auslegungsfrage nicht mehr auf eine Alles-oder-Nichts-Entscheidung zwischen der Erreichung oder Nichterreichung eines bestimmten Zustands reduzieren. Vielmehr verlagert sich die Frage auf die Abwägung des anhand des herangezogenen Prinzips begründeten Ergebnisses im Verhältnis zu anderen rechtlich relevanten Prinzipien.

b) Präzision der Zweckvorgabe

Die Überzeugungskraft und damit die Qualität eines teleologischen Arguments hängen selbstverständlich sehr stark davon ab, wie präzise der zu erreichende maßgebliche legitime Zweck beschrieben wird. Die Anforderungen an die Präzision der Zweckbeschreibung bergen aber die Gefahr, überdehnt zu werden. Denn je präziser der Zweck gefasst wird, desto schwieriger fällt es, ihn in einer weithin akzeptablen Weise zu begründen. Zudem können zu präzise Zweckbeschreibungen die Mittelauswahl derart stark einengen, dass diese bereits durch die Zweckbestimmung vorweggenommen wird. Dann aber erschöpft sich das teleologische Argument in der behaupteten bzw. begründeten Zwecksetzung.

Zwar gilt, dass je präziser die Zweckvorgabe herausgearbeitet wird, desto überzeugender die Wahl des Mittels ausfallen kann. Zur Erreichung hoch abstrakter Ziele wie eines hohen Niveaus an Verbraucherschutz sind viele Mittel geeignet und nur wenige notwendig.[461] Die Stärke eines teleologischen Arguments hängt also zu einem wesentlichen Teil von der Präzision der Zweckbestimmung ab. Auf der anderen Seite sind sehr präzise Zweckbeschreibungen zur Herstellung eines überzeugenden Zweck-Mittel-Verhältnisses hinderlich, da sie sich oft zu sehr mit dem Mittel decken und somit keinen Bezug des Mittels zu allgemeinen konsensfähigen Grundsätzen aufzeigen, die dieses rechtfertigen können. Das teleologische Argument wird durch die Identität von Zweck und Mittel tautologisch.

Ein Beispiel für diese hier angedeuteten Probleme liefert die Entscheidung des EuGH in der Rechtssache *Dillenkofer*.[462] Dort ging es – unter anderem – um die Frage, ob die Mitgliedstaaten den Anforderungen in Art. 7 der Pauschalreiserichtlinie[463] hinreichend nachkommen, wenn sichergestellt ist, dass der Verbraucher bei Zahlung des Reisepreises im Besitz werthaltiger Unterlagen ist, oder ob zusätzliche Maßnah-

---

denz, 2. Aufl. 1983, S. 53 ff.; *Alexy*, Rechtstheorie Beiheft 1, S. 59 ff., 80. Vgl. dazu auch unter § 2.A.II.1.b).

[460] Vgl. insbesondere *Alexy*, Theorie der Grundrechte, 1986, S. 73 ff., 75 f. (mit Angeben zu anderen Vorschlägen für eine Differenzierung zwischen Regeln und Prinzipien); *ders*, Rechtstheorie Beiheft 1, 1979, S. 59, 63 ff.; *Dworkin*, Taking Rights Seriously, 1978, S. 26 ff.; vgl. auch die kritische Analyse dieser Prinzipiendefinition bei *Reßling*, ARSP 95 (2009), 28, 45 ff.; vgl. auch *Luhmann*, Zweckbegriff und Systemrationalität, 5. Aufl. 1991, S. 267 ff.

[461] Vgl. *Hensche*, Teleologische Begründungen in der juristischen Dogmatik, 1998, S. 44 mit Hinweis auf *Schlink*, Abwägung im Verfassungsrecht, 1976, S. 205.

[462] EuGH, verb. Rs. C-178/94, C-179/94, C-188/94, C-189/94, C-190/94, Slg. 1996, I-4845 - *Dillenkofer*.

[463] Richtlinie 90/314/EWG des Rates vom 13. Juni 1990 über Pauschalreisen, ABl. EG Nr. L 158 vom 23.6.1990, S. 59.

men, etwa der Abschluss einer gesonderten Versicherung zugunsten des Verbrauchers, erforderlich sind.[464] Legt man den Zweck des Art. 7 in abstrakter Weise allein mit dem Schutz des Verbrauchers fest, sind beide Mittel zwecktauglich. Dass das zweite Mittel den Zweck besser fördert, ist zwar richtig, und eine Präferenz hierfür ließe sich aus einem Verständnis des Verbraucherschutzes als Maximierungsgebot entnehmen. Dies setzt aber eine weitere Annahme, nämlich das Gebotensein einer Maximierung des Verbraucherschutzes voraus und muss, wie alle Maximierungsgebote, im Hinblick auf entgegenstehende Prinzipien überprüft werden. Eine solche Auseinandersetzung ist ein wesentlicher Teil der teleologischen Argumentation. Ein allgemeines Maximierungsgebot wird sich aber schwer – gerade im Hinblick auf entgegenstehende Prinzipien – begründen lassen, weshalb es weiterführender ist, den Zweck präziser zu fassen, so dass das Maximierungsgebot überzeugender begründet werden kann. Man könnte den Zweck im genannten Beispiel präziser etwa in der Stärkung des Verbrauchervertrauens sehen, die zu einem besseren Funktionieren des Binnenmarktes beiträgt. Dies ließe sich noch präziser auf die konkrete Frage dahin formulieren, dass sich der Verbraucher bei Reisedienstleistungen in eine starke Abhängigkeit zum Veranstalter begibt und daher vertrauensbildende Regeln von hoher Bedeutung sind. Hier zeigt sich, dass Formulierung und Begründung des Zweckes ineinander greifen. Präzision ist dabei insofern wichtig, als man den verfolgten Zweck auf die konkrete Frage bezogen möglichst genau offen legen sollte.

Zu präzise Zweckbeschreibungen führen jedoch zu einer sehr tautologischen Argumentation und entwerten somit das Argument. Dies zeigt sich ebenfalls im Urteil *Dillenkofer*, wo der EuGH behauptet, der Verbraucherschutz könne dadurch beeinträchtigt werden, dass Kunden, die lediglich im Besitz werthaltiger Unterlagen gegen Dritte sind, nunmehr deren Prozess- und Insolvenzrisiko ausgesetzt seien.[465] Folgt man dem EuGH mit der Annahme, der Zweck des Art. 7 sei es, den Verbraucher von sämtlichen Risiken im Hinblick auf die Rückreise und die gezahlten Beträge freizustellen, unterscheiden sich Mittel (Auslegungsergebnis) und Zweckvorgabe im Hinblick auf die von ihm aufgeworfene Frage nicht mehr voneinander.[466] Durch diese Explikation des Zweckvorgabe wird das Ergebnis vorweggenommen – die teleologische Argumentation beschränkt sich damit allein auf die Zweckvorgabe.

Einer der entscheidenden Beiträge zur teleologischen Argumentation bei der juristischen Interpretation besteht darin, den Zusammenhang von Mittel und Zweck einschließlich der Auswirkungen auf andere Zwecke und Prinzipien herauszuarbeiten und somit die Auslegungsentscheidung in ihren Zweckbezügen verständlich zu machen. Dies kann in überzeugender Weise nur dann gelingen, wenn man die verfolgten Zwecke möglichst präzise offen legt und die anvisierten Mittel in ein Verhältnis zu einem übergeordneten und akzeptierten Zweck stellt. Wird der Zweck zu präzise gewählt, so dass er sich weitgehend bereits mit dem Mittel deckt, ist das Argument tautologisch und nicht weiterführend. Es sei jedoch abschließend darauf hingewiesen, dass sich die Ausführungen zur Präzision vor allem auf die Überzeugungskraft eines

---

[464] EuGH, verb. Rs. C-178/94, C-179/94, C-188/94, C-189/94, C-190/94, Slg. 1996, I-4845 Rn. 62 ff. – *Dillenkofer*.

[465] EuGH, verb. Rs. C-178/94, C-179/94, C-188/94, C-189/94, C-190/94, Slg. 1996, I-4845 Rn. 65 – *Dillenkofer*.

[466] Zur Problematik der Unterscheidung von Zweck und Mittel *Hensche*, Teleologische Begründungen in der Juristischen Dogmatik, 1997, S. 93 f. m. w. N. in Fn. 242. Vgl. auch *Luhmann*, Zweckbegriff und Systemrationalität, 5. Aufl. 1991, S. 212 ff., 266.

teleologischen Arguments auswirken. Ein formell schlüssiges teleologisches Argument lässt sich selbstverständlich mit Zweckvorgaben beliebiger Präzision bilden.

c) Abwägungsdimension

Da teleologische Argumente regelmäßig mit Prinzipien als Zweckvorgaben begründet werden (vgl. unter a)bb)), hängt das Gewicht des Arguments entscheidend vom Gewicht der zugrunde liegenden Zweckvorgabe ab.[467] Wählt man einen Zweck aus, aus dem heraus man eine bestimmte Auslegungsvariante vorschlägt, wird auf einer ersten Ebene dieser Zweck im Verhältnis zu anderen denkbaren konkurrierenden Zwecksetzungen *prima facie* verabsolutiert. Dies ist auch unproblematisch, denn ein als legitim erkannter Zweck hat in einer Rechtsordnung auch einen Anspruch darauf, verwirklicht zu werden. Sinn und Zweck des teleologischen Arguments ist es, zu seiner Erreichung taugliche Mittel ausfindig zu machen. Auch wenn es sich dabei um einen legitimen Zweck handelt, gibt es eine Vielzahl konkurrierender Zwecksetzungen, die durch diese Mittel beeinträchtigt werden können. Daher gilt jede Zwecksetzung nur *prima facie* und ein zu ihrer Erreichung eingesetztes Mittel muss sich zugleich auch vor dem Hintergrund konkurrierender Zwecke bewähren. Ein teleologisches Argument ist damit unvollständig, sofern es nicht zu den Auswirkungen der Mittelwahl auf andere Zwecke und Prinzipien des Rechts Stellung nimmt.[468] Die Stellungnahme setzt im Ergebnis eine Abwägung zwischen den beiden Prinzipien im Einzelfall voraus (zur Abwägung im Rahmen des teleologischen Arguments sogleich unter 4). Jede prinzipienorientierte teleologische Argumentation muss auf einer Abwägungsprämisse beruhen, die den Vorrang der entsprechenden Zwecksetzung begründet.[469] Die Abwägungsentscheidung erfolgt aber stets im Hinblick auf eine konkrete Einzelfallentscheidung und damit mit Bezug zum gewählten Mittel.

2. Mittelwahl

Nach der Ermittlung und Präzisierung der Zweckvorgabe besteht der nächste Schritt eines teleologischen Arguments darin, ein Mittel zu wählen, durch welches dieser Zweck erreicht bzw. gefördert werden soll. Bei der teleologischen Auslegung, also bei der spezifisch juristischen Form der teleologischen Argumentation, sind die Mittel stets Auslegungsvorschläge, d.h. bestimmte Lesarten der Norm.[470] Sinn und Zweck einer teleologischen Argumentation ist es, von der Legitimität des Zweckes auf die Legitimität des diesen fördernden Mittels zu schließen. Dies wird von einigen Autoren als das „teleologische Prinzip" bezeichnet.[471] Ist einmal nach den oben genannten Kriterien ein Zweck identifiziert und legitimiert, ist dieser Zweck – unter Annahme

---

[467] Vgl. zur Abwägungsdimension von Prinzipien *Dworkin*, Taking Rights Seriously, 1978, S. 26ff.

[468] Vgl. *Hensche*, Teleologische Begründungen in der juristischen Dogmatik, 1998, S. 62ff.

[469] Vgl. *Hensche*, Teleologische Begründungen in der juristischen Dogmatik, 1998, S. 61ff.; *Koch*, Unbestimmte Rechtsbegriffe und Ermessensermächtigungen im Verwaltungsrecht, 1979, S. 174.

[470] *Hensche*, Teleologische Begründungen in der juristischen Dogmatik, 1998, S. 21f.

[471] Vgl. dazu etwa *Koch/Rüßmann*, Juristische Begründungslehre, 1982, S. 216f., die das Prinzip als „Rationalitätsregel" bezeichnen; ähnlich auch Theorie der juristischen Argumentation, 3. Aufl. 1996, S. 292f.; *Hensche*, Teleologische Begründungen in der juristischen Dogmatik, 1998, S. 59f.; vgl. auch *O. Weinberger*, Rechtslogik, 2. Aufl. 1989, S. 287.

einer Abwägungsprämisse (vgl. 1.c)) – verbindlich und führt dazu, dass die zu seiner Erreichung erforderlichen Mittel gleichfalls verbindlich sind. Aus der (*prima-facie-*) Gebotenheit des Zweckes wird auf die (*prima-facie-*)Gebotenheit des diesen fördernden Mittels geschlossen.

Paradigmatisch für die teleologische Argumentation ist dabei die Vorstellung vom notwendigen Mittel, die Vorstellung also, dass der Zweck nur durch dieses eine Mittel erreicht werden kann, das Mittel eine *condicio sine qua non* zur Zweckerreichung ist.[472] Bei einer eindimensionalen Konzentration auf den Zweck unter Außerachtlassung konkurrierender Prinzipien wird sodann aus dem Gebotensein des Zwecks auf das Gebotensein des zu seiner Erreichung notwendigen Mittels geschlossen. Aber das Notwendigkeitsverhältnis ist für ein teleologisches Argument nicht zwingend. Sogar bei Einigkeit über die Zweckvorgabe herrscht oftmals Streit darüber, welches Mittel diese am besten fördert. Gerade wenn man den Zweck als Optimierungsgebot versteht, sind stets verschiedene Mittel denkbar, die das Ziel in unterschiedlicher Weise und Intensität fördern.

3. Zweck-Mittel-Verhältnis

Ein für die vorliegende Untersuchung entscheidender Bestandteil teleologischer Argumente ist das Verhältnis zwischen Zweck und Mittel. Dies wird von den Argumentierenden im Regelfall nicht explizit ausgeführt, ein vorgeschlagenes Mittel muss aber notwendigerweise in einem bestimmten Zusammenhang zum anvisierten Zweck stehen.[473] Je intensiver die Verbindung zwischen Zweck und Mittel ist, desto stärker kann sich das Argument auf die Zweckvorgabe berufen und desto überzeugender wird es. Damit es sich um ein schlüssiges teleologisches Argument handelt, muss das Mittel als Minimalvoraussetzung zumindest geeignet sein, den beschriebenen Zweck allgemein zu fördern, anderenfalls lässt es sich nicht unter Bezugnahme auf den Zweck rechtfertigen. Dies ist die schwächste Form des Zweck-Mittel-Verhältnisses.

Man kann zwischen drei Grundformen des Verhältnisses von Zweck zu Mittel unterscheiden: Das teleologische Argument in seiner stärksten Form geht davon aus, dass der Einsatz eines Mittels zur Erreichung eines bestimmen Zwecks *notwendig* ist (a). Ein schwächeres Zweck-Mittel-Verhältnis wird angenommen, wenn man davon ausgeht, dass der Mitteleinsatz zur Zweckerreichung nicht notwendig, aber immerhin *hinreichend* ist (b). Schließlich ist auch denkbar, dass ein Mittel vorgeschlagen wird, bei dem nicht sicher ist, ob es den Zweck erreicht, das aber nach allgemeiner Erkenntnis zur Förderung des Zwecks als *regelmäßig brauchbar* angesehen werden kann (c).[474] Hierbei handelt es um drei Grundformen von Zweck-Mittel-Verhältnissen, die in der teleologischen Argumentation vorkommen und die sich nach ihrem argumentativen Gewicht unterscheiden. Ein notwendiges Mittel beansprucht ein höheres Maß an Verbindlichkeit als ein hinreichendes oder regelmäßig brauchbares Mittel, da ohne dessen Einsatz das Ziel keinesfalls erreicht werden kann und eine Ablehnung des Mittels zugleich zur Ablehnung des dahinter stehenden Zwecks führt. Ob ein Mittel notwendig, hinreichend, regelmäßig brauchbar oder andererseits völlig ungeeignet ist, ist zunächst einmal eine Behauptung, eine argumentative Prämisse, die es zu begründen gilt. Es

[472] Dazu *Hensche*, Teleologische Begründungen in der juristischen Dogmatik, 1998, S. 85 ff.

[473] *Hensche*, Teleologische Begründungen in der juristischen Dogmatik, 1998, S. 21.

[474] Vgl. ausführlicher *Hensche*, Teleologische Begründungen in der juristischen Dogmatik, 1998, S. 85 ff.

lassen sich daneben zahlreiche unterschiedliche Zweck-Mittel-Verhältnisse entwickeln, die in der Argumentation ihrerseits begründet werden müssen. Ihr argumentativer Gehalt wird unter e) untersucht.

a) Notwendiges Mittel

Ein Mittel ist notwendig zur Erreichung eines Zwecks, wenn es kein anderes Mittel gibt, dass diesen Zweck erreichen kann. In der juristischen Praxis wird sehr häufig mit dem notwendigen Mittel argumentiert, da sich die Legitimität des Zwecks so unmittelbar auf das Mittel überträgt. Wird dieses nicht eingesetzt, so kann der Zweck auch nicht erreicht werden. Abweichende Begründungen müssen sich vorhalten lassen, den Zweck vollständig leer laufen zu lassen. Dies macht eine spätere Abwägung mit gegenläufigen Zwecksetzungen zwar nicht völlig entbehrlich; die Gleichsetzung von Zweck und Mittel führt aber zu einem starken, schwer zu überwindenden Argument.

Freilich wird das (implizit oder explizit angenommene) Notwendigkeitspostulat selten (hinreichend) ausführlich und überzeugend begründet, sondern vielmehr nur (implizit) angenommen. Auch wenn das notwendige Mittel als paradigmatisch für die teleologische Argumentation gelten mag, dürfte es bei näherer Betrachtung aus praktischer Sicht im Ergebnis keinerlei Bedeutung haben. Die überzeugende Behauptung, ein Mittel sei zur Erreichung eines bestimmten Zwecks notwendig, setzt voraus, dass man einen Überblick über alle Umstände hat, die gemeinsam mit dem Mittel eine hinreichende Mindestbedingung,[475] also die erforderlichen faktischen Rahmenbedingungen zur Erreichung des Zweckes darstellen. Zum anderen muss man den Eintritt bzw. Einsatz anderer Mittel ausschließen können, die diesen Zweck ebenfalls erreichen. Dies wird in der juristischen Argumentation, die nicht retrospektiv Kausalbedingungen bestimmter eingetretener Umstände untersucht, sondern prospektiv die Wirkungen eingesetzter Mittel bewerten soll, selten der Fall sein.[476] Häufig hängt die Annahme eines Notwendigkeitsverhältnisses mit einer zu präzisen Zweckbeschreibung zusammen, die auf die Mittelwahl zugeschnitten ist und sich im Wesentlichen mit dieser deckt (vgl. dazu 1.b)).

Zudem macht es nur dann Sinn, von der Notwendigkeit eines Mittels zu reden, wenn der Zweck ein konkreter empirisch beschriebener Zustand ist. Verwendet man Prinzipien als Zweckvorgaben, lässt sich aufgrund deren graduellen Charakters als Optimierungsgebote kein bestimmter gesollter Zustand empirisch umschreiben, so dass die Angabe eines notwendigen Mittels hier sinnlos bleibt.

Mit Notwendigkeit kann zwar auch eine Mindestnotwendigkeit gemeint sein, was auf das Argument hinausläuft, dass das Ziel ohne den Einsatz des Mittels vollständig leer laufen würde. Dies entspricht in etwa dem Auslegungsverständnis des *effet utile* als Gebot der Mindesteffektivität (vgl. C.II.1). Die Frage, worin die Mindesteffektivität einer Zwecksetzung besteht, ist die Frage nach der Reichweite einer Zwecksetzung und damit der Abwägung mit gegenläufigen Prinzipien. Sie ist von dem eindimensionalen, d.h. auf eine Zwecksetzung orientierten, Zweck-Mittel-Verhältnis zu trennen, das lediglich die Art und Weise der Förderung des Zwecks beschreibt. Die eigentlichen Probleme der teleologischen Auslegung liegen somit im Ergebnis stets auf der Abwägungsebene, d.h. bei der Bestimmung des Mittels im Verhältnis zu anderen

---

[475] Vgl. *Hensche*, Teleologische Begründungen in der juristischen Dogmatik, 1998, S. 88f.

[476] Vgl. mit ausführlicher Begründung *Hensche*, Teleologische Begründungen in der juristischen Dogmatik, 1998, S. 89ff.

Zwecksetzungen. Es ist ein wesentliches Anliegen der vorliegenden Untersuchung, diesen Umstand klarer herauszuarbeiten und von der Frage des eindimensionalen Zweck-Mittel-Verhältnisses zu trennen (vgl. näher dazu unter d)bb)).

b) Hinreichendes Mittel

Ein schwächeres Verhältnis zwischen Mittel und Zweck wird durch die Bezeichnung eines Mittels als hinreichend angenommen. Ebenso wie beim Notwendigkeitsverhältnis baut es auf der Prämisse auf, dass das Mittel die Zweckvorgabe erreichen kann, geht jedoch nicht so weit, die Ausschließlichkeit des Mittels zu behaupten. Der Nachweis irgendeines den Zweck erreichenden Mittels ist ausreichend, solange der Zweck durch dieses Mittel auch (vollständig) erreicht wird.

Eine Argumentation mit einem hinreichenden Mittel geht ebenso wie die Argumentation mit dem notwendigen Mittel davon aus, dass es sich bei dem Zweck um einen konkret umschriebenen Zustand handelt. Anderenfalls ließe sich nicht feststellen, was zu seiner Erreichung hinreichend ist; die Frage nach einem hinreichenden Mittel ist gegenstandslos, wenn der Zweck als solcher nicht konkret bestimmbar ist, sondern ein Optimierungsgebot darstellt.[477]

Aufgrund der Tatsache, dass beim Einsatz eines hinreichenden Mittels die Möglichkeit eingeräumt wird, es gebe noch andere Mittel, die den Zweck erreichen, muss eine Argumentation, die sich eines solchen Zweck-Mittel-Verhältnisses bedient, eine Stellungnahme zur Auswahl zwischen den unterschiedlichen denkbaren Mitteln enthalten. Ein teleologisches Argument, das auf eines von mehreren denkbaren hinreichenden Mittel zurückgreift, impliziert, dass der Wert des eingesetzten Mittels höher als der Wert anderer hinreichender Mittel ist, da anderenfalls diese Mittel an dessen Stelle anzuwenden wären.[478] Es ist also eine externe Bewertung dieses Mittels erforderlich, die in der Regel auf das ökonomische Prinzip der geringeren negativen Auswirkungen auf gegenläufige Zwecksetzungen hinweist.

c) Das allgemein förderliche Mittel

Versteht man das Ziel als graduelle Vorgabe oder Maximierungsgebot, sollte man den Blick nicht zu starr auf die Zweck*erreichung* legen, denn graduell beschriebene Zustände lassen sich in unterschiedlichem Ausmaß erreichen. Eine prinzipienorientierte teleologische Argumentation kann damit auch auf (nur) allgemein förderliche Mittel zurückgreifen, d.h. auf Mittel, die den Zweck nach allgemeiner Erfahrung fördern, ohne dass sie zu seiner Erreichung als notwendig oder als hinreichend angesehen werden könnten.[479] Da es sich bei Prinzipien um Optimierungsgebote handelt, macht es wenig Sinn, von der Erreichung des Prinzips zu sprechen.

Ein teleologisches Argument, das nur auf dem allgemein förderlichen Mittel basiert, verliert damit zwar den „zwingenden" Charakter des notwendigen Mittels. Dabei handelt es sich – wie bereits gezeigt wurde – ohnehin in der Regel um einen Trugschluss, denn eine überzeugende Argumentation mit einem notwendigen Mittel setzt eine als empirischen Zustand beschriebenen Zwecksetzung voraus, die im juristischen Bereich selten zu begründen sein wird. Gleichwohl lässt sich für die Legitimität des Mittels sein Zweckbezug ins Feld führen, denn jedes Mittel, das den Zweck nach

[477] Vgl. *Alexy*, Theorie der Grundrechte, 1986, S. 75ff.

[478] Vgl. *Hensche*, Teleologische Begründungen in der juristischen Dogmatik, 1998, S. 95ff.

[479] *Hensche*, Teleologische Begründungen in der juristischen Dogmatik, 1998, S. 99ff. (mit Beispielen aus der Rechtsprechung) spricht vom regelmäßig brauchbaren Mittel.

allgemeiner Erfahrung fördert, wird durch den Bezug zu einem legitimen Zweck legitimiert.

d) Bewertung der Mittel untereinander

Im Falle allgemein förderlicher, aber auch hinreichender Mittel kommen also stets mehrere Mittel infrage, die den Zweck fördern können. Lediglich im Fall des notwendigen Mittels sind weitere Mittel, die zur Zweckerreichung geeignet sind, ausgeschlossen. Sind mehrere Mittel denkbar, kann sich das teleologische Argument nicht damit begnügen, auf ein beliebiges zweckförderliches Mittel hinzuweisen. Vielmehr ist eine Auswahl zwischen verschiedenen Mitteln vorzunehmen. Im Folgenden sollen die Kriterien, nach denen Mittel im Rahmen der teleologischen Argumentation bewertet werden können, näher in den Blick genommen werden. Sie lassen sich zunächst in zwei Gruppen gliedern. Zum einen können Mittel im Hinblick auf die anvisierte Zweckvorgabe danach bewertet werden, wie intensiv sie diese fördern (*interne Bewertung*, aa)). Zum anderen kommt eine Bewertung danach infrage, wie sehr andere Zwecksetzungen durch die Mittel beeinträchtigt werden (*externe Bewertung*, bb)).

aa) Im Hinblick auf die Zweckvorgabe (Interne Bewertung). Im Hinblick auf die im Argument zugrunde gelegte Zwecksetzung kann ein Mittel einem anderen gegenüber vorzugswürdig sein, wenn es das Ziel in höherem Maß (also in quantitativer Hinsicht), besser (in qualitativer Hinsicht) oder sicherer als ein anderes erreicht.[480] Diese Kriterien führen zwar nur zu einer eindimensionalen Bewertung der Mittelwahl, können als solche aber eine gewisse Präferenz zwischen verschiedenen Mitteln begründen.

bb) Im Hinblick auf andere Zweckvorgaben der Rechtsordnung (Externe Bewertung). *(1) Erforderlichkeit.* Die entscheidende Frage bei der Mittelwahl betrifft ihre Auswirkungen auf konkurrierende Zwecksetzungen. Häufig wird auf ein erforderliches Mittel abgestellt.[481] Als erforderlich gilt ein Mittel, wenn es unter den hinreichenden oder allgemein förderlichen Mitteln kein *milderes* gibt, das den Zweck in gleicher Weise fördert. Inwiefern ein Mittel als milder bezeichnet werden kann, lässt sich allerdings nicht allein unter Rückgriff auf die Zweckvorgabe bestimmen, sondern setzt einen Vergleich mit anderen Zwecksetzungen voraus. Mit dem Kriterium der Erforderlichkeit wird eine externe Bewertung der Auswirkungen des Mittels auf andere legitime Zwecksetzungen und Werte vorgenommen. Wird ein Mittel als erforderlich vorgeschlagen, so bedeutet dies, dass es das anvisierte Ziel erreicht und dabei im Verhältnis zu anderen denkbaren Mitteln die geringsten negativen Auswirkungen auf andere legitime Zwecksetzungen und Werte hat. Mithin beruht die Argumentation mit dem erforderlichen Mittel auf einer Abwägung des Mittels im Verhältnis zu anderen legitimen Zwecksetzungen und auf der Feststellung, dass kein anderes Mittel den Zweck ebenso gut fördert und geringere negative Auswirkungen auf andere Zwecksetzungen hat.

---

[480] Zu verschiedenen denkbaren Kriterien der Mittelwahl vgl. *O. Weinberger*, Rechtslogik, 2. Aufl. 1989, S. 288.

[481] Damit wird die aus dem Verhältnismäßigkeitsgrundsatz bekannte Dimension der Erforderlichkeit in die Argumentation eingeführt. Die Nähe des Verhältnismäßigkeitsgrundsatzes zur prinzipienorientierten Argumentation betont insbesondere auch *Alexy*, Theorie der Grundrechte, 1986, S. 100 ff.

(2) Externe Mittelwahl als Abwägung. Ebenso wie bei der Zweckvorgabe (vgl. 1.c)) wird auch bei der externen Bewertung der Mittel die Abwägungsdimension innerhalb der teleologischen Argumentation (*interne Relativität*) deutlich. Die teleologische Argumentation hängt zu einem wesentlichen Teil von einer (hier als intern bezeichneten, allein auf die teleologische Auslegung ohne Berücksichtigung der anderen *canones* bezogenen)[482] Abwägung der propagierten Zweckvorgabe mit anderen, gegenläufigen Zwecksetzungen ab. Da sich diese auf ein bestimmtes vorgeschlagenes Mittel bezieht, kann sie durchaus im Rahmen der Bewertung unterschiedlicher Mittel im Sinne einer Erforderlichkeitsprüfung erfolgen. Allerdings ist dabei zu beachten, dass sich die Abwägung nicht allein auf das Erforderlichkeitskriterium beschränkt. Denn ein erforderliches Mittel kann im Rahmen der Abwägung zurücktreten, wenn sich ein anderer Zweck als vorrangig erweist. Aus diesem Grund ist es überzeugender, das Erfordernis der Abwägung, das sich bereits an mehreren Stellen der teleologischen Argumentation als notwendig erwiesen hat, gesondert zu behandeln (vgl. unten 4).

e) Weitere Zweck-Mittel-Verhältnisse?

Brauchbare juristische teleologische Argumente müssen aber in den meisten Fällen nicht auf notwendigen oder hinreichenden Zweck-Mittel-Verhältnissen beruhen, sondern können sich auch damit begnügen, die Förderlichkeit eines bestimmten Mittels für einen Zweck zu behaupten. Ließe sich der zu erreichende Zweck präzise beschreiben, würde sich die Legitimität dieses Zwecks ohne Weiteres auf das (notwendige oder hinreichende) Mittel übertragen. Gleichwohl ist in beiden Fällen eine Abwägung erforderlich, welche die Legitimität der jeweiligen Zwecksetzung im Verhältnis zu anderen legitimen Zwecken bestimmt. Ein notwendiges oder hinreichendes Mittel präzisiert zwar den Bezug von Zweck zu Mittel, macht die Abwägung mit anderen Prinzipien aber nicht entbehrlich. Bei allgemein förderlichen Mitteln verhält es sich nicht anders, auch wenn sie in geringerem Maße an der Legitimität des Zweckes teilhaben. Auch sie stellen einen, wenngleich schwächeren Bezug des Mittels zum Zweck her und stehen unter dem Vorbehalt einer späteren Abwägung mit gegenläufigen Zwecksetzungen.

Im Ergebnis ist damit eine solche Abwägung mit anderen Zwecksetzungen in jedem Fall erforderlich. Unabhängig von dem behaupteten Zweck-Mittel-Verhältnis ist ein teleologisches Argument nur *prima facie* verbindlich. Ein Mittel kann in einem teleologischen Argument nur dann als definitiv verbindlich ausgewiesen werden, wenn es nach Abwägung mit anderen legitimen Zwecksetzungen (und in der Abwägung mit den anderen *canones*) Bestand hat. Dem Zweck-Mittel-Verhältnis kann aber eine bedeutsame Funktion zukommen, da es für die Abwägung unterschiedlicher Zwecksetzungen vor dem Hintergrund eines bestimmten Mittels durchaus von Bedeutung ist, wie stark ein bestimmter Zweck von einem Mittel gefördert wird. Dies ist für die vorliegende Untersuchung bedeutsam, da der *effet utile* in seinen unterschiedlichen Erscheinungsformen als Versuch verstanden werden kann, ein besonders enges Zweck-Mittel-Verhältnis aufzuzeigen (vgl. näher unter C).

f) Zwischenergebnis

Das Zweck-Mittel-Verhältnis ist ein bedeutender Teil jedes teleologischen Arguments, da ein propagiertes Mittel seine Legitimität aus seiner Beziehung zur legitimen Zwecksetzung bezieht und damit von der Intensität seines Verhältnisses zu dieser

[482] Vgl. dazu unter § 2.A.III.2.

abhängt. Es sind unterschiedliche Intensitäten dieser Beziehung denkbar, wobei man grundsätzlich zwischen notwendigen, hinreichenden oder allgemein förderlichen Mitteln unterscheiden kann. Mit einem notwendigen oder hinreichenden Zweck-Mittel-Verhältnis lässt sich indessen nur dann argumentieren, wenn als Zweck ein konkret umschriebener Zustand ausgewiesen werden kann.

Ist die Zwecksetzung – wie in der juristischen teleologischen Argumentation üblich – ein Prinzip, das in unterschiedlicher Intensität erreicht werden kann und das keine präzise Vorgabe zum Grad seiner Zweckerreichung vorgibt, ist es nicht möglich, ein bestimmtes notwendiges oder hinreichendes Mittel zu bestimmen. Denn in diesen Fällen ist die Zweckvorgabe als Optimierungsgebot selbst nicht in einem konkretisierten Umfang geboten; sie gibt nur die Richtung und nicht ein konkretes Maß der Zweckverwirklichung vor. Daher sind bei prinzipienorientierten teleologischen Argumenten solche Mittel anzuwenden, die das Mittel (in einem bestimmten Umfang) fördern.

Da das teleologische Argument auf der Übertragung der Legitimität des Zwecks auf das Mittel beruht, ist die Beziehung zwischen den beiden Elementen ein entscheidender Schritt der teleologischen Argumentation, der – wie weitere Einzelheiten der Argumentation – nur selten explizit ausgeführt wird. Unabhängig von der Art und Intensität des Zweck-Mittel-Verhältnisses kann ein Mittel aber nur als *prima facie* verbindlich ausgewiesen werden, da es nur zu diesem einen Zweck ins Verhältnis gesetzt wurde. Die Abwägung mit anderen, gegenläufigen Zwecksetzungen steht noch aus. Selbst dann, wenn das Mittel zur Erreichung des Zwecks notwendig ist, gilt es zu überprüfen, ob anderen Zwecksetzungen im konkreten Fall nicht Vorrang zukommt.

4. Abwägung

Es ist bereits darauf hingewiesen worden, dass teleologische Argumente zunächst nur zu einer bestimmten Zweckvorgabe in Bezug gesetzt werden. Da Rechtsordnungen auf einer Vielzahl unterschiedlicher, auch gegenläufiger Zwecksetzungen und Prinzipien aufbauen,[483] die gegeneinander abzuwägen sind, liefern solche Argumente zunächst nur *prima facie* verbindliche Ergebnisse. Ob ein teleologisches Argument überzeugt und die vorgeschlagene Auslegungsvariante als Mittel auch definitiv verbindlich ist, hängt davon ab, ob diese Auslegungsvariante auch vor dem Hintergrund gegenläufiger Zwecksetzungen Bestand hat. Damit baut jedes teleologische Argument, das sich nur auf eine Zwecksetzung beruft, auf einer – zu begründenden – *Abwägungsprämisse* auf, die besagt, dass der Auslegungsvorschlag auch nach Abwägung mit gegenläufigen Zwecksetzungen verbindlich ist.[484]

a) Struktur der Abwägung

Die Abwägung verschiedener Zwecksetzungen lässt sich ebenso wie andere Abwägungsvorgänge auf eine einheitliche Struktur zurückführen, die im Wesentlichen aus drei Schritten besteht.[485] In einem ersten Schritt ist das relevante Abwägungs-

---

[483] Vgl. unter § 2.B.I.4.

[484] S. dazu *Hensche*, Teleologische Begründungen in der juristischen Dogmatik, 1998, S. 57 ff., 62 ff.

[485] Vgl. *Larenz*, FS Klingmüller, 1974, S. 235 ff.; *Schlink*, Abwägung im Verfassungsrecht, 1976, S. 127 ff.; *Alexy*, GS Sonnenschein, 2002, S. 771, 777 ff. (der eine formelhafte Abwägung anhand eines Modells „triadischer Skalen“ präsentiert); *Hofmann*, Abwägung im Recht, 2006, S. 107 ff., 183 ff.; *Röthel*, Normkonkretisierung im Privatrecht, 2004, S. 146 ff.; *Jansen*, ARSP

material auszuwählen. Für die teleologische Argumentation erfolgt hierbei die Zusammenstellung der unterschiedlichen relevanten, in der Rechtsordnung anerkannten Zwecksetzungen. Sodann ist in einem zweiten Schritt dieses Abwägungsmaterial nach seiner Bedeutung zu gewichten.[486] Auf die teleologische Argumentation übertragen bedeutet dies, dass die Gewichte der verschiedenen relevanten Zwecke abstrakt sowie im konkreten Einzelfall argumentativ zu gewichten, d. h. zueinander ins Verhältnis zu setzen sind.[487] Schließlich erfolgt in einem dritten Schritt die Abwägung im engeren Sinne, also ein Vergleich der unterschiedlichen Gesichtspunkte unter Berücksichtigung ihres ermittelten Gewichts. In der teleologischen Argumentation gilt es, unter Berücksichtigung der unterschiedlichen Zwecksetzungen und ihres relativen Gewichts, die vorzugswürdige Entscheidung im Einzelfall zu ermitteln. Dies muss nicht zum absoluten Vorrang eines Prinzips vor den anderen führen, sondern kann ebenso in einem Kompromiss bestehen, der die unterschiedlichen Zwecksetzungen in einen angemessenen Ausgleich bringt.[488]

b) Interne und externe Abwägung

Bei der Abwägung teleologischer Argumente ist in Anlehnung an die interne und die externe Relativität der Auslegungs*canones* zwischen einer internen und einer externen Abwägung zu unterscheiden. Die interne Abwägung betrifft die Abwägung im Verhältnis zu unterschiedlichen verbindlichen Zwecken und Prinzipien innerhalb der teleologischen Auslegung, während die externe Abwägung die anhand der (objektiv-)teleologischen Methode gefundenen Ergebnisse ins Verhältnis zu anderen, bei der Rechtsfindung relevanten Kriterien setzt. Letztere ist nicht Bestandteil der teleologischen Argumentation, sondern führt zu einem Ausgleich teleologischer Argumente mit anderen, bei der Rechtsfindung relevanten Kriterien (vgl. dazu A.III.2).

III. Zwischenergebnis

Ziel der bisherigen Ausführungen war es, Regeln der Argumentation für teleologische Argumente zu entwickeln, um vor deren Hintergrund den *effet utile* als Argument zunächst aus hermeneutischer Sicht zu analysieren. Im Einklang an die Ergebnisse im Teil A handelt es sich bei der juristischen Methodenlehre im Wesentlichen um eine Begründungslehre, die es erlaubt, rechtliche Entscheidungsbegründungen zu analysieren und insbesondere sie zu falsifizieren. Die nunmehr entwickelten Strukturen teleologischer Argumente haben ergeben, dass juristische teleologische Argumente auf im Recht anerkannte Prinzipien zu stützen sind, die eine Konkretisierung der jeweiligen Rechtsnorm ermöglichen. Aufgrund der Aufgabe des Rechts, mehrere schützenswerte

---

Beiheft 66, 1997, S. 152 ff. Ausführlich wird die Struktur rationaler Abwägungsentscheidungen insbesondere bei *Riehm*, Abwägungsentscheidungen in der praktischen Rechtsanwendung, 2006, S. 57 ff. erläutert.

[486] Dabei kann zwischen dem abstrakten und dem konkreten Gewicht bestimmter Argumente unterschieden werden, vgl. näher dazu *Riehm*, Abwägungsentscheidungen in der praktischen Rechtsanwendung, 2006, S. 61 ff.

[487] Rechtliche Zwecke und Prinzipien lassen sich in rationaler Weise insbesondere durch den Gedanken der Systembildung in abstrakter Weise zueinander in Verhältnis setzen, vgl. grundlegend *Canaris*, Systemdenken und Systembegriff in der Jurisprudenz, 2. Aufl. 1983, S. 100 ff.

[488] Vgl. näher *Riehm*, Abwägungsentscheidungen in der praktischen Rechtsanwendung, 2006, S. 80.

Prinzipien in Ausgleich zu bringen, lassen sich auf Prinzipien basierende Argumente selten vorbehaltlos, sondern erst nach Abwägung mit anderen, gegenläufigen Prinzipien formulieren. Der entscheidende Bestandteil eines prinzipiengestützten teleologischen Arguments liegt damit in der Abwägung.[489] Als wesentlichen Anhaltspunkt für die Gewichtung von Argumenten lässt sich die Formulierung des Zweck-Mittel-Verhältnisses (vgl. II.3) anführen, denn das Gewicht eines teleologischen Argumentes hängt vor allem davon ab, wie sehr sich das Auslegungsergebnis auf die in Anspruch genommene Zwecksetzung berufen kann. Aufbauend auf den Ergebnissen in § 1 wird nun aufgrund der soeben entwickelten Struktur eine nähere Analyse des *effet-utile*-Arguments vorgenommen, so wie es im Europarecht Verwendung findet.

C. Der *effet utile* als Grundsatz der teleologischen Auslegung

Die soeben vorgenommene Präzisierung der Voraussetzungen und Strukturen der teleologischen Rechtsfindung wird nun eine genauere Kritik des *effet-utile*-Arguments ermöglichen, so wie es im Europarecht verwendet wird (vgl. ausführlich dazu § 1). In der Rechtsprechung des EuGH ist das *effet-utile*-Argument in drei Grundformen vorgetragen worden: Als Gebot der Mindesteffektivität (§ 1.A.II.2), als Gebot der praktischen Wirksamkeit (§ 1.A.II.3) und schließlich wird der *effet utile*, auch wenn er in dieser Form nur vereinzelt nachgewiesen werden konnte und nicht repräsentativ für die Rechtsprechung des EuGH ist, noch als Gebot der größtmöglichen Wirkung (§ 1.A.II.4) diskutiert. Die Funktionsweise des *effet-utile*-Arguments legt hier zwar die Formen des *effet utile* so zugrunde, wie sie im Unionsrecht vorkommen. Dennoch ist die nachstehende Analyse des *effet utile* zunächst eine rechtstheoretische Analyse ohne Bezug zur Rechtsordnung des Unionsrechts. Damit soll der Tatsache Rechnung getragen werden, dass es sich bei dem *effet-utile*-Argument um ein allgemeines Auslegungsproblem handelt, dessen Analyse auch über das Europarecht hinaus Bedeutung hat. Eine getrennte Analyse empfiehlt sich bereits aufgrund der unterschiedlichen Quellen, die für die Präzisierung der hermeneutischen und der (unions-)verfassungsrechtlichen Vorgaben der Methoden entscheidend sind (vgl. hierzu A.II.1.c)). Zudem erlaubt diese Analyse, allgemeine Probleme der teleologischen Argumentation einerseits und die Besonderheiten bei der Auslegung des Unionsrechts andererseits zu trennen und damit die Besonderheiten des *effet-utile*-Arguments im Unionsrecht genauer herauszuarbeiten.

I. Effektivität in der Struktur teleologischer Argumente

Die Analyse des *effet-utile*-Arguments im Europarecht hat gezeigt, dass allen drei Formen (§ 1.A.II) des Arguments die besondere Betonung der Effektivität gemeinsam ist. Als Effektivitätsargumente sind *effet-utile*-Argumente grundsätzlich teleologischer Natur, da die Wirksamkeit einer Vorschrift nur vor dem Hintergrund eines Maß-

[489] Damit weist die Struktur teleologischer Argumente eine Nähe zum Verhältnismäßigkeitsgrundsatz auf, wie er als grundlegendes Verfassungsprinzip Bestandteil des europäischen sowie auch des deutschen Rechts ist. Dieses geht ebenfalls von einem legitimen Zweck aus, der durch ein geeignetes und erforderliches Mittel erreicht wird, das anschließend im Rahmen der Verhältnismäßigkeit im engeren Sinne gegenüber gegenläufigen legitimen Zwecksetzungen abgewogen werden muss. Vgl. näher *Alexy*, Theorie der Grundrechte, 1986, S. 100ff.

stabes für die Wirksamkeit bewertet werden kann. Diesen Maßstab liefert die je nach dem Zusammenhang variierende zugrunde gelegte Zweckvorgabe des Unionsrechts. Der *effet utile* wird damit als Argument dann eingesetzt, wenn eine unionsrechtliche Zweckvorgabe ermittelt ist. Ein *effet-utile*-Argument setzt anschließend die Bestimmung eines Mittel voraus, das zur Erreichung dieser Zweckvorgabe förderlich ist. Im Hinblick auf die Struktur teleologischer Argumente betrifft die Besonderheit des *effet utile* das Zweck-Mittel-Verhältnis und zeigt damit ein besonderes Näheverhältnis zwischen Zweck und Mittel auf.

Effektivität ist als Vorgabe insbesondere vom ebenfalls in der Rechtstheorie verwendeten Kriterium der Effizienz zu unterscheiden. Im Gegensatz zur Effizienz bezeichnet Effektivität unter den verschiedenen denkbaren Mitteln nicht dasjenige, welches den Zweck am kostengünstigsten erreicht, sondern jedes beliebige Mittel, das den Zweck erreicht.[490] Es geht also nicht um eine externe Bewertung von Mitteln anhand eines externen Effizienzkriteriums, sondern um eine Bewertung des Mittels im Verhältnis zum vorgegebenen Zweck selbst. Die Effektivität zeigt also das Maß der Zweckverwirklichung durch ein bestimmtes Mittel an. Sie ist ein eindimensional-internes, auf eine Zwecksetzung und damit auf ein Gut bezogenes Kriterium, das nur feststellt, wie stark dieser eine Zweck erreicht wird. Ein ordinaler Vergleich zwischen unterschiedlichen Gütern, wie er in der rechtlichen, rechtspolitischen oder ökonomischen Betrachtungsweise erforderlich ist, wird gerade nicht vorgenommen. Die Effektivität als Kriterium steht somit in einem Spannungsverhältnis zur Abwägungsebene, die eine Relativierung eines einseitig an einer Zwecksetzung orientierten teleologischen Arguments fordert.

II. Die unterschiedlichen Formen des *effet-utile*-Arguments aus Sicht der teleologischen Argumentation

Als Effektivitätsargumente haben alle drei Formen des *effet-utile*-Arguments gemeinsam, dass sie eine besondere Beziehung des Mittels zum Zweck der Auslegung beschreiben und somit das (eindimensionale) Zweck-Mittel-Verhältnis der teleologischen Argumentation ansprechen. Sie unterscheiden sich im Hinblick auf die Intensität des Verhältnisses von Mittel und Zweck. Wie bereits bei der allgemeinen Analyse der Zweck-Mittel-Verhältnisse erläutert wurde (B.II.3), lässt sich das Zweck-Mittel-Verhältnis in unterschiedlicher Weise und Intensität beschreiben. Das Gewicht eines teleologischen Arguments hängt entscheidend von der Beziehung des Mittels zum Zweck ab. Unterschiedliche Zweck-Mittel-Verhältnisse erfüllen bei der Argumentation damit die Funktion, das Gewicht des teleologischen Arguments zu präzisieren.

1. Gebot der Mindesteffektivität (Verbot funktionaler Negation)

Als Gebot der Mindesteffektivität wurde ein Argument identifiziert, das die Behauptung aufstellt, der Zweck sei ohne den Einsatz des vorgeschlagenen Mittels überhaupt nicht oder nur in zu vernachlässigender Weise zu erreichen. Positiv gewendet wird das Mittel durch das Verbot funktionaler Negation als das zu einer (minimal) sinnvollen Erreichung des Zwecks „zumindest" erforderliche Mittel vorgetragen.

[490] Zum Begriff der Effizienz vgl. insbesondere *Eidenmüller*, Effizienz als Rechtsprinzip, 3. Aufl. 2005, S. 29, 55ff.

a) Besonderes argumentatives Gewicht und die Nähe zum notwendigen Mittel

Das Gebot der Mindesteffektivität (bzw. das Verbot funktionaler Negation) weist eine Nähe zum notwendigen Mittel auf (vgl. B.II.3.a)), indem es besagt, dass ohne den Mitteleinsatz der zugrunde liegende legitime Zweck nicht (oder nur in einer sinnentleerten Form) verwirklicht wird. Es beruft sich damit auf ein sehr enges Zweck-Mittel-Verhältnis. Anders als eine Argumentation mit dem notwendigen Mittel geht das Verbot der funktionalen Negation nicht notwendigerweise von einem konkret umschriebenen Zustand als Zweckvorgabe aus, sondern lässt sich ohne Weiteres auch auf Zweckvorgaben anwenden, die im Hinblick auf ihren Erfüllungsgrad offen sind, wie es bei Prinzipien als Zweckvorgaben der Fall ist. Durch den engen Zusammenhang des Mitteleinsatzes zur Zweckerreichung soll dem Argument damit – ähnlich wie bei der Argumentation mit einem notwendigen Mittel – ein besonderes Gewicht zukommen. Insgesamt lässt sich das Verbot der funktionalen Negation als eine auf die prinzipienorientierte Rechtsfindung anwendbare Version des notwendigen Mittels verstehen, die sich auf dessen argumentatives Gewicht beruft und die bei der prinzipienorientierten Rechtsanwendung notwendige Anpassungen vornimmt.

b) Begründungsanforderungen

Unabhängig davon, ob man das Gebot der Mindesteffektivität – wie dies häufig in der Rechtsprechung geschieht (vgl. § 1.A.II.3.e)) als *argumentum ad absurdum* (Verbot der funktionalen Negation) verwendet, um bestimmte abweichende Auslegungsmittel argumentativ zu falsifizieren, oder dazu einsetzt, ein vorgeschlagenes Mittel positiv zu begründen, hat es im Hinblick auf die oben geschilderte Struktur teleologischer Argumente notwendigerweise zwei Ansatzpunkte: Durch das Minimalverhältnis des Gebots der Mindesteffektivität wird zum einen ein bestimmtes Maß der Zweckverwirklichung als minimal erforderlich ausgewiesen (aa) und zum anderen behauptet, dass zur Erreichung dieses Zustands auch das vorgeschlagene Mittel (bb) einzusetzen ist.

aa) Minimalziel. Mit dem Argument der Mindesteffektivität kann zum einen behauptet werden, dass ein Ziel zumindest bis zu einem bestimmten Maß erreicht werden muss. Damit wird aus einer prinzipienorientierten eine zustandsorientierte Zweckbeschreibung. Es ist bereits bei der Analyse der teleologischen Argumentation allgemein darauf hingewiesen worden, dass zustandsorientierte Zweckbeschreibungen in der juristischen Argumentation schwieriger zu begründen sind.[491] Die Argumentation mit einem Minimalzustand ist daher nur dann überzeugend, wenn die (Minimal-)Zustandsprämisse näher begründet wird. Sie steht und fällt dann mit der Akzeptanz dieser Mindestzweckprämisse, die sich ohne nähere Begründung als bloße Behauptung darstellt, die gerade kein erhöhtes argumentatives Gewicht für sich beanspruchen kann.

bb) Minimales Mittel. Ein Argument mit dem Gebot der Mindesteffektivität kann auch im Zweck-Mittel-Verhältnis verortet werden mit der Behauptung, zu einer Verwirklichung des Zwecks sei das vorgeschlagene Mittel mindestens erforderlich. Das Kriterium der Erforderlichkeit weist allerdings (vgl. B.II.3.d)) auf eine Abwägung mit anderen Zwecken hin. Insofern ergeben sich bei der Wahl des mindest erforderlichen Mittels dieselben Probleme wie bei der Bestimmung der minimalen Zweckvorgabe. Die Ermittlung dessen, was mindestens zur Erreichung einer bestimmten Zweckvorgabe notwendig ist, lässt sich nicht aus der Zweckvorgabe selbst heraus beantworten, da diese

---

[491] Vgl. unter § 2.B.II.1.a)aa).

als Maximierungsgebot typischerweise eindimensional offen begründet ist. Die Ermittlung der Reichweite bestimmter Zwecksetzungen im Einzelfall bei teleologischen Argumenten erfordert stets eine weitergehende Begründung, die auf einer Abwägung mit gegenläufigen Prinzipien der Rechtsordnung beruhen muss.

c) Abwägungsebene

Aus argumentationstheoretischer Sicht sind etwaige Besonderheiten des *effet utile* als Gebot der Mindesteffektivität auf der Abwägungsebene zu verorten. Der zutreffende Kern des *effet-utile*-Arguments liegt darin, dass der mit ihm verbundenen Minimalforderung ein besonderes argumentatives Gewicht in der Abwägung zukommt. Anders als die Verwendung des *effet utile* als eigenständigen Auslegungsgrundsatz[492] den Anschein erwecken mag, macht sie eine Abwägung indessen nicht entbehrlich. Argumentationen mit dem *effet utile* ersetzen den Abwägungsvorgang nicht, sondern können schlüssig nur als Ergebnis eines solchen vorgetragen werden.

d) Zusammenfassung: Das Gebot der Mindesteffektivität

Im Ergebnis lässt sich also weder ein minimales Ziel noch ein minimal erforderliches Mittel angeben, ohne dass eine Abwägung mit gegenläufigen Zielen vorgenommen wird. Wird es überzeugend begründet, ist das Gebot der Mindesteffektivität zweifellos ein sehr starkes Argument, da es nur eine minimale Verwirklichung fordert, ohne die der zugrunde liegende Zweck ausgehöhlt würde. Es muss jedoch bei näherer Analyse auf einer umfassenden Abwägung mit gegenläufigen Zwecksetzungen beruhen und damit begründen, worin genau die minimale Effektivität einer bestimmten rechtlich relevanten Zwecksetzung liegt. Es birgt stets die Gefahr, dass durch den Hinweis auf den minimalen Geltungsanspruch und die Überzeugungskraft des Arguments als solchem die *eigentliche Auslegungsfrage*, nämlich die Frage nach der *Bestimmung der Reichweite der erforderlichen Mindestzweckverwirklichung*, in den Hintergrund tritt. Aus diesem Grunde ist der entscheidende Schritt bei der Argumentation anhand des *effet utile* als Gebot der Mindesteffektivität stets die Abwägung der Zwecksetzung mit abweichenden Prinzipien der Rechtsordnung.

2. Das Gebot der praktischen Wirksamkeit

Die Entwicklung des Gebotes der praktischen Wirksamkeit aus dem Prinzip der Mindesteffektivität zeigt, dass bei einer Effektivitätsbetrachtung im Grundsatz kein Anlass besteht, sich im Rahmen der Abwägung auf eine Mindestzweckverwirklichung zu beschränken. Ein rechtlich gebotener Zweck muss nämlich nicht nur in minimaler, sondern – jedenfalls grundsätzlich – zugleich in der besten möglichen Weise verwirklicht werden. Daher stellt das Gebot der praktischen Wirksamkeit die positive Formulierung des hinter dem *effet utile* stehenden Effektivitätsgrundsatzes dar und geht in dieser Form über das Verbot der funktionalen Negation im Sinne eines Minimalgebots hinaus.[493] Der *effet utile* als Gebot der praktischen Wirksamkeit zieht die Konsequenzen daraus und fordert eine praktisch wirksame Verwirklichung der Zwecksetzung. Welche Auslegungsvariante zu einer praktisch sinnvollen Verwirklichung des Zieles

[492] Vgl. etwa die Einschätzung bei *Seyr*, Der *effet utile* in der Rechtsprechung des EuGH, 2008, S. 292 ff. (mit der Feststellung, dass der EuGH dem *effet utile* eine im Vergleich zu anderen Kriterien herausgehobene Stellung beimisst).

[493] Zum Bezug der beiden Kriterien in der Rechtsprechung vgl. näher unter § 1.A.II.3.a).

erforderlich ist, ist aber wiederum die eigentliche Auslegungsfrage bei der Verwendung dieses Arguments. Nur wenn es gelingt, dies überzeugend zu begründen, kann sich der *effet utile* als Gebot der praktischen Wirksamkeit auf eine besondere argumentative Verbindlichkeit berufen.

a) Verschiedene Formen der praktischen Wirksamkeit und ihr argumentatives Gewicht

Beim Gebot der praktischen Wirksamkeit wurde in der Analyse der Rechtsprechung zwischen einer minimalen und einer vollen praktischen Wirksamkeit unterschieden. Dabei handelt es sich um unterschiedliche Intensitäten der Zweckverwirklichung, die jeweils mit einem unterschiedlichen argumentativen Gewicht verbunden sind. Der bloßen Berufung auf eine minimale Wirksamkeit kommt ein höheres argumentatives Gewicht zu als einer Berufung auf die volle Wirksamkeit, da bei Ablehnung von Mitteln zur Sicherstellung einer minimalen praktischen Wirksamkeit der zugrunde liegende Zweck nicht nur nicht optimal, sondern überhaupt nicht praktisch wirksam verwirklicht wird. Bei Ablehnung der vollen Wirksamkeit wird die Zwecksetzung dagegen nicht vollständig abgelehnt, es verbleibt ein gewisses Maß an Zweckverwirklichung. Ein Argument, das den Einsatz eines bestimmten Mittels zur Erreichung der vollen Wirksamkeit vorschlägt, ist damit schwächer als ein Argument, das die minimale praktische Wirksamkeit einer Vorschrift ins Feld führt.

b) Begründungsanforderungen der praktischen Wirksamkeit

Was die Begründungsanforderungen angeht, kann sich das Gebot der praktischen Wirksamkeit sowohl auf die Zielvorgabe als auch auf die Mittelwahl beziehen.

aa) Zielvorgabe. Die Begründung der Zielvorgabe gibt mit dem Gebot praktischer Wirksamkeit, anders als teleologische Argumente dies typischerweise tun (vgl. B.II.1.a) bb)), ein bestimmtes – abstrakt umschriebenes – Maß der Zielerreichung vor. Dieses wird als (volle oder minimale) praktische Wirksamkeit des Zwecks definiert. Die *Ermittlung* dieses vorgeschlagenen Maßstabs im Einzelfall, also angewandt auf das jeweils hinter der entsprechenden Zwecksetzung stehende Prinzip, kann aber wiederum bei einer prinzipienorientierten Rechtsfindung nur im Wege einer Abwägung mit gegenläufigen Wertungen erfolgen. Aus der Zielvorgabe selbst lässt sich das gebotene Maß ihrer Verwirklichung jedenfalls nicht im Wege eines zwingenden argumentativen Schlusses ableiten. Die Begründung der (praktisch sinnvollen) Reichweite bei der Verwirklichung einer Zwecksetzung muss – wie bei jedem teleologischen Argument – aufgrund einer Abwägung mit entgegenstehenden Prinzipien erfolgen (vgl. dazu B.II.4). Selbst wenn man das Postulat der praktischen Wirksamkeit argumentativ begründet und ihm (daher zu Recht) ein hohes argumentatives Gewicht beimisst, können abweichende Ziele im Einzelfall vorrangig sein.

bb) Mittelwahl. Ebenso wie das Gebot der Mindesteffektivität lässt sich auch das Gebot der praktischen Wirksamkeit auf der argumentativen Ebene des Zweck-Mittel-Verhältnisses in der teleologischen Argumentation umsetzen. Im Hinblick auf die argumentativen Anforderungen bleibt die Zuordnung indessen ohne Belang. Wenn man eine offene prinzipienartige Zwecksetzung zugrunde legt, lassen sich unterschiedliche Mittel ausfindig machen, die diese Zwecksetzung fördern können. Welches von diesen Mitteln zur minimalen oder vollen praktische Wirksamkeit des Ziels erforderlich ist, ist dann wiederum eine Frage der Reichweite der Zweckverwirklichung. Ob das

Mittel zur praktisch wirksamen Zweckerreichung auch erforderlich ist, ist eine Frage der internen Abwägung innerhalb der teleologischen Argumentation und sollte daher erst im Rahmen der Abwägung geklärt werden (vgl. bereits zu 1.d) sowie allgemein B.II.3.d)).

c) Zusammenfassung: Das Gebot der praktischen Wirksamkeit

Auch als Gebot der (minimalen oder vollen) praktischen Wirksamkeit ist der *effet utile* ein Argument mit einer potentiell hohen theoretischen Überzeugungskraft. Seine Verwendung und sein argumentatives Gewicht hängen allerdings von der Begründung der praktisch sinnvollen Zweckverwirklichung ab. Diese Bestimmung des Maßes der Zweckverwirklichung muss – nach den oben erarbeiteten Grundsätzen der teleologischen Auslegung – auf einer Abwägung mit gegenläufigen Zwecksetzungen beruhen. Durch die alleinige Berufung auf die praktische Wirksamkeit ohne nähere Auseinandersetzung mit den Anforderungen an die Begründung derselben wird der eigentlich entscheidende Schritt der teleologischen Argumentation, der Abwägungsvorgang, verschleiert. Auch als Gebot der praktischen Wirksamkeit basiert ein teleologisches *effet-utile*-Argument aber notwendig auf einer Abwägung mit abweichenden Prinzipien. Das entscheidende Auslegungsproblem des *effet-utile*-Arguments besteht nicht darin, eine Mindesteffektivität zu verwirklichen, sondern zu ermitteln, worin diese Mindesteffektivität besteht.

3. Das Maximierungsgebot

Der *effet utile* wird in der Literatur häufig als Gebot der Maximierung europarechtlicher Zweckvorgaben kritisiert.[494] Auch wenn innerhalb seiner Verwendung als Gebot der praktischen Wirksamkeit extensive Auslegungstendenzen erkennbar sind, wurde der *effet utile* vom EuGH ausgesprochen selten offen als Maximierungsgebot eingesetzt.[495] Aus argumentationstheoretischer Sicht würde die Verwendung des *effet utile* als Maximierungsgebot der bloßen Formulierung einer Zweckvorgabe als Prinzip entsprechen. Prinzipien werden in der Rechtstheorie als Optimierungsgebote[496] bezeichnet und beinhalten das Gebot, ein bestimmtes, rechtlich legitimes Ziel so weit wie möglich, bzw. bis zu einem bestimmten Maß hin, zu verfolgen. Im Rahmen der teleologischen Argumentation finden sie ihre Grenzen in den Geboten anderer gegenläufiger Prinzipien, die ebenfalls auf eine Optimierung z.T. auch zu Lasten des erstgenannten Prinzips ausgerichtet sind.

Wird ein Argument also als Maximierungsgebot vorgeschlagen und hieraus ein bestimmtes Auslegungsergebnis als Mittel begründet, muss sich der zugrunde liegende Zweck auch nach einer Abwägung im Verhältnis zu anderen abweichenden Zwecksetzungen durchsetzen. Eine Verwendung als isoliertes Maximierungsgebot ist unhaltbar, da sich in der Rechtsordnung so gut wie keine Prinzipien ausfindig machen lassen, die vorbehaltlos ohne Rücksicht auf gegenläufige Prinzipien zu maximieren wären. Selbst die Grundrechte und Grundfreiheiten als oberste

---

[494] Vgl. insbesondere BVerfGE 89, 155, 192, 210 – *Maastricht*; sowie die Nachweise bei § 1.A.II.4, insbesondere Fn. 124.

[495] Die Formulierung in der Entscheidung EuGH, Rs. C-438/89, Slg. 1991, I-3277 Tz. 44 – *Mecanarte* stellt insofern eine Ausnahme dar. Kritischer *v. Danwitz*, Verwaltungsrechtliches System und europäische Integration, 1996, S. 145 f.

[496] Vgl. § 2.B.II.1.a)bb).

Wertungsprinzipien des Unionsrechts finden ihre Begrenzungen in gegenläufigen Zwecksetzungen.[497] Die Identifizierung einer Zwecksetzung als Maximierungsgebot stellt somit notwendigerweise nur den ersten Schritt dar und muss eine Begrenzung in der Abwägung finden. Aus diesem Grunde ist der *effet utile* als Maximierungsgebot nichts anderes als der erste, korrekturbedürftige Schritt eines teleologischen Arguments, nämlich die Identifikation einer Zwecksetzung als Prinzip und damit als Maximierungsgebot.

4. Zwischenergebnis: Die unterschiedlichen Formen des *effet utile* aus Sicht der teleologischen Argumentation

Alle Formen des *effet-utile*-Arguments, so wie sie in der Rechtsprechung des EuGH verwendet werden, sind letztlich nur besondere Ausprägungen einer teleologischen Argumentation, deren Besonderheit darin begründet liegt, dass ein besonderes Gewicht des teleologischen Arguments beansprucht wird. Dieses besondere Gewicht kann sich indessen nur daraus ergeben, dass die Zweckvorgaben oder das Zweck-Mittel-Verhältnis in einer besonders überzeugenden Weise formuliert werden, indem die teleologische Argumentation auf eine Mindesteffektivität bzw. auf das zur Herstellung der praktischen Wirksamkeit der Zwecksetzung Notwendige beschränkt werden. Welcher Art das argumentative Gewicht ist, lässt sich nur graduell in der Form bestimmen, dass eine Auslegungsvariante, die mit dem Verbot der funktionalen Negation begründet wird, ein stärkeres Abwägungsgewicht hat, als eine Auslegungsvariante, die mit dem Gebot der praktischen Wirksamkeit begründet ist. Kein besonderes argumentatives Gewicht kommt dem *effet utile* als Maximierungsgebot zu; in dieser Form wird er indessen auch nicht vom EuGH eingesetzt.

Auch wenn eine Argumentation mit besonders gewichteten teleologischen Argumenten aus abstrakter Sicht sehr überzeugend erscheint, verdeckt sie doch im Ergebnis häufig, dass sich die eigentlich entscheidende Abwägung im Rahmen der teleologischen Argumentation lediglich auf eine andere Ebene (nämlich auf die Zweckbestimmung bzw. auf die Mittelwahl) verschiebt. Sie wird dadurch nicht entbehrlich gemacht, denn bei der Bestimmung der Reichweite einer minimalen bzw. praktisch sinnvollen Zweckverwirklichung sind gegenläufige Zwecksetzungen in der Rechtsordnung zu berücksichtigen. Ein Grundsatz, der eine bestimmte Zwecksetzung ohne Berücksichtigung gegenläufiger Prinzipien im Wege der Auslegung umsetzen will, ist aus teleologischer Sicht unhaltbar, sofern gegenläufige Prinzipien bestehen.

Im Ergebnis weisen *effet-utile*-Argumente damit keine Besonderheiten im Vergleich zur allgemeinen Struktur teleologischer Argumente auf und ihnen kommt auch kein „besonderes" argumentatives Gewicht zu. Bei der Auslegung von Vorschriften ist die Verwendung des *effet-utile*-Gedankens vielmehr irreführend, da sie von dem eigentlich relevanten Auslegungsschritt, nämlich der Abwägung ablenkt. Der *effet utile* unterscheidet sich damit aus argumentationstheoretischer Sicht nicht von einer gewöhnlichen teleologischen Argumentation.

---

[497] Vgl. zu den Grundrechten des GG *Alexy*, Theorie der Grundrechte, 1986, S. 249ff., dessen Argumentation indessen ebenso auf die Grundfreiheiten und Grundrechte des Unionsrechts übertragbar ist, vgl. etwa *Kingreen*, Die Struktur der Grundfreiheiten des Europäischen Gemeinschaftsrechts, 1999, S. 149ff.

III. Der *effet utile* als Ausdruck des Einwirkungsanspruchs aus Sicht der teleologischen Auslegung

Nachdem sich gezeigt hat, dass die unterschiedlichen Formen des *effet-utile*-Arguments, so wie sie in § 1.A.II der Rechtsprechung des EuGH entnommen worden sind, im Ergebnis keine Besonderheiten im Vergleich zum allgemeinen Grundsatz der teleologischen Auslegung aufweisen, gilt es noch die Eigenschaft des *effet utile* als Ausdruck des europarechtlichen Einwirkungsanspruchs (vgl. § 1.B) aus theoretischer Sicht näher in den Blick zu nehmen. Eine Besonderheit des *effet utile* besteht nämlich darin, dass er vom EuGH zur Umsetzung europarechtlicher Normen vor dem Hintergrund nationaler Rechtsordnungen eingesetzt worden ist. Inwiefern ihm in dieser Funktion ein besonderes Gewicht bei der Rechtsfindung zukommt, soll im Folgenden untersucht werden.

1. Unterscheidung zwischen Umsetzungs- und Auslegungsebene

Aus dem Vorrang und der unmittelbaren Anwendbarkeit[498] des europäischen Rechts und damit auch seinen Zweckvorgaben folgt, dass diese in effektiver Weise im Recht des betreffenden Mitgliedstaates umgesetzt werden müssen. Aus methodischer Sicht kann man zwischen zwei Ebenen der Effektivität und damit der Anwendung des *effet-utile*-Arguments im Verhältnis zum nationalen Recht unterscheiden, nämlich zwischen der Ebene der Auslegung (Bestimmung der Reichweite) und der Ebene der Umsetzung. Während es bei der Auslegung darum geht, die Reichweite einer europarechtlichen Norm im Verhältnis zum Regelungsbereich des nationalen Rechts zu bestimmen, betrifft die Umsetzungsebene die Frage, in welcher Form und insbesondere anhand welcher Sanktionen einmal festgelegte Vorgaben des Europarechts in das nationale Recht einwirken.

Die Unterscheidung zwischen Auslegungs- und Umsetzungsebene lässt sich im Privatrecht gut am Beispiel der Auslegung des Art. 5 Abs. 1 der Pauschalreiserichtlinie[499] und seiner Wirkung im nationalen Recht veranschaulichen, die Gegenstand des EuGH-Urteils im Fall *Simone Leitner*[500] war.[501] Dem Urteil lag eine Vorlagefrage eines österreichischen Gerichts dahin zugrunde, ob diese Norm eine Entschädigung des Verbrauchers auch für immaterielle Schäden gebietet. Ähnlich wie das deutsche sieht nämlich das österreichische Haftungsrecht einen Ersatz immaterieller Schäden nicht allgemein, sondern nur in bestimmten Fällen vor, von denen vorliegend keiner einschlägig war. Im Hinblick auf die Einwirkung dieser europäischen Regelung auf das nationale (österreichische) Recht stellen sich zwei unterschiedliche Fragen. Zum einen geht es um die – in dem Verfahren freilich zentrale – (materielle) Auslegungsfrage, ob die Pauschalreiserichtlinie den Ersatz immaterieller Schäden fordert. Bejaht man dies

---

[498] Die Lehren vom Vorrang und der unmittelbaren Geltung des Europarechts sind ebenfalls anhand des *effet utile* bzw. verwandter Gedanken begründet worden, vgl. insofern die nähere Analyse unter § 1.B.II.2.a). Deren Gültigkeit wird mittlerweile nicht ernsthaft bestritten und daher hier zugrunde gelegt, vgl. näher auch § 3.A.I.2.

[499] Richtlinie 90/314/EWG des Rates vom 13. Juni 1990 über Pauschalreisen, Abl. EG Nr. L 158 vom 23.6.1990, S. 59.

[500] EuGH, Rs. C-168/00, Slg. 2002, I-2631 – *Simone Leitner.*

[501] Vgl. zu diesem Urteil bereits im Zusammenhang mit indirekten Normenkollisionen auf der Auslegungsebene unter § 1.B.III.3.c)aa).

(im vorliegenden Fall mit dem EuGH), stellt sich sodann eine Folgefrage, welche die Umsetzung der europäischen Vorgabe in das nationale Recht betrifft, hinsichtlich der Maßnahmen, welche das österreichische Recht beinhalten muss, um diese Vorgabe auch in effektiver Weise in seiner Rechtsordnung wirken zu lassen. Beachtenswert ist, dass der EuGH den *effet-utile*-Grundsatz im vorliegenden Fall für die Auslegungsfrage heranzieht, ihn aber auch zur Begründung von Umsetzungsentscheidungen bemüht hat.[502]

2. Unterschiede bei der Verwendung des *effet-utile*-Arguments – Abwägung auf der Auslegungs- und der Umsetzungsebene

Die Unterscheidung zwischen der Auslegungs- und der Umsetzungsebene ist für die teleologische Auslegung und den *effet utile* deshalb von Bedeutung, weil sich auf den beiden Ebenen sehr unterschiedliche Abwägungsfragen stellen, da sich die Forderung nach Effektivität auf beiden Ebenen unterschiedlichen Prinzipien als Abwägungsfaktoren entgegengesetzt sieht. Bei der Auslegung des Unionsrechts berufen sich Effektivitätsargumente auf die hinter den europäischen Rechtsnormen stehenden Zwecksetzungen, die mit gegenläufigen, im Europarecht anerkannten Zwecksetzungen des europäischen (wie auch des nationalen)[503] Rechts abzuwägen sind.

Ist die Reichweite einer EU-Norm dagegen erst einmal bestimmt, geht es bei der Ermittlung von deren Einwirkung nicht mehr um Konflikte mit anderen materiellen *Zwecksetzungen* des Europarechts oder des nationalen Rechts, sondern um die Bestimmung der Einwirkung des Europarechts gegenüber dem nationalen Recht; hier steht der Effektivitätsanspruch des Unionsrechts nicht in Konflikt mit materiellen Zwecksetzungen, sondern mit dem Souveränitätsinteresse der Mitgliedstaaten und mit den Grenzen der Wirkung des Europarechts. Es geht um die Wirkung des Unionsrechts als solchem und nicht (mehr) um die wirksame Umsetzung bestimmter unionsrechtlicher Zwecksetzungen. Auf der Auslegungsebene hat das *effet-utile*-Argument aufgrund des unterschiedlichen Kontexts dagegen nicht dieselbe Überzeugungskraft wie auf der Einwirkungsebene, denn durch eine Abwägung wird auf der Auslegungsebene nicht die Effektivität einer bereits ihrer Reichweite nach bestimmten Norm infrage gestellt, sondern nur die Reichweite der Effektivität einer von mehreren in jeder Rechtsordnung anerkannten Zweckvorgaben. Diese (materiellen) Zwecksetzungen müssen sich – nach den Grundsätzen der teleologischen Auslegung – erst gegenüber gegenläufigen Zwecksetzungen behaupten und gelten – anders als einmal bestimmte Rechtsnormen – nicht definitiv.

a) Die Ebene der Auslegung

Um noch einmal das soeben geschilderte Beispiel der Pauschalreiserichtlinie[504] aufzugreifen: Bei der Frage nach der *Reichweite* des Schadensersatzanspruchs aus Art. 5 Abs. 1 der Richtlinie kann sich die Frage der Effektivität bei Auslegung einer Norm nur vor dem Hintergrund einer konkreten Zweckvorgabe stellen, in diesem Falle vor dem Hintergrund eines (effektiven) Schutzes der Reisenden. Aus teleologischer Sicht ist diese Zwecksetzung bei der Auslegung gegenüber Zwecksetzungen abzuwägen,

---

[502] S. unter § 1.B.II.2.a).

[503] Vgl. dazu näher unter § 3.C.II.1.b)bb).

[504] Richtlinie 90/314/EWG des Rates vom 13. Juni 1990 über Pauschalreisen, Abl. EG Nr. L 158 vom 23.6.1990, S. 59.

die gegen die Gewährung immateriellen Schadensersatzes sprechen. Entsprechende Zwecksetzungen müssen und können (jedenfalls in zahlreichen Fällen) nicht zwangsläufig aus der Richtlinie oder aus dem Europarecht selbst stammen, da die Rechtsakte des Unionsrechts typischerweise nur einzelne materielle Aspekte regeln und – wie etwa im Fall der Pauschalreiserichtlinie in Bezug auf das Schadensrecht – häufig grundlegende Regelungsprobleme aussparen. Dagegen muss das Recht der Mitgliedstaaten den Anspruch vollständiger Regelung aller rechtlich relevanter Fragen erheben (vgl. dazu §3.A.IV). So kann das Unionsrecht nach zutreffender Auffassung schon mangels entsprechender Kompetenz das gesamte zivilrechtliche Schadensrecht nicht regeln;[505] unabhängig von der Kompetenzfrage hat das Unionsrecht das Schadensrecht jedenfalls nicht geregelt und kann somit gegenläufige Zwecksetzungen (abgesehen von bestimmten, äußerst abstrakten allgemeinen Rechtsprinzipien und zwangsläufigen immanenten Schranken der in Anspruch genommenen Wertung, die allerdings nur eine sehr grobe Begrenzung ermöglichen) nicht bereithalten.

Dies kann allerdings nicht zur Folge haben, dass das unionsrechtlich in Art.5 Abs.1 der Pauschalreiserichtlinie geregelte Gebot einer effektiven Entschädigung auf keinerlei gegenläufige Zwecksetzungen trifft. Denn aus der Tatsache, dass das Unionsrecht eine bestimmte Rechtsfrage nicht regelt oder bestimmte Zwecksetzungen nicht ausdrücklich verfolgt, lässt sich nicht der Gegenschluss ziehen, dass gegenläufige Erwägungen auf der Abwägungsebene aus unionsrechtlicher Sicht nicht zu berücksichtigen wären. Vielmehr sind die Grenzen einer unionsrechtlichen Norm und damit ihr Regelungsanspruch, soweit er sich auf vom Unionsrecht ausgesparte Regelungsbereiche bezieht, auch in Abwägung mit gegenläufigen Grundsätzen des nationalen Rechts zu ermitteln. Dabei handelt es sich nicht um eine unmittelbare Abwägung mit den nationalen Wertungen als solchen, sondern vielmehr um eine Abwägung anhand der Grenzen des europarechtlichen Regelungsanspruchs, der – mittelbar – in Abwägung mit den denkbaren gegenläufigen Wertungen des Rechts des konkret betroffenen Mitgliedstaats ermittelt wird.[506] Im Fall der Pauschalreiserichtlinie ist – mangels eines unionsrechtlichen Regelungsanspruchs (und nach zutreffender Ansicht auch mangels einer europarechtlichen Regelungskompetenz) hinsichtlich des Schadensrechts – die unionsrechtliche Zweckvorgabe (effektiver Schutz des Reisenden) mit den Gründen für eine (eventuell bestehende) national-rechtliche Zurückhaltung gegenüber immateriellem Schadensersatz abzuwägen.[507] Dabei kann man durchaus zu dem Ergebnis gelangen, dass sich das unionsrechtliche Gebot durchsetzt, wie es der EuGH im Urteil *Simone Leitner* angenommen hat.[508] Der *effet utile* als Grundsatz der teleologischen Auslegung gebietet eine solche Durchsetzung jedoch nicht definitiv, da auch die Anwendung dieses Grundsatzes richtigerweise (vgl. II.4 sowie B.II.4) von einer Abwägung mit gegenläufigen Zwecksetzungen abhängig ist.

---

[505] Zu den kompetenziellen Grenzen im Privatrecht restriktiv *Grigoleit*, AcP 210 (2010), 354, 364ff.; weitergehend dagegen *Basedow*, FS Mestmäcker, 1996, S.347, 359f.; *Lurger*, Grundfragen der Vereinheitlichung des Vertragsrechts in der Europäischen Union, 2002, S.273ff.

[506] Vgl. näher unter §3.C.II.1.b)bb).

[507] Vgl. für das deutsche Recht *E. Kaufmann*, AcP 162 (1963), 421ff.; Staudinger-*Schiemann*, BGB, Neubearbeitung 2005, §253 Rn.1; *Lange/Schiemann*, Schadensersatz, 3.Aufl. 2003, §7 II 1 (= S.424ff). Zur Kritik siehe Staudinger-*Schiemann*, BGB, Neubearbeitung 2005, §253 Rn.2f.; *Hohloch*, Gutachten und Vorschläge zur Überarbeitung des Schuldrechts, Bd.I, 1981, S.375, 426ff.

[508] EuGH, Rs. C-168/00, Slg.2002, I-2631 Rn.23 – *Simone Leitner.*

Die Auslegung unionsrechtlicher Normen vor dem Hintergrund abweichender national-rechtlicher Zwecksetzungen betrifft insbesondere das unter § 1.B.III.3.a) geschilderte Problem der indirekten Normenkollisionen bei der Auslegung des materiellen Unionsrechts. Weil das Unionsrecht, das auf dem Prinzip der begrenzten Einzelermächtigung beruht, stets einen punktuellen, fragmentarischen Charakter gegenüber dem Vollständigkeitsanspruch des nationalen Rechts aufweist, hat es nicht den Anspruch, alle Fragen zu regeln, die im Zusammenhang mit der europarechtlichen Norm relevant werden.[509] Das Beispiel der Pauschalreiserichtlinie macht den fragmentarischen Charakter des Unionsrechts im Privatrecht besonders deutlich; er ist aber keineswegs nur auf das Privatrecht beschränkt, sondern zeigt sich insbesondere auch anhand der Auswirkungen des Unionsrechts auf das Verwaltungsrecht.[510] Unionsrechtliche Normen sind damit in aller Regel darauf angelegt, dass sie durch weitere Normen des nationalen Rechts vervollständigt werden. In einigen Fällen führt die national-rechtliche Ausgestaltung dazu, dass die Zwecksetzungen des Unionsrechts in einen Ausgleich mit anderen legitimen Zwecksetzungen des nationalen Rechts gebracht werden müssen und z. T. zurücktreten.

Die Verwendung des *effet utile* als Argument erweist sich in diesen Konstellationen allerdings nicht als weiterführend. Da das Kriterium des *effet utile* – wie die Untersuchung in Abschnitt II ergeben hat – die Abwägung mit gegenläufigen Prinzipien nicht entbehrlich machen kann, bringt es letztlich keinen im Verhältnis zur allgemeinen teleologischen Auslegung oder zum Vorgang der Abwägung weiterführenden Gesichtspunkt. Zutreffender Kern des *effet utile* als Gebot der Mindesteffektivität ist zwar der Umstand, dass die unionsrechtliche Zwecksetzung keinesfalls vollständig zurücktreten darf. Andererseits ist dieser Befund für die Rechtsanwendung nur der erste Schritt, der zur anschließenden Frage führt, worin eine solche Mindesteffektivität besteht, die ebenfalls aufgrund einer Abwägungsentscheidung zu beantworten ist (vgl. II.1.d)). Im Übrigen muss sich eine legitime unionsrechtliche Zwecksetzung keinesfalls auf die Sicherstellung einer Minimalwirkung beschränken. Aufgabe des EuGH (aber auch der nationalen Gerichte, wenn sie mit der Auslegung des Unionsrechts betraut sind) bei der Auslegung ist es daher, die unionsrechtliche Zwecksetzung in einen Ausgleich mit gegenläufigen Prinzipien des nationalen Rechts zu bringen.

b) Die Ebene der Umsetzung

Anders gestaltet sich die Abwägungsentscheidung auf der Umsetzungs- oder Einwirkungsebene, welche die Umsetzung einer bestimmten Vorgabe des Unionsrechts betrifft. Die Überzeugungskraft des *effet utile* auf dieser Ebene beruht darauf, dass er einer ihrer Reichweite nach bestimmten Vorgabe des Europarechts gegenüber dem nationalen Recht zur Wirksamkeit verhelfen will. Der *effet utile* auf der Umsetzungsebene betrifft – anders als Auslegungsfragen – nicht die Bestimmung der materiellen Reichweite (aus teleologischer Sichtweise: die Reichweite der Realisierung einer bestimmten Zwecksetzung im Verhältnis zu anderen Zwecksetzungen), sondern die Art und Weise und die Intensität der Durchsetzung einer definitiven Verpflichtung des Mitgliedstaates. Gerade auf dieser Ebene erweist sich das dem *effet utile* zugrunde liegende Effektivitätspostulat als überzeugend und es verwundert daher nicht, dass es

[509] Vgl. § 3.A.II.

[510] Vgl. dazu insbesondere *v. Danwitz*, Verwaltungsrechtliches System und europäische Integration, 1996, S. 190 ff. u. passim.

in sog. institutionellen Fällen (vgl. § 1.B.II.2.a)) besonders häufig zum Einsatz kommt. Besteht Klarheit über die Reichweite einer Normvorgabe, überzeugt es ohne weiteres, möglichst effektive Mittel zu deren Umsetzung zu finden. Für ein Zurückbleiben hinter dem Gebot einer möglichst effektiven Umsetzung des Europarechts lassen sich nur wenige relevante Prinzipien anführen, die in einer Abwägung mit dem Grundsatz effektiver Wirkung des Europarechts aus Sicht des nationalen Rechts zu entgegnen wären.[511] Dies gilt vor allem angesichts des Umstands, dass grundsätzlich jedes Zurückbleiben des nationalen Recht hinter den Vorgaben des Europarechts jedenfalls nach Art. 258 AEUV eine Sanktion im Vertragsverletzungsverfahren auslösen kann.

Anders als bei der teleologischen *Auslegung* geht es bei der *Umsetzung* nicht darum, einen Ausgleich zwischen mehreren legitimen Zwecksetzungen herbeizuführen, sondern um die Sanktionierung eines (aus Sicht des Unionsrechts) rechtswidrigen und damit in jedem Fall sanktionsbedürftigen Zustands. Die hierzu vom EuGH anhand des *effet utile* entwickelten Instrumente wie etwa die Staatshaftung der Mitgliedstaaten oder das Gebot der europarechtskonformen Rechtsfortbildung sind Rechtsfortbildungen, welche die Mittel dieser Umsetzung erweitern. Sie und der *effet utile* als das hinter ihnen stehende Rechtsfindungskriterium auf dieser institutionellen Ebene können ihre Überzeugungskraft daraus beziehen, dass sie die Umsetzung einmal festgelegter europarechtlicher Vorgaben zum Gegenstand haben, denen die Mitgliedstaaten ohnehin unterworfen sind. Insofern handelt es sich bei der Verwendung des Effektivitätsgedankens auf der Umsetzungsebene nicht um ein teleologisches Auslegungsargument im engeren Sinne, da er sich nicht auf die effektive Verwirklichung einer bestimmten Zwecksetzung, sondern auf die effektive Verwirklichung der Geltung des Unionsrechts insgesamt beruft, unabhängig davon, welcher materielle Inhalt diesem zukommt. Auch auf der Umsetzungsebene bestehen jedoch Grenzen einer Anwendung des *effet utile*. So ist etwa die unmittelbare Wirkung von Richtlinien nicht auf Fälle der unmittelbaren Wirkung zwischen Privaten ausgedehnt worden, weil dies dem – europarechtlich akzeptierten – nationalen Grundsatz des Vertrauensschutzes im Hinblick auf die nationale Rechtslage zuwiderliefe.[512]

3. Zwischenergebnis: *Effet utile* und der Einwirkungsanspruch des Europarechts – Unterscheidung zwischen der Auslegungs- und der Umsetzungsebene

Bei der Verwendung des *effet utile* ist im Hinblick auf den Einwirkungsanspruch des Unionsrechts zwischen der Auslegung des Europarechts und zwischen seiner Umsetzung zu unterscheiden. Die teleologische *Auslegung* des Rechts beruht stets auf einer Abwägungsentscheidung zwischen unterschiedlichen Prinzipien und erfordert bei (indirekten) Kollisionen zwischen Wertungen des nationalen Rechts und des Unionsrechts keinen zwingenden und uneingeschränkten Vorrang der unionsrechtlichen Zwecksetzung, wie dies anhand des Kriteriums *effet utile* zuweilen suggeriert wird. Aufgrund des in weiten Bereichen notwendigerweise fragmentarischen Charakters des Unionsrechts setzt eine teleologische Auslegung eine Abwägung mit den Grenzen des Regelungsanspruchs des Unionsrechts und damit mit gegenläufigen Zwecksetzungen

[511] Diese ergeben sich insbesondere aus dem Grundsatz des Vertrauensschutzes, aus dem heraus zahlreiche Grenzen der Durchsetzungsinstrumente des Europarechts begründet worden sind, vgl. hierzu § 3.A.II.2.

[512] Vgl. unter § 1.B.II.2.d) m.w.N.

aus dem nationalen Recht voraus. Dies ist vor allem in dem Bereich entscheidend, der das eigentliche Problem der *effet-utile*-Auslegung ausmacht, wenn sich nämlich keine konkreten gegenläufigen Zwecksetzungen aus den normativen Vorgaben des Unionsrechts selbst entnehmen lassen.

Das Kriterium des *effet utile* ist in diesem Zusammenhang insoweit irreführend, als es den Eindruck erweckt, die notwendige Reichweite des Unionsrechts ließe sich allein aus Sicht der (zu einem großen Teil sehr eindimensional angelegten) Vorgaben des Unionsrechts feststellen. Auch wenn man den Anspruch des *effet utile* auf die Sicherstellung einer Mindesteffektivität beschränkt, lässt sich die Reichweite einer solchen Mindesteffektivität regelmäßig nicht allein aus der Sichtweise des Unionsrechts bestimmen, wenn es nur einen punktuellen Regelungsbereich betrifft. Der *effet utile* kann den nötigen Abwägungsvorgang weder ersetzen noch kann er (auch nicht als Gebot der Mindesteffektivität) ein besonderes, von einer Abwägung losgelöstes argumentatives Gewicht beanspruchen. Der zutreffende Kern des *effet utile* lässt sich dahin präzisieren, dass das Unionsrecht gegenläufige nationale Zwecksetzungen auch außerhalb des unmittelbaren eigenen Regelungsbereichs erfassen kann. Die eigentliche Frage, nämlich in welcher Form und Intensität eine Einwirkung des Unionsrechts eine Umgestaltung des nationalen Rechts zur Sicherstellung seiner Zwecksetzungen erforderlich macht, kann indessen nicht allein anhand des *effet utile* beantwortet werden, sondern beruht auf einer Abwägungsentscheidung, die gegenläufige rechtlich relevante Zwecksetzungen zu berücksichtigen hat.

Anders stellt sich die Frage auf der Umsetzungsebene, d.h. bei der Art und Weise der Umsetzung bestimmter unionsrechtlicher Vorgaben vor dem Hintergrund des nationalen Rechts. Der *effet utile* kann in diesen Konstellationen als Effektivitätsgebot eine erhöhte Verbindlichkeit beanspruchen, da es nicht darum geht, die Reichweite einer Vorschrift zu bestimmen, sondern die Mittel zur Umsetzung einer Vorgabe zu erweitern, deren Geltung außer Frage steht. Hier betrifft die Auslegungsfrage die Ebene des institutionellen Rechts, nämlich das Verhältnis zwischen Europarecht und nationalem Recht. Insofern gilt es zwar auch, nationale Wertungen zu berücksichtigen; ihr Gewicht ist indessen schon vor dem Hintergrund der Geltung der europarechtlichen Vorgabe relativiert. Eine definitive Vorgabe des Europarechts ist für die Mitgliedstaaten in jedem Fall beachtlich und kann nach dem Wortlaut des AEUV Konsequenzen nach sich ziehen (vgl. insbesondere Art. 258 AEUV). Einer Ausweitung der Wirkung einmal bestimmter europarechtlicher Vorgaben stehen insofern nur wenige schützenswerte nationale Wertungen entgegen, so dass die Ausweitung der Sanktionsmechanismen anhand des *effet utile* in diese Konstellation überzeugen kann. In diesem Zusammenhang ist der *effet utile* kein Grundsatz der teleologischen Auslegung im eigentlichen Sinne, da er sich nicht auf die effektive Umsetzung bestimmter unionsrechtlicher Zwecksetzungen, sondern auf die effektive Umsetzung des Unionsrechts selbst bezieht.

IV. Zwischenergebnis: Teleologische Auslegung und *effet utile* im Unionsrecht

Das Kriterium des *effet utile* beruft sich auf den Gedanken der Effektivität. Effektivität ist ein relativer Begriff und – aus teleologischer Sicht – stets vor dem Hintergrund einer bestimmten Vorgabe oder Zwecksetzung zu sehen. Effektivität ist allerdings ein eindimensionales Kriterium, das für die möglichst wirksame Verwirklichung einer bestimmten Zwecksetzung eintritt (vgl. unter I). Im Hinblick auf die teleologische

Auslegung ist das Kriterium der Effektivität einer bestimmten Zwecksetzung stets unter dem Vorbehalt anderer rechtlich relevanter Zwecksetzungen zu sehen. Da sich eine Rechtsordnung durch den Ausgleich unterschiedlicher, im Grundsatz legitimer Rechtsprinzipien auszeichnet, ist die Vorgabe der Effektivität stets durch die Abwägung der Zwecksetzung und des daraus begründeten (effektiven) Mittels mit anderen, gegenläufigen Zwecksetzungen zu relativieren. Unter diesem Relativitätsvorbehalt steht damit jeder Einsatz des *effet utile* als Auslegungskriterium.

Es hat sich gezeigt, dass sich hinter dem Kriterium des *effet utile* aus argumentationstheoretischer Sicht im Grundsatz ein teleologisches Argument verbirgt, auf das die allgemeine argumentative Struktur teleologischer Argumente Anwendung findet. Die teleologische Argumentation versucht, eine bestimmte Auslegungsvariante dadurch zu legitimieren, dass sie eine (legitime) rechtliche Zwecksetzung fördert (vgl. B.II). Da sich eine Rechtsordnung aber dadurch auszeichnet, dass sie eine Vielzahl legitimer Zwecksetzungen in einen Ausgleich zu bringen sucht, liegt der entscheidende Schritt einer teleologischen Argumentation in der Abwägung des vorgeschlagenen Mittels und des hinter diesem stehenden Zwecks mit anderen rechtlich relevanten Zwecksetzungen und Prinzipien. Das besondere Zweck-Mittel-Verhältnis, auf das der *effet utile* hinweist, gehört aus struktureller Sicht zu diesem Abwägungsvorgang (vgl. II.4). Durch die enge Verbindung von Zweck und Mittel wird ein besonderes argumentatives Gewicht behauptet, das einen Einfluss auf die Abwägung mit anderen Prinzipien hat. Die enge Zweck-Mittel-Beziehung macht den Abwägungsvorgang jedoch nicht entbehrlich.

Die Besonderheit des europarechtlichen *effet utile* besteht darin, dass mit ihm Auslegungsergebnisse unter Bezug auf unionsrechtliche Zweckvorgaben begründet werden, die mit Zwecksetzungen des nationalen Rechts in Konflikt stehen. Dies ist in § 1.B.I als der *Einwirkungsanspruch* des Unionsrechts bezeichnet worden. Die in § 1.B vorgenommene Unterscheidung zwischen dem Einwirkungsanspruch im materiellen und institutionellen Recht spiegelt die theoretisch notwendige Unterscheidung zwischen der *Auslegungs*- und der *Umsetzungsebene* bei der Rechtsfindung im Unionsrecht wider (vgl. III.2.a) und III.2.b)). Bei der Anwendung des Grundsatzes ergeben sich zwischen beiden Ebenen erhebliche Unterschiede: Während auf der Auslegungsebene bei der Bestimmung der Reichweite einer unionsrechtlichen Vorschrift im Verhältnis zum nationalen Recht die materiellen Wertungen des nationalen Rechts entscheidend sind, geht es bei der Umsetzungsebene allein darum, einer bereits auf einer Abwägung beruhenden, festgelegten unionsrechtlichen Regelung im nationalen Recht die nötige (praktische) Wirkung zu verschaffen (vgl. III.3). Allein bei der letzteren Frage kann der *effet utile* sich auf den mit ihm zum Ausdruck kommenden Einwirkungsanspruch und auf den Vorrang des Europarechts berufen. Solange – wie bei der teleologischen Auslegung – die Ermittlung der Reichweite einzelner europarechtlicher Zwecksetzungen infrage steht, kann der auf dem Vorrangprinzip beruhende *effet utile* keine Geltung beanspruchen. Vielmehr sind insofern die Grenzen des Regelungsanspruchs der jeweiligen unionsrechtlichen Rechtsakte zu berücksichtigen, die sich ihrerseits wiederum aus den Kompetenzgrenzen des Unionsrechts insgesamt ergeben. Deren Untersuchung und ihre Auswirkungen auf die Rechtsfindung anhand des *effet utile* werden im folgenden (abschließenden) Kapitel (§ 3) behandelt.

D. Zusammenfassung: *Effet utile* als Auslegungsproblem im Verhältnis zweier Rechtsordnungen

1. Juristische Rechtsfindungsprobleme ergeben sich in zahlreichen Konstellationen – zum einen, wenn die textlichen Vorgaben einer Norm zu unklar oder uneindeutig sind, um eine Einzelfallentscheidung zu ermöglichen, wenn eine bestimmte Rechtsfrage gar nicht geregelt ist, sowie in einzelnen Fällen, in denen eine Entscheidung auch gegen den Wortlaut einer Rechtsnorm notwendig wird.[513] Aufgabe der juristischen Methodenlehre ist es, rechtlich verbindliche Regeln auch in diesen Bereichen der Rechtsfindung zu entwickeln. Aufgrund der offenen Struktur des Rechts als Erkenntnisobjekt lassen sich entsprechende Normen in den meisten Fällen nicht in Form strikter Regeln formulieren, sondern haben vielmehr den Charakter von Rechtsprinzipien, die rechtlich relevante Aspekte des Rechtsfindungsvorgangs herausarbeiten, aber stets von einer Anwendung und Gewichtung zueinander im Einzelfall abhängig sind. Methodische Instrumente, die – wie der *effet utile* – den Inhalt des Rechts anhand bestimmter Aspekte zu ermitteln suchen, bezeichnet man als Auslegungs*canones* oder Auslegungskriterien. Die Verwendung und die Gewichtung der einzelnen *canones* hängt sowohl von hermeneutischen als auch von verfassungsrechtlichen (bzw. staatstheoretischen) Faktoren ab. Während die hermeneutischen Faktoren den Erkenntniswert und die Erkenntnisweise eines bestimmten Auslegungskriteriums betreffen, weisen die verfassungsrechtlichen Faktoren auf die Eingebundenheit der Rechtsprechung und damit auch der Methodenlehre in einen von verfassungsrechtlichen Vorgaben überlagerten Entscheidungsprozess hin. Methodische Untersuchungen und die methodische Analyse einzelner *canones* und damit auch des *effet utile* haben beide Elemente zu berücksichtigen – zum einen den Erkenntniswert und zum anderen die staatsrechtlichen Vorgaben rechtswissenschaftlicher Erkenntnis. Die Untersuchung in § 2 hat sich mit dem hermeneutischen Aspekt des *effet utile* befasst, während die Analyse der (unions-)verfassungsrechtlichen Vorgaben der Verwendung des *effet utile* in § 3 erfolgt.
2. Unter den *canones* der Auslegung ist die teleologische Methode besonders fruchtbar, da sie mit der Zweckebene des Rechts auf die eigentlichen Beweggründe für den Erlass einer bestimmten Regelung zurückgreift. Die teleologische Methode begründet ein bestimmtes Auslegungsergebnis dadurch, dass es geeignet ist, einen rechtlich relevanten Zweck zu fördern. Da sich eine Rechtsordnung durch eine Vielzahl relevanter Zwecksetzungen auszeichnet, besteht der entscheidende Schritt einer teleologischen Argumentation jedoch in der (abschließenden) Abwägung des jeweiligen Auslegungsvorschlags und der damit geförderten Zwecksetzung mit abweichenden, in der Rechtsordnung anerkannten Zwecksetzungen. Sofern eine solche Abwägungsentscheidung nicht bereits an bestimmten Stellen im Recht vorgezeichnet ist, stellt sie eine eigenständige Abwägungsentscheidung des zur Entscheidung berufenen Gerichts,[514] im Unionsrechts des EuGH als zur Auslegung des Europarechts letztlich berufener Instanz, dar.

---

[513] Vgl. *Alexy*, Theorie der juristischen Argumentation, 3. Aufl. 1996, S. 17f.

[514] Vgl. zum Konzept und zur Verteilung der Abwägungszuständigkeit *Riehm*, Abwägungsentscheidungen in der praktischen Rechtsanwendung, 2006, S. 193 ff.

3. Der *effet utile* beruft sich als Auslegungsgrundsatz mit dem Prinzip der Effektivität auf einen relativen Begriff. Bei der Verwendung des *effet utile* im Unionsrecht lässt sich Effektivität auf zwei Dinge beziehen. Zum einen kann damit die effektive Verwirklichung einer bestimmten unionsrechtlichen Zwecksetzung gemeint sein, zum anderen die wirksame Umsetzung einer bereits definitiven unionsrechtlichen Normvorgabe. In der ersten Konstellation wird der *effet utile* als Grundsatz der Auslegung, d.h. der Bestimmung der Reichweite einer europarechtlichen Norm verwendet, während er in der zweiten Konstellation die Umsetzung bereits von ihrem Umfang her bestimmter europarechtlicher Vorgaben im nationalen Recht betrifft. Diese Unterscheidung zwischen der Auslegungs- und der Umsetzungsebene spiegelt die bereits unter § 1.B aufgezeigte Unterscheidung zwischen dem *effet utile* als Ausdruck des Einwirkungsanspruchs im materiellen (Auslegung) und im institutionellen Recht (Umsetzung) wider. Sein besonderes argumentatives Gewicht kann der *effet utile* vor allem auf der Umsetzungsebene entfalten, auf der die Geltung und die Reichweite einer bestimmten Norm nicht infrage stehen. Auf der Auslegungsebene ist die anhand des *effet utile* propagierte Verwirklichung einer bestimmten europarechtlichen Zwecksetzung indessen wie bei jedem anderen teleologischen Argument stets von einer Abwägung mit anderen rechtlich relevanten Zwecksetzungen abhängig.
4. In keiner seiner drei in der Rechtsprechung ermittelten Varianten (Gebot der Mindesteffektivität, Grundsatz der praktischen Wirksamkeit, Maximierungsgebot, vgl. § 1.A.II) kann der *effet utile* eine Abwägung mit gegenläufigen Zwecksetzungen bei der Auslegung entbehrlich machen. Soweit er sich mit der Beschränkung der Zweckverwirklichung auf das zur minimalen bzw. zur praktisch sinnvollen Verwirklichung Gebotene beschränkt, lässt sich das Maß dieser praktischen oder Mindesteffektivität nicht ohne eine abwägende Betrachtung gewinnen. Aber auch wenn man die Reichweite einer solchen Mindesteffektivität bestimmt hat, ist es dennoch denkbar, dass die propagierte Zwecksetzung in der Abwägung mit gegenläufigen Zwecksetzungen zurücktritt.
5. Damit ist es für eine sinnvolle Verwendung des *effet utile* auf der Auslegungsebene entscheidend, relevante gegenläufige Zwecksetzungen ausfindig zu machen und diese auf der Abwägungsebene des teleologischen Arguments zu berücksichtigen. Die gegenläufigen Prinzipien können dabei aus dem Unionsrecht selbst, aber auch aus dem nationalen Recht stammen. Dass national-rechtliche Prinzipien bei der Auslegung des Unionsrechts eine Rolle spielen, ergibt sich aus dem fragmentarischen Charakter des materiellen Unionsrecht. Das Unionsrecht, das auf dem Prinzip der begrenzten Einzelermächtigung beruht, weist notwendigerweise einen solchen fragmentarischen Charakter auf; es regelt einzelne Fragen, während das Recht der Mitgliedstaaten den Anspruch aufweisen muss, alle rechtlich relevanten Fragen zu regeln. Dieses Zusammentreffen des vorrangigen Unionsrechts mit dem Vollständigkeitsanspruch der Mitgliedstaaten führt zu einem Spannungsverhältnis, das die Methodenlehre des Unionsrechts zu einem wesentlichen Teil beeinflusst. Gerade in den Bereichen, in denen der textliche Befund des Unionsrechts einzelne Fragen offen lässt, sind bei deren Auslegung stets die Regelung und der Regelungsanspruch des konkret betroffenen Mitgliedstaates zu berücksichtigen.
6. Dieses Spannungsverhältnis zwischen dem Unionsrecht und den nationalen Rechtsordnungen wird aus methodischer Sicht durch den *effet utile* als Auslegungskriterium veranschaulicht. Der *effet utile* in der Rechtsprechung lässt sich als Ausdruck

des Einwirkungsbedürfnisses bzw. des Einwirkungsanspruchs des Unionsrechts verstehen. Die vorliegende Untersuchung der hermeneutischen Rahmenbedingungen der juristischen teleologischen Argumentation hat allerdings gezeigt, dass die eindimensionale Ausrichtung des *effet utile* allein an der unionsrechtlichen Zwecksetzung den Anforderungen der juristischen Auslegung nicht gerecht werden kann und durch eine Offenlegung der zu berücksichtigenden gegenläufigen Wertungen zu ergänzen ist. Es ist daher die Aufgabe der europarechtlichen Methodenlehre, die Art und Weise der Abwägung gerade im Verhältnis zu gegenläufigen Prinzipien des nationalen Rechts offen zu benennen und das Spannungsverhältnis zwischen dem Vorranganspruch des Unionsrechts bei gleichzeitiger Berücksichtigung seines fragmentarischen Charakters, der sich aus den verbleibenden Kompetenzen der Mitgliedstaaten ergibt, zu beschreiben.

7. Der *effet utile* erweist sich damit eher als Beschreibung denn als Lösung eines schwierigen und vielschichtigen Auslegungsproblems im Verhältnis zwischen zwei Rechtsordnungen. Das mit dem *effet utile* verbundene Problem ist ein Problem der teleologischen Auslegung des Unionsrechts vor dem Hintergrund seiner Kompetenzgrenzen im Verhältnis zum nationalen Recht. Die der teleologischen Auslegung zugrunde liegende Abwägungsentscheidung hängt somit in entscheidender Weise von der Art und Weise der Kompetenzverteilung zwischen dem Europarecht und dem nationalen Recht ab, die – im Rahmen der Analyse der staatsrechtlichen Rahmenbedingungen der Rechtsfindung im Europarecht – Gegenstand des folgenden Kapitels (§ 3) sein wird.

§ 3. Das Kriterium des *effet utile* und die verfassungsrechtlichen Vorgaben der teleologischen Rechtsfindung im Unionsrecht

Die theoretische Analyse des Arguments in § 2 hat den Befund bestätigt, dass es sich bei dem *effet utile* um einen Grundsatz der Auslegung im Verhältnis zwischen Unionsrecht und nationalem Recht handelt. Im Rahmen dieser Analyse sind zwar die theoretischen Vorgaben der teleologischen Argumentation mit dem *effet-utile*-Kriterium präzisiert worden. Sie konnte allerdings – wie dies von methodisch-analytischen Erkenntnissen nicht anders zu erwarten ist – lediglich abstrakte Vorgaben für die Rechtsfindung aufstellen, ohne die Besonderheiten der konkret betroffenen Rechtsordnungen zu berücksichtigen. Die weitere Untersuchung des *effet-utile*-Problems im Unionsrecht muss daher abschließend die konkreten verfassungsrechtlichen Rahmenbedingungen der Rechtsfindung im Unionsrecht untersuchen, insbesondere soweit dessen Verhältnis zu nationalen Recht betroffen ist.

Die rechtstheoretische Analyse hat einerseits gezeigt, dass verfassungsrechtliche Vorgaben eine der wesentlichen Quellen für die Begründung und die Kritik methodischer Instrumente darstellen (vgl. § 2.A.II.3). Die Einordnung des *effet utile* als Kriterium der teleologischen Rechtsfindung macht andererseits deutlich, dass mit den Zwecksetzungen einer bestimmten Rechtsordnung unmittelbar auf die rechtspolitischen Grundlagen des Rechts zurückgegriffen wird (vgl. § 2.B.I.3). Da eine solche teleologische Methode geeigent ist, sich über die Kompetenzen der Rechtsprechung hinwegzusetzen, liegt das verfassungsrechtliche Problem der teleologischen Auslegung bzw. Rechtsfortbildung vor allem in der Bestimmung ihrer Grenzen.[515] Diese Grenzen, die im national-rechtlichen Kontext (auch unter Berücksichtigung der Einwirkungen des Unionsrechts)[516] bereits ausführlich untersucht worden sind, gilt es im Hinblick auf die Besonderheiten der „neuen Rechtsordnung" des Unionsrechts zu präzisieren. Schließlich handelt es sich bei dem *effet utile* um ein Rechtsfindungsproblem im Verhältnis zweier Rechtsordnungen, bei dessen Lösung ein Rückgriff auf die gewohnten Methoden und Kategorien der Rechtsfindung an ihre Grenzen stößt und daher eine Analyse der verfassungsrechtlichen Rahmenbedingungen der Rechtsfindung in besonderem Maße erforderlich ist.

Die Untersuchung dieser Vorgaben wird vor allem die folgenden Aspekte im Blick haben: Zunächst hängen die Vorgaben für die Rechtsfindung entscheidend vom Verhältnis zwischen Unionsrecht und nationalem Recht ab. Im Rahmen des ersten Abschnitts (A) wird daher zunächst die Frage nach der (innerstaatlichen) Geltung des Unionsrechts (A.I) und seinen kompetenziellen Grenzen (A.II) im Vordergrund stehen. Ausgehend von der methodologischen Erkenntnis, dass das Problem der teleologischen Rechtsfindung vor allem das Problem ihrer Grenzen ist, werden anschließend die ver-

[515] Vgl. *Wank*, Grenzen richterlicher Rechtsfortbildung, 1978, S. 15 f. u. passim; *Neuner*, Die Rechtsfindung contra legem, 2. Aufl. 2005, S. 85 ff.

[516] Ausführlich *Herresthal*, Rechtsfortbildung im europarechtlichen Bezugsrahmen, 2006, S. 171 ff.

fassungsrechtlichen Vorgaben und Rahmenbedingungen der teleologischen Rechtsfindung durch die Gerichte näher untersucht, wobei das Hauptaugenmerk auf etwaigen Besonderheiten des Unionsrecht liegen wird (B). Diese Besonderheiten ergeben sich aus dem Umstand, dass die Grenzen der (teleologischen) Rechtsfindung aus Sicht der an einer Einheitsrechtsordnung orientierten klassischen Methodenlehre ausschließlich aus organkompetenzieller Sicht, d.h. unter Berücksichtigung der Abgrenzung der Aufgaben und Machtbereiche von Judikative und Legislative bestimmt wurden (B.II). Bei der Rechtsfindung im Unionsrecht hat sich aber bereits gezeigt, dass im Verhältnis zum nationalen Recht gerade die verbandskompetenziellen Grenzen von Bedeutung für die (teleologische) Rechtsfindung sind (B.III).

Abschließend werden anhand dieser staatsrechtlichen Vorgaben die unterschiedlichen Formen des *effet-utile*-Arguments mit dem Ziel analysiert, Kriterien für die Verwendung dieses Grundsatzes aufzustellen (C). Von besonderer Bedeutung für die folgende Untersuchung wird zum einen die (theoretische) Erkenntnis sein, dass teleologische Argumente im Wesentlichen von der Abwägung der zu verwirklichenden Zwecksetzung mit gegenläufigen Prinzipien abhängen. Handelt es sich – wie beim *effet-utile*-Argument – um eine teleologische Auslegung im Verhältnis zwischen Unionsrecht und nationalem Recht, stellt sich daher vor allem die Frage, welche gegenläufigen Zwecksetzungen als Abwägungsmaterial in die Abwägungsentscheidung einzustellen sind, insbesondere, ob und in welcher Form national-rechtliche Wertungen und Belange bei der Auslegung des Unionsrechts im Rahmen der Abwägung zu berücksichtigen sind (C.II). Zum anderen wird die Unterscheidung zwischen der Verwendung des *effet utile* auf der Auslegungs- und auf der Umsetzungsebene weiterverfolgt, die sich sowohl auf der deskriptiven (§1.B.I) als auch auf der theoretischen Ebene (§2.C.III.1) herausgebildet hat.

Gerade bei der folgenden verfassungsrechtlichen Analyse der Rechtsfindung anhand des *effet-utile*-Kriteriums gilt es wiederum, eine Vorgabe für die vorliegende Untersuchung hervorzuheben: Trotz der intensiven Wechselwirkungen zwischen Unionsrecht und nationalem Recht, die eine Betrachtung der nationalen Perspektive erforderlich machen, betrifft die folgende Analyse primär eine Analyse der Funktionsbedingungen des *effet-utile*-Arguments im Recht der EU. Zwar können die nationalen Geltungsgrenzen des Unionsrechts dabei nicht völlig ignoriert werden (vgl. A.III). Die Kriterien der Rechtsfindung *nach dem Unionsrecht* können sich aber nicht nach den jeweils unterschiedlichen Vorgaben des jeweiligen nationalen Verfassungsrechts bestimmen, sondern allein nach den Vorgaben des Unionsrechts. Inwiefern diese für eine Berücksichtigung mitgliedstaatlicher Belange offen sind, ist wiederum eine andere, indessen ebenfalls unionsrechtliche Frage.

A. Verhältnis zwischen Unionsrecht und nationalem Recht

Auch wenn die in §2 erarbeiteten Kriterien der Rechtsfindung als allgemeine Prinzipien grundsätzlich in allen Rechtsordnungen Anwendung finden, lassen sie sich dennoch nicht ohne Modifikationen auf die Rechtsfindung im Unionsrecht übertragen. Denn die Regeln sind vor dem Hintergrund einer einheitlichen Rechtsordnung mit Vollständigkeitsanspruch entwickelt worden, die das Unionsrecht gerade nicht bietet. Aber auch die Rahmenbedingungen des Völkerrechts sind für das Unionsrecht nicht ohne weiteres einschlägig. Die hohe Bedeutung der verfassungsrechtlichen Vorgaben der Methoden macht deutlich, dass die einschlägigen Methoden von Rechtsordnung zu Rechtsordnung variieren und in erheblicher Weise von den jeweiligen verfassungsrechtlichen Vorgaben beeinflusst werden. Das Unionsrecht weist insofern zwei elementare Besonderheiten auf, die eine eigenständige Bewertung und Behandlung im Rahmen der Rechtsfindung erfordern. Im vorliegenden Abschnitt (A) werden diese Besonderheiten und ihre Grundlagen näher untersucht.

Dabei handelt es sich zum einen um den *Anspruch unmittelbarer Geltung* und dem damit zwangsläufig verbundenen Vorranganspruch gegenüber dem nationalen Recht (vgl. näher unter I.2.a)). Entscheidend für die Auslegung ist daher der (offenkundige) Autonomieanspruch des Unionsrechts, das sich als eigenständige Rechtsordnung weder streng an den Auslegungsmodalitäten des nationalen Rechts noch an denjenigen des Völkerrechts orientieren kann, sondern Besonderheiten aufweist, welche die Entwicklung eines eigenständig akzentuierten Auslegungskanons rechtfertigen, so wie er vom EuGH auch entwickelt worden ist.[517] Die zweite Besonderheit, die in der Analyse der Rechtsfindungsmethoden des Unionsrechts häufig vernachlässigt wird, steht im unmittelbaren Zusammenhang zu diesem Geltungsanspruch, indem sie diesen einschränkt. Das Unionsrecht beruht neben dem unmittelbaren Geltungs- und Effektivitätsanspruch auf dem *Prinzip der begrenzten Einzelermächtigung* und stellt eigenständige Kriterien für die Begrenzung seiner Geltung auf (vgl. unter II). Schließlich ist noch darauf einzugehen, dass die innerstaatliche Anwendung des Unionsrechts auch von den Vorgaben des nationalen Verfassungsrechts abhängig ist; diese Vorgaben werden für die Bundesrepublik Deutschland, insbesondere nach der Rechtsprechung des BVerfG näher erörtert, soweit sie eine Rolle für die Auslegungsentscheidung im Unionsrecht spielen (vgl. hierzu unter III).

I. Autonomie und Effektivitätsanspruch des Unionsrechts

Der Anspruch auf effektive Verwirklichung der Zwecksetzungen des Europarechts, der den Kern des *effet-utile*-Arguments darstellt, ist zwar ein Anspruch, den jede Rechtsordnung aufstellt. Anders als die grundsätzlich abgeschlossenen[518] und auf sich bezogenen nationalen Rechtsordnungen ist das Recht der Europäischen Union aber darauf hin angelegt, sich seinen Geltungsanspruch mit demjenigen des nationalen Rechts

[517] Zur Eigenständigkeit der Auslegungsmethoden des EuGH vgl. insbesondere *Lecheler*, Einführung in das Europarecht, 2. Aufl. 2003, S. 48 f., 139 ff.; *Oppermann/Classen/Nettesheim*, Europarecht, 5. Aufl. 2011, § 9 Rn. 165 ff. (= S. 143 ff.); *Streinz*, ZEuS 2004, 387, 401 ff.: *Seyr*, Der *effet utile* in der Rechtsprechung des EuGH, 2008, S. 30 ff.; *Böhm*, Kompetenzauslegung und Kompetenzlücken im Gemeinschaftsrecht, 1985, S. 58 f.; *Schroeder*, Das Gemeinschaftsrechtssystem, 2002, S. 107 f.; *ders.*, JuS 2004, 180 ff.; vgl. bereits, *Kutscher*, in: Gerichtshof der Europäischen Gemeinschaften (Hrsg.), Begegnung von Justiz und Hochschule, 1976, I-32 ff.; *ders.*, EuR 16 (1981), 392 ff.; differenzierend der Befund bei *Anweiler*, Die Auslegungsmethoden des Gerichtshofs der Europäischen Gemeinschaften, 1997, S. 376 ff.; *Buck*, Über die Auslegungsmethoden des Gerichtshofs der Europäischen Gemeinschaften, 1998, S. 233 ff.; *Ukrow*, Richterliche Rechtsfortbildung durch den EuGH, 1995, S. 109 ff.

[518] Zur Öffnung der nationalen Rechtsordnung gegenüber dem Völkerrecht und dem Unionsrecht aus Sicht des GG (insoweit wird vom Grundsatz der „offenen Staatlichkeit" gesprochen) vgl. Maunz/Dürig-*Scholz*, GG, Art. 23 Rn. 3; BVerfGE – *Lissabon*; vgl. auch *Herresthal*, Rechtsfortbildung im europarechtlichen Bezugsrahmen, 2006, S. 123 m. w. N., aus der Regelung in Art. 23 GG ein Staatsprinzip der integrierten Staatlichkeit ableitet.

ihrer Mitgliedstaaten zu teilen. Es ist daher keine (ab-)geschlossene Rechtsordnung, sondern vielmehr auf eine Einwirkung in einer Vielzahl anderer Rechtsordnungen hin angelegt. Aus diesem Grund ist der Anspruch unmittelbarer und effektiver Geltung seiner Vorgaben – anders als im nationalen Recht – keine aus dem Rechtsbegriff als solchem folgende Selbstverständlichkeit; vielmehr ist die Frage nach der Effektivität im Verhältnis zu den Rechtsordnungen des nationalen Rechts, mithin die Frage nach der Intensität und der Art und Weise der Einwirkung des Unionsrechts in diese, stets eine Frage des Maßes.

1. Völkerrechtliche Grundlage und Autonomie des Unionsrechts

Das Recht der EU beruht auf völkerrechtlichen Verträgen, die von den Mitgliedstaaten als Völkerrechtssubjekten untereinander geschlossen wurden.[519] Diese völkerrechtliche Grundlage wird im Vertrag von Lissabon bekräftigt und durch ergänzende Bestimmungen im Vergleich zum Inhalt der bisherigen Verträge verdeutlicht (vgl. Artt. 1 Abs. 1, 4f., 48 Abs. 2 S. 2 EUV).[520] Auch wenn diese völkerrechtliche Grundlage der EU nicht geleugnet wird, hat der EuGH im Einklang mit einer starken Meinung in der Literatur jedenfalls zu den alten Verträgen (EUV, EGV a. F.) die Auffassung vertreten, bei dem Unionsrecht handele es sich aufgrund des geschaffenen Integrationsstands, der institutionellen Eigenständigkeit, der Weite der Handlungsbefugnisse und des unmittelbaren Regelungsanspruchs des Europarechts um eine eigenständige *Rechtsordnung sui generis.*[521] Im Gegensatz zu dieser „autonomistischen" Lösung gehen die sog. „Traditionalisten" davon aus, dass das Europarecht trotz Anerkennung seiner Besonderheiten nach wie vor Völkerrecht ist und dass dessen Besonderheiten auch auf völkerrechtlicher Grundlage Rechnung getragen werden kann.[522]

Die Beantwortung der Frage nach der Loslösung vom Völkerrecht und die Einordnung als *Rechtsordnung sui generis* hängen mit den Rechtsfolgen zusammen, die hieran geknüpft werden. So geht das BVerfG etwa trotz Anerkennung des eigenständigen Charakters des Unionsrechts letztlich in Einklang mit der völkerrechtlichen

---

[519] Vgl. etwa die Einleitung des EUV v. 13.12.2007, Abl. 2008 C. 306, wo die Mitgliedstaaten als Vertragsparteien angegeben sind; *Streinz*, Europarecht, 9. Aufl. 2012, Rn. 121 ff.; *ders.*, Bundesverfassungsgerichtlicher Grundrechtsschutz und Europäisches Gemeinschaftsrecht, 1989, S. 125 f.

[520] Letztere Vorschrift (Art. 48 Abs. 2 S. 2 EUV) ermöglicht den Mitgliedstaaten sogar, die der Union übertragenen Zuständigkeiten zu verringern, und zeigt damit die Abhängigkeit des Europarechts von der Mitwirkung und Kompetenzübertragung durch die Mitgliedstaaten auf. Sie ist zwar ein starkes, indessen kein zwingendes Indiz für eine völkerrechtliche Qualifikation der Verträge.

[521] Vgl. insbesondere *H. P. Ipsen*, Europäisches Gemeinschaftsrecht, 1972, S. 64 (Recht mit Verfassungscharakter ohne Staatscharakter); ähnlich auch *Badura*, VVDStRL 23 (1966), S. 34, 60; *Oppermann/Classen/Nettesheim*, Europarecht, 5. Aufl. 2011, § 5 Rn. 8 ff. (= S. 23 f.), § 10 Rn. 1 ff., 5 ff. (= S. 103 f., 105 ff.); *Pernice*, VVDStRL 60 (2001), 148, 171 ff.; EuGH, Rs. 26/62, Slg. 1963, 1 ff. Ls. 3, S. 25 – *Van Gend & Loos* („neue Rechtsordnung des Völkerrechts"); EuGH, Rs. 6/64, Slg. 1964, 1251, Ls. 3, S. 1269 – *Costa/ENEL* („eigene Rechtsordnung"); EuGH, Rs. 14/68, Slg. 1969, 1 ff. – *Walt Wilhelm*; ähnlich auch BVerfGE 37, 271, 277 f. – *Solange I* („eigenständige Rechtsordnung, die aus einer autonomen Quelle fließt").

[522] So insbesondere *Streinz*, Bundesverfassungsgerichtlicher Grundrechtsschutz und Europäisches Gemeinschaftsrecht, 1989, S. 125 ff.; *ders.*, Europarecht, 8. Aufl. 2008, Rn. 123 ff.; ähnlich die fortdauernde Abhängigkeit der EU von Akten der Mitgliedstaaten betonend *Huber*, VVDStRL 60 (1991), 194, 219 ff.

Vollzugstheorie[523] davon aus, dass die Wirkung des EU-Rechts in der Bundesrepublik von einem auf der Grundlage des Art. 23 Abs. 1 GG erteilten Rechtsanwendungsbefehl durch ein entsprechendes Zustimmungsgesetz abhängt, das seinerseits als Rechtsakt nach dem deutschen Grundgesetz einer Normenkontrolle anhand des Grundgesetzes unterliegt.[524] Im Ergebnis haben die unterschiedliche Qualifikationen hinsichtlich der Rechtsnatur des Europarechts vor allem Auswirkungen auf die Frage nach dem Grund und den Grenzen seiner innerstaatlichen Anwendbarkeit.[525]

Inwiefern die Besonderheiten des Unionsrechts zu einer Überwindung der völkerrechtlichen Grundlagen des Unionsrechts führen, bedarf daher vorliegend keiner weiteren Klärung.[526] Für die hier zunächst im Vordergrund stehende Frage nach den Besonderheiten, die sich für die Auslegung des Unionsrechts im Verhältnis zum nationalen Recht ergeben, genügt die allgemein anerkannte Feststellung, dass das Unionsrecht sowohl im Vergleich zum Völkerrecht als auch im Vergleich zum nationalen Recht zahlreiche Besonderheiten aufweist, die eine eigenständige Behandlung dieses Rechtsgebiets erforderlich machen. Nicht zuletzt deckt sich dies auch mit der Auffassung des EuGH, der das für die Auslegung und die Bestimmung der europarechtlichen Wirkungen des Europarechts zuständige Organ ist (vgl. Art. 19 Abs. 1 EUV). Unabhängig von seiner innerstaatlichen Qualifikation als Völkerrecht oder als Rechtsordnung *sui generis*, gilt es die Charakteristika dieser Rechtsordnung herauszuarbeiten, die für seine Auslegung im Verhältnis zum nationalen Recht eine Rolle spielen. Worin die Eigenständigkeit des Europarechts begründet liegt, soll – bezogen auf die für die Auslegung wesentlichen Aspekte – im Folgenden untersucht werden.[527]

2. Charakteristika der Autonomie des Unionsrechts

Der eigenständige, supranationale[528] Charakter des Unionsrechts gründet sich vor allem auf zwei Aspekte, nämlich auf die institutionellen Verselbständigung der supranationalen Organisation sowie auf den unmittelbaren Geltungsanspruch des supranationalen Rechts.[529] Zum einen weist die Union nach dem Vertrag von Lissabon – ebenso

---

[523] Vgl. *Schweitzer*, Staatsrecht III, 10. Aufl. 2010, Rn. 423, 443 ff.; *Randelzhofer*, AöR 1974, Beiheft 1, 18 ff.; im Zusammenhang mit den EU-Verträgen nach Lissabon BVerfGE 123, 267, 398 ff. – *Lissabon*.

[524] BVerfGE 52, 187, 199; BVerfGE 73, 339, 375 – *Solange II*; BVerfGE 75, 223, 240; BVerfGE 89, 155, 190 – *Maastricht* („Staatenverbund, dessen Gemeinschaftsgewalt sich von den Mitgliedstaaten ableitet und... nur kraft des deutschen Rechtsanwendungsbefehls verbindlich wirken kann"); BVerfGE 102, 137, 163 f. – *Bananenmarkt*; BVerfGE 123, 267, 401 ff. – *Lissabon*; vgl. auch Maunz/Dürig- *Scholz*, GG, Art. 23 Rn. 23, 68.

[525] Vgl. näher hierzu unter III. Zur praktischen Bedeutung der Frage im Übrigen *Streinz*, Europarecht, 9. Aufl. 2012, Rn. 128.

[526] Diese Frage wird in der Literatur als Glaubensfrage behandelt, vgl. nur die Nachweise bei *Huber*, VVDStRL 60 (1991), 194, 219 Fn. 187; insbesondere *MacCormick*, JZ 1995, 797, 800. Zur im Europarecht vorherrschenden und vom EuGH akzeptierten Sichtweise der Eigenständigkeit des Unionsrechts vgl. die Nachweise in Fn. 521.

[527] Aus rechtstheoretischer Sicht vgl. etwa *Grussmann*, in: v. Danwitz/Heintzen/Jestaedt/Korioth/Reinhardt (Hrsg.), Auf dem Wege zu einer Europäischen Staatlichkeit, 1993, S. 47, 58 ff.

[528] Zum Begriff vgl. *Streinz*, Bundesverfassungsgerichtlicher Grundrechtsschutz und Europäisches Gemeinschaftsrecht, 1989, S. 126 ff.; *Oppermann/Classen/Nettesheim*, Europarecht, 5. Aufl. 2011, § 4 Rn. 8 ff. (= S. 23 f.), § 9 Rn. 12 f. (= S. 107).

[529] So insbesondere *H. P. Ipsen*, Europäisches Gemeinschaftsrecht, 1972, S. 70 f.; *v. Bogdandy*, in: v. Danwitz/Heintzen/Jestaedt/Korioth/Reinhardt (Hrsg.), Auf dem Wege zu einer Euro-

wie zuvor die EG – ein starkes institutionelles System auf, das weitreichende Tätigkeiten in der Rechtsetzung und teilweise auch bei der Durchsetzung des Rechts ermöglicht.[530] Der für die Auslegung weitaus bedeutsamere Aspekt der Supranationalität ist jedoch der Umstand, dass sich die Normen des Unionsrecht zu einem erheblichen Teil unmittelbar an die Bürger der Mitgliedstaaten richten und deren Rechtsverhältnisse – zumeist in Konkurrenz mit dem nationalen Recht – regeln. Aus diesem Anspruch unmittelbarer Geltung (a)) ergibt sich auch der grundsätzliche Vorranganspruch (b)) des Unionsrechts gegenüber nationalem Recht jeder Rangstufe.[531] Bei der Auslegung des Unionsrechts ist daher zu berücksichtigen, dass dieses unmittelbar und überdies mit Vorranganspruch gegenüber dem nationalen Recht Rechtsfolgen bestimmen kann und damit in die unterschiedlichen Rechtssysteme der Mitgliedstaaten eingreift. Von Bedeutung für die Frage der Auslegung ist schließlich der Grundsatz der Einheitlichkeit des Unionsrechts (c)). Insgesamt beruhen alle diese Aspekte auf dem im Grundsatz des *effet utile* zum Ausdruck kommenden Gedanken der Effektivität der Rechtsordnung der EU (d))

a) Unmittelbare Geltung

Bereits zu Beginn der Rechtsprechungstätigkeit hat der EuGH klargestellt, dass die Normen des Unionsrechts in den Rechtsordnungen der Mitgliedstaaten unmittelbare Geltung entfalten und damit den supranationalen, über die Wirkung des Völkerrechts hinausgehenden Charakter dieser Rechtsordnung begründen.[532] Für Verordnungen ergibt sich dies unmittelbar aus Art. 288 Abs. 2 AEUV (= Art. 249 Abs. 2 EG), gilt aber nach ständiger Rechtsprechung auch für das Primärrecht, soweit dieses sich hinreichend deutlich an Individuen richtet.[533] Der unmittelbare Regelungsanspruch ergibt sich aus dem Adressatenkreis einer Rechtsnorm. Die zugehörige Konsequenz der unmittelbaren Geltung, die der EuGH hieraus gezogen hat, ist zwar weder vom Wortlaut noch unter Effektivitätsgesichtspunkten zwingend; sie entspricht jedoch dem Geist des Unionsrechts und dem autonomen Charakter der Verträge und wird heutzutage zu Recht nicht mehr infrage gestellt.[534] Eine unmittelbare Geltung kommt allerdings nur dann infrage, wenn eine solche von der jeweiligen europarechtlichen Norm nach Wortlaut und Zweck auch gefordert wird.[535]

---

päischen Staatlichkeit, 1993, S. 9, 15; vgl. auch die kritische Analyse bei *Streinz*, Bundesverfassungsgerichtlicher Grundrechtsschutz und Europäisches Gemeinschaftsrecht, 1989, S. 126 ff. sowie *dens.*, Europarecht, 8. Aufl. 2008, Rn. 123 f.; vgl. zu weiteren Aspekten *Oppermann/Classen/Nettesheim*, Europarecht, 5. Aufl. 2011, § 4 Rn. 8 ff. (= S. 23 f.), die auf die breite der Aufgabenbereiche, die Verpflichtung auf gemeinsame politische Grundwerte, das autonome und intensive Rechtsetzungsverfahren, die finanzielle Selbständigkeit, den umfänglichen Rechtsschutz und die Unvollendetheit und Dauerhaftigkeit der Union abstellen.

[530] Damit geht die Integration in der Gemeinschaft weit über die Integrationstiefe von Organisationen auf völkerrechtlicher Grundlage hinaus. Zum Grad der Verselbständigung der Union nach dem Vertrag von Lissabon vgl. BVerfGE 123, 267, 349 ff. – *Lissabon*.

[531] Vgl. EuGH, Rs. 6/64, Slg. 1964, 1251 ff. – *Costa/ENEL*; EuGH, Rs. 106/77, Slg. 1978, 629 Rn. 17/18 – *Simmenthal*; EuGH, Rs. 1/70, Slg. 1970, 1125 – *Internationale Handelsgesellschaft*.

[532] EuGH, Rs. 16/61, Slg. 1963, 1 – *van Gend en Loos*.

[533] EuGH, Rs. 16/61, Slg. 1963, 1 – *van Gend en Loos*.

[534] Vgl. *Streinz*, Europarecht, 9. Aufl. 2012, Rn. 448 f.; zum (weitergehenden) Prinzip des Vorrangs Grabitz/Hilf/Nettesheim-*Nettesheim*, Das Recht der Europäischen Union, 46. EL 2011, Art. 1 AEUV Rn. 71.

[535] EuGH, Rs. 16/61, Slg. 1963, 1 – *van Gend en Loos;* Grabitz/Hilf/Nettesheim-*Nettesheim*, Das Recht der Europäischen Union, 46. EL 2011, Art. 1 AEUV Rn. 76.

b) Vorrang

Aus dem unmittelbaren Geltungsanspruch ergibt sich zunächst die Notwendigkeit einer Kollisionsregel im Verhältnis zum ebenfalls unmittelbar anwendbaren nationalen Recht, die der EuGH überzeugend durch die Annahme eines Anwendungsvorrangs des Unionsrechts gegenüber nationalem Recht jeder Rangstufe gelöst hat.[536] Mit dieser Vorrangregel begründet der EuGH eine ungeschriebene Norm des primären Unionsrechts,[537] die er im Wesentlichen unter Rückgriff auf den Charakter der Rechtsordnung des Unionsrechts, seine effektive Geltung und den Anspruch auf einheitliche Geltung begründet. Anhaltspunkte für die Anerkennung des Vorrangs ergeben sich im Umkehrschluss aus Art. 4 Abs. 3 EUV und Art. 288 Abs. 2 AEUV, ferner aus Art. I-6 des Entwurfs für einen Europäischen Verfassungsvertrag sowie aus der Erklärung Nr. 17 zur Schlussakte der Regierungskonferenz, die den am 13. Dezember 2007 unterzeichneten Vertrag von Lissabon angenommen hat. Diese Rechtsprechung ist die logische Konsequenz aus der Anerkennung der unmittelbaren und einheitlichen Geltung des Unionsrechts und wird in der Literatur in allen Mitgliedstaaten im Wesentlichen gebilligt.[538] Der Vorrang des Unionsrechts reicht aber selbstverständlich nur so weit wie das Unionsrecht selbst. Aus ihm kann nicht abgeleitet werden, dass auch die hinter einer europarechtlichen Norm stehenden Zwecksetzungen über ihren in den Rechtsakten verkörperten teleologischen Gehalt hinaus Vorrang vor solchen des nationalen Rechts beanspruchen müssen. Das Vorrangprinzip ist von der Reichweite der Geltung des Unionsrechts abhängig, die Frage nach der Reichweite einer unionsrechtlichen Norm ist der Frage nach ihrem Vorrang damit vorgelagert.[539]

c) Einheitlichkeit

Die vom EuGH bemühte Argumentation zeigt, dass die unmittelbare Geltung, der Vorrang und auch die Einheitlichkeit des Unionsrechts zusammenhängen und sich aus dem Wortlaut und dem Geist der Verträge ergeben.[540] Denn das Unionsrecht wäre nicht als solches unmittelbar anwendbar, wenn es in unterschiedlichen Mitgliedstaaten in unterschiedlicher Weise gelten würde. Dies würde dem Integrationsgedanken

---

[536] Vgl. EuGH Rs. 6/64, Slg. 1964, 1251 – *Costa/ENEL*; EuGH, Rs. 106/77, Slg. 1978, 629 – *Simmenthal II*; EuGH, verb. Rs. C-10/97, Slg. 1998, I-6307 – *IN.CO.GE*; ausführlich *Streinz*, Europarecht, 9. Aufl. 2012, Rn. 214 ff.; *Oppermann/Classen/Nettesheim*, Europarecht, 5. Aufl. 2011, § 10 Rn. 3 ff. (= S. 149 ff.) m.w.N.

[537] Vgl. BVerfGE 73, 339, 375 – *Solange II*.

[538] Vgl. *Streinz*, Europarecht, 9. Aufl. 2012, Rn. 203; *Oppermann/Classen/Nettesheim*, Europarecht, 5. Aufl. 2011, § 10 Rn. 3 ff. (= S. 149 ff.) m. w. N.; *Craig/De Burca*, EU Law, 5. Aufl. 2011, S. 268 ff.

[539] Dies zeigt das Problem der Vorrangregel bei sog. indirekten Normenkollisionen, vgl. dazu bereits § 1.B.III.3.b)aa); *Schroeder*, Das Gemeinschaftsrechtssystem, 2002, S. 387 ff.; *v. Danwitz*, Verwaltungsrechtliches System und Europäische Integration, 1996, S. 112 mit der zutreffenden Kritik eines funktional verstandenen Vorrangprinzips, das zur Bestimmung der Reichweite unionsrechtlicher Normen nichts beitragen kann, vgl. auch *dens.*, a. a. O., S. 115 f., der die Unbestimmtheit des Vorranganspruchs gerade am Problem der „indirekten Normenkollisionen" festmacht. Vgl. dazu näher unter § 1.B.III.3.

[540] Bereits in EuGH, Rs. 6/64, Slg. 1964, 1251, 1269 – *Costa/ENEL* betont der Gerichtshof die Gefahr, die sich aus der unterschiedlichen Anwendung des Gemeinschaftsrechts ergeben könnte; EuGH, Rs. 28/67, Slg. 1968, 215 sub 1 D – *Molkereizentrale*; EuGH, verb. Rs. C-143/88 und C-92/89, Slg. 1991, I-415 Rn. 26 – *Zuckerfabrik Süderdithmarschen*; EuGH, Rs. 61/79, Slg. 1980, 1205 Rn. 15 – *Denkavit Italiana*; Vgl. auch *Lecourt*, L'europe des juges, 1976, S. 264 ff.; *Schroeder*, Das Gemeinschaftsrechtssystem, 2002, S. 429 f.

einer supranationalen Rechtsordnung zuwiderlaufen. Ebenso wie der Vorrang ist die einheitliche Geltung des Unionsrechts indessen keine absolute, sondern eine auf den Geltungsbereich und die Reichweite des Unionsrechts selbst beschränkte Forderung. Ebenso wie hinsichtlich des Vorrangs ist die Frage der Einheitlichkeit eine Frage des Maßes – die Einheitlichkeit gilt nur im Rahmen der – durch Auslegung und Rechtsfortbildung zu ermittelnden – Reichweite der Geltung des Unionsrechts. Nicht zuletzt zeigen die Anerkennung von Richtlinien als bloße Zielvorgaben und die im Rahmen der Grundfreiheiten entwickelten inhaltlichen Schranken[541] des Unionsrechts auf, dass der Anspruch auf einheitliche Geltung gewissen Schranken unterliegen muss.[542] Er gilt nur, soweit die Normen des Unionsrecht reichen und auch nur, soweit sie eine einheitliche Geltung fordern, was im Einzelfall zu ermitteln ist.

d) Effektivitätsanspruch des Unionsrechts und seiner Zwecksetzungen

Mit den Forderungen nach Einheitlichkeit, unmittelbarer Geltung und dem Vorrang verbunden ist auch die Effektivität des Unionsrechts.[543] Insoweit gilt es aber, zwischen zwei theoretischen Ebenen der Effektivität zu unterscheiden, die das Unionsrecht beansprucht. Die soeben genannten Prinzipien sind Ausdruck des Effektivitätsanspruchs des Unionsrechts als solchem, d.h. der effektiven Geltung und Verwirklichung der Rechtsnormen im Rahmen ihres Inhalts. In diesem Zusammenhang werden auch das Kriterium des *effet utile* bzw. verwandte Gedanken bei der Begründung der Urteile bemüht, auf denen diese Prinzipien beruhen. Eine anders gelagerte, weitergehende Forderung nach Effektivität ist die Forderung nach der Effektivität der dem Unionsrecht zugrunde liegenden materiellen Zwecksetzungen.[544] Auch diese ist ein Prinzip des Unionsrechts, jedoch hat sie andere Wirkungen als das auf die Geltung des Rechts bezogene Effektivitätsprinzip, das Gegenstand der soeben beschriebenen Grundsätze ist. Denn bei diesen Grundsätzen handelt es sich um rein formale Vorgaben für das Verhältnis zwischen dem Unionsrecht und dem nationalen Recht, die ohne Bezug zum Inhalt des Unionsrechts sind. Insofern kann man von einem Grundsatz formeller Effektivität sprechen, während der Grundsatz materieller Effektivität die dem Unionsrecht zugrunde liegenden Zwecksetzungen erfasst.[545]

3. Zwischenergebnis: Forderung nach Effektivität des Unionsrechts und seiner Zwecksetzungen

Die Analyse der Grundlagen der unionsrechtlichen Rechtsordnung hat gezeigt, dass sie aufgrund ihrer Regelungsbreite und aufgrund ihres unmittelbaren Regelungsanspruchs einer eigenständigen Auslegungsmethodik bedarf, die sich von derjenigen des

[541] Vgl. § 1.B.II.2.d).

[542] *Schroeder*, Das Gemeinschaftsrechtssystem, 2002, S. 431; *Nettesheim*, GS Grabitz, 1995, S. 447, 455ff., 463ff.; *Eilmansberger*, Rechtsfolgen und subjektives Recht im Gemeinschaftsrecht, 1997, S. 58f.; *v. Danwitz*, Verwaltungsrechtliches System und Europäische Integration, 1996, S. 120ff.; vgl. auch *Isensee*, in: Bohr (Hrsg.), Föderalismus – Demokratische Struktur für Deutschland und Europa, 1992, S. 139ff.; *Lenz*, EuGRZ 1993, 57, 63.

[543] Vgl. zur Begründung als Rechtsgrundsatz *Lecheler*, Der Grundsatz der Effektivität im Gemeinschaftsrecht – Herkunft und Ausprägung, 2002, S. 9ff.

[544] Vgl. zu dieser Unterscheidung aus theoretischer Sicht bereits unter § 2.C.III.3.

[545] Ähnlich auch *Nettesheim*, AöR 119 (1994), 261, 270, der im Hinblick auf die Wirkung des Unionsrechts gegenüber dem nationalen Recht zwischen der Vorgabe deontischer Widerspruchsfreiheit und der Zweckkonformität unterscheidet.

klassischen Völkerrechts unterscheidet. Dies bedeutet allerdings – trotz des unmittelbaren Geltungsanspruchs – nicht, dass ein Rückgriff auf einen national-staatlichen Methodenkanon angezeigt wäre, denn auch dieser Ansatz würde den supranationalen Charakter der Union und ihrer begrenzten Kompetenz verkennen. Die unmittelbare einheitliche Geltung und der Vorranganspruch des Uniosnrechts gelten gegenüber dem nationalen Recht gerade nicht unbeschränkt, wie die dessen soeben herausgearbeiteten Grenzen zeigen. Gerade für die hier untersuchte Frage nach der Rolle des *effet utile* bei der Auslegung des Unionsrechts führen die soeben beschriebenen Prinzipien nicht weiter, da sie allein die Geltung des einmal in seiner Reichweite bestimmten Unionsrechts postulieren, jedoch keine Aussagen über dessen Reichweite treffen. Dies zeigt sich vor allem daran, dass das Effektivitätsprinzip im Zusammenhang mit der Autonomie des Unionsrechts als Prinzip der formalen Effektivität zu verstehen ist, das allein die effektive Umsetzung der unionsrechtlichen Vorgaben in das nationale Recht fordert, jedoch keine Aussage über die Art und Weise der Verwirklichung der diesem Recht zugrunde liegenden materiellen Zweckvorgaben trifft (vgl. unter 2.d)). Das Verfassungsrecht der Europäischen Union stellt selbst zahlreiche Prinzipien bereit, die den Regelungsanspruch des Unionsrechts zugunsten der Mitgliedstaaten beschränken, auf die im Folgenden näher einzugehen ist.

II. Unionsrechtliche Grenzen der Geltung des Unionsrechts

Der auf einheitliche und unmittelbare Geltung des Unionsrechts gerichtete Anspruch ist durch zahlreiche Grenzen relativiert. Anders als das nationale Recht, das auf die Einheit, die Widerspruchsfreiheit und die Vollständigkeit seiner Rechtsordnung aufbaut, ist das Europarecht als supranationales Recht notwendigerweise punktuell und fragmentarisch und kann keine vollständige Einheitlichkeit und Geltung beanspruchen.[546] Gerade die jüngeren Äußerungen des Bundesverfassungsgerichts zum Vertrag von Lissabon beschäftigen sich eingehend mit den Grenzen der EU-Kompetenzen.[547] Vom nationalen Recht aus betrachtet scheint die Kontrolle sog. „ausbrechender Rechtsakte" (*Ultra-vires-Kontrolle*) im Vergleich zur Problematik der Gewährleistung eines adäquaten Grundrechtsschutzes (*Identitätskontrolle*), die bislang im Vordergrund des Konflikts zwischen dem Vorranganspruch des Unionsrechts und den verfassungsrechtlichen Vorgaben der Mitgliedstaaten stand,[548] an Bedeutung zu gewinnen (vgl. hierzu unter III). Ebenso wie die national-verfassungsgerichtliche Grundrechtskontrolle Anlass gegeben hat, die Grundlagen der Geltung eines Grundrechtsstandards aus der Sicht des Unionsrechts zu präzisieren, besteht Anlass, vor allem die kompetenziellen Grenzen des EU-Rechts vom Blickpunkt des EU-Rechts selbst heraus zu untersuchen und ihre Grenzen für die Rechtsfindung im Unionsrecht fruchtbar zu machen.

---

[546] *V. Bogdandy*, in: v. Danwitz/Heintzen/Jestaedt/Korioth/Reinhardt (Hrsg.), Auf dem Wege zu einer Europäischen Staatlichkeit, 1993, S. 9, 16; *v. Danwitz*, Verwaltungsrechtliches System und Europäische Integration, 1996, S. 100; zu den Folgen dieses begrenzten Regelungsanspruchs für das Verhältnis zum nationalen Recht vgl. aus dem Blickwinkel des Privatrechts *Grigoleit*, AcP 210 (2010), 354, 378 ff.

[547] BVerfGE 123, 267, 351 ff. – *Lissabon*; vgl. bereits die Einschätzung bei *Kraußer*, Das Prinzip begrenzter Einzelermächtigung im Gemeinschaftsrecht als Strukturprinzip des EWG-Vertrags, 1991, S. 14.

[548] Vgl. hierzu *Streinz*, Bundesverfassungsgerichtlicher Grundrechtsschutz und Europäisches Gemeinschaftsrecht, 1989, S. 35 ff.

Für die Auslegungsmethoden des Unionsrecht können nur diejenigen Vorgaben und Grenzen verbindlich sein, die sich aus dem Unionsrecht selbst ergeben. Diese unionsrechtlichen Grenzen ergeben sich zum einen aus den Grenzen der Kompetenzen (unter 1), die der Union zugewiesen sind, und zum anderen aus weiteren begrenzenden unionsrechtlichen Rechtsinstituten (dazu unter 2), insbesondere aus dem Grundsatz des Vertrauensschutzes.[549]

1. Kompetenzielle Grenzen

Dem EUV und dem AEUV liegt ebenso wie allen bisherigen Verträgen der EU bzw. der EG das Konzept einer (funktionellen)[550] *Teilintegration* zugrunde, was insbesondere in der Formulierung des Grundsatzes der begrenzten Einzelermächtigung in Art. 4 Abs. 1 EUV deutlich wird. Dort heißt es ausdrücklich, dass „alle der Union nicht in den Verträgen übertragenen Zuständigkeiten... bei den Mitgliedstaaten (verbleiben)". Dieser Grundsatz wird in Art. 5 Abs. 1 EUV bestätigt.

Diese Kompetenzverteilung hat bedeutsame Auswirkungen auf das Verhältnis der europäischen Rechtsordnung zur denjenigen der Mitgliedstaaten. Der entscheidende, die Reichweite des Unionsrechts begrenzende Faktor ist der Grundsatz der begrenzten Einzelermächtigung (vgl. unter a)). Bei der *Ausübung* der Kompetenzen durch die EU-Organe, haben diese zudem die Grundsätze der Subsidiarität (hierzu unter b)) und der Verhältnismäßigkeit (unter c)) zu wahren, die ebenfalls eine beschränkende Wirkung auf die Wahrnehmung der Kompetenzen durch die EU ausüben.

Untersucht man den Einfluss der Kompetenzverteilung zwischen der Union und den Mitgliedstaaten auf das Verhältnis beider Rechtsordnungen, so gilt es zudem zwischen der abstrakten Kompetenzverteilung einerseits und der *Reichweite konkret wahrgenommener Kompetenzen* der Union zu unterscheiden. Auch wenn in diesem Abschnitt vor allem die erste Frage nach den absoluten Grenzen der EU-Kompetenzen im Vordergrund steht, sind bei der Auslegung gerade auch diejenigen Grenzen des Europarechts zu berücksichtigen, die sich aus der Reichweite der tatsächlich in Anspruch genommenen Kompetenzen ergeben.[551] Während die erste Frage die abstrakte Verteilung der Verbandskompetenz zwischen EU und Mitgliedstaaten betrifft, bezieht letztere Betrachtung auch die organkompetenzielle Zuweisung der Kompetenzwahrnehmung mit ein, die sich grundsätzlich an die europäischen Legislativorgane richtet. Wenn man die normativen Vorgaben für die Tätigkeit der Rechtsprechung des EuGH ermitteln möchte, sind auch diese engeren Grenzen der tatsächlich in Anspruch genommenen Kompetenzwahrnehmung zu beachten. Letztere hängen allerdings wiederum von der

---

[549] Vgl. hierzu und zu weiteren unionsrechtlichen Prinzipien, welche den Geltungsanspruch europarechtlicher Normen einschränkend *Herresthal*, Rechtsfortbildung im europarechtlichen Bezugsrahmen, 2006, S. 292 ff., 301 ff., 345 ff., 350 f.

[550] Zur Funktionalität der Integration vgl. insbesondere *H. P. Ipsen*, Europäisches Gemeinschaftsrecht, 1972, S. 196; *ders.*, EuR 22 (1987), 195, 203 f.; *Oppermann/Classen/Nettesheim*, Europarecht, 5. Aufl. 2011, § 4 Rn. 27 f. (= S. 26), mit dem zutreffenden Hinweis, dass angesichts des erreichten Integrationsstands die funktionelle Begrenzung der Integration den Charakter eines bloßen Zweckverbands überschritten hat.

[551] Vgl. *Ludwigs*, Rechtsangleichung nach Art. 94, 95 EG-Vertrag, 2004, S. 282 f.; *Götz*, in: ders./Martínez Soria (Hrsg.), Kompetenzverteilung zwischen der Europäischen Union und den Mitgliedstaaten, 2002, S. 83, 89.

abstrakten Verteilung der Verbandskompetenz ab, anhand derer sich die äußersten Grenzen zwischen beiden Rechtsordnungen bestimmen lassen.[552]

a) Das Prinzip der begrenzten Einzelermächtigung (Art. 5 Abs. 1 und 2 EUV)

aa) Definition. Das Prinzip der begrenzten Einzelermächtigung ist ein für das Verständnis des Charakters der Rechtsordnung der EU zentrales Prinzip. Zwar wurde zu Beginn die Geltung eines solchen Grundsatzes aus Gründen einer faktischen Kompetenzausweitung durch die Gemeinschaftsorgane und auch aus rechtlichen Gründen bestritten.[553] Die jüngste Reform durch den Vertrag von Lissabon hat es jedoch ausdrücklich in Artt. 4, Abs. 1, 5 Abs. 1 und 2 EUV als zentralen Grundsatz der Kompetenzabgrenzung zwischen Union und Mitgliedstaaten in die Verträge aufgenommen, so dass es heute im praktischen Ergebnis nicht mehr ernsthaft angezweifelt wird.[554] Es ist der unmittelbarste und deutlichste Ausdruck des Grundsatzes der Teilintegration (vgl. dazu bereits oben unter 1). Es zeigt auf, dass die Union anders als souveräne Staaten keine Kompetenz-Kompetenz, d. h. die Möglichkeit, Kompetenznormen autonom zu bestimmen und zu begründen, in Anspruch nimmt.[555] Das Prinzip der begrenzten Einzelermächtigung besagt in Art. 4 Abs. 1 EUV zudem, dass die Kompetenzen, die nicht der Union zugewiesen sind, im Übrigen bei den Mitgliedstaaten verbleiben.[556] Unabhängig davon, wie weit die Kompetenzen der EU in jedem Einzelfall reichen mögen und wer über ihre Reichweite endgültig entscheidet,[557] ergibt sich aus diesem Grundsatz, dass der EU keine Allzuständigkeit zukommt, sie sich im Bereich der konkurrierenden Gesetzgebung die Zuständigkeit mit den Mitgliedstaaten teilt.

Das Prinzip der begrenzten Einzelermächtigung ist ein Grundsatz für die Verteilung der Verbandskompetenz, der sich als solcher an alle Organe der EU richtet und für alle Handlungsformen gilt.[558] Er richtet sich damit auch an den EuGH, der von dem

---

[552] Vgl. dazu näher unter § 3.B.III.2.b).

[553] Vgl. hierzu die Nachweise bei *Kraußer*, Das Prinzip begrenzter Einzelermächtigung im Gemeinschaftsrecht als Strukturprinzip des EWG-Vertrags, 1991, S. 18 ff.

[554] Vgl. nur EuGH, Rs. 26/78, Slg. 1978, 1771 – *Viola*; EuGH, Rs. 106/77, Slg. 1978, 629 – *Simmenthal*; *Oppermann/Classen/Nettesheim*, Europarecht, 5. Aufl. 2011, § 12 Rn. 3 ff. (= S. 164 f.). Zur Geltung dieses Grundsatzes unter dem alten Gemeinschaftsrecht vgl. *Trüe*, Das System der Rechtsetzungskompetenzen der Europäischen Gemeinschaft und der Europäischen Union, 2002, S. 74 ff.

[555] So auch das Verständnis bei BVerfGE 123, 267, 349 f. – *Lissabon*; BVerfGE 89, 155, 187 f., 192, 199 – *Maastricht*; Calliess/Ruffert-*Calliess*, EUV/AEUV, 4. Aufl. 2011, Art. 5 EUV Rn. 6.

[556] Zum Verbleib der Kompetenzen bei den Mitgliedstaaten unter der Geltung des Gemeinschaftsrechts vgl. *Trüe*, Das System der Rechtssetungskompetenzen der Europäischen Gemeinschaft und der Europäischen Union, 2002, S. 360 f.; *Hummer*, GS Grabitz, 1995, S. 195, 205; *Nettesheim*, EuR 28 (1993), 243, 244 f.

[557] Die Reichweite ist gerade aufgrund der vagen und zielorientierten Vorgaben der einzelnen Kompetenzzuweisungen besonders umstritten, vgl. hierzu insbesondere die Untersuchung der Kompetenz nach Art. 114 AEUV, s. hierzu *Ludwigs*, Rechtsangleichung nach Art. 94, 95 EG-Vertrag, 2004, S. 349 ff. mit Bezug zum Problem einer Kompetenz für die Angleichung des Gemeinschaftsprivatrechts; vgl. hierzu auch *Grigoleit*, AcP 210 (2010), 354, 364 ff. Zur Entscheidungszuständigkeit des EuGH vgl. *Oppermann/Classen/Nettesheim*, Europarecht, 5. Aufl. 2011, § 13 Rn. 12 ff. (= S. 210 ff.). Zur Möglichkeit einer Ultra-vires-Kontrolle sog. ausbrechender Rechtsakte durch die nationale Judikative vgl. § 3.A.III.

[558] Vgl. nur Grabitz/Hilf/Nettesheim-*Bast/v. Bogdandy*, Das Recht der Europäischen Union, 46. EL 2011, Art. 5 EUV Rn. 13; Streinz-*Streinz*, EUV/AEUV, 2. Aufl. 2012, Art. 5 EUV Rn. 3; *ders.*, Europarecht, 9. Aufl. 2012, Rn. 539; *Oppermann/Classen/Nettesheim*, Europarecht, 5. Aufl.

Prinzip doppelt in die Pflicht genommen wird. Er ist gemäß Art. 19 Abs. 1 S. 2 EUV das für die Auslegung und Anwendung der Verträge und auch für die Reichweite der Kompetenzbestimmungen zuständige Organ. Zugleich ist er bei seiner Auslegungs- und Rechtsfortbildungstätigkeit selbst an die Kompetenzschranken gebunden, die von den Verträgen aufgestellt werden.[559]

Die Handlungen und das Recht der EU sind stets im Zusammenhang mit dem Recht der Mitgliedstaaten zu betrachten, die in allen nicht von der Union in Anspruch genommenen Kompetenzbereichen tätig werden. Die Existenz unterschiedlicher mitgliedstaatlicher Rechtsordnungen in allen Bereichen, die außerhalb des wahrgenommenen Kompetenzbereichs der EU liegen, ist ein notwendiges Korrelat des Prinzips der begrenzten Einzelermächtigung. Rein faktisch ist die Aufteilung nach dem derzeitigen Integrationsstand auch dergestalt, dass ein Großteil der Kompetenzen und damit des in den Mitgliedstaaten geltenden Rechts jedenfalls keine unmittelbaren europäischen Bezüge aufweist, d.h. allenfalls durch die Grundfreiheiten beeinflusst wird, die einen bestimmten Rahmen setzen, aber keine konkreten Normenstrukturen vorgeben.[560]

bb) Ausschließliche und geteilte Zuständigkeitsbereiche und die Reichweite der EU-Kompetenzzuweisungen. Im Hinblick auf die der EU zugewiesenen Kompetenzen sieht der AEUV zunächst ausschließliche EU-Kompetenzen vor, im Rahmen derer ein Tätigwerden der Mitgliedstaaten gemäß Art. 2 Abs. 1 Hs. 2 AEUV nur auf ausdrückliche Ermächtigung durch die Union oder zur Durchführung der EU-Rechtsakte zulässig ist. Eine ausschließliche Kompetenz steht der Union nur für die ausdrücklich in Art. 3 AEUV genannten Materien zu bzw. für solche Materien, die kraft Natur der Sache allein von der EU geregelt werden können.[561] Auch eine ausschließliche Kompetenz schließt den Erlass mitgliedstaatlichen Rechts in diesen Bereichen nicht vollständig aus, sofern es der Durchführung des EU-Rechts dient (vgl. Art. 2 Abs. 1 Hs.

2011, § 11 Rn. 3 ff. (= S. 164); monographisch insbesondere *Kraußer*, Das Prinzip begrenzter Einzelermächtigung im Gemeinschaftsrecht als Strukturprinzip des EWG-Vertrags, 1991, S. 94.

[559] Im Hinblick auf das Subsidiaritätsprinzip abweichend jedoch v. der Groeben/Schwarze-*Zuleeg*, EUV/EGV, 6. Aufl. 2003, Art. 5 EG Rn. 34; *ders.*, RdA 1996, 71, 75; *Seyr*, Der *effet utile* in der Rechtsprechung des EuGH, 2008, S. 339; *Kindler*, ZGR 1998, 35, 47 Fn. 80; *Winter*, EuR 31 (1996), 247, 251. Dagegen zutreffend *Borchardt*, GS Grabitz, 1995, S. 29, 33; *Koch*, Der Grundsatz der Verhältnismäßigkeit in der Rechtsprechung des Gerichtshofs der Europäischen Gemeinschaften, 2003, S. 197 (zum Verhältnismäßigkeitsgrundsatz); *Franzen*, Privatrechtsangleichung durch die Europäische Gemeinschaft, 1999, S. 66; *Hummer/Obwexer*, EuZW 1997, 295, 303; *Ukrow*, Richterliche Rechtsfortbildung durch den EuGH, 1995, S. 216 f. mit dem zutreffenden Hinweis, dass die Verbandskompetenz der EU nicht davon abhängen kann, welches Organ sie in Anspruch nimmt. Eine Geltung des Subsidiaritätsgrundsatzes gilt damit insbesondere für die Auslegung und die Rechtsfortbildung des EU-Rechts, soweit sie zu Lasten des Regelungsanspruchs der Mitgliedstaaten gehen. Vgl. im Hinblick auf Kompetenzgrundlagen auch *Everling*, CMLR 1992, 447, 470.

[560] Dies gilt insbesondere im Bereich des Privatrechts, vgl. dazu etwa *Grigoleit*, AcP 210 (2010), 354, 391 f.

[561] Hierzu gehören insbesondere die grundsätzlichen Anforderungen an die Durchsetzung des Unionsrechts gegenüber den Mitgliedstaaten, vgl. § 3.C.III.2.b)aa). Außerdem kann die Ausgestaltung des Verhältnisses der verschiedenen Organe der EU kraft Natur der Sache allein unionsrechtlich geregelt sein. Im Übrigen ist aufgrund der ausdrücklichen Bestimmung der Ergänzungskompetenz in Art. 352 AEUV, die an besondere Mehrheitserfordernisse geknüpft ist, von dieser Rechtsfigur nur zurückhaltend Gebrauch zu machen, vgl. *Nicolaysen*, EuR 1 (1966), 129, 131; *Böhm*, Kompetenzauslegung und Kompetenzlücken im Gemeinschaftsrecht, 1985, S. 208 ff.; *Kahl*, NVwZ 1996, 865, 868.

2 a.E. AEUV), so dass es auch im Bereich der ausschließlichen EU-Kompetenzen zu einem Nebeneinander von EU-Recht und mitgliedstaatlichem Recht kommen kann.[562]

Den Regelfall stellt dagegen die geteilte Zuständigkeit der EU gemäß Art. 2 Abs. 2, 4 Abs. 1 AEUV dar. Im Rahmen der geteilten Zuständigkeit bleiben die Mitgliedstaaten grundstäzlich auch dann zuständig, wenn und soweit die Union von einer zugewiesenen Zuständigkeit nicht *abschließend* Gebrauch gemacht hat.[563] Eine peremptive Sperrwirkung entfaltet die Tätigkeit des Unionsgesetzgebers in diesem Bereich nur dann, wenn sich aus der normativen Konzeption des europäischen Gesetzgebers ergibt, dass er von seiner Kompetenz abschließend Gebrauch gemacht hat (alternativ-konkurrierende Kompetenz).[564] Anderenfalls ist von einer kumulativ-konkurrierenden Kompetenz auszugehen, die es den Mitgliedstaaten erlaubt, neben dem Unionsgesetzgeber tätig zu werden. Insofern bestimmt Art. 2 Abs. 2 S. 2 AEUV ausdrücklich, dass die Mitgliedstaaten tätig werden können, „sofern und soweit die Union ihre Zuständigkeit nicht ausgeübt hat."[565]

Sodann besteht schließlich ein Bereich, in dem die Union keine Zuständigkeit hat und es nach dem Grundsatz der begrenzten Einzelermächtigung (Art. 4 Abs. 1 EUV) bei der vollständigen Zuständigkeit der Mitgliedstaaten verbleibt. Insofern besteht im Rahmen der in den Verträgen zugewiesenen Politikbereiche die Möglichkeit, die sog. Flexibilisierungsklausel des Art. 352 Abs. 1 AEUV (= Art. 308 EG) in Anspruch zu nehmen, die ein Tätigwerden der EU auch außerhalb ausdrücklich zugewiesener Kompetenzen zulässt. Diese Zuständigkeit setzt aber einen einstimmigen Ratsbeschluss voraus und ist auch im Übrigen an ein besonderes Verfahren geknüpft.[566]

cc) Die Bedeutung des Prinzips der begrenzten Einzelermächtigung für das Verhältnis von Unionsrecht und mitgliedstaatlichem Recht. Die Geltung des Grundsatzes der begrenzten Einzelermächtigung ergibt sich aus dem Prinzip der Teilintegration, das der EU zugrunde liegt, und aus der hierzu gewählten Konstruktion der nur teilweisen, zielorientierten Übertragung mitgliedstaatlicher Hoheitsgewalt in Form einzelner Aufgaben (funktionale Integration). Diese Übertragung ist auf der Grundlage der bestehenden Kompetenzzuweisungen allerdings keine statische, sondern eine fortschreitend-evolutive, denn die mannigfaltigen Zielsetzungen der EU sind auf eine schrittweise Vertiefung der Integration angelegt. Wie weit die begrenzte Einzeler-

[562] Vgl. etwa im Rahmen der Gemeinsamen Handelspolitik Grabitz/Hilf-*Weiß*, Das Recht der Europäischen Union, 46. EL 2011, Art. 207 AEUV Rn. 86 ff., der etwa auf das Außenhandelsgesetz und die Außenwirtschaftsverordnung verweist.

[563] Vgl. Calliess/Ruffert-*Calliess*, EUV/AEUV, 4. Aufl. 2011, Art. 2 AEUV Rn. 17 ff.

[564] Vgl. *Streinz/Ohler/Hermann*, Der Vertrag von Lissabon zur Reform der EU, 3. Aufl. 2010, S. 107 f.; EuGH, Rs. 278/85, Slg. 1987, 4069 Rn. 12 – *Kommission/Dänemark*; Grabitz/Hilf/Nettesheim-*Bast/v. Bogdandy*, Das Recht der Europäischen Union, 46. EL 2011, Art. 5 EUV Rn. 42 ff.; *Dashwood*, ELR 21 (1996), 113, 126. Vgl. näher zur Bestimmung dieser Sperrwirkung *Trüe*, Das System der Rechtsetzungskompetenzen der Europäischen Gemeinschaft und der Europäischen Union, 2002, S. 425 ff.

[565] Vgl. *Schütze*, CMLR 42 (2006), 1023 f., der zwischen der Reichweite des Regelungsanspruchs und dem Vorrang einer Regelung unterscheidet. Unklar *Streinz/Ohler/Hermmann*, Der Vertrag von Lissabon zur Reform der EU, 3. Aufl. 2010, S. 107 f., die offenbar nur die in Art. 4 Abs. 3 und 4 AEUV genannten ausdrücklich genannten Kompetenzen als kumulativ-konkurrierend deuten und im Übrigen vom Peremptionsprinzip ausgehen. Dieses ist aber von der Interpretation des unionsrechtlichen Rechtsakts abhängig.

[566] *Streinz/Ohler/Hermmann*, Der Vertrag von Lissabon zur Reform der EU, 3. Aufl. 2010, S. 110 f.; *Oppermann/Classen/Nettesheim*, Europarecht, 5. Aufl. 2011, § 12 Rn. 8 f. (= S. 166).

mächtigung geht bzw. gehen darf, ist primär eine offene politische Frage, die von den Organen der EU unter Berücksichtigung der im Folgenden dargestellten Schranken bestimmt wird. Das Prinzip der begrenzten Einzelermächtigung hat zur Folge, dass die EU außerhalb der ausdrücklichen und stets beschränkten Kompetenzzuweisungen nicht tätig werden darf und das EU-Recht somit notwendigerweise durch Vorschriften des nationalen Rechts ergänzt und vervollständigt wird. Selbst im Rahmen der ausschließlichen Zuständigkeit der EU erkennt der AEUV die u. U. bestehende Notwendigkeit mitgliedstaatlicher Durchsetzungsmaßnahmen an.[567]

Damit geht die Rechtsordnung der EU, unabhängig davon, in welcher Intensität sie – je nach dem gegenwärtigen Integrationsstand – von ihren Kompetenzen Gebrauch macht, von einer grundsätzlichen Koexistenz des EU-Rechts und der mitgliedstaatlichen Rechtsordnungen aus. Dies führt dazu, dass die Unionsrechtsordnung aufgrund ihrer kompetenziellen Grenzen zwangsläufig einen *fragmentarischen Charakter* aufweist.[568]

b) Das Subsidiaritätsprinzip (Art. 5 Abs. 3 EUV)

aa) Subsidiaritätsprinzip als Kompetenzausübungsschranke. Der Grundsatz der begrenzten Einzelermächtigung gilt nach dem Wortlaut des Art. 5 Abs. 1 S. 1 AEUV allein für die *Abgrenzung* der Kompetenzen zwischen EU und Mitgliedstaaten. Bei der *Ausübung* zugewiesener Kompetenzen stellt der Grundsatz der Subsidiarität zusätzliche Grenzen *im Bereich der geteilten Zuständigkeit* auf.[569] Er wird durch den Verhältnismäßigkeitsgrundsatz (dazu unter c)) ergänzt, der in Art. 5 Abs. 4 EUV niedergelegt ist und der für das gesamte Handeln der EU (und damit auch im Bereich der ausschließlichen Zuständigkeit der EU) gilt. Diese Grundsätze sind für das Verhältnis der beiden Rechtsordnungen zueinander von Bedeutung, da sie die potentielle Reichweite des Unionsrecht weiter einschränken. Diese vertikalen (verbandskompetenziellen) Grenzen des Unionsrecht bleiben auch nicht ohne Folge für die Rechtsfindung (B.III).

bb) Inhalt und Justiziabilität. Der Subsidiaritätsgrundsatz als Grundsatz der Kompetenzausübung in der Fassung des Art. 5 Abs. 3 EUV begrenzt die Inanspruchnahme der EU-Kompetenzen dahin, dass die EU nur dann tätig werden darf, „sofern und soweit die Ziele der in Betracht gezogenen Maßnahmen von den Mitgliedstaaten weder auf zentraler noch auf regionaler oder lokaler Ebene ausreichend verwirklicht werden können, sondern vielmehr wegen ihres Umfangs oder ihrer Wirkungen auf Unionsebene besser zu verwirklichen sind." Der Grundsatz der Subsidiarität verlangt

---

[567] Vgl. soeben bei Fn. 562.

[568] Vgl. etwa anschaulich im Bereich des Privatrechts *Grigoleit*, AcP 210 (2010), 354, 358ff. Zwar können einzelne Bereiche vollständig unionsrechtlich geregelt sein, wie etwa das Kollisionsrecht aufgrund der Rom-I-Verordnung. Insofern besteht zwar ein abgeschlossener Regelungsanspruch des Unionsrecht. Dieser führt indessen nicht dazu, dass dieses seinen grundsätzlich fragmentarischen Charakter verliert, da sich weiterhin Auslegungsfragen im Hinblick auf das Zusammenspiel unionsrechtlicher Verordnungen mit anderen Rechtsinstituten stellen können, die nicht unionsrechtlich geregelt sind. Daran zeigt sich, dass die Charakterisierung des Unionsrechts als fragmentarisch relativ ist, d. h. davon abhängt, zu welchen anderen Regelungen es in Bezug gesetzt wird. Aufgrund der Koexistenz beider Rechtsordnungen bleibt die grundsätzliche Charakterisierung des Unionsrechts als fragmentarisch indessen solange gültig, als dem nationalen materielle Recht Regelungskompetenzen verbleiben.

[569] Zur Beschränkung des Subsidiaritätsgrundsatzes auf den Bereich der geteilten Kompetenzen vgl. Art. 5 Abs. 3 UAbs. 1 EUV.

in seiner in Art. 5 Abs. 3 UAbs. 1 EUV niedergelegten Form eine Prüfung von zwei Kriterien, die kumulativ vorliegen müssen:[570] Zum einen darf die EU nur dann tätig werden, wenn die mit der Maßnahme verfolgten (vertraglich vorgesehen) Ziele von den Mitgliedstaaten nicht ausreichend verwirklicht werden können (Negativkriterium[571]). Zum anderen müssen sich diese Ziele zudem „wegen ihres Umfangs oder ihrer Wirkungen auf Unionsebene *besser*[572]" verwirklichen lassen (Positivkriterium[573]). Die Begriffe der „ausreichend(en)" und der „besseren" Verwirklichung führen eine Effektivitätsprüfung[574] ein, die eine Kontrolle des politischen Entscheidungsermessens der Unionsorgane beinhaltet.

Die Einhaltung des Subsidiaritätsprinzips ist gemäß Nr. 8 Abs. 1 des Protokolls über die Anwendung der Grundsätze der Subsidiarität und der Verhältnismäßigkeit[575] vom EuGH gerichtlich nachprüfbar. Angesichts dieser klaren Regelung können sich etwaige Zweifel[576] im Hinblick auf die Justiziabilität des Grundsatzes allein auf die Praktikabilität und die Reichweite der gerichtlichen Überprüfung anhand der in Art. 5 Abs. 3 UAbs. 1 EUV niedergelegten Effektivitätskriterien beziehen, die grundsätzliche Berechtigung gerichtliche Kontrolle jedoch nicht infrage stellen.[577] Die Überprüfung des Grundsatzes durch den EuGH wird durch die zahlreichen verfahrensmäßigen Anforderungen und die jedenfalls in Grundzügen detaillierten Begründungspflichten aus dem Protokoll über die Anwendung der Grundsätze der Subsidiarität und der Verhältnismäßigkeit (vgl. insbesondere Art. 4, 6 f. zur Beteiligung nationaler Parlamente, die Begründungspflicht in Art. 5 und den jährlichen Bericht über die Anwendung des

---

[570] Ganz h.M., die durch die Neufassung im Lissabon-Vertrag bestätigt wurde. Zur kumulativen Prüfung bereits vor der Neuregelung *Kahl*, AöR 118 (1993), 414, 435; *Calliess*, Subsidiaritäts- und Solidaritätsprinzip in der EU, 2. Aufl. 1999, S. 104 f. m.w.N.

[571] Zur Terminologie vgl. *Calliess*, Subsidiaritäts- und Solidaritätsprinzip in der EU, 2. Aufl. 1999, S. 106 ff.

[572] Hervorh. d. Verf.

[573] Vgl. *Calliess*, Subsidiaritäts- und Solidaritätsprinzip in der EU, 2. Aufl. 1999, S. 112 ff.

[574] Vgl. v. der Groeben/Schwarze-*Zuleeg*, Kommentar zum EU-/EG-Vertrag, 6. Aufl. 2003, Art. 5 EGV Rn. 30, der auf die Effizienz abstellt; stärker auf Effektivität abstellend *Kahl*, AöR 118 (1993), 414, 428. Die unterschiedliche Terminologie hat allerdings keine Auswirkungen auf die Verwendung des Kriteriums, insbesondere kommt es nicht allein auf die Effektivität der unionsrechtlichen Zweckverwirklichung, sondern auch auf ihre Kosten an, vgl. Calliess/Ruffert-*Calliess*, EUV/AEUV, 4. Auflage 2011, Art. 5 EUV Rn. 42. Zu den politischen Faktoren bei der Bewertung vgl. *Lecheler*, Das Subsidiaritätsprinzip, 1993, S. 63 f., 139 f.

[575] Protokoll über die Anwendung der Grundsätze der Subsidiarität und der Verhältnismäßigkeit vom 13. Dezember 2007, ABl. C 306 S. 150.

[576] Diese wird im Hinblick auf die Anforderungen einer Angemessenheitsprüfung bezweifelt, die insbesondere bei komplexen und weitreichenden Rechtsetzungsfragen notwendigerweise in eine politische Betrachtung führen, vgl. etwa *Möschel*, NJW 1993, 3025, 3027.

[577] Für die Justiziabilität des Prinzips daher zu Recht die h.M., vgl. EuGH, Rs. C-233/94, Slg. 1997, I-2405 Rn. 22 ff., 55 ff. – *Deutschland/EP und Rat*; *Zuleeg*, in: Nörr/Oppermann (Hrsg.), Subsidiarität: Idee und Wirklichkeit, 1997, S. 185, 188; *Bieber*, in: Nörr/Oppermann (Hrsg.), Subsidiarität: Idee und Wirklichkeit, S. 165, 177; Calliess/Ruffert-*Calliess*, EUV/AEUV, 4. Auflage 2011, Art. 5 EUV Rn. 74 f. m.w.N.; *ders.*, Subsidiaritäts- und Solidaritätsprinzip in der EU, 2. Aufl. 1999, S. 300 ff.; *Oppermann/Classen/Nettesheim*, Europarecht, 5. Aufl. 2011, § 12 Rn. 26 (= S. 170 f.); tendenziell auch *Streinz*, Europarecht, 9. Aufl. 2012, Rn. 172; kritisch dagegen *Moersch*, Leistungsfähigkeit und Grenzen des Subsidiaritätsprinzips, 2001, S. 306 ff.; *Grimm*, KritV 1994, 6 ff. Zweifel hinsichtlich der Wirksamkeit einer Subsidiaritätskontrolle sind indessen durchaus angebracht, vgl. etwa *Nettesheim*, EuR 39 (2004), 511, 533 ff.; *Papier*, FS Isensee, 2007, S. 691, 696 ff.

Subsidiaritätsgrundsatzes in Art. 9) ergänzt und erleichtert. Gleichwohl hat sich der EuGH einer eingehenden Subsidiaritätsprüfung bislang enthalten.[578]

cc) Grenzen für die Reichweite von Unionshandlungen. Die Begrenzung der unionsrechtlichen Kompetenz erfolgt nicht nur im Hinblick darauf, ob die Union überhaupt in einem Bereich tätig werden darf; auch die Reichweite der Unionstätigkeit ist durch den Subsidiaritätsgrundsatz begrenzt, da dieser bestimmt, dass die Union gemäß Art. 5 Abs. 3 UAbs. 1 EUV nur tätig werden darf „sofern und soweit..." die vertraglichen Ziele nicht besser von den Mitgliedstaaten erledigt werden können.[579]

dd) Folgerungen für die Grenzen der Geltung des Europarechts. Der Subsidiaritätsgrundsatz ist der deutlichste Ausdruck der materiellen Gründe, die hinter einer Begrenzung der EU-Kompetenzen stehen, nämlich anhand eines notwendigerweise sehr allgemein gehaltenen, jedoch nicht inhaltsleeren Kriteriums den Kompetenzbereich der Mitgliedstaaten gegenüber den final formulierten und daher potentiell weit reichenden Kompetenzen der EG in den Schutz zu nehmen und so eine funktionsgerechte Aufteilung zwischen beiden Ebenen zu bewerkstelligen. Für das grundlegende Verhältnis zum nationalen Recht zeigt der Grundsatz der Subsidiarität auf, dass gerade auch im Bereich bereits ausgeübter EU-Kompetenzen dem nationalen Recht ein bestimmter Regelungsbereich nicht nur verbleibt, sondern dieser auch materiell durch ein elementares Strukturprinzip des Unionsrechts absichert wird.

c) Der Verhältnismäßigkeitsgrundsatz (Art. 5 Abs. 4 EUV)

Im Zusammenhang mit den Kompetenzausübungsschranken steht ebenfalls der Grundsatz der Verhältnismäßigkeit, der in Art. 5 Abs. 4 EUV niedergelegt ist und seit jeher als allgemeiner Rechtsgrundsatz des Gemeinschaftsrechts anerkannt war.[580]

aa) Vom Prinzip des Individualschutzes zum Grundsatz der Rücksichtnahme auf den Regelungsanspruch der Mitgliedstaaten. Der Verhältnismäßigkeitsgrundsatz ist als untrennbarer Bestandteil des Rechtsstaatsprinzips ursprünglich auf den Individualschutz gerichtet gewesen und in dieser Funktion auch Bestandteil des Unionsrechts. Als Individualschutzprinzip bestimmt der Grundsatz der Verhältnismäßigkeit ein formelles Verfahren zur Feststellung der Grenzen hoheitlichen Handelns im Verhältnis zum Bürger.

Im Zusammenhang mit der Kompetenzverteilung hat der Verhältnismäßigkeitsgrundsatz in der Rechtswissenschaft dagegen keine allgemeine Anerkennung gefunden; so hat ihn insbesondere das BVerfG zum Schutz der Kompetenzordnung der Bundesländer im Verhältnis zum Bund für ungeeignet gehalten.[581] Damit wird seine Funktion im Rahmen der Kompetenzausübung jedoch nicht grundsätzlich infrage gestellt. Im Zusammenhang mit der EU-Kompetenzen erkennt das BVerfG

---

[578] Vgl. EuGH, Rs. C-233/94, Slg. 1997, I-2405 Rn. 55ff. – *Deutschland/EP und Rat*; die Einschätzung bei Calliess/Ruffert-*Calliess*, EUV/AEUV, 4. Auflage 2011, Art. 5 EUV Rn. 50.

[579] Vgl. von der Groeben/Schwarze-*Zuleeg*, EUV/EGV, 7. Aufl. 2003, Art. 5 EG Rn. 27; ähnlich auch Calliess/Ruffert-*Calliess*, EUV/AEUV, 4. Auflage 2011, Art. 5 EUV Rn. 31 (mit einer Abstufung der Intensität der unionsrechtlichen Inanspruchnahme von Kompetenzen).

[580] Vgl. *Emmerich-Fritsche*, Der Grundsatz der Verhältnismäßigkeit, 2000, S. 96ff. (als Schranke der EG-Gesetzgebungskompetenz); *Koch*, Der Grundsatz der Verhältnismäßigkeit in der Rechtsprechung des Gerichtshofs der Europäischen Gemeinschaften, 2003, S. 158, 173ff.; *v. Danwitz*, EWS 2003, 393ff.

[581] Vgl. BVerfGE 79, 311, 341ff.; BVerfGE 81, 310, 338.

dem Verhältnismäßigkeitsgrundsatz neuerdings eine beschränkende Wirkung zu.[582] Im Übrigen greift das BVerfG bei der Kompetenzabgrenzung zwischen Bund und Ländern auf den Grundsatz bundesfreundlichen Verhaltens zurück, der ebenso auf einer Interessenabwägung zwischen den beiden Gebietskörperschaften hinausläuft, die sich nicht von einer Verhältnismäßigkeitsprüfung unterscheidet.[583] Im Ergebnis findet damit der Verhältnismäßigkeitsgrundsatz – unter anderer Bezeichnung – auch als Grundsatz zum Schutz untergeordneter Körperschaften im Rahmen der Kompetenzverteilung Anwendung.[584]

bb) Funktion zur Beschränkung der Reichweite von Regelungen. Die Funktion des Verhältnismäßigkeitsgrundsatzes bei der Kompetenzabgrenzung in der EU besteht in erster Linie darin, die Reichweite der unionsrechtlichen Handlungsmöglichkeiten zu begrenzen. Sind die Anforderungen des Grundsatzes der begrenzten Einzelermächtigung und der Subsidiarität erfüllt, steht einer Verwirklichung der Zielsetzung durch eine unionsrechtliche Maßnahme im Grundsatz zwar nichts mehr im Wege. Allerdings lässt die Verfolgung des Ziels in der Regel zahlreiche Ausgestaltungsmöglichkeiten offen, von denen nach dem Grundsatz der Verhältnismäßigkeit ein Ansatz zu wählen ist, der die Handlungskompetenzen der Mitgliedstaaten möglichst weitgehend respektiert. So hat insbesondere der Europäische Rat von Edinburgh von 1992 in seinen Schlussfolgerungen den Grundsatz der Verhältnismäßigkeit vor allem auf Art und Umfang von Maßnahmen der Gemeinschaft bzw. Union bezogen. Insoweit stellt er fest, dass „Gemeinschaftsmaßnahmen... den Mitgliedstaaten soviel Entscheidungsspielraum wie möglich einräumen (sollten), wie sich mit der Gewährleistung des Ziels der Maßnahme ... vereinbaren lässt" und dabei insbesondere die Wahrung „bewährte(r) einzelstaatliche(r) Regelungen" und der „Struktur und ... (des) Funktionieren(s) der Rechtsordnungen der Mitgliedstaaten" beachten sollen.[585]

cc) Folgerungen für die Rolle des nationalen Rechts. Der Grundsatz der Verhältnismäßigkeit spielt die entscheidende Rolle bei der Festlegung der *Reichweite einer unionsrechtlichen Kompetenz*. Er begründet eine Schranke, indem er die Unionsorgane bei der Inanspruchnahme einer Kompetenz zur Berücksichtigung mitgliedstaatlicher Zuständigkeit verpflichtet,[586] die auf der allgemeinen Rücksichtnahmepflicht

---

[582] Vgl. BVerfGE 89, 155, 212 – *Maastricht*; BVerfGE 123, 267, 383f. – *Lissabon*.

[583] Vgl. näher Sachs-*Sachs*, GG, 5.Aufl. 2009, Art.31 Rn.70 m.w.N.; Dreier-*Dreier*, GG, Art.31 Rn.61; BVerfGE 81, 310, 337; *Stern*, Staatsrecht I, 2.Aufl.1984, S.702f.; *Bauer*, Die Bundestreue, 1992, S.355ff.

[584] So auch Sachs-*Sachs*, GG, 5.Aufl. 2009, Art.31 Rn.70; *Bauer*, Die Bundestreue, 1992, S.240ff.; vgl. auch BVerfGE 103, 111, 141. Krit. zur Anwendung des Verhältnismäßigkeitsgrundsatzes allerdings ohne nähere Begründung Dreier-*Dreier*, GG, Art.31 Rn.61; *Jestaedt*, in: Isensee/Kirchhof, HStR II, §29 Rn.65.

[585] Vgl. Schlussfolgerungen des Vorsitzes – Edinburgh, 12.12.1992, Teil A Anlage I, S.21, Bull. EG, 12-1992, S.15; zust. auch die Literatur, vgl. Calliess/Ruffert-*Calliess*, EUV/AEUV, 4. Auflage 2011, Art.5 EUV Rn.33 m.w.N.; *Emmerich-Fritsche*, Der Grundsatz der Verhältnismäßigkeit als Direktive und Schranke der EG-Gesetzgebung, 2000, S.300ff., 656; *Ukrow*, Richterliche Rechtsfortbildung durch den EuGH, 1995, S.224f. (auf das Prinzip der Gemeinschaftstreue abstellend). Krit. allerdings *Pescatore*, FS Everling, Bd.II, 1995, S.1071, 1079, der hierin einen Zug zur zentrifugalen Desintegration sieht.

[586] Vgl. hierzu die Bestimmung in Nr.7 des Subsidiaritätsprotokolls (Protokoll über die Anwendung der Grundsätze der Subsidiarität und der Verhältnismäßigkeit vom 2.10.1997, ABl. C 340 vom. 10.11.1997, S.105, das mit dem Erlass des Lissabon-Vertrags außer Kraft ge-

auf nationale Verfassungsstrukturen aus Art. 4 Abs. 2 EUV aufbaut. Der Verhältnismäßigkeitsgrundsatz in seinem kompetenziellen Anwendungsbereich ergänzt diese Rücksichtnahmepflicht im Hinblick auf den grundsätzlichen nationalen Regelungsanspruch, der bei der Verwirklichung europarechtlicher Ziele zu berücksichtigen ist. In die Abwägung sind nicht nur Wertungen des nationalen Verfassungsrechts einzustellen, sondern auch potentielle Anwendungsbereiche einfachen nationalen Rechts. Die Regelungen (und damit auch die Auslegung) des Unionsrecht müssen damit die Interessen der Mitgliedstaaten und ihrer Rechtssysteme wahren.

d) Zwischenergebnis: Kompetenzgrenzen und ihre materielle Fundierung: Das Gebot der Rücksichtnahme auf nationale Regelungsstrukturen

Die Kompetenzen der EU sind durch eine Schrankentrias[587] bestehend aus dem Prinzip der begrenzten Einzelermächtigung, dem Subsidiaritätsprinzip und dem Verhältnismäßigkeitsprinzip begrenzt. Allen drei Prinzipien gemeinsam ist das Bemühen, die Zuständigkeiten der Mitgliedstaaten zu wahren. Die nach dem Prinzip begrenzter Einzelermächtigung der EU in den Verträgen eingeräumten Kompetenzzuweisungen im AEUV sind in der Regel an den allgemeinen Zielen der Union (vgl. Art. 3 EUV) orientiert, die eine äußerst weitrechende Handlungszuständigkeit begründen können (vgl. hierzu den Katalog geteilter Zuständigkeiten in Art. 4 Abs. 2 AEUV).[588] Diese zwar an begrenzten Einzelermächtigungen orientierte, aufgrund ihrer funktionalen Zielorientiertheit aber potentiell ausufernde Kompetenzzuweisung macht eine Beschränkung durch weitergehende Prinzipien notwendig, um den Regelungsanspruch des Unionsrechts im Verhältnis zum denjenigen der Mitgliedstaaten abzugrenzen und ihn auf denjenigen Bereich zu beschränken, den das Unionsrecht im Vergleich zum nationalen Recht sinnvoller und besser ausfüllen kann. Das materielle Anliegen der Schrankentrias ist die Wahrung nationaler Gestaltungsspielräume im Bereich konkurrierender Unionskompetenzen.

Sowohl der Grundsatz der Subsidiarität als auch der Grundsatz der Verhältnismäßigkeit bieten die Grundlage für eine solche Begrenzung und erlauben eine – zumindest in Grundzügen – präzisere Prüfung der Zulässigkeit von Maßnahmen der Union im Vergleich zu ebenfalls denkbaren Maßnahmen der Mitgliedstaaten. Der materielle Kern der beiden grundsätzlich allein formell ausgestalteten Grundsätze begründet im Ergebnis die Anerkennung mitgliedstaatlicher Regelungsbefugnisse im Verhältnis zum Regelungsanspruch des Unionsrechts und die Begrenzung des Letzteren auf Maßnahmen, die besser auf Unionsebene erreicht werden können. Ein solcher Grundsatz ist in den Schranken der Kompetenzen vorausgesetzt und hinsichtlich nationaler Verfassungsstrukturen in Art. 4 Abs. 2 EUV festgeschrieben. Er stellt aber auch darüber hinaus einen elementaren Grundsatz dar, nach dem sich das Handeln der Unionsorgane zu richten hat.[589] Nach den Vorgaben des Art. 4 Abs. 3, 5 EUV setzt die Wahrnehmung einer Unionskompetenz damit stets eine Abwägung der Zielvorgaben des Unionsrechts, die aufgrund der einzelnen Kompetenzzuweisungen von den Unionsorganen verfolgt werden dürfen, mit dem grundsätzlich bestehenden

---

treten ist), nach der die „Struktur und Funktionsweise der Rechtssysteme der Mitgliedstaaten" schützt.

[587] Vgl. *Calliess*, Subsidiaritäts- und Solidaritätsprinzip in der EU, 2. Aufl. 1999, S. 359

[588] Vgl. zu diesem Problem *Lecheler*, Das Subsidiaritäsprinzip, 1993, S. 14 f.

[589] Dies wird auch durch das alte Subsidiaritätsprotokoll bestätigt, vgl. näher Fn. 575, das eine Berücksichtigung nationaler Regelungsstrukturen gefordert hat.

Regelungsanspruch der Mitgliedstaaten voraus.[590] Diese bereits auf Grundlage von Art. 10 EG a. F. entwickelte Pflicht ist durch die Neuregelungen in Art. 4 Abs. 2 und 3 EUV nunmehr vertraglich verfestigt worden.

Die Schrankentrias der EU-Kompetenzen geht aber noch weiter und über die Anerkennung eines Regelungsanspruchs der Mitgliedstaaten, der von den Organen der EU zu berücksichtigen ist, hinaus. Die Unionsverträge gehen davon aus, dass der Regelungsanspruch der Mitgliedstaaten die Regel und das Handeln der Union eine begründungsbedürftige Ausnahme darstellt und zwar sowohl im Hinblick auf das „ob“ als auch im Hinblick auf das „wie“ der Maßnahmen.[591] Wie weit dieser Vorrang in tatsächlicher Hinsicht reicht, ist von der Intensität der Kontrolle dieser Kriterien abhängig (vgl. zur Frage der Justiziabilität, insbesondere im Hinblick auf das Subsidiaritätsprinzip unter b)bb)). Die Kompetenzabgrenzung ist stets eine politische Frage und die Intensität der Kontrolle wiederum von der Bereitschaft des EuGH als Kontrollorgan abhängig, politisch relevante rechtliche Entscheidungen zu treffen, indem er in jedem Einzelfall über die Kompetenzverteilung zwischen Union und Mitgliedstaaten entscheidet.[592] Die Verträge machen jedenfalls deutlich, dass die Justiziabilität dieser Fragen und damit eine starke Kontrolle durch den EuGH, die indessen das Ermessen und die Einschätzungsprärogative der politisch legitimierten Organe berücksichtigt, aus politischer Sicht durchaus erwünscht sind.[593]

---

[590] Vgl. hierzu die ständige Rechtsprechung des EuGH, EuGH, Rs. 230/81, Slg. 1983, 255, Rn. 38 – *Luxemburg/Parlament*; EuGH, Rs. 52/84, Slg. 1986, 89, Rn. 16 – *Kommission/Belgien*; EuGH, verb. Rs. 358/85 u. 51/86, Slg. 1988, 4821, Rn. 34 – *Frankreich/Parlament*; EuGH, Rs. C-2/88, Slg. 1990, I-3365, Rn. 17 – *Zwartveld*; EuGH, Rs. C-94/00, Slg. 2002, I-9011, Rn. 31 – *Roquette Frères*,; von der Groeben/Schwarze-*Zuleeg*, EUV/EGV, 7. Auflage 2003, Art. 10 EG Rn. 11 m. w. N.; Calliess/Ruffert-*Kahl*, EUV/AEUV, 4. Auflage 2011, Art. 4 EUV Rn. 104 ff.; Aus der Literatur im Übrigen *Kraußer*, Das Prinzip begrenzter Einzelermächtigung im Gemeinschaftsrecht als Strukturprinzip des EWG-Vertrags, 1991, S. 140 ff.; ebenso *Mosiek*, Effet utile und Rechtsgemeinschaft, 2003, S. 161. Allgemein für eine mitgliedstaatliche Schutzrichtung der Gemeinschaftstreue nach Art. 10 EG a. F. vgl. *Bleckmann*, DVBl. 1976, 483, 487; *Jarass*. AöR 121 (1996), 173 ff.; *Zuleeg*, VVDStRL 53 (1994), 202 ff., 233; *Schoch*, JZ 1995, 109 ff., 120. Bezogen auf die Kompetenzausübung vgl. *Heintzen*, JZ 1991, 317, 321; *H. P. Ipsen*, GS Geck, 1989, S. 339, 351 ff.; *Kahl*, AöR 118 (1993), 414, 431; *Calliess*, Subsidiaritäts- und Solidaritätsprinzip in der EU, 2. Aufl. 1999, S. 208 ff.; *Epiney*, EuR 29 (1994), 301, 314; *Lück*, Die Gemeinschaftstreue als allgemeines Rechtsprinzip im Recht der Europäischen Gemeinschaft, S. 155 ff. *Ossenbühl*, Rundfunk zwischen nationalem Verfassungsrecht und europäischem Gemeinschaftsrecht, 1986, S. 46.

[591] Von einer Vermutung für die Zuständigkeit der Mitgliedstaaten ausgehend etwa auch *Calliess*, Subsidaritäts- und Solidaritätsprinzip in der Europäischen Union, 2. Aufl. 1999, S. 359 f. (Vermutung für die Regelungskompetenz der Mitgliedstaaten und Beweislast der EU bei der Inanspruchnahme von Kompetenzen); ähnlich auch *Lecheler*, Das Subsidiaritätsprinzip, 1993, S. 105 f. (Im Hinblick auf die Abgrenzung von ausschließlichen Unionskompetenzen zu konkurrierenden).

[592] Trotz der Anerkennung der Möglichkeit einer gerichtlichen Kontrolle (mit Hinweis auf die Erfahrungen mit Art. 72 Abs. 2 GG) fordert daher *Papier* (FS Isensee, 2007, S. 691, 704) zu recht eine stärkere politische Kontrolle des Subsidiaritätsprinzips unter Einsatz spezifisch politischer Einflussnahmemöglichkeiten.

[593] Vgl. zu dieser Bewertung im Hinblick auf das Subsidiaritätsprinzip *Zuleeg*, in: Nörr/Opermann (Hrsg.), Subsidiarität: Idee und Wirklichkeit, 1997, S. 185, 194, 201 ff. So auch die Rechtsprechung des EuGH, vg. EuGH, verb. Rs. C-267 bis 286/88, Slg. 1990, I-435 – *Wuidart/Laiterie coopérative eupenoise*; EuGH, Rs. C-331/88, Slg. 1990, I-4023 – *Fedesa*; EuGH, Rs. C-280/93, Slg. 1994, I-4973 – *Deutschland/Rat (Bananen)*.

Die Grundlagen der Kompetenzverteilung sind vorliegend aus Sicht der Rechtsetzung geschildert worden, die primärer Adressat vom Kompetenznormen ist. Allerdings ist die kompetenzielle Verteilung auch von der Rechtsprechung zu berücksichtigen. Welche Rolle der hier skizzierten Kompetenzverteilung zwischen EU und den Mitgliedstaaten für die Rechtsprechungstätigkeit des EuGH zukommt, gilt es im Folgenden (B.III) näher zu untersuchen. Diese Frage ist gerade für den Umgang mit dem Grundsatz des *effet utile* von besonderer Bedeutung, da er nach dem hier (§ 1.B) gewonnenen Verständnis in erster Linie im Verhältnis zwischen EU-Recht und dem Recht der Mitgliedstaaten relevant wird.

2. Die Geltung begrenzende Rechtsprinzipien des Unionsrechts

Während die kompetenziellen Grenzen des EU-Rechts den Schutz des Regelungsanspruchs der Mitgliedstaaten im Blick haben, können sich weitere Grenzen der Geltung des Unionsrechts aus allgemeinen Grundsätzen des Individualschutzes ergeben. Hier spielen insbesondere das Rechtsstaatsprinzip, die europäischen Grundrechte und der (in diesem Fall auf den Individualschutz bezogene) Grundsatz der Verhältnismäßigkeit eine entscheidende Rolle.[594] Von besonderer Bedeutung ist zudem der Grundsatz der Gleichbehandlung.[595] Diese nicht kompetenziell ausgerichteten Grundsätze sind für die Auslegung des Unionsrechts bedeutsam, da sich auch für den Bereich des Unionsrechts ein Grundsatz der grundrechtskonformen Auslegung begründen lässt.[596] Dass die Geltung des Unionsrechts auch durch das Rechtsstaatsprinzip und insbesondere durch den Grundsatz des Vertrauensschutzes[597] relativiert ist, zeigen gerade die Rechtsprechung des EuGH zu den Grenzen der unmittelbaren Wirkung von Richtlinien[598] sowie die Möglichkeit der nationalen

---

[594] Grundlegend EuGH, Rs. 11/70, Slg. 1970, 1125 – *Internationale Handelsgesellschaft*; EuGH, Rs. 4/73, Slg. 1974, 491 – *Nold*; vgl. näher *Tridimas*, The General Principles of EC Law, 2. Aufl. 2006, S. 136 ff.; *Streinz*, Europarecht, 9. Aufl. 2012, Rn. 453 ff.; *Oppermann/Classen/Nettesheim*, Europarecht, 5. Aufl. 2011, § 9 Rn. 31 ff. (= S. 112 ff.); aus privatrechtlicher Sicht *Metzger*, Extra legem – intra ius: Allgemeine Rechtsgrundsätze im europäischen Privatrecht, 2009, S. 325 ff.; *Riesenhuber*, System und Prinzipien des Europäischen Privatrechts, 2003, S. 35; *Herrmann*, Richtlinienumsetzung durch die Rechtsprechung, 2003, S. 161 ff.

[595] S. dazu unter B I sowie eingehend *Neuner*, in: Riesenhuber (Hrsg.), Europäische Methodenlehre, 2. Aufl. 2010, S. 373, 386 ff.

[596] Vgl. *Jarass/Beljin*, JZ 2003, 768, 776; *Herresthal*, Rechtsfortbildung im europarechtlichen Bezugsrahmen, 2006, S. 293; *Höpfner*, Die systemkonforme Auslegung, 2008, S. 220 ff.; *Neuner*, Privatrecht und Sozialstaat, 1999, S. 193 f.

[597] EuGH, Rs. 1/73, Slg. 1973, 723 Rn. 5 ff. – *Westzucker*; EuGH, Rs. C-128/93, Slg. 1994, I-4583 Rn. 12 – *Fisscher*; EuGH, Rs. 43/75, Slg. 1976, 455 Rn. 71 ff. – *Defrenne*; EuGH, Rs. 262/88, Slg. 1990, I-1889 Rn. 44 f. – *Barber*. Hierzu ausführlich *Herresthal*, Rechtsfortbildung im europarechtlichen Bezugsrahmen, 2006, S. 292 ff., 301 ff., 345 f.; *Borchardt*, Der Grundsatz des Vertrauensschutzes im Europäischen Gemeinschaftsrecht, 1988, S. 128 ff.; *Altmeyer*, Vertrauensschutz in der Europäischen Union und im deutschen Recht, 2003, S. 40 ff.

[598] Vgl. hierzu etwa EuGH, Rs. 80/86, Slg. 1987, 3969 – *Kolpinghuis Nijmegen*; EuGH, verb. Rs. 372 bis 374/85, Slg. 1987, 2141 – *Oscar Traen*; EuGH, Rs. C-201/01, Slg. 2004, I-723 – *Wells*; EuGH, Rs. C-91/92, Slg. 1994, I-3325 – *Faccini Dori*; EuGH, Rs. C-443/98, Slg. 2000, I-7535 – *Unilever Italia*; EuGH, verb. Rs. C-397 bis 403/01, Slg. 2004, I-8835 – *Pfeiffer*; vgl. insgesamt *Oppermann/Classen/Nettestheim*, Europarecht, 5. Aufl. 2011, § 9 Rn. 100 ff. (= S. 128 ff.); *Streinz*, Europarecht, 9. Aufl. 2012, Rn. 484 ff.

Gerichte, europarechtliche Normen im einstweiligen Rechtsschutz außer Kraft zu setzen.[599]

Auf die Vielzahl der unionsrechtlichen Vorgaben, welche den Geltungsanspruch von Rechtsnormen der EU relativieren können, kann hier im Einzelnen nicht näher eingegangen werden.[600] Für die Untersuchung der Auslegung des Europarechts ist aber in erster Linie die Erkenntnis bedeutsam, dass das Unionsrecht neben den kompetenziellen Grenzen weitere Geltungsgrenzen kennt, die den Anspruch auf effektive Verwirklichung europarechtlich vorgegebener Zwecksetzungen begrenzen. Der Anspruch auf effektive Geltung des Unionsrechts gegenüber dem nationalen Recht ist zugunsten des nationalen Rechts zwar in erster Linie durch die kompetenziellen Grenzen, aber auch durch europarechtlich anerkannte rechtsstaatliche Grundsätze relativiert.

III. National-rechtliche Grenzen der Geltung des Unionsrechts am Beispiel des Verfassungsrechts der Bundesrepublik Deutschland

1. Abhängigkeit des Unionsrechts vom nationalen Recht und die daraus folgende Kontrolle des Unionsrechts anhand des GG

Inwieweit das nationale Recht Grenzen der Geltung für das Unionsrechts aufstellen kann, hängt entscheidend davon ab, wie man seinen Geltungsanspruch begründet. Geht man von einer autonomen Geltung des Unionsrechts sowie davon aus, dass es sich von seiner völkerrechtlichen Grundlage gelöst hat und unabhängig von den Vorgaben des nationalen Recht gilt, kann das GG keinerlei Grenzen für die Geltung des Europarechts aufstellen. Diese hat dann kraft eigenständig begründeter Höherrangigkeit Vorrang vor sämtlichen Vorschriften des nationalen Rechts.[601] Dies ist auch die Sichtweise des EuGH.[602]

Dagegen beruht die Rechtsprechugn des BVerfG, zuletzt besonders deutlich im *Lissabon*-Urteil, auf der Annahme, dass die Hoheitsgewalt der EU – trotz ihres weiten und sich potentiell ausweitenden Umfangs – eine von den Mitgliedstaaten abgeleitete Macht ist, die in diesem Verhältnis die „Herren der Verträge" bleiben.[603] Das BVerfG

[599] EuGH, verb. Rs. C-143788 und C-92/89, Slg. 1991, I-415 – *Zuckerfabrik Süderdithmarschen*; EuGH, Rs. C-465/93, Slg. 1995, I-3761 – *Atlanta*; *Streinz*, Europarecht, 9. Aufl. 2012, Rn. 703 ff.

[600] Vgl. zum Grundrechtsschutz nach dem Lissabon-Vertrag insbesondere *Streinz/Ohler/Hermann*, Der Vertrag von Lissabon zur Reform der EU, 3. Aufl. 2010, S. 118 ff.; *Kühling*, in: v. Bogdandy/Bast (Hrsg.), Europäisches Verfassungsrecht, 2. Aufl. 2009, S. 657 ff.; zum Privatrecht *Metzger*, Extra legem – intra ius: Allgemeine Rechtsgrundsätze im europäischen Privatrecht, 2009, S. 185 ff.; s. auch *Herresthal*, Rechtsfortbildung im europarechtlichen Bezugsrahmen, 2006, S. 302.

[601] Für eine solche Sichtweise insbesondere aus dem älteren Schrifttum *H. P. Ipsen*, Europäisches Gemeinschaftsrecht, 1972, S. 59 ff., 285 ff.; *Ophüls*, NJW 1963, 1698, 1700; *Grabitz*, Gemeinschaftsrecht bricht nationales Recht, 1966, S. 56.; s. aber auch *Rengeling/Middeke/Gellermann*, Rechtsschutz in der EU, 1994, Rn. 876 ff.

[602] Vgl. grundlegend EuGH, Rs. 6/64, Slg. 1964, 1251 – *Costa/ENEL*. EuGH, Rs. 106/77, Slg. 1978, 629 Rn. 17/18 – *Staatliche Finanzverwaltung/Simmenthal („Simmenthal II")*; *H. P. Ipsen*, Europäisches Gemeinschaftsrecht, 1972, S. 285 ff. m. w. N.; vgl. dazu *Oppermann/Classen/Nettesheim*, Europarecht, 5. Aufl. 2011, § 10 Rn. 9 ff. (= S. 151 f.).

[603] Vgl. BVerfGE 123, 267, 348 f. – *Lissabon*; *Neuner*, Privatrecht und Sozialstaat, 1999, S. 175 f. (fehlende Rückführbarkeit des Unionsrechts auf den Willen der Rechtsunterworfenen und daher

beansprucht daher auch und gerade nach Inkrafttreten des Lissabon-Vertrags das Recht, Handlungen der Union auf die Einhaltung der strukturellen Grenzen des Prinzips der begrenzten Einzelermächtigung (*Ultra-vires-Kontrolle*) sowie des unveräußerlichen Gehalts nach Art. 23 Abs. 1 S. 3 i. V. m. Art. 79 Abs. 3 GG (*Identitätskontrolle*) zu prüfen.[604] Es behält sich eine Kontrolle des Unionsrechts nach Maßgabe des GG vermittelt durch eine Kontrolle des Zustimmungsgesetzes als Rechtsanwendungsbefehl vor.[605]

2. Verhältnis zwischen nationaler und europäischer Gerichtsbarkeit

Soweit die Identitätskontrolle, also die Kontrolle, ob das Unionsrecht den Anforderungen der Integrationsschranken aus Art. 23 i. V. m. Art. 79 Abs. 3 GG bzw. den übrigen Anforderungen des Grundgesetzes genügt, betroffen ist, handelt es sich um eine am deutschen Recht orientierte Prüfung, für die der EuGH nicht zuständig ist. Eine solche Kontrolle kann allein von deutschen Gerichten geleistet werden, die vor einer Unwirksamkeits- oder Nichtigerklärung der jeweiligen Rechtsanwendungsbefehle aus dem Zustimmungsgesetz zur Vorlage an das BVerfG verpflichtet sind.[606] Gleichwohl ist eine solche Kontrolle aus unionsrechtlicher Sicht nicht vorgesehen und kann im Ernstfall einer Verweigerung der Anwendung europarechtlicher Normen eine Vertragsverletzung begründen. Indessen sind solche Fälle unwahrscheinlich und etwaige Konflikte zwischen den Vorgaben des Unionsrechts, die durch den EuGH bestimmt werden, und denjenigen des GG, über die das BVerfG entscheidet, durch die zahlreich vorhandenen Kooperationsmöglichkeiten zu lösen.[607]

Ähnliches gilt im Ergebnis auch für die Ultra-vires-Kontrolle. Handlungen der Union, die sich in offenkundiger Weise von den begrenzten Einzelermächtigungen der Verträge lösen, können nach der Rechtsprechung des BVerfG aufgrund der begrenz-

---

keine „eigenständige", von den Mitgliedstaaten völlig losgelöste Rechtsordnung). Zur Rechtsprechung der Gerichtsbarkeit anderer Mitgliedstaaten vgl. *Schroeder*, Das Gemeinschaftsrechtssystem, 2002, S. 170 ff.; *Craig/De Burca*, EU Law, 5. Aufl. 2011, S. 268 ff.

[604] BVerfGE 123, 267, 353 ff. – *Lissabon*; vgl. bereits BVerfGE 75, 223, 235; BVerfGE 89, 155, 188 – *Maastricht* (zum sog. ausbrechenden Rechtsakt); BVerfGE 113, 273, 296 – *Europäischer Haftbefehl* (Maßstab des Art. 23 Abs. 1 S. 3 i. V. m. Art. 79 Abs. 3 GG); zust. aus der Literatur insbesondere *Streinz*, Bundesverfassungsgerichtlicher Grundrechtsschutz und Europäisches Gemeinschaftsrecht, 1989, S. 90 ff.; *Neuner*, Privatrecht und Sozialstaat, 1999, S. 178 ff.

[605] BverfGE 123, 267, 398 ff. – *Lissabon*: Zuletzt hat das BVerfG die Hürden für eine Ultra-vires-Kontrolle präzisiert und klargestellt, dass eine solche nur bei einem offensichtlich kompetenzwidrigem Handeln infrage kommt, das zu einer strukturell bedeutsamen Verschiebung der Kompetenzen zulasten der Mitgliedstaaten führt, vgl. BVerfG NJW 2010, 2422, 2424 Rn. 61. Im Ergebnis ist die Ultra-vires-Kontrolle eher theoretischer Natur und in der Praxis zu Recht bedeutungslos. Sie hat in erster Linie eine Appellfunktion in Richtung EuGH.

[606] Das Verwerfungsmonopol des BVerfG ist in Fragen der Geltung der auf einem Zustimmungsgesetz und der Hoheitsgewaltsübertragung nach Art. 23 GG ebenfalls einschlägig, vgl. insoweit BverfGE 123, 267, 354 – *Lissabon*; vgl. bereits BVerfGE 37, 271, 282 – *Solange I*; *Streinz*, Bundesverfassungsgerichtlicher Grundrechtsschutz und Europäisches Gemeinschaftsrecht, 1989, S. 144, 179 f., 192 f., 198 f. (zu den unterschiedlichen Konstellationen der Kontrolle europäischen Gemeinschaftsrechts anhand des GG und zur Geltung des Verwerfungsmonopols des BVerfG in Analogie zu Art. 100 Abs. 1 GG.

[607] Vgl. näher hierzu *Streinz*, Bundesverfassungsgerichtlicher Grundrechtsschutz und Europäisches Gemeinschaftsrecht, 1989, S. 306 ff., der indessen im Wege einer gemeinschaftsrechtlichen Rücksichtnahmepflicht auf Belange der Mitgliedstaaten (vgl. nunmehr Art. 4 Abs. 2 S. 1 EUV) den Vertragsverstoß sanktionieren will.

ten Integrationsermächtigung des Art. 23 GG für die Bundesrepublik keine Geltung beanspruchen.[608] In diesem Bereich überschneidet sich die Kontrolle durch EuGH und BVerfG indessen erheblich. Auch wenn sich das BVerfG letztlich allein an den Integrationsschranken des Art. 23 GG orientiert, beansprucht es doch ein residuales Kontrollrecht über die Auslegung der Kompetenznormen des Europarechts, für deren Auslegung jedoch nach Art. 19 EUV allein der EuGH zuständig ist.[609] Letztlich gilt für die beiden Gerichte im Ergebnis ein unterschiedlicher Prüfungsmaßstab.

Sowohl für die Identitätskontrolle als auch für die Ultra-vires-Kontrolle besteht auch für das BVerfG eine Pflicht zur Vorlage der einschlägigen Fragen an den EuGH nach Art. 267 AEUV.[610] Erst nach Klärung der europarechtlichen Gültigkeit und der Auslegung der einschlägigen Vorschrift kann darüber befunden werden, ob das Europarecht sich tatsächlich von den Grenzen der Integrationsermächtigung entfernt hat.

3. Folgerungen für die Stellung des Unionrechts gegenüber dem nationalem Recht

Das Unionsrecht unterliegt damit nicht nur eigenständigen Grenzen der Geltung, sein Geltungsanspruch kann auch durch nationales Verfassungsrecht eingeschränkt sein. Eine solche Verweigerung der Geltung wegen Kompetenzüberschreitung oder Verletzung elementarer Verfassungsinhalte, die über die nationale Integrationsermächtigung hinausgehen, kommt nach zutreffender Auffassung erst nach Vorlage der Frage zur Auslegung und zur Gültigkeit der entsprechenden EU-Normen infrage und ist nicht zuletzt aufgrund der vielfältigen Möglichkeiten zu Dialog und Kooperation sowie der verbundenen politischen Konsequenzen exzeptioneller Natur. Zwar sind die Prüfungsmaßstäbe des EuGH und der nationalen (Verfassungs-)Gerichte unterschiedlich; gleichwohl beruhen beide letztlich auf weitgehend inhaltsgleichen rechtsstaatlichen und kompetenziellen inhaltlichen Maßstäben.[611] Aufgrund der politischen Gegebenheiten und der Möglichkeit zum Meinungsaustausch über das Verfahren der Vorabentscheidung (Art. 267 AEUV) sind tatsächliche Divergenzen zwischen der Rechtsprechung des EuGH und nationaler Verfassungsgerichte vermeidbar und aufgrund der gegenseitigen Rücksichtnahmepflichten auf die andere Rechtsordnung (nach Art. 23 GG bzw. nach Art 4 Abs. 2 S. 1 EUV sowie nach den Grundsätzen der begrenzten Einzelermächtigung, der Subsidiarität und der Verhältnismäßigkeit) auch zu vermeiden.

IV. Zwischenergebnis: Die Kompetenzgrenzen der EU und die daraus resultierende Rolle des nationalen Rechts aus Sicht des Europarechts

Auch wenn das Unionsrecht nach zutreffender Auffassung seine Geltungsgrundlage aus dem Recht der Mitgliedstaaten bezieht, ist es als (teil-)integrative Rechtsordnung nur dann funktionsfähig, wenn die in den Vorschriften der EU-Verträge vorgesehene

[608] BVerfGE Maastricht; BVerfGE Lissabon; BVerfG NJW 2010, 2422, 2424 Rn. 61.

[609] Dies sowie die Befugnis des EuGH zur Rechtsfortbildung anerkennend BVerfG NJW 2010, 2422, 2424 Rn. 61

[610] BVerfGE 37, 271, 284 f. – *Solange I*; BVerfGE 52, 187, 200; *Feige*, AöR 100 (1975), 530, 532. Bezogen auf den Grundrechtsschutz *Streinz*, Bundesverfassungsgerichtlicher Grundrechtsschutz und Europäisches Gemeinschaftsrecht, 1989, S. 157.

[611] So auch *Neuner*, Privatrecht und Sozialstaat, 1999, S. 194 f.

unmittelbare Wirkung des Unionsrechts vom Vorrang sowie von der einheitlichen und effektiven Auslegung des Unionsrecht begleitet wird. Diese Anforderungen beschreiben einen zentralen Aspekt für das Verständnis und damit auch für die Auslegung unionsrechtlicher Normen, der im *effet-utile*-Kriterium zum Ausdruck kommt.

Aufgrund seiner völkerrechtlichen Grundlage und seines Bekenntnisses zum Grundsatz der Teilintegration durch die Anerkennung der Grundsätze der begrenzten Einzelermächtigung, der Subsidiarität und der Verhältnismäßigkeit ist das Recht der EU aber zugleich aus sich heraus als fragmentarische Rechtsordnung auf die Koexistenz mit einer Vielzahl nationaler Rechtsordnungen angelegt. Außerhalb der Kompetenzen, die der Union als ausschließliche im Vertrag zugewiesen sind, sind grundsätzlich die Mitgliedstaaten zuständig. Die Zuständigkeit der Union muss demgegenüber in jedem Einzelfall anhand der Vorgaben der jeweils einschlägigen Kompetenzzuweisung sowie anhand der Vorgaben des Subsidiaritäts- und des Verhältnismäßigkeitsgrundsatzes begründet werden, wobei stets eine Abwägung mit den Regelungsinteressen der Mitgliedstaaten vorgenommen werden muss (II.1.d)). Weitere Grenzen für die Geltung des EU-Rechts resultieren aus begrenzenden Prinzipien des Europarechts (unter II.2). Schließlich können sich Grenzen aus den Vorgaben des nationalen Verfassungsrechts ergeben, da – jedenfalls grundsätzlich – auch national-rechtliche Schranken der Integration bestehen können (vgl. unter III).

Die national-rechtlichen Grenzen und die damit einhergehende national-gerichtliche Kontrolle dieser Grenzen stützen sich aber im Wesentlichen auf dieselben Rechtsgrundsätze, die nach europäischem Recht anerkannt sind (Rechtsstaatlichkeit, Grundrechte, Prinzip der begrenzten Einzelermächtigung als zugunsten der Mitgliedstaaten geforderte Strukturvorgaben der EU). Zudem lassen sich divergierende Anschauungen über diese Grenzen aus europarechtlicher und nationaler Sicht durch die zahlreichen gegebenen Kooperationsmöglichkeiten in Gesetzgebung und Rechtsprechung im Regelfall in Einklang bringen, so dass sich aus dem nationalen Recht keine zusätzlichen Grenzen ergeben, die nicht bereits ihrem Grunde nach auch in den Vorgaben des Europarecht angelegt wären. Im Ergebnis handelt es sich auch bei der potentiellen national-verfassungsgerichtlichen Ultra-vires-Kontrolle von Rechtsakten der EU um eine eher theoretische Möglichkeit, die insbesondere das BVerfG zu Recht an hohe Hürden geknüpft hat, die allenfalls in krassen Ausnahmefällen einschlägig sein werden.[612]

Entscheidend für die Ermittlung der Besonderheiten der Auslegung ist jedoch die Kombination der beiden unter I und II beschriebenen Umstände, nämlich des Vorrangs sowie der Geltungsgrenzen des Unionsrechts. Die Einhaltung der soeben beschriebenen Geltungsgrenzen ist nicht nur eine Vorgabe, die sich an die Legislative der EU richtet, sondern vielmehr auch von der Judikative, d.h. dem EuGH, bei der Auslegung und Fortbildung des Unionsrechts zu berücksichtigen. Das bestehende Spannungsverhältnis zwischen unmittelbarer, vorrangiger, einheitlicher und effektiver Geltung des Unionsrechts bei gleichzeitiger Wahrung der Grenzen seines Geltungsbereichs im Rechtsfindungsvorgang aufzulösen, ist eine der spezifischen Herausforderungen an die Rechtsfindung im Unionsrecht und an die Rechtsprechung des EuGH.

Die Untersuchung der Rechtsprechung des EuGH hat gezeigt, dass der *effet utile* als Argument in dem soeben beschriebenen Spannungsverhältnis eingesetzt wird,

---

[612] Dieser Befund wird durch die jüngst ergangene Entscheidung BVerfG NJW 2010, 2422 bestätigt.

jedoch nur einseitig zur Begründung der vorrangigen und effektiven Geltung des Unionsrechts bemüht wird (vgl. § 1.A.III). In welcher Weise die soeben beschriebenen und weitere staatsrechtliche Vorgaben zu einer Korrektur bzw. Relativierung der *effet-utile*-Argumentation führen, wird zunächst anhand der generellen (unions-) verfassungsrechtlichen Vorgaben der teleologischen Rechtsfindung näher zu untersuchen sein (B).

B. Verfassungsrechtliche Vorgaben für die teleologische Rechtsfindung im Unionsrecht

Das in Abschnitt A untersuchte Verhältnis des Unionsrechts zum nationalen Recht bildet die Grundlage für die Untersuchung der staatsrechtlichen Vorgaben der teleologischen Auslegung des Unionsrechts. Von dieser Grundlage ausgehend gilt es nun, die zahlreichen (weiteren) staatsrechtlichen Vorgaben für die Rechtsfindung zu skizzieren und deren Bedeutung gerade bezogen auf die Rechtsordnung des Unionsrechts im Folgenden näher zu ermitteln. Aus rechtstheoretischer Sicht geht es dabei um die unter § 2.A.III.2 beschriebene externe Abwägung der unterschiedlichen Rechtsfindungsmethoden untereinander, mithin um die Frage, welche (gegenläufigen) Wertungen im Rahmen der teleologischen Abwägung einzustellen sind und in welchen Fällen eine (objektiv-)teleologische Auslegung einer an anderen Kriterien der Rechtsfindung (insbesondere einer am Wortlaut oder an den Gesetzesmaterialien) orientierten Auslegung im Unionsrecht vorzuziehen ist.

Da sich das Verhältnis der *canones* zueinander nur in bestimmten eng begrenzten Fällen in Form von Rechtsregeln darstellen lässt und im Übrigen durch Abwägung der relevanten hermeneutischen und verfassungsrechtlichen Prinzipien zu bestimmen ist (vgl. § 2.A.II.1.b)), gilt es vorliegend, diese verfassungsrechtlichen Kriterien, die für eine teleologische Auslegung des Unionsrechts bzw. für ihre Begrenzung streiten, zu ermitteln und die Besonderheiten der Rechtsfindung im Unionsrecht insoweit herauszuarbeiten. Die hier gewonnenen Ergebnisse sind darauf gerichtet, allgemeine Kriterien für die Beurteilung von Abwägungsentscheidungen im Rahmen der Auslegung zu gewinnen; ihre Anwendung im Einzelfall lässt sich freilich nicht ohne eine Beurteilung der hermeneutischen Faktoren, mithin des Gewichts der jeweiligen Argumente im konkreten Fall ermitteln, so dass das Ergebnis nur auf die für eine Abwägung relevanten Kriterien gerichtet sein kann, nicht aber auf die Entwicklung präziser Auslegungs*regeln*. Der folgende Abschnitt soll die zentralen für die Grenzbestimmung relevanten Kriterien zusammenstellen und so die folgende Analyse der Grenzen des *effet-utile*-Grundsatzes argumentativ vorbereiten.

I. Teleologische Rechtsfindung als verfassungsrechtliches Problem

Das verfassungsrechtliche Problem der teleologischen Rechtsfindung ist vor allem die Frage nach ihren Grenzen. Da das Recht eine teleologische Struktur aufweist, ist die Argumentation in teleologischen Zusammenhängen die dem Recht eigentümliche Argumentationsmethode (vgl. hierzu unter § 2.B.I). Die Argumentation mit teleologischen Zusammenhängen, die sich nicht aus den normativen Quellen (Text und Gesetzesmaterialien) ergeben, beruht notwendigerweise auf einem eigenständig hergestellten wertenden Zusammenhang des Interpreten und dessen Überzeugung davon, nach welchen rechtlichen Kriterien der Fall zu entscheiden ist. Staatsrechtliche Probleme wirft eine solche Vorgehensweise dann auf, wenn sich der Interpret von den an der Normquelle orientierten Auslegungskriterien wie dem Wortlaut oder den vom Gesetzgeber zugrunde gelegten Zwecksetzungen entfernt, unabhängig davon, ob er sich bei der Rechtsfindung im Rahmen des Gesetzeswortlauts hält (Auslegung) oder den Bereich der Rechtsfortbildung beschreitet.[613] Darin äußert sich der grundsätzliche Konflikt zwischen Recht und Gesetz im Rahmen der Rechtsfindung, so wie er in Art. 20 Abs. 3 GG zum Ausdruck kommt, der aber auch für die Rechtsfindung im EU-Recht von Bedeutung ist.[614]

Die verfassungsrechtlichen Vorgaben richterlicher Tätigkeit orientieren sich im Wesentlichen an drei zentralen Maßstäben, nämlich am Rechtsstaatsprinzip,[615] am Grundsatz der Gewaltenteilung (bzw. im Unionsrecht am sog. institutionellen Gleichgewicht) einschließlich des Demokratieprinzips[616] sowie an materiellen Grundrechtsvorgaben, wobei der Gleichheitssatz[617] und die aus ihm folgende Vorgabe der Widerspruchsfreiheit und Folgerichtigkeit der Rechtsordnung dabei eine tragende Rolle spielen.[618] Aus dem Gebot der Rechtsstaatlichkeit folgen die Forderungen nach Bestimmtheit und Vorhersehbarkeit der Rechtsprechung für den Rechtsunterworfenen und damit vor allem der Grundsatz des Vertrauensschutzes. Die Gewaltenteilung bzw. das institutionelle Gleichgewicht verlangen eine sachadäquate Aufgabenverteilung zwischen Judikative und Legislative, wobei vor allem aufgrund des Demokratieprinzips die Bindung der Judikative an Vorgaben der Legislative sicherzustellen ist.[619] Schließlich ist die Tätigkeit der Rechtsprechung auch an staatsrechtlich vorgegebenen materiellen Grundrechtsgehalten auszurichten.[620]

---

[613] Vgl. zur Frage der Gesetzesbindung insbesondere *Neuner*, Die Rechtsfindung contra legem, 2. Aufl. 2005, S. 132 ff.; *Rüthers/Fischer/Birk*, Rechtstheorie, 6. Aufl. 2011, Rn. 711 f., 810 ff.; s. auch *Bydlinski*, Juristische Methodenlehre und Rechtsbegriff, 2. Aufl. 1991, S. 562 f.

[614] Vgl. etwa *Dreier*, Recht – Staat – Vernunft, 1991, S. 78 f.; *Neuner*, Die Rechtsfindung contra legem, 2. Aufl. 2005, S. 85 ff. Aus Sicht des Unionsrechts *ders.*, in: Riesenhuber (Hrsg.), Europäische Methodenlehre, 2. Aufl. 2010, S. 373, 379 ff., 390 f.

[615] Dieser gebietet insbesondere einen Schutz des Vertrauens der Bürger im Hinblick auf die Bedeutung von Normtexten und das bisherige Normverständnis, sofern dieses von einem vernünftigen sachgerechten Regelungszweck getragen ist, vgl. dazu *Neuner*, Die Rechtsfindung contra legem, 2. Aufl. 2005, S. 114.

[616] Vgl. hierzu *Wank*, Grenzen richterlicher Rechtsfortbildung, 1978, S. 89 ff.

[617] Zur methodologischen Relevanz des Gleichheitssatzes vgl. *Canaris*, Systemdenken und Systembegriff in der Jurisprudenz, 2. Aufl. 1983, S. 16; *Höpfner*, Die systemkonforme Auslegung, 2008, S. 40 ff.

[618] So im Wesentlichen auch *Wank*, Grenzen richterlicher Rechtsfortbildung, 1978, S. 93 ff. (Gewaltenteilung), S. 232 ff. (Rechtstaatsprinzip), S. 97 ff. (materielle Vorgaben der Verfassung).

[619] Vgl. hierzu insbesondere *Wank*, Grenzen richterlicher Rechtsfortbildung, 1978, S. 82, 93 ff., 207 ff., 232 ff. mit Bezug auf Fragen der Rechtsfortbildung; *Herresthal*, Rechtsfortbildung im europarechtlichen Bezugsrahmen, 2006, S. 121 f.; *Neuner*, Die Rechtsfindung contra legem, 2. Aufl. 2005, S. 85 ff.

[620] Zur verfassungskonformen Auslegung s. etwa *Canaris*, FS Kramer, 2004, S. 141 f.; *Rüthers/Fischer/Birk*, Rechtstheorie, 6. Aufl. 2011, Rn. 763 ff.; s. dazu auch *Neuner*, Die Rechtsfindung contra legem, 2. Aufl. 2005, S. 128 ff.; *ders.*, Privatrecht und Sozialstaat, 1999, S. 170; *Höpfner*, Die systemkonforme Auslegung, 2008, S. 171 ff., der allerdings strikt zwischen einer verfassungsorientierten und einer verfassungskonformen Auslegung (sc. im engeren Sinne) unterscheidet

Da die EU ebenfalls auf den Grundsätzen der Gewaltenteilung, des Rechtsstaats, der Grundrechte und der Demokratie aufgebaut ist, sind die anhand derselben Kriterien im nationalen Recht herausgearbeiteten staatsrechtlichen Grundsätze der Rechtsfindung im Grundsatz auch auf die Rechtsfindung durch den EuGH bzw. das EuG übertragbar.[621] Insofern kann bei der Konkretisierung der (in der Regel sehr abstrakten) Vorgaben auf ein allgemeines staatstheoretisches Verständnis zurückgegriffen werden, das im Grundsatz auch auf die Rechtsordnung der EU, die ebenfalls auf den oben als einschlägig erkannten Prinzipien des Rechtsstaats, der Demokratie und der Gewaltenteilung beruht. Eine erschöpfende Diskussion dieser Grenzen würde weit über die eigentliche Fragestellung der Arbeit hinausgehen, so dass die Untersuchung der unionsverfassungsrechtlichen Vorgaben im Folgenden auf die Aspekte konzentriert wird, die mit der Rechtsfindung anhand des teleologischen *effet-utile*-Arguments in unmittelbarem Zusammenhang stehen. Von primärem Interesse ist dabei die Rolle, die dem EuGH aus Gesichtpunkten der Gewaltenteilung bei der Auslegung des Unionsrechts zukommt. Diese Frage hat eine organkompetenzielle Seite, die das Verhältnis des EuGH zum EU-Gesetzgeber betrifft, und eine verbandskompetenzielle Seite, die auf die Grenzen der Geltung des Unionsrechts im Verhältnis zum nationalen Recht bezogen ist.[622]

Die national-rechtliche Diskussion der verfassungsrechtlichen Vorgaben für die Methodenlehre orientiert sich vor allem an der Abgrenzung der Organkompetenz der Judikative im Verhältnis zur Legislative. Insofern gilt es lediglich, einige Besonderheiten der teleologischen Auslegung im Unionsrecht herauszuarbeiten (vgl. unter II). Von weitaus größerer Bedeutung für die spezifisch mit dem *effet-utile*-Grundsatz verbundenen Probleme der teleologischen Auslegung ist jedoch die Rolle der verbandskompetenziellen Grenzen des EU-Rechts im Verhältnis zum nationalen Recht. Diese Grenzen wurden bereits bei der allgemeinen Darstellung des Verhältnisses zwischen EU-Recht und nationalem Recht (unter A) erläutert. Im Anschluss an diese Grundlegung gilt es nun, die Bedeutung dieser Grenzen für die teleologische Argumentation näher zu bestimmen (hierzu unter III).

II. Organkompetenzielle Vorgaben des Unionsrechts für die (objektiv-)teleologische Rechtsfindung

Die organkompetenziellen Vorgaben der Rechtsfindung werden vor allem als Fragen der Gewaltenteilung diskutiert, geht es doch im nationalstaatlichen Kontext primär um die Ermittlung der Grenzen der Judikative im Verhältnis zur Legislative. Auch wenn die Gewaltenteilung erheblich von ihrer konkreten Ausgestaltung im

und die verfassungskonforme Auslegung aufgrund ihrer kontrollierenden Funktion nicht mehr zur Ermittlung des Normzwecks zählt; anders *Canaris*, FS Kramer, 2004, S. 141, 154, der die Konformauslegung als eigenständigen Teil des Rechtsfindungsvorgangs behandelt und zu ihren Gunsten eine Vorrangregel als begründet ansieht, der Anerkennung einer verfassungsorientierten Auslegung im Übrigen aber zu Recht zurückhaltend gegenübersteht.

[621] *Neuner*, Privatrecht und Sozialstaat, 1998, S. 190 f.; *ders.*, in: Riesenhuber (Hrsg.), Europäische Methodenlehre, 2. Aufl. 2010, S. 373, 376 f.

[622] In diese Richtung auch *Neuner*, in: Riesenhuber (Hrsg.), Europäische Methodenlehre, 2. Aufl. 2010, S. 379 ff.; *ders.*, Privatrecht und Sozialstaat, 1998, S. 192; *Franzen*, Privatrechtsangleichung durch die Europäische Gemeinschaft, 1998, S. 604 ff. (Unterscheidung zwischen internen und externen Lücken im Rahmen der Rechtsfortbildung).

jeweiligen Staatsverband abhängig ist, lassen sich auf einer theoretischen Ebene zwei zentrale Aspekte der Gewaltenteilung unterscheiden: Zum einen liegt dem Konzept der Gewaltenteilung eine funktionale Aufgabenteilung zugrunde, die den jeweiligen Gewalten diejenigen Aufgaben zuweist, die sie im Verhältnis zu anderen Gewalten im Hinblick auf ihre Struktur und ihre Legitimation besser erfüllen können (*funktionale Aspekte*).[623] Zum anderen bezweckt die Gewaltenteilung eine Machtteilung, die Organen bestimmte Machtbereiche zuweist und gegenseitige Kontrollmöglichkeiten eröffnet, um so die Ausübung der Staatsgewalt durch mehrere, voneinander grundsätzlich unabhängige Organe stärker an ihren eigentlichen Aufgaben zu orientieren (*Machtteilungsaspekte*).[624] Von Bedeutung sind schließlich auch eigenständige rechtsstaatliche Grenzen, wie insbesondere der Grundsatz des Vertrauensschutzes als Ausprägung des *Rechtsstaatsprinzips*.[625]

Die konkrete Ausgestaltung dieser Aufgaben- und Machtteilung unterscheidet sich von (Staats-)Verband zu (Staats-)Verband. Sie ist zum Teil in grundlegenden Verfassungsdokumenten festgelegt, zum Teil gesetzlich geregelt; die bedeutsamsten Fragen sind allerdings zu einem großen Teil nicht ausdrücklich geregelt, sondern werden zumeist durch die betroffenen Gewalten selbst anhand abstrakter staatstheoretischer Prinzipien bestimmt und im Einzelfall ggf. durch die Rechtsprechung konkretisiert. Im Unionsrecht wird die Verteilung von Machtkompetenzen zwischen den unterschiedlichen Organen als instutionelles Gleichgewicht bezeichnet.[626] Ohne Bedeutung für die vorliegende Untersuchung ist die Frage, ob aus einem Grundsatz des institutionellen Gleichgewichts auch der Schutz bestimmter gesetzlich nicht festgelegter Mitwirkungsrechte einzelner Organe folgt.[627]

---

[623] Vgl. ausführlich *Herresthal*, Rechtsfortbildung im europarechtlichen Bezugsrahmen, 2006, S. 149 ff. m. w. N.; *Wank*, Grenzen richterlicher Rechtsfortbildung, 1978, S. 113; Krit. zur dadurch hervorgerufenen Vorstellung einer Funktionenverschränkung indes *Neuner*, Die Rechtsfindung contra legem, 2. Aufl. 2005, S. 57 f. mit dem zutreffenden Hinweis, dass richterliche Rechtsfindung sich an anderen Kriterien orientiert als die Gesetzgebung und strengeren Schranken unterliegt und damit keine legislativen Aufgaben übernimmt, sondern lediglich Regelungslücken innerhalb der Rechtsordnung ausfüllt.

[624] Hierzu *Wank*, Grenzen richterlicher Rechtsfortbildung, 1978, S. 93 ff.; s. auch *Rüthers/Fischer/Birk*, Rehtstheorie, 6. Aufl. 2011, Rn. 705 ff.

[625] *Rüthers/Fischer/Birk*, Rechtstheorie, 6. Aufl. 2011, Rn. 654; *Neuner*, Die Rechtsfindung contra legem, 2. Aufl. 2005, S. 172 ff. (im Rahmen der Grenzen richterlicher Gesetzesderogation); aus europarechtlicher Sicht *Herresthal*, Rechtsfortbildung im europarechtlichen Bezugsrahmen, 2006, S. 292 ff., 301 ff., 345 f.

[626] *Siegel*, DÖV 2010, 1 ff.; *Dederer*, in: Hofmann/Naumann (Hrsg.), 2010, S. 89, 101; *Conway*, The Limits of Legal Reasoning and the European Court of Justice, 2012, S. 178 ff.; vgl. auch Grabitz/Hilf-*Nettesheim*, Das Recht der Europäischen Union, 46. EL. 2011, Art. 13 EUV Rn. 33, der dem Konzept eine wichtige analytische Funktion zuordnet, das Konzept aber für „schillernd, vieldeutig und schwer greifbar" hält. Dies dürfte jedoch auch für den Grundsatz der Gewaltenteilung im nationalen Verfassungsrecht gelten, sofern er nicht an konkrete normative Regeln anknüpft, vgl. etwa zu den unterschiedlichen Folgerungen, die aus diesen Prinzip im Einzelfall gezogen werden Maunz/Dürig-*Herzog/Grzeszick*, GG, Art. 20 V Rn. 1 ff.

[627] Vgl. zu dieser Problematik EuGH, Rs. 138/79, Slg. 1980, 3333 Rn. 33 – *Roquette Frères*; EuGH, Rs. 70/88, Slg. I-2041 Rn. 21 ff. – *Parlament/Rat*; EuGH, Rs. C-21/94, Slg. 1995, I-1827 Rn. 17 – *Parlament/Rat*; Grabitz/Hilf-*Netteseim*, Das Recht der Europäischen Union, 46. EL 2011, Art. 13 EUV Rn. 33 f.; Calliess/Ruffert-*Calliess*, EUV/AEUV, 4. Aufl. 2011, Art. 13 EUV Rn. 16 ff.

1. Staatsrechtliche Gründe für eine (objektiv-)teleologische Rechtsfindung durch die europäische Gerichtsbarkeit

a) Gründe für richterliche Eigenwertungen im Allgemeinen

In der Literatur sind die wesentlichen Gründe herausgearbeitet worden, die für eine Konkretisierung von Rechtsvorschriften durch die Gerichte auch dann sprechen, wenn sie sich nicht auf eine Wertungsentscheidung des Gesetzgebers berufen können bzw. sogar dann, wenn sie sich in Widerspruch zu den Vorstellungen der Gesetzesverfasser setzen.[628] Für die teleologische Rechtsfindung gilt insofern nichts anderes als für (andere) Methoden der Auslegung und Rechtsfortbildung. Leitend für die Bestimmung der Funktionen der Judikative ist dabei das *Rechtsverweigerungsverbot*, das dem Richter gebietet, jeden in zulässiger Weise zur Entscheidung vorgelegten Sachverhalt auch dann zu entscheiden, wenn eine (unmittelbar) einschlägige Gesetzesnorm nicht vorhanden ist.[629] Hieraus ergeben sich die Anforderungen für den Richter, auch außerhalb des konkret gesetzlich geregelten Bereichs normative Vorgaben zu ermitteln, die er zur Grundlage seiner Entscheidung machen kann. Dabei handelt es sich indessen nicht um eine freie rechtsetzende Tätigkeit, die derjenigen durch die Legislative vergleichbar wäre; vielmehr ist der Richter gehalten, sich außerhalb des gesetzlich normierten Bereichs an gesetzlich bestätigten Wertungen oder an anerkannten außerpositiven Grundsätzen zu orientieren.[630] Im Folgenden sollen unabhängig von dem Maßstab für diese Rechtsfindung die verfassungsrechtlichen bzw. staatstheoretischen Gründe, die für eine richterliche Eigenwertung sprechen, nach funktionalen Aspekten und nach Aspekten der Machtteilung getrennt aufgezeigt werden. Damit sollen die maßgeblichen Kriterien für die Bewertung der organkompetenziellen Schranken der teleologischen Rechtsfindung skizziert werden.

aa) Funktionale Aspekte. Für das Erfordernis einer richterlichen Rechtsfindung spricht zunächst der Umstand, dass sich bei Erlass der Norm kaum alle zu regelnden Fallgestaltungen vorhersehen und in der abstrakt-generell zu formulierenden Gesetzesfassung berücksichtigen lassen, so dass die Rechtsprechung bei der Anwendung der Gesetze die dahinterstehenden Zwecksetzungen und Wertungen auch und gerade auf nicht vorgesehene Konstellationen übertragen muss (*Mangel an Vorhersehbarkeit*).[631] Zudem sind Gesetze grundsätzlich auf dauerhafte Geltung und damit auf grundlegende Wertungsentscheidungen angelegt, deren Konkretisierung sie für jeden Einzelfall gar nicht erst leisten sollen. Damit ist es nicht nur die Unvorhersehbarkeit der tatsächlichen Vielfalt der Fallgestaltungen, sondern auch die Unsicherheit über die konkreten teleologischen Auswirkungen der Regelung, die eine Ergänzung und Korrektur des Norm-

---

[628] Vgl. etwa *Larenz/Canaris*, Methodenlehre der Rechtswissenschaft, 3. Aufl. 1995, S. 165; *Bydlinski*, Juristische Methodenlehre und Rechtsbegriff, 2. Aufl. 1991, S. 472 ff.; *Rüthers/Fischer/Birk*, Rechtstheorie, 6. Aufl. 2011, Rn. 796 ff., 936 ff.; *Neuner*, Die Rechtsfindung contra legem, 2. Aufl. 2005, S. 47 ff., 139 ff.

[629] *Schumann*, ZZP 81 (1968), S. 79 ff.; zust. *Neuner*, Die Rechtsfindung contra legem, 2. Aufl. 2005, S. 53 f.; *Kirchhof*, FS Jur. Fakultät Universität Heidelberg, 1986, S. 11, 30; *Rüthers/Fischer/Birk*, Rechtstheorie, 6. Aufl. 2011, Rn. 823; grundsätzlich auch *Wank*, Grenzen richterlicher Rechtsfortbildung, 1978, S. 239.

[630] Zutr. *Neuner*, Die Rechtsfindung contra legem, 2. Aufl. 2005, S. 69 ff. m.w.N., vgl. im Hinblick auf die teleologische Rechtsfindung unter § 2.B.I.3.

[631] Vgl. schon *Heck*, AcP 112 (1914), 1, 174; *Wank*, Grenzen richterlicher Rechtsfortbildung, 1978, S. 119 ff.; insbesondere mit Bezug zur Rechtsfortbildung s. etwa *Bydlinski*, Juristische Methodenlehre und Rechtsbegriff, 2. Aufl. 1991, S. 472 ff.

materials durch die Rechtsprechung notwendig macht. Aufgrund der Schwerfälligkeit des Gesetzgebungsverfahrens überlässt der Gesetzgeber Konkretisierungen und teleologische Korrekturen bewusst der Rechtsprechung. Richter sind, gerade wenn sie in unvorhergesehenen, atypisch gelagerten Fällen und im Hinblick auf Nebenfragen über einen konkreten Einzelfall entscheiden, in aller Regel besser geeignet, eine Vielzahl unterschiedlicher Fälle unter allen relevanten Gesichtspunkten teleologisch zu würdigen als der Gesetzgeber, der sich auf die grundlegenden Wertungsentscheidungen und den typischen Regelungsbereich des Rechtsakts konzentriert (*Grundlagencharakter von Gesetzen und teleologische Präzision richterlicher Rechtsfindung*).[632] Die Aufgabe der Judikative ist es aber nicht nur, die mangelnde textliche oder teleologische Präzision von Normen auszugleichen; sie kann und soll auch eine Anpassung an Veränderungen des tatsächlichen und des normativen Umfelds leisten (*sog. Phänomen des alternden Gesetzes und der Wandel der Rechtsrealität*).[633]

Die Aufgaben des Richters rühren aus faktischer Sicht zudem auch daher, dass es aufgrund der Bindung des Gesetzes an die Grenzen der Sprache in einigen Fällen unmöglich ist, das Gemeinte präzise festzulegen (*Grenzen sprachlicher Präzision*).[634] Zudem ist es Aufgabe der Gesetzessprache, das hinter dem Gesetz stehende und auf den Vorstellungen der Gesetzgeber bzw. Gesetzesverfasser beruhende Finalprogramm umzusetzen, so dass für ein Verständnis des Gesetzes eine Auseinandersetzung mit seinen teleologischen Grundlagen erforderlich ist (*teleologischer Charakter des Rechts und der Gesetzessprache*).[635] In sehr vielen Fällen scheitert eine präzisere Formulierung der Gesetze indessen nicht an den Grenzen der Sprache, sondern an den Grenzen des politischen Kompromisses, der eine präzisere Fassung bzw. eine ausdrückliche Entscheidung von Wertungsfragen nicht zulässt (*politische Grenzen gesetzlicher Festlegung*), was aber angesichts des Rechtsverweigerungsverbots nicht bedeuten kann, dass eine Rechtsfindung durch die Gerichte insoweit ausgeschlossen ist.[636] Dies zeigt nicht zuletzt die häufige Praxis des (deutschen) Gesetzgebers, bestimmte Fragen ausdrücklich Rechtsprechung und Wissenschaft (zur Entscheidung) zu überlassen.

bb) Aspekte der Machtteilung und das Demokratieprinzip. Insgesamt ist die Aufgabenteilung zwischen Judikative und Legislative aber nicht nur eine faktische Gegebenheit, die sich aus der beschränkten Präzision der Gesetzessprache und dem fehlenden Überblick über die (teleologischen) Folgen eines Gesetzes ergibt; vielmehr erzwingt die abstrakt-generelle Formulierung von Gesetzen eine Arbeitsteilung zwischen Legislative und Judikative und ist somit auch ein Gebot der Machtteilung als Ausprä-

---

[632] *Wank*, Grenzen richterlicher Rechtsfortbildung, 1978, S. 132ff.

[633] Vgl. *Bydlinski*, Juristische Methodenlehre und Rechtsbegriff, 2. Aufl. 1991, S. 574ff.; *Rüthers/Fischer/Birk*, Rechtstheorie, 6. Aufl. 2011, Rn. 954; *Larenz/Canaris*, Methodenlehre der Rechtswissenschaft, 3. Aufl. 1995, S. 232ff.

[634] *Koch/Rüßmann*, Juristische Begründungslehre, 1982, S. 188ff.; *Neuner*, Die Rechtsfindung contra legem, 2. Aufl. 2005, S. 91ff.; *Wank*, Grenzen richterlicher Rechtsfortbildung, 1978, S. 128ff.

[635] *Canaris*, Systemdenken und Systembegriff in der Jurisprudenz, 2. Aufl. 1983, S. 21ff.; *Kramer*, Juristische Methodenlehre, 3. Aufl. 2010, S. 147; *Rüthers/Fischer/Birk*, Rechtstheorie, 6. Aufl. 2011, Rn. 718; *Koch/Rüßmann*, Juristische Begründungslehre, 1982, S. 210 sprechen insoweit vor allem Wert- und Prognosebegriffe und deren Unbestimmtheit an. Dieser teleologische Charakter spielt v. a. im Unionsrecht eine besondere Rolle.

[636] Vgl. insbesondere zum Unionsrecht *Pescatore*, GS Constatinesco, 1983, S. 559ff.; *v. Danwitz*, EuR 43 (2008), 769, 780; *ders.*, JZ 2006, 1ff.

gung des Gewaltenteilungsgrundsatzes (*Machtteilungsaspekt*). Aufgabe des Richters ist es damit nicht nur, alle Wertungsentscheidungen der Legislative möglichst umfassend umzusetzen; es geht auch noch nicht einmal um den – ebenfalls geforderten – denkenden Gehorsam gegenüber den Vorgaben des Gesetzgebers. Vielmehr beschränkt der Grundsatz der Gewaltenteilung, wenn man ihn als Machtteilung versteht, die Autorität des Gesetzgebers auf die in den Normen selbst zum Ausdruck kommenden Regelungen und weist die konkretere Entscheidung den Gerichten zu. Der Gedanke der Gewaltenteilung wirkt sich damit sowohl zugunsten als auch zulasten des Gesetzgebers aus und erkennt der Gerichtsbarkeit eine eigene Machtsphäre zu.

Die Anerkennung einer eigenen richterlichen Entscheidungsmacht im Verhältnis zur Legislative ist freilich in hohem Maße problematisch, da sie in einem deutlichen Gegensatz zum Demokratieprinzip steht; sie kann daher nur in einem begrenzten Umfang anerkannt werden. Eine umfassende Untersuchung dieser grundlegenden methodologischen Fragestellung würde den Rahmen der vorliegenden Arbeit sprengen. Daher sollen vor dem Hintergrund einer verstärkten Tendenz in der methodologischen Literatur, die Regelungsvorstellungen der Gesetzesverfasser[637] als maßgebliches Kriterium anzusehen, vor allem Kriterien herausgearbeitet werden, die auch aus Gründen der Gewaltenteilung eine vom Wortlaut und den Materialien gelöste richterliche Rechtsfindung rechtfertigen können. Die Frage ist keineswegs kategorisch dahin zu beantworten, dass eine solche Entscheidung nicht möglich wäre. Einigkeit besteht im Wesentlichen auch darüber, dass von den Gesetzesmaterialien abweichende Zweckvorstellungen nur dann Vorrang haben können, wenn die Gründe hierfür überwiegen; an der Bewertung und Ermittlung dieser Gründe zeigt sich die Abhängigkeit der hermeneutisch-teleologischen und der verfassungsrechtlich-staatstheoretischen Dimension der Methoden.[638] Dabei sollte klargestellt sein, dass die Argumentationslast stets auf der Seite desjenigen liegt, der sich von den im parlamentarischen Verfahren zugrunde gelegten Auslegungsvorstellungen entfernt, unabhängig davon, ob man (terminologisch) so weit gehen will, ein solches Vorgehen als contralegale Rechtsfindung zu bezeichnen.[639]

Versteht man die Gewaltenteilung zwischen Judikative und Legislative in diesem Sinne, ist es nicht alleine Aufgabe der Gerichte, bei der Rechtsanwendung den tatsächlichen oder hypothetischen Willen des Gesetzgebers zu ermitteln, sondern sie haben auch die Autorität dazu, – auf der Grundlage des normativen Materials – eine mit diesem Normmaterial konsistente eigene Vorstellung über die Bedeutung des Rechts zu gewinnen und das Recht entsprechend anzuwenden. Sie müssen sich zwar in erster Linie am Gesetzeswortlaut und an der teleologischen Struktur des Rechts

---

[637] Der Rückgriff auf die Gesetzesmaterialien bei der Ermittlung der gesetzgeberischen Regelungsabsicht wird aus verfassungsrechtlicher Sicht mit der sog. *Paktentheorie* gerechtfertigt, nach der sich die abstimmenden Parlamentarier als Gesetzgeber im Zweifel die Stellungnahmen der Gesetzesbegründungen von Regierung und Parlamentsausschüssen zueigen machen, vgl. hierzu *Koch/Rüßmann*, Juristische Begründungslehre, 1982, S. 180; *Neuner*, Die Rechtsfindung contra legem, 2. Aufl. 2005, S. 104. Die Theorie geht zurück auf *Heck*, AcP 112 (1914), 1, 77 ff., der allerdings auch bereit ist, diese Regelungsabsicht bei der Rechtsanwendung kritisch zu hinterfragen.

[638] Vgl. § 2.A.II.4.

[639] Zur Trennung von Auslegung und – unter engen Voraussetzungen zulässiger – contralegaler Rechtsfindung anhand des Kriteriums der subjektiven Vorstellungen der Gesetzesverfasser vgl. mit beachtlichen Argumenten insbesondere *Neuner*, Die Rechtsfindung contra legem, 2. Aufl. 2005, S. 132 ff.

orientieren, das vom Gesetzgeber vorgegeben ist, haben sich aber im Einzelfall ein eigenes Bild hiervon zu machen. Insofern kann eine von den Quellen (Wortlaut und Gesetzesmaterialien) gelöste teleologische Rechtsfindung einen besonderen Aspekt der Machtteilung zwischen den Staatsgewalten verwirklichen, solange sich die Gerichte der hohen Argumentationslast bewusst sind, die für eine Entscheidung zu fordern ist, die sich von den Vorstellungen der Gesetzesverfasser entfernt. Aufgrund der überragenden Bedeutung des Demokratieprinzips ist ein Abweichen von den Regelungsvorstellungen des Gesetzgebers an hohe argumentative Hürden gebunden.[640]

Diese grundsätzliche Machtteilung wird dadurch verstärkt, dass die Judikative häufig – wenn auch z.T. durch besondere Gerichte (vgl. etwa Art.100 Abs.1 GG) – auch zur Kontrolle der Legislative anhand von Vorgaben höherrangigen Rechts berufen ist (insbesondere auch des sich aus dem Gleichbehandlungsgrundsatz ergebenden Gebots der Vermeidung von Wertungswidersprüchen).[641] Dabei stellt sie aus inhaltlicher Sicht die Einhaltung von Grundrechten sicher und ist – in einem gewissen Umfang – aufgrund der Bindung an den Gleichheitssatz auch zur Sicherstellung von Widerspruchsfreiheit bei der Auslegung des Rechts berufen (*Kontrolle anhand höherrangiger Vorgaben*). Je intensiver diese Vorgaben sind bzw. verstanden werden, desto stärker ist auch die Kontrolle, die durch die Rechtsprechung ausgeübt wird. Diese Kontrolle wird in Form einer Verwerfung von Rechtsakten (vgl. etwa Art.263 Abs.1 AEUV) oder in Form einer konformen Auslegung der niederrangigen Rechtsakte ausgeübt.[642] Diese Kontrolle hat gerade dann große Auswirkung auf die Kompetenz des Gerichts zur teleologischen Auslegung, wenn das befasste Gericht zugleich befugt ist, die Rechtsnorm zu verwerfen, wie dies gerade beim EuGH der Fall ist.[643]

b) Besonderheiten des Unionsrechts

Die soeben skizzierten staatstheoretischen Überlegungen, die für eine teleologische Auslegung und eine – im wesentlichen an teleologischen Kriterien orientierte – Rechtsfortbildung sprechen, sind im Grundsatz auch zugunsten des EuGH auf der Ebene der EU anwendbar.[644] Hierzu zählen insbesondere die mangelnde Vorhersehbarkeit der Fälle, fehlende Anpassungen der Gesetze sowie die tatsächliche oder politische Unmöglichkeit einer Festlegung durch die Gesetzessprache.[645] Aus der Sicht eines obersten Verfassungsgerichts, wie es im Bezug auf die EU-Verträge der EuGH ist, kommt zudem die Kontrolle der Einhaltung der EU-vertraglichen Vorgaben durch sekundäres Unionsrecht hinzu.[646]

---

[640] Vgl. sogleich unter §3.B.II.2.b).

[641] Vgl. etwa *Rüthers/Fischer/Birk*, Rechtstheorie, 6.Aufl. 2011, Rn.756ff., 759ff., 763ff.; *Neuner*, Die Rechtsfindung contra legem, 2.Aufl. 2005, S.140ff. Aus diesen Gründen wird die Zuständigkeit der Instanzgerichte für eine verfassungskonforme Auslegung z.T. verneint vgl. ausführlich *Höpfner*, Die systemkonforme Auslegung, 2008, S.198ff.; *Voßkuhle*, AöR 125 (2000), 177, 184ff.

[642] Zur Unterscheidung vgl. *Wank*, Grenzen richterlicher Rechtsfortbildung, 1978, S.93f.; *Neuner*, Die Rechtsfindung contra legem, 2.Aufl. 2005, S.128ff.

[643] Vgl. *Höpfner*, Die systemkonforme Auslegung, 2008, S.230.

[644] Vgl. auch den Befund bei *Neuner*, Privatrecht und Sozialstaat, 1999, S.190.

[645] Aufzählung in Anlehnung an *Wank*, Grenzen richterlicher Rechtsfortbildung, 1978, S.119ff. Ähnlich auch *Herresthal*, Rechtsfortbildung im europarechtlichen Bezugsrahmen, 2006, S.201ff.

[646] Vgl. *Wank*, Grenzen richterlicher Rechtsfortbildung, 1978, S.104ff. (allgemein zur Kont-

aa) Funktionale Aspekte. Die Gründe, die für eine eigenständige (objektiv-)teleologische Rechtsfindung durch die Gerichte sprechen, sind in allgemein-theoretischer Form präsentiert worden. Bei näherer Betrachtung treffen die meisten Gründe, die für eine objektiv-teleologische Auslegung durch die Gerichte sprechen, in besonderem Maße auch auf das Unionsrecht zu.[647] Die konkreten Auswirkungen von Regelungen, die vor dem Hintergrund einer Vielzahl mitgliedstaatlicher Rechtsordnungen gelten, lassen sich schlechter vorhersehen als im nationalen Kontext *(mangelnde Vorhersehbarkeit)*, zumal Fragen der konkreten Auswirkung einer europäischen Norm auf die Systematik jedes einzelnen nationalen Rechtssystems im Gesetzgebungsverfahren der EU in aller Regel nicht berücksichtigt werden.[648] Gerade bei der Auslegung des Primärrechts sind die konkreten Auswirkungen der Regelungen, insbesondere der Grundfreiheiten erst durch eine primär an objektiv-teleologischen Kriterien orientierte Rechtsprechung des EuGH entwickelt worden, weil es keine hinreichend präzisen gesetzgeberischen Vorgaben zu deren Umsetzung gab. Aber auch in Bereichen, in denen die europäischen Normen präzise inhaltliche Vorgaben machen, sind deren Auswirkungen auf die nationalen Rechtsordnungen nicht stets erkennbar. Dies führt häufig dazu, dass europäische Normen nur Leitsätze formulieren, da sie nicht auf alle denkbaren Konfliktmöglichkeiten mit den unterschiedlichen mitgliedstaatlichen Rechtsordnungen hin formuliert werden können. Paradigmatisch für solche Regelungen können insbesondere die mangelnden oder offenen Rechtsfolgenbestimmungen in den Richtlinien des europäischen Privatrechts herangezogen werden. Wenn etwa in Art. 4 S. 4 der Haustürwiderrufs-Richtlinie[649] bestimmt ist, dass die Mitgliedstaaten im Falle einer unterbliebenen Belehrung des Verbrauchers „geeignete Maßnahmen" zu treffen haben, wird die Entscheidung darüber, wann Maßnahmen geeignet sind, dem EuGH auch aus dem Grund übertragen, weil die konkreten Auswirkungen der in den Mitgliedstaaten verfügbaren unterschiedlichen Rechtsbehelfe nicht übersehbar sind.[650] Gleiches gilt für die unterschiedlichen Informationspflichten, die ohne konkrete Rechtsfolgenbestimmung aufgestellt sind.[651]

Das Beispiel der Haustürwiderrufs-Richtlinie[652] zeigt zugleich den *Grundlagencharakter* zahlreicher Vorschriften des Unionsrechts auf, dessen teleologische Präzisie-

rollfunktion der Rechtsprechung); bezogen auf den EuGH *Neuner*, Privatrecht und Sozialstaat, 1998, S. 193 f.

[647] Anders *Conway*, The Limits of Legal Reasoning and the European Court of Justice, 2012, S. 152 f., der freilich den offenen Charakter des Unionsrechts vernachlässigt, das auf eine Vielzahl anderer Rechtsordnungen einwirken will und entsprechende Einwirkungen in zielgerichteter Weise nur durch einen stark vom konkreten Wortlautverständnis gelösten teleologischen Charakter bewerkstelligen kann.

[648] Ähnlich *v. Danwitz*, EuR 43 (2008), 769, 779 ff.

[649] Richtlinie 85/577/EWG des Rates vom 20. Dezember 1985 betreffend den Verbraucherschutz im Falle von außerhalb von Geschäftsräumen geschlossenen Verträgen, ABl. L 372, S. 31.

[650] Vgl. insbesondere EuGH, Rs. C-350/03, Slg. 2005, I-9215 Rn. 94 ff. – *Schulte*.

[651] Vgl. auch *Grigoleit*, AcP 210 (2010), 354, 380 ff. (mit Beispielen aus dem Recht des Verbrauchsgüterkaufs, des Fernabsatzes und der Informationspflichten im europäischen Privatrecht).

[652] Richtlinie 85/577/EWG des Rates vom 20. Dezember 1985 betreffend den Verbraucherschutz im Falle von außerhalb von Geschäftsräumen geschlossenen Verträgen, ABl. L 372, S. 31. Diese Richtlinie wird mit einer Umsetzungsfrist bis zum 13. Dezember 2013 von der Verbraucherrechterichtlinie ersetzt (Richtlinie 2011/83/EU des europäischen Parlaments und des Rates vom 25. Oktober 2011 über die Rechte der Verbraucher, zur Abänderung der Richtlinie 93/13/EWG des Rates und der Richtlinie 1999/44/EG des Europäischen Parlaments und des Rates sowie zur Aufhebung der Richtlinie 85/577/EWG des Rates und der Richtlinie 97/7/EG

rung im Einzelfall in zahlreichen Fällen in den Rechtsakten offen der Rechtsprechung überantwortet wird (*teleologische Präzision richterlicher Rechtsfindung*).[653] Zudem sind aufgrund des Kompromisscharakters der Rechtsetzung und der erhöhten besonderen Mehrheitserfordernisse im Rat (vgl. Art. 16 Abs. 4 EUV) teleologische Präzisierungen häufig schwieriger durchzusetzen als im nationalen Recht (*politische Grenzen gesetzlicher Festlegungen*).

Auch der Aspekt der *Grenzen der sprachlichen Präzision* von Normen kann auf der Ebene der EU dafür sprechen, der judikativen Rechtsfindung einen höheren Stellenwert einzuräumen; denn die Normen des europäischen Primär- und Sekundärrechts sind nicht nur in einer, sondern in der Sprachfassung aller Gemeinschaftssprachen verbindlich, wodurch sich die sprachliche Präzision grundsätzlich erschwert. Zwar mag die Sprachenvielfalt auch ihre Vorteile für die Rechtsfindung haben, indem unklare Begrifflichkeiten in einer Sprachfassung durch den Vergleich mit anderen Sprachfassungen beseitigt werden können und so eine breitere Grundlage für die Wortlautauslegung besteht.[654] Indessen wird auch das Gegenteil zutreffen, dass eine sprachlich scheinbar präzise Formulierung durch abweichende Bestimmungen in anderen Sprachfassungen relativiert wird und im Rahmen der Wortlautauslegung einen weiteren Auslegungsspielraum eröffnet, der dann zwangsläufig anhand anderer, insbesondere systematischer und teleologischer Erwägungen zu schließen ist.[655]

Die Vielzahl der sprachlichen Fassungen und der rechtlichen Rahmenbedingungen der europäischen Rechtsordnungen legt zudem nahe, dass eine Lösung sämtlicher Rechtsanwendungsprobleme auf der sprachlichen Ebene nicht möglich ist und dass die hinter den Normen stehenden teleologischen Prinzipien der eigentliche Kern und auch Bestandteil der Rechtsnormen (der EU) sind. Dies zeigen nicht zuletzt die Erwägungsgründe, anhand derer die teleologischen Grundlagen des jeweiligen Rechtsakts herausgestellt werden. Der teleologische Charakter der Gesetzessprache zeigt sich im Europarecht daher in besonderem Maße. Dies ist auch darauf zurückzuführen, dass sich EU-Normen nicht in *eine* gewachsene Rechtskultur einfügen, sondern in zahlreichen unterschiedlichen Rechtsordnungen unterschiedlichen Hintergrunds Geltung beanspruchen.

---

des Europäischen Parlaments und des Rates). Trotz ihres vollharmonisierenden Ansatzes, enthält auch die Verbraucherrechterichtlinie Öffnungsklauseln zugunsten der mitgliedstaatlichen Rechtsorndungen, gerade bei Rechtsfolgen, die in komplexer Weise mit Normen des nationalen Rechts verschränkt sind, vgl. etwa Art. 15 Abs. 2 über die Einzelheiten der Beendigung verbundener Verträge.

[653] Ähnlich auch den Hinweis auf „wirksame vertragsrechtliche Rechtsbehelfe der Mitgliedstaaten" als Sanktionsanforderungen bei Verstößen gegen Informationspflichten nach dem Entwurf einer Verbraucherrechterichtlinie, KOM(2008), 614 endg und dazu *Grigoleit/Tomasic*, in: Basedow/Hopt/Zimmermann (Hrsg.), Handbuch des Europäischen Privatrechts, 2009, S. 12, 17.

[654] Zu den Vorteilen der Vielzahl von Sprachfassungen im Europarecht sowie zur Möglichkeit, die Wortsinngrenze insofern aufrechtzuerhalten vgl. etwa *Neuner*, in: Riesenhuber (Hrsg.), Europäische Methodenlehre, 2. Aufl. 2009, S. 374, 280f.; *Bengoetxea*, The Legal Reasoning of the European Court of Justice, 1993, S. 234ff.; differenzierend *Schübel-Pfister*, Sprache und Gemeinschaftsrecht, 2004, S. 227ff., die zugleich auf die Besonderheiten eines Vertrauensschutzes für die Bürger zugunsten der eigenen Sprachfassung hinweist, vgl. a. a. O., S. 344ff.

[655] In diese Richtung auch EuGH, Rs. 30/77, Slg. 1977, 1999 Rn. 13/14 – *Bouchereau*; EuGH, Rs. C-437/97, Slg. 2000, I-1157, Rn. 42 – *EKW und Wein & Co.;* EuGH, Rs. C-1/02, Slg. 2004, I-3219 Rn. 25 – *Borgmann*; *Seyr*, Der effet utile in der Rechtsprechung des EuGH, 2008, S. 37ff.; *v. Danwitz*, EuR 43 (2008), 769, 780; *Schübel-Pfister*, Sprache und Gemeinschaftsrecht, 2004, S. 234ff., 265f.

bb) Aspekte der Machtteilung und das Demokratieprinzip. Soweit die Machtteilung zwischen den Organen in der EU betroffen ist, lassen sich die für das nationale Recht entwickelten Argumente (a)bb)) auch auf die EU übertragen. Auch insofern bewirkt das Zusammenspiel mehrerer getrennter Gewalten eine Machtbalance, indem die grundlegenden Aufgaben der Rechtsetzung (im Wesentlichen) dem Rat und der Kommission, die Aufgaben der Rechtsanwendung dem EuGH überantwortet sind. Eine Gewaltenteilung lässt sich – wie bereits im nationalen Kontext dargelegt – auch unter dem Gesichtspunkt des Demokratieprinzips und der Gesetzesbindung nicht einseitig im Sinne eines absoluten Vorrangs der Gesetzgebung gegenüber der Rechtsprechung verstehen; vielmehr erfordert die Machtteilung auch einen eigenständigen Aufgaben- und Machtbereich der Judikative im Verhältnis zu Legislative, die darin besteht, dass die Legislative auf die Formulierung abstrakt-genereller Normen beschränkt, deren Auslegung, Konkretisierung und Anwendung im Einzelfall aber den Gerichten überantwortet ist.[656]

2. Staatsrechtliche Gründe gegen eine (objektiv-)teleologische Rechtsfindung und ihre Bedeutung im Unionsrecht

Bei der (richterlichen) Entscheidung im Einzelfall sind den Gründen, die für eine teleologische Auslegung durch den EuGH sprechen, diejenigen Gründe entgegenzusetzen und abzuwägen, die gegen eine solche Auslegung sprechen. Es handelt sich im Wesentlichen um Argumente, welche für eine Eingrenzung eigenständiger, d.h. von den Quellen losgelöster richterlicher Tätigkeit streiten.

a) Funktionale Aspekte

In Anlehnung an die bisherige methodologische Literatur sind an dieser Stelle die wesentlichen Aspekte herauszustellen, die unter dem Gesichtspunkt einer sachadäquaten Aufgabenteilung gegen eine Rechtsfindung durch die Gerichte sprechen.[657]

Zum einen haben die Gerichte eine im Vergleich zum Gesetzgeber geringere Möglichkeit, tatsächliche Erkenntnisse über die Sachstrukturen einer Regelung zu untersuchen und zu berücksichtigen (*Tatsachenkenntnis*).[658] Ein auch noch so großes Richterkollegium, das ausschließlich mit Juristen besetzt ist, kann die tatsächlichen Grundlagen einer Regelung nicht in der gleichen Weise erforschen wie die Gesetzgebungsorgane, insbesondere die mit dem Initiativrecht ausgestattete Kommission, die über ein umfangreiches Netz von juristischen und sonstigen Fachbeamten verfügt; zudem ist im Gesetzgebungsverfahren bei Beteiligung des Europäischen Parlaments ein hohes Maß an demokratischer Öffentlichkeit und Transparenz des Verfahrens

---

[656] Vgl. im Übrigen die Argumente unter § 3.B.II.1.a)bb).

[657] Vgl. *Wank*, Grenzen richterlicher Rechtsfortbildung, 1978, S. 113 ff.; in Anlehnung hieran auch *Herresthal*, Rechtsfortbildung im europarechtlichen Bezugsrahmen, 2006, S. 147 ff.; ähnlich auch *Canaris*, FS Kramer, 2004, S. 141, 148 ff.; grundsätzlich auch *Neuner*, Die Rechtsfindung contra legem, 2. Aufl. 2005, S. 64, der zwar die Wesensunterschiede zwischen der Kompetenz und der Legitimation der beiden Gewalten betont, nach dessen Konzeption eine an überpositiv normativen Quellen ausgerichtete Kompetenzübernahme der Judikative jedoch grundsätzlich in dem Bereich möglich ist, in dem keine vorrangige Bindung an das Gesetz im Sinne verbindlicher legislativer Vorgaben besteht.

[658] Vgl. *Wank*, Grenzen richterlicher Rechtsfortbildung, 1978, S. 154 ff.: *Neuner*, Die Rechtsfindung contra legem. 2. Aufl. 2005, S. 64 m. N. aus der Rechtsprechung des BVerfG.

sichergestellt, die den Betroffenen und der interessierten Öffentlichkeit die Gelegenheit bietet, Kenntnis von der Rechtsentwicklung zu nehmen und eigene Standpunkte einzubringen. Dadurch wird nicht nur die tatsächliche Grundlage besser aufgeklärt, sondern es besteht im Gesetzgebungsverfahren eine größere und verlässlichere Möglichkeit, das öffentliche Meinungsspektrum in seiner Vielfalt aufzunehmen und in die Erwägungen einzubringen.

Insofern ergeben sich für die EU keine im Vergleich zu den nationalen Rechtsordnungen wesentlichen Unterschiede. Der EuGH entscheidet denn auch selten als Plenum, sondern in aller Regel als Kammer in einer Besetzung von fünf oder drei Richtern.[659] Je mehr sich eine richterliche Entscheidung von den tatsächlichen Grundlagen und dem berücksichtigen Anwendungs- und Einflussbereich der Norm entfernt, desto stärker sprechen die staatsrechtlichen Gründe gegen eine eigenständige teleologische Rechtsfindung durch die Gerichte. Je näher die Norm jedoch nicht vorhergesehene technische Einzelfragen der Anwendung und insbesondere bei der widerspruchsfreien Implementierung in das Gesamtrechtssystem betrifft, desto eher ist die juristisch-technische Fähigkeit der Gerichte und weniger die gestaltende politische Kompetenz und Repräsentationsfunktion des Gesetzgebungsverfahrens gefordert.

Eng verbunden mit der Tatsachenkenntnis ist der *fehlende Überblick über die sozialen Folgen* einer bestimmten Regelung.[660] Der erste Aspekt betrifft unmittelbar die Grenzen der teleologischen Argumentation von Gerichten, die dabei auf die Eignung verschiedener Mittel zur Förderung eines bestimmten (herausgearbeiteten) Gesetzeszwecks abzustellen haben (vgl. hierzu §2.B.II.3); gerade die teleologische Argumentation ist darauf angelegt, von den Folgen einer Regelung her zu argumentieren und stellt dabei zwangsläufig auf die sozialen Folgen von Normen ab. Zur Einschätzung dieser Folgen sind Richter (auch in Kollegialbesetzung) aufgrund ihrer soeben dargelegten beschränkten tatsächlichen Erkenntnismöglichkeiten aber weitaus schlechter geeignet als die gesetzgebenden Organe. Insoweit lassen sich die Überlegungen zur fehlenden Tatsachenkenntnis übertragen: Je stärker sich eine Argumentation von den bisher bedachten und im Gesetz angelegten Folgen einer Regelung entfernt, desto weniger spricht dies für eine Rechtsfindungs- bzw. Rechtsfortbildungskompetenz der Gerichte; je näher eine Regelung dagegen an der teleologischen Struktur bisher vorhandener Regelungen und an den im Gesetzgebungsverfahren bedachten Folgen orientiert ist, desto eher ist eine richterliche Entscheidung auch über die Folgen zu rechtfertigen.

Gegen eine richterliche Rechtsfindung spricht auch der *fehlende Einfluss auf das übrige Rechtssystem*.[661] Anders als der Gesetzgeber, der – jedenfalls im Grundsatz – im Rahmen einer Novellierung alle Rechtsnormen der Rechtsordnung und damit auch entfernte Regelungssysteme beeinflussen kann, auf die sich eine bestimmte Entscheidung auswirkt, ist der Richter in seiner Argumentation und in seiner Entscheidungsmacht grundsätzlich an jede Rechtsnorm gebunden. Dadurch sind Richter in der Reichweite ihres Rechtsfortbildungsauftrags auf die bestehende Regelungssystematik beschränkt.

[659] Vgl. Artt. 11c, 44 §3 VerfOEuGH. Die Arbeit der Richter wird allerdings durch die Generalanwälte und wissenschaftliche Mitarbeiter unterstützt. Diese Unterstützung erreicht jedoch nicht ansatzweise das Maß der Öffentlichkeitsbeteiligung und Berücksichtigung von Stellungnahmen unterschiedlicher Interessengruppen, die durch das parlamentarische Verfahren gewährleistet wird.

[660] *Wank*, Grenzen richterlicher Rechtsfortbildung, 1978, S.165ff. Vgl. zur Bedeutung der Folgenorientierung auch *Deckert*, Folgenorientierung in der Rechtsanwendung, S.1ff.

[661] *Wank*, Grenzen richterlicher Rechtsfortbildung, 1978, S.187ff.

Hieraus lässt sich der Schluss ziehen, dass je größere Einflüsse eine Entscheidung auf andere Regelungssysteme hat, desto eher eine Entscheidung durch den Gesetzgeber gefordert ist; dagegen können die Gerichte eher zu punktuellen Anpassungen berufen sein, die mit dem Gesamtrechtssystem dagegen im Einklang stehen. Dieser Aspekt wird dadurch verstärkt, dass Gerichte – trotz der Einflusswirkung, die ihre Entscheidungen haben können – nur über eine konkrete Fallfrage entscheiden und damit auch für gleich gelagerte Folgefälle keine verbindliche Entscheidungsgrundlage schaffen. Nur wenn es einem Gericht gelingt, eine anhand des Gesamtrechtssystems widerspruchsfrei generell anwendbare und daher intersubjektiv stabile Regelung aufzustellen, wird die Rechtsfindung langfristig Bestand haben.[662] Schließlich ist zu berücksichtigen, dass Gerichte auch keinen Einfluss darauf haben, ob und wann sie über bestimmte regelungsbedürftige Fragen bzw. Folgeprobleme einer bestimmten Entscheidung zu urteilen haben.[663]

b) Aspekte der Machtteilung und das Demokratieprinzip

Neben den Funktionsgrenzen der Judikative setzen aus staatsrechtlicher Sicht auch der Grundsatz der Machtteilung und das Demokratieprinzip der Rechtsfindung durch die Gerichte zusätzliche Grenzen. Auch wenn einige Gründe dafür sprechen, der Judikative im Verhältnis zur Legislative einen eigenen Machtbereich einzuräumen, ist dieser Machtbereich stets vor dem Hintergrund der Gesetzesbindung zu betrachten, der wiederum das Demokratieprinzip verwirklicht, indem er die Gerichte als demokratisch schwächer legitimierte Organe an die Entscheidungen der stärker legitimierten Legislativorgane bindet. Dieser Vorrang gilt im Grundsatz auch für die Rechtsordnung des Europarechts und zwar sowohl für die Interpretation des Primär- wie des Sekundärrechts.[664] Auf das Problem der Gesetzesbindung für den Bereich der EU hier in allen seinen Aspekten näher einzugehen, würde über den Umfang der vorliegenden Untersuchung hinausgehen.[665]

3. Zwischenergebnis: Vorgaben des Unionsrechts für die (objektiv-)teleologische Rechtsfindung und für den *effet utile*

Für die EU lässt sich unter Berücksichtigung der soeben erläuterten Argumente feststellen, dass sich für diese supranationale Rechtsordnung im Vergleich zum nationalstaatlichen Kontext keine wesentlichen Abweichungen hinsichtlich der Gesetzesbindung und der Machtverteilung zwischen Legislative und Judikative ergeben. Je weiter sich eine teleologische Rechtsfindung durch die Gerichte daher von den normativen Quellen (Wortlaut, Vorstellungen im Gesetzgebungsverfahren) entfernt,

---

662 Diesen Umstand betonend *Neuner*, Die Rechtsfindung contra legem, 2. Aufl. 2005, S. 55 ff.

663 Ausführlich *Wank*, Grenzen richterlicher Rechtsfortbildung, 1978, S. 204 ff. (fehlender Einfluss auf den Zeitpunkt der Entscheidung und die Dauer des Verfahrens).

664 Vgl. *Neuner*, Privatrecht und Sozialstaat, 1999, S. 191, 193, der hieraus eine Forderung zur subjektiv-teleologischen Auslegung des Primär- und Sekundärrechts ableitet. Anders, freilich auf der Grundlage eines abweichenden methodologischen Verständnisses *Conway*, The Limits of Legal Reasoning and the Europan Court of Justice, 2012, S. 144 ff.

665 Für eine grundsätzliche Bindung an die Vorstellungen der Gesetzesverfasser etwa *Neuner*, in: Riesenhuber (Hrsg.), Europäische Methodenlehre, 2. Aufl. 2010, S. 374, 381; *Höpfner/Rüthers*, AcP 209 (2009), 1, 13 ff. Anders *Henninger*, Europäisches Privatrecht und Methode, 2009, S. 404 ff.

desto weniger ist sie vor dem Hintergrund der Machtverteilung anhand des Demokratieprinzips haltbar. Der *effet utile* als Grundsatz der Rechtsfindung wirft aus organkompetenzieller Sicht das Problem auf, dass er sich an einer Zweckvorgabe orientiert und zu ihrer Effektuierung neue, über den Wortlaut hinausgehende Mittel abzuleiten sucht. Für die Begründung einer richterlichen Auslegungs- oder Rechtsfortbildungskompetenz ist die Berufung auf die Effektuierung einer Zwecksetzung als solche allein indessen nicht ausreichend; vielmehr gilt es im einzelnen darzulegen, dass das anvisierte Auslegungsergebnis, nachdem es zu anderen relevanten gegenläufigen Zwecksetzungen in Verhältnis gesetzt worden ist, als Mittel mit dem normativen Programm des Rechtsakts im Einklang steht und nicht über dessen politische Zielsetzung hinausgeht. Entfernt sich die Auslegung hiervon, ist sie nur unter den besonderen Begründungsanforderungen einer *praeterlegalen* (Gesetzeslücke) oder *contralegalen* (zulässige Gesetzesderogation) Rechtsfindung zu rechtfertigen. Grundsätzlich sind in der Literatur beide Formen der Durchbrechung der Gesetzesbindung anerkannt, wobei jeweils unterschiedliche argumentative Hürden zu beachten sind.[666]

Soweit die organkompetenzielle Verteilung der Rechtsfindung betroffen ist, sprechen in erster Linie die tatsächlichen Erkenntnisgrenzen einer Gesetzgebungstätigkeit, die eine Vielzahl z.T. höchst unterschiedlicher nationaler Regelungssysteme zu berücksichtigen hat, für eine starke Offenheit gegenüber einer objektiv-teleologischen Rechtsfindung durch die europäischen Gerichte und gegen eine starre Bindung an Wortlaut und Gesetzesmaterialien. Dies wird durch die offen teleologische Struktur der europäischen Rechtsnormen bekräftigt. Je stärker eine bestimmte Entscheidung mit dem Finalprogramm eines Rechtsakts übereinstimmt und je weniger sie sich von dem bereits umrissenen tatsächlichen Regelungsbereich entfernt, desto eher kommt eine teleologische Rechtsfindung durch die Gerichte in Betracht. Entfernt sich eine Entscheidung jedoch stark vom politisch festgelegten normativen Programm, sieht sie z.B. Rechtsfolgen vor, die dem Rechtsakt als solchem insgesamt fremd sind, spricht dies vielmehr gegen eine entsprechende teleologische Auslegung bzw. Rechtsfortbildung und für das Festhalten am Wortlaut und den Quellen.

III. Verbandskompetenzielle Vorgaben der (objektiv-)teleologischen Rechtsfindung im Unionsrecht

1. Bedeutung der verbandskompetenziellen (vertikalen) Kompetenzabgrenzung für das Kriterium des *effet utile*

Die entscheidende Besonderheit der *effet-utile*-Auslegung sind allerdings nicht die organkompetenziellen Grenzen der Rechtsfindung, sondern vielmehr der Umstand, dass das mit dem *effet utile* verbundene Rechtsfindungsproblem aus staatsrechtlicher Sicht zugleich stets die Abgrenzung der Verbandskompetenz der EU von derjenigen der Mitgliedstaaten betrifft.[667] Jede erweiternde teleologische Auslegung des Unionsrechts, und um solche handelt es sich regelmäßig bei der Anwendung des *effet-utile*-Kriteri-

[666] Vgl. im Einzelnen *Bydlinski*, Juristische Methodenlehre und Rechtsbegriff, 2. Aufl. 1991, S. 472ff., 496ff.; mit einer etwas anderen Akzentuierung der Begrifflichkeiten *Neuner*, Die Rechtsfindung contra legem, 2. Aufl. 2005, S. 132ff.

[667] Vgl. hierzu insbesondere *Ukrow*, Richterliche Rechtsfortbildung durch den EuGH, 1995, S. 216ff.

ums, weitet mit der Reichweite und der Wirkung der Zwecksetzungen des Unionsrechts zugleich auch den Regelungsanspruch der EU zulasten der Mitgliedstaaten aus. Dabei obliegt die Kontrolle der Einhaltung der verbandskompetenziellen Grenzen in mehrstufigen Regelungssystemen grundsätzlich[668] der Rechtsprechung des höherrangigen Verbands, im Verhältnis der EU zu ihren Mitgliedstaaten mithin dem EuGH. Dies gilt nicht nur im Rahmen der Kontrolle der Einhaltung der Kompetenznormen beim Erlass von Regelungsakten der EU, sondern auch für die eigene Tätigkeit der Auslegung und Rechtsfindung.[669] Die soeben beschriebenen organkompetenziellen Vorgaben sind bei der Auslegung des Unionsrechts daher um verbandskompetenzielle Vorgaben zu ergänzen, die in erster Linie weitere Grenzen für die Rechtsprechungstätigkeit in der EU aufstellen. Diese Betrachtung führt zu einer (weiteren) Relativierung des *effet utile*-Kriteriums bei der Auslegung des Unionsrechts.

Zwar sind die verbandskompetenziellen Grenzen in mehrfacher Hinsicht mit den organkompetenziellen verschränkt;[670] so gebietet der Grundsatz der Gesetzesbindung, d.h. der Bindung an das kompetenzgemäß erlassene Gesetz auch die Einhaltung der Grenzen der Verbandskompetenz. Allerdings ist bereits im Rahmen der Untersuchung der organkompetenziellen Vorgaben (II) deutlich geworden, dass der Begriff der Gesetzesbindung aufgrund anderer staatsrechtlicher Vorgaben relativiert ist und dass zahlreiche Gründe für eine (teleologische) Rechtsfindung sprechen können, die sich vom Gesetzeswortlaut und einer quellenorientierten Auslegung entfernt. Inwiefern staatsrechtliche Gründe für oder gegen eine bestimmte (teleologische) Rechtsfindung durch die Gerichte sprechen, ist daher eine Frage der Abwägung dieser relevanten Faktoren im Einzelfall. Die verbandskompetenzielle Dimension begründet mit ihrer kompetenzbegrenzenden Zielrichtung eine zusätzliche eigenständige Vorgabe, die über den organkompetenziellen Konflikt zwischen Rechtsprechung und Gesetzgebung hinausgeht, und die für die Rechtsfindung im Unionsrecht ein zusätzliches, besonders gewichtiges und in seiner Auswirkung auf die traditionellen Vorgaben der Methodenlehre bislang nicht hinreichend gewürdigtes Kriterium darstellt.

2. Kompetenzgrenzen und ihre Bedeutung für die Rechtsfindung

Eine erste Grenze der Rechtsfortbildungskompetenz im Europarecht ergibt sich zunächst aus den *Grenzen der Verbandskompetenz der EU*. Eine Rechtsfortbildung durch den EuGH darf nicht dazu führen, dass die Kompetenzgrenzen der EU nach deren Primärrecht überschritten werden.[671] Dabei ist es selbstverständlich, dass der EuGH ebenfalls an die kompetenzbegrenzenden Grundsätze der Subsidiarität und

[668] Zu residualen Kontrollkompetenz nationaler Institutionen, insbesondere des BVerfG vgl. unter § 3.A.III.

[669] Zur Bindung des EuGH an das Subsidiaritätsprinzip vgl. unter § 3.A.II.1, insbesondere Fn. 559.

[670] So auch *Franzen*, Privatrechtsangleichung durch die Europäische Gemeinschaft, 1999, S. 599 (Rückkopplung der verbandskompetenziellen/vertikalen Grenzen der Rechtsfortbildung zur organkompetenziellen/horizontalen Dimension).

[671] Vgl. hierzu etwa *Franzen*, Privatrechtsangleichung durch die Europäische Gemeinschaft, 1999, S. 599; *Neuner*, in: Riesenhuber (Hrsg.), Europäische Methodenlehre, 2. Aufl. 2010, S. 374, 379 f.; *Gruber*, Methoden des internationalen Einheitsrechts, 2004, S. 325; *Schmidt*, Konkretisierung von Generalklauseln im europäischen Privatrecht, 2009, S. 50.

der Verhältnismäßigkeit gebunden ist, denn diese Grundsätze beschränken die Verbandskompetenz der Union unabhängig davon, welches Organ für sie tätig wird.[672]

Allerdings stellt die Verbandskompetenz nur die äußerste Grenze der Rechtsfindung dar, da die Kompetenzzuweisung stets eine solche an die Legislative und nicht an die Judikative ist, die aus politischen Gründen nicht befugt ist, diesen Kompetenzrahmen im vollen Umfang auszuschöpfen. *Im Rahmen der Verbandskompetenzen der EU* ergeben sich Grenzen für die Rechtsfindung daher zusätzlich aus den im vorstehenden Abschnitt beschriebenen organkompetenziellen Kriterien, anhand derer die Kompetenz der Judikative zur Auslegung und Rechtsfortbildung (insbesondere im Verhältnis zur Legislative) anhand der dort genannten staatsrechtlichen Kriterien zu ermitteln ist.[673] Nicht nur die äußersten Grenzen der Verbandskompetenz, sondern die Grenzen der tatsächlich von der Legislative in Anspruch genommenen Kompetenzen bestimmen die Grenzen der Rechtsfindung im Unionsrecht. Insofern ist die Feststellung zutreffend, dass die verbandskompetenziellen Grenzen durch die organkompetenziellen bestimmt werden.

Die Macht- und Aufgabenteilung zwischen den Verbänden lässt sich allerdings für die Rechtsfindung noch weitergehend dahin fruchtbar machen, dass die organkompetenziellen Grenzen weiter zu modifizieren und im Ergebnis zulasten der europäischen Judikative einzuschränken sind. Denn bei der Rechtsfindung auf der Ebene des Unionsrechts gilt es zu berücksichtigen, dass dieses nicht auf eine vollständig teleologische geschlossene Regelung abzielt, sondern stets nur punktuell auf eine Vielzahl vorhandener Rechtsordnungen einwirkt. Der bei der Bestimmung der Rechtsfindungskompetenz der Judikative zentrale Gedanke des Rechtsverweigerungsverbots ist bei der Auslegung des Unionsrechts erheblich relativiert (vgl. näher unter b)).[674] Die kompetenziellen Grenzen des Unionsrecht legen daher aus normativer Sicht der Rechtsfindung die Beschränkung auf, den prinzipiell (notwendig) fragmentarischen Charakter der eigenen Rechtsordnung zu berücksichtigen, und stellen daher eine zusätzliche eigenständige Schranke der Rechtsfindung für den EuGH dar.

a) Begründung weitergehender verbandskompetenziellen Grenzen der Rechtsfindung

Die Begrenzung der Rechtsfindungsbefugnis bei der Auslegung des Europarechts, die sich in erster Linie an die europäischen Gerichte, aber auch an die nationalen Gerichte bei der Auslegung des Europarechts richtet, liegt im fragmentarischen Charakter des Europarechts begründet. Dieser ergibt sich zum einen daraus, dass die Kompetenzen der EU nach dem *Prinzip der begrenzten Einzelermächtigung* schon für sich genommen nicht ausreichen, um eine in jeder Hinsicht vollständige Regelung zu ermöglichen. Die Zuständigkeit der EU stellt mithin die zu begründende Ausnahme

---

[672] Vgl. hierzu § 3.A.II.1, insbesondere Fn. 559. Der Subsidiaritätsgrundsatz führt nicht dazu, dass der EuGH nicht die Kompetenz hätte, über bestimmte Fragen der Rechtsfortbildung zu entscheiden, denn eine Entscheidung über die Auslegung des Unionsrecht steht mitgliedstaatlichen Gerichten oder anderen Organen nicht zu; allerdings hat er bei der Entscheidung darüber, ob und in welcher Weise er Rechtsfortbildung betreibt ebenso wie die unionsrechtliche Gesetzgebung die kompetenziellen Grenzen einschließlich des Subsidiaritäts- und Verhältnismäßigkeitsgrundsatzes zu beachten.

[673] *Franzen*, Privatrechtsangleichung durch die Europäische Gemeinschaft, 1999, S. 599.

[674] Vgl. *Stein*, FS Jur. Fakultät Universität Heidelberg, 1986, S. 619, 636; *Wank*, FS Stahlhacke, 1995, S. 633, 637 f.

gegenüber der grundsätzlich gegebenen Reglungszuständigkeit der Mitgliedstaaten dar (vgl. bereits oben A.II.1.d)). Zudem sind die Kompetenznormen ihrerseits einschränkend, wenngleich häufig final formuliert, so dass sie eine einheitlich unionsrechtliche Regelung nur in Bezug auf bestimmte Fragen erlauben. Eine weitere Einschränkung der Kompetenzen ergibt sich schließlich aus dem Subsidiaritäts- und dem Verhältnismäßigkeitsgrundsatz, die eine Berücksichtigung des mitgliedstaatlichen Regelungsanspruchs statuieren.

Aus diesen einschränkenden Anforderungen ergibt sich schließlich, dass auch der Regelungsanspruch der einzelnen unionsrechtlichen Rechtsakte zwangsläufig nur auf eine funktional begrenzte, fragmentarische Einwirkung auf die mitgliedstaatlichen Rechtsordnungen beschränkt ist und diese daher grundsätzlich unter Beachtung dieser Kompetenzverteilung zu interpretieren sind. Sie sind in der Regel auch einschränkend formuliert, indem sie nur abgegrenzte Teilbereiche eines Sachproblems regeln oder nur bestimmte Rechtsfolgen enthalten. Ein gutes Beispiel hierfür stellen die meisten privatrechtlichen Richtlinien dar, die – unter anderem auch aus kompetenziellen Gründen – nur eine Mindestharmonisierung bewirken.[675] Aber auch außerhalb der ausdrücklichen Bestimmungen zur Mindestharmonisierung[676] finden sich gerade in Richtlinien zahlreiche Vorschriften, die den Mitgliedstaaten einen Regelungsspielraum offen lassen.[677] Diese Grundsätze gelten aber auch für die Auslegung des Primärrechts, dessen Anwendungsbereich eine Achtung mitgliedstaatlicher Regelungskompetenzen berücksichtigt, was nicht zuletzt bei den Grundfreiheiten anhand der *Cassis*-Rechtsprechung deutlich wird.[678]

b) Folgerung aus den Verbandsgrenzen für die teleologische Rechtsfindung: Relativierung der Gründe für eine (objektiv-)teleologische Rechtsfindung durch die nachgelagerte mitgliedstaatliche Ebene

Die soeben beschriebenen Kompetenzgrenzen gebieten indes keineswegs eine extrem restriktive (etwa strikt auf den Wortlaut beschränkte) Auslegung der Richtlinien. Sie fordern lediglich, aber immerhin eine Kontrolle jeder erweiternden Auslegung bzw. Rechtsfortbildung anhand der kompetenziellen Grenzen und anhand der zusätzlichen Einschränkung des (konkret zum Ausdruck gebrachrten) legislativen Regelungsanspruchs des jeweiligen Rechtsakts bzw. des Primärrechts zugunsten der Mitgliedstaaten.

---

[675] Auch unter dem Gesichtspunkt der Rechtsangleichung (Art. 114 AEUV), auf den diese Richtlinien durchweg gestützt sind, lassen sich fragmentarische und mindestharmonisierende Regelungen stützen, vgl. hierzu *Riehm*, JbJZivRWiss 2009, 159, 181 f.; *Grigoleit*, AcP 210 (2010), 354, 414 ff.

[676] Vgl. etwa Erwägungsgrund Nr. 24 und Art. 8 Abs. 2 der Verbrauchsgüterkaufrichtlinie (Richtlinie 1999/44/EG des Europäischen Parlaments und des Rates vom 25. Mai 1999 zu bestimmten Aspekten des Verbrauchsgüterkaufs und der Garantien für Verbrauchsgüter, ABl. Nr. L 171, S. 12); letzter Erwägungsgrund und Art. 8 der Pauschalreiserichtlinie (Richtlinie 90/314/EWG des Rates vom 13. Juni 1990 über Pauschalreisen, ABl. Nr. L 158, S. 59); vorletzter Erwägungsgrund und Art. 15 der „alten" Verbraucherkreditrichtlinie (Richtlinie 87/102/EWG des Rates vom 22. Dezember 1986 zur Angleichung der Rechts- und Verwaltungsvorschriften der Mitgliedstaaten über den Verbraucherkredit, ABl. L 42 vom 12.2.1987, S. 48).

[677] Zu den kompetenziellen Grenzen der Mindestharmonisierung vgl. insbesondere *Riehm*, JbJZivRWiss 2009, 159, 193 ff., der in zahlreichen Bereichen des (Kern-)Privatrechts zu Recht von einem Verstoß vollharmonisierender Maßnahmen gegen das Verhältnismäßigkeitsgebot (§ 3.A.II.1.c)) ausgeht.

[678] Vgl. hierzu unter § 1.B.II.2.d).

aa) Der begrenzte Regelungsanspruch des Unionsrechts aus subjektiv- und objektiv-teleologischer Sicht und seine Auswirkungen für die Auslegung und die Rechtsfortbildung. Im Bereich der Auslegung, d.h. im Rahmen des möglichen Wortlauts[679] des Normtextes ergibt sich die Zulässigkeit einer teleologischen Auslegung (insbesondere im Verhältnis zu subjektiv-teleologischen Kriterien) aus der erforderlichen Abwägung der relevanten Rechtsfindungskriterien (vgl. §2.A.III.2), während im Rahmen der Rechtsfortbildung das Bestehen einer Gesetzeslücke, d.h. einer planwidrigen Unvollständigkeit des Gesetzes Voraussetzung für die Rechtsfortbildung ist (§2.A.I.2.a)cc)). Im Ergebnis hängt die Kompetenz zur teleologischen Auslegung bzw. zur Rechtsfortbildung damit davon ab, ob eine Vervollständigung des Anwendungsbereichs der jeweiligen Rechtsnorm(en) im Wege der Auslegung oder Lückenfüllung nach dem teleologisch begrenzten Regelungsanspruch des Unionsrecht auch gerechtfertigt ist.

Die Grenzen des Regelungsanspruchs können sich aus subjektiv-teleologischer Sicht etwa daraus ergeben, dass in den Materialien oder den Erwägungsgründen eines Rechtsakts zum Ausdruck kommt, dass bestimmte Rechtsfragen dem mitgliedstaatlichen Recht überlassen werden. Ein entsprechender Befund kann sich aber auch aus einer objektiv-teleologischen Betrachtung des Rechtsakts ergeben,[680] insbesondere wenn diese eine Einschränkung der Mittel nahelegt, die zur Erreichung eines bestimmten Zwecks eingesetzt werden.[681]

bb) Argumentativer Umgang mit dem begrenzten Regelungsanspruch des Unionsrechts. Ob nun eine (teleologische) Regelungslücke besteht oder ob ein bestimmtes (teleologisches) Auslegungsergebnis geboten ist, lässt sich nicht isoliert mit Blick allein auf die Struktur des Unionsrechts ermitteln, da dieses notwendigerweise einen fragmentarischen Charakter aufweist. Insbesondere neigen viele unionsrechtliche Rechtsakte (aus unionsrechtlicher Sicht unter Berücksichtigung des Grundsatzes der begrenzten Einzelermächtigung auch durchaus konsequent) dazu, eindimensionale Zwecksetzungen (etwa den Verbraucherschutz) zu verfolgen, ohne dass sie gegenläufige Grundprinzipien (etwa die Wahrung der Vertragsfreiheit, der vertraglichen Äquivalenz oder schutzwürdige Interessen Dritter etc.) explizit zum Ausdruck bringen oder gar zu versuchen, das Zusammenspiel der unterschiedlichen Wertungen systematisch zu bewältigen.[682] Dies bedeutet aber nicht, dass diese Grundsätze für die Auslegung des Unionsrechts ohne Bedeutung wären. Zum einen sind entsprechende begrenzende Grundsätze aufgrund der gemeinsamen Rechtstradition der Mitgliedstaaten anerkannt

---

[679] Zur Bestimmung der Wortlautgrenze im Unionsrecht vgl. *Bengoetxea*, The Legal Reasoning of the European Court of Justice, 1993, S.234ff.; *Anweiler*, Die Auslegungsmethoden des Gerichtshofs der Europäischen Gemeinschaften, 1997, S.145ff., S.153ff.; *Buck*, Über die Auslegungsmethoden des Gerichtshofs der Europäischen Gemeinschaften, 1998, S.170ff.; *Neuner*, in: Riesenhuber (Hrsg.), Europäische Methodenlehre, 2.Aufl. 2010, S.374, 380f.

[680] Zum begrenzten Regelungsanspruch des Unionsrechts vgl. auch *v. Danwitz*, Verwaltungsrechtliches System und Europäische Integration, 1996, S.100; *Riesenhuber*, System und Prinzipien des Europäischen Privatrechts, 2003, S.57f.; vgl. auch *Schütze*, CMLR 43 (2006), 1023, 1047.

[681] Zu Beispielen vgl. unter §3.C.II.1.b).

[682] Zur Eindimensionalität des Unionsrechts vgl. insbesondere *Schoch*, JZ 1995, 109, 117ff.; *v. Danwitz*, Verwaltungsrechtliches System und Europäische Integration, 1996, S. 496ff., der von einer „piecemeal legislation" spricht; vgl. auch *Götz*, JZ 1994, 265, 267f.; (mit Blick auf das Verwaltungsrecht); *Franzen*, Privatrechtsangleichung durch die Europäische Gemeinschaft, 1999, S.461f. (mit Blick auf das Privatrecht); *Remien*, RabelsZ 60 (1996), 1, 17.

und werden im *Acquis* als gegeben vorausgesetzt.[683] Zum anderen würde die für die Anwendung des Privatrechts erforderliche konkrete Ausgestaltung dieser Grundsätze nach der derzeitigen Kompetenzverteilung etwa im Bereich des Privatrechts auch über die Kompetenzen des Unionsrechts hinausgehen.[684] Aus diesen Gründen sind die grundlegenden Fragen etwa der Anforderungen an den Vertragsschluss, der vorvertraglichen Informationshaftung, des Schadensrechts oder der bereicherungsrechtlichen bzw. rücktrittsrechtlichen Rückabwicklung grundsätzlich dem Recht der Mitgliedstaaten überlassen. Da sich gerade im Privatrecht der konkrete Inhalt einer Norm aus teleologischer Sicht erst im Zusammenspiel mit gegenläufigen Prinzipien ergibt (vgl. näher hierzu in § 2.B.II.4), wird deutlich, dass das (teleologische) Norm- und Prinzipienmaterial des Unionsrechts für sich genommen nicht ausreicht, um die Auslegung einer Norm oder gar eine Rechtsfortbildung in überzeugender Weise abschließend zu begründen. Der fragmentarische Charakter des Unionsrechts führt also dazu, dass auch das zur Ermittlung von teleologischen Defiziten oder Regelungslücken erforderliche Wertungsmaterial begrenzt ist.

Besonders gravierend tritt dieses Defizit des Unionsrechts in Verbindung mit dem auf Effektivität einer unionsrechtlichen Zwecksetzung gerichteten *effet-utile*-Argument zum Vorschein. In den Fällen, in denen das Unionsrecht sich auf eine bestimmte Zweckverwirklichung wie etwa den Schutz des Verbrauchers konzentriert, führt dieses Argument häufig dazu, dass dieser einseitige Zweck allein deshalb zu einer ausweitenden Auslegung der normativen Vorgaben führt, weil eine konkrete gegenläufige Wertung im geltenden Unionsrecht nicht ersichtlich ist. Auf der im Rahmen der teleologischen Argumentation erforderlichen Ebene der Abwägung (vgl. § 2.B.II.4), die der wechselseitigen Zuordnung der unterschiedlichen in einer Rechtsordnung in Einklang zu bringenden Wertungen dient, erfolgt eine Begrenzung der unionsrechtlichen Prinzipien häufig allein deshalb nicht, weil konkrete gegenläufige Prinzipien des Unionsrechts nicht ermittelt werden und weil die soeben beschriebenen kompetenziellen Grenzen nicht schon im Rahmen der teleologischen Argumentation berücksichtigt werden.[685]

cc) Zwischenergebnis: Relativierung des Rechtsverweigerungsverbots aufgrund des fragmentarischen Charakters des Unionsrechts. Bei der teleologischen Auslegung sind daher insbesondere die (aus kompetenziellen Vorgaben heraus) gewahrten Grenzen durch den Unionsgesetzgeber zu berücksichtigen. Zieht man daher bei der Auslegung des Unionsrechts teleologische Argumente heran, ist stets zu prüfen, ob die zur Verwirklichung der dem Rechtsakt zugrunde liegenden Zwecke vorgeschlagene Rechtsfolge auch unter Berücksichtigung eines begrenzten Regelungsanspruchs gegenüber dem mitgliedstaatlichen Recht in der vorgeschlagenen Weise und Intensität gerechtfertigt ist. Der EuGH entscheidet bei jeder erweiternden Auslegung des Unionsrechts zwangsläufig über den für das nationale Recht verbleibenden Anwendungsbereich mit. Aus Gründen der Methodenklarheit und -ehrlichkeit gilt es daher, diesen verbands-

---

683 Vgl. zum Privatrecht insbesondere *Riesenhuber*, System und Prinzipien des Europäischen Privatrechts, 2003, S. 52 ff. u. passim, der allerdings auch auf die Grenzen der Systembildung im Unionsprivatrecht hinweist, vgl. insbesondere *dens.*, a. a. O., S. 57.

684 Vgl. nur *Grigoleit*, AcP 210 (2010), 354, 364 ff. m. w. N.; *Riehm*, JbJZivRWiss 2009, 159, 196 ff.; etwas großzügiger *Franzen*, Privatrechtsangleichung durch die Europäische Gemeinschaft, 1999, S. 70 ff.; *Riesenhuber*, System und Prinzipien des Europäischen Privatrechts, 2003, S. 141. Weitergehend *Basedow*, AcP 200 (2000), 445, 474 f.

685 Zur Veranschaulichung vgl. unter § 3.C.II.1.b)aa).

kompetenziellen Konflikt in jeder Rechtsfindungsentscheidung offen zu berücksichtigen. Regelungsdefizite (im Rahmen der Auslegung) bzw. Regelungslücken (im Rahmen der Rechtsfortbildung) bedürfen einer Begründung, welche die Regelungsebene der Mitgliedstaaten einbezieht und den eigenen punktuellen Regelungsanspruch des Unionsrechts in Abgrenzung zum grundsätzlich allumfassenden Regelungsanspruch und der allumfassenden Regelungspflicht der Mitgliedstaaten betrifft. Selbst wenn man eine teleologische Regelungslücke, sei es im Rahmen der Auslegung oder der Rechtsfortbildung, feststellt, bedeutet dies noch nicht, dass eine Kompetenz zu deren Ausfüllung auf der Ebene des Unionsrechts besteht. Denn die Lücke bzw. das Regelungsdefizit können in zahlreichen Fällen auch auf nationaler Ebene geschlossen werden. Die nationalen Gerichte bzw. Legislativorgane sind nach Maßgabe ihrer verfassungsrechtlichen Vorgaben insoweit dazu verpflichtet, entsprechende teleologische Regelungsdefizite zu korrigieren,[686] die sich aus der Geltung unionsrechtlicher Vorgaben heraus ergeben.

Diese Überlegungen führen dazu, dass der Gedanke des Rechtsverweigerungsverbots, das einen elementaren Bestandteil der Gründe für eine richterliche Rechtsfortbildung darstellt,[687] unter verbandskompetenziellen Gesichtspunkten zu relativieren ist. Nicht jede unter dem Gesichtpunkt der teleologischen Regelungsstruktur sinnvoll erscheinende Regel ist in letzter Präzision unionsrechtlich determiniert. Gerade im Bereich des Richtlinienrechts ist den Mitgliedstaaten ein Regelungsspielraum in zahlreichen, wenngleich nicht in allen Bereichen vorbehalten. Dies gilt aber auch für Verordnungen oder im Bereich des Primärrechts, insbesondere wenn Fragen betroffen sind, die Rechtsfragen mit Bezug zu Regelungsbereichen betreffen, die nicht unionsrechtlich geregelt sind.

Gegen eine unionsrechtliche Rechtsfortbildungskompetenz spricht zum einen der zwingend fragmentarische Charakter des Unionsrechts (vgl. A.II.1.d), A.IV), während für eine solche die Effektivität der unionsrechtlichen Zwecksetzung und die einheitliche Wirkung und Geltung des Unionsrechts sprechen. Aus der effektiven und einheitlichen Geltung des Unionsrechts einerseits sowie aus seinen kompetenziellen Grenzen andererseits lässt sich im Ergebnis weder eine grundsätzliche Vermutung für noch eine solche gegen eine Lückenschließung auf europäischer noch auf nationaler Ebene begründen, so dass jede Rechtsfortbildungsentscheidung im Einzelfall auf einer Abwägung der soeben genannten Kriterien bezogen auf das konkrete Rechtsfindungsproblem beruhen muss. Entscheidend ist dabei, dass der verbandskompetenzielle Konflikt, welcher der Rechtsfindung zugrunde liegt, im Rahmen der Argumentation offen angesprochen und berücksichtigt wird.

IV. Ergebnis: Besondere Bedeutung der verbandskompetenziellen Grenzen der (objektiv-)teleologischen Rechtsfindung im Unionsrecht und für das Kriterium des *effet utile*

Die aus verfassungsrechtlicher Sicht bislang vor allem anhand der Verteilung der Organkompetenz zwischen Legislative und Judikative ausgerichteten methodischen Argumentationsfiguren sind unter diesen Gesichtspunkten grundsätzlich auch auf Rechtsfindungsentscheidungen im Unionsrecht übertragbar (vgl. unter II.3). Sie müs-

[686] Vgl. *Herresthal*, Rechtsfortbildung im europarechtlichen Bezugsrahmen, 2006, S. 179 ff., 183 ff.

[687] Vgl. § 3.B.II.1.a).

sen allerdings durch eine Berücksichtigung der verbandskompetenziellen Grenzen ergänzt werden. Das Erfordernis, eine Rechtsfortbildungsentscheidung nicht nur im Wege der Abwägung der organkompetenziellen Vorgaben für oder gegen eine richterliche Eigenwertung zu begründen, sondern auch aufgrund einer Abwägung der Gründe dafür, ob diese Wertung den europäischen oder den nationalen Gerichten zugewiesen ist, ist eine der zentralen Besonderheiten der teleologischen Rechtsfindung im Unionsrecht (vgl. unter C.III.2.b)cc)). Sie führt zu einer Relativierung und Präzisierung des *effet-utile*-Arguments unter Berücksichtigung der Kompetenzgrenzen der EU. Die Folge dieser Grenzen für den *effet-utile*-Grundsatz werden der Gegenstand des abschließenden Abschnitts (C) sein. An dieser Stelle ist aus rechtstheoretischer Sicht lediglich darauf hinzuweisen, dass es sich bei der Berücksichtigung der verbandskompetenziellen Grenzen bei der Rechtsfindung nicht nur um eine Besonderheit des Unionsrechts handelt, sondern um ein Erfordernis, das alle mehrstufigen Rechtssysteme bei der Rechtsfindung im Bereich der höherrangigen Rechtsordnung berücksichtigen müssen, sofern diese auf punktuellen Kompetenzzuweisungen im Verhältnis zum Recht der untergeordneten Rechtsordnungen beruht. Dies gilt etwa auch für die Auslegung des Bundesrechts im Verhältnis zum Landesrecht.[688]

C. Folgerungen für die *effet-utile*-Argumentation im Unionsrecht

Die bisherige Untersuchung hat sich mit den Rahmenbedingungen der Rechtsfindung im Europarecht beschäftigt. Die hier herausgearbeiteten Kriterien gilt es nunmehr aus (unions-)verfassungsrechtlicher Sicht auf das Kriterium des *effet utile* zu übertragen und für ein kritisches Verständnis dieses Grundsatzes und seiner Grenzen fruchtbar zu machen. Bei der Analyse des *effet utile* wird sich das Augenmerk zunächst auf die Unterscheidung zwischen der Verwendung des *effet utile* auf der Auslegungs- und der Umsetzungsebene unter staatsrechtlichen Gesichtspunkten richten (Abschnitt I). Sodann werden die unterschiedlichen Kriterien aufgezeigt, die für die Verwendung des Kriteriums auf diesen beiden Ebenen aus verfassungsrechtlicher Sicht gelten (Abschnitte II und III).

I. Auslegungsebene und Umsetzungsebene aus staatsrechtlicher Sicht

Die im Rahmen der deskriptiven (§ 1.B.I.1) und der methodologisch-theoretischen Ebene (§ 2.C.III.1) aufgezeigte Differenzierung zwischen der Verwendung eines teleologischen Kriteriums auf der Umsetzungs- und der Auslegungsebene lässt sich auch unter verfassungsrechtlichen Gesichtspunkten des Unionsrechts begründen. Dabei ist zunächst auf die Analyse der Verwendung des *effet-utile*-Kriteriums durch den EuGH und die dort getroffene Unterscheidung zwischen materiellem und institutionellem Unionsrecht zurückzugreifen. Das materielle Recht der EU betrifft nach der hier vorgenommenen Unterscheidung die eigentlichen sachlichen Regelungen des

---

688 Vgl. zu Auslegungsfragen im Verhältnis Bundesrecht und Landesrecht Dreier-*Dreier*, GG, 2. Aufl. 2006, Art. 31 Rn. 37; *Haack*, Widersprüchliche Regelungskonzeptionen im Bundesstaat, 2002, S. 85 f. aus historischer Sicht vgl. *Schröder*, Recht als Wissenschaft, 2001, S. 19 ff. m.w.N.

Unionsrechts, während das institutionelle Recht die Funktionsweise der EU, ihrer Organe und insbesondere die Geltung des Unionsrechts und dessen Verhältnis zum nationalen Recht erfasst (vgl. § 1.B.I.1).

Dass eine entsprechende Unterscheidung im EU-Recht angelegt ist, ergibt sich bereits aus der unterschiedlichen Anordnung der Regelungskomplexe in EUV und AEUV, die etwa zwischen Bestimmungen über die Organe, institutionellen Vorgaben und Grundsätzen (Titel I bis IV und VI des EUV, erster, zweiter und vierter bis siebter Teil des AEUV) und sachlichen Bestimmungen über die Gemeinsame Außen- und Sicherheitspolitik (Titel VI des EUV) und die internen Politiken und Maßnahmen der Union (Dritter Teil des AEUV) unterscheiden.

Bedeutsamer als diese Differenzierung nach der äußeren Systematik sind aber die teleologischen Unterschiede, die sich zwischen diesen beiden Regelungskomplexen ergeben und die unterschiedliche Rahmenbedingungen der Rechtsfindung begründen. Entscheidend für die Rechtsfindung ist, dass das institutionelle Recht der EU einen Anspruch darauf erheben muss, sämtliche institutionellen Fragestellungen ausschließlich, d.h. abschließend und umfassend zu regeln, mithin einen Vollständigkeits- und Geschlossenheitsanspruch hat. Das materielle Recht der EU hingegen hat – aufgrund der Kompetenzverteilung und aufgrund des Grundsatzes der begrenzten Einzelermächtigung (vgl. hierzu unter A.II.1.d)) – einen solchen Anspruch nicht, sondern beschränkt sich auf vereinzelte Einwirkungen in die grundsätzlich mitgliedstaatliche Regelungskompetenz. Auf dem einen Bereich steht der Union die ausschließliche, auf dem anderen Bereich nur eine geteilte Kompetenz zu.[689] Innerhalb eines abgeschlossenen Regelungsbereichs, in welchem der Union (ausnahmsweise) die ausschließliche Regelungskompetenz zukommt, gestaltet sich die teleologische Rechtsfindung anders als in einem Bereich, in dem sie sich die Regelungskompetenz und damit auch die Systembildungskompetenz mit dem (grundsätzlich umfassenden) Regelungsanspruch der Mitgliedstaaten teilt.

II. Teleologische Rechtsfindung auf der Auslegungsebene im Verhältnis zweier Rechtsordnungen und die unterschiedlichen Formen des *effet-utile*-Arguments

1. Rahmenbedingungen der teleologischen Rechtsfindung im Unionsrecht

a) Das staatsrechtliche Problem der teleologischen Auslegung im Unionsrecht – Abwägungsentscheidungen in einer fragmentarischen Rechtsordnung

Die Untersuchung der Rahmenbedingungen der teleologischen Argumentation hat gezeigt, dass deren Schwerpunkt zum einen in der Ermittlung der teleologischen Zwecksetzungen und zum anderen in der Bestimmung eines adäquaten Auslegungsmittels im Wege der Abwägung mit gegenläufigen Zwecksetzungen liegt.[690] Während sich bei der *Ermittlung* der unionsrechtlichen Zwecksetzungen im Vergleich zur Rechtsfindung im nationalen Recht keine Besonderheiten ergeben, wirft die Frage der *Abwägung unionsrechtlicher Zweckvorgaben mit gegenläufigen Prinzipien* aufgrund

[689] Für das institutionelle Recht kommt der EU eine ausschließliche Zuständigkeit kraft Natur der Sache zu, vgl. näher unter § 3.C.III.2.b)aa).

[690] Vgl. § 2.B.III.

des fragmentarischen Charakters des Unionsrechts (vgl. B.III.2.b)cc); B.IV) die Frage danach auf, welche gegenläufigen Zwecksetzungen im Rahmen dieser Abwägung zu berücksichtigen sind. Insbesondere stellt sich die Frage, ob und in welcher Weise abweichende Wertungen eingestellt werden können, wenn sich solche nicht unmittelbar aus dem Unionsrecht, soweit dessen (ausschließlicher oder geteilter) Regelungsanspruch reicht, selbst ergeben, sondern nur Teil der nationalen Rechtsordnung sind, vor deren Hintergrund das Unionsrecht angewendet wird.

Die zugrunde liegende Problematik lässt sich etwa anhand des EuGH-Urteils in der Rechtssache *Hamilton*[691] veranschaulichen: Dort hatte der EuGH über die Frage zu entscheiden, ob die Vorgaben der Haustürwiderrufs-Richtlinie[692] es dem nationalen Gesetzgeber gestatten, die Ausübung des Widerrufsrechts auch bei unterbliebener Belehrung des Verbrauchers über sein Widerrufsrecht durch den Unternehmer dahin zu beschränken, dass es nicht später als einen Monat nach der vollständigen Abwicklung des Vertrags ausgeübt werden kann. Die einschlägige normative Vorgabe ergab sich aus Art. 4 Abs. 3 der Haustürwiderrufsrichtlinie,[693] der fordert, dass „geeignete Maßnahmen zum Schutz des Verbrauchers ergriffen werden." Zutreffend führt der EuGH bei der Beantwortung der Frage aus, dass, obwohl die Richtlinie in erster Linie den Schutz des Verbrauchers bezweckt, dieser gewissen Grenzen unterliegt.[694] Diese Grenzen begründet der EuGH in der vorliegenden Entscheidung sehr formalistisch, für seine Zwecke indessen hinreichend mit dem Hinweis darauf, der Wortlaut der Vorschriften setze voraus, dass aus dem Vertrag noch Verpflichtungen für den Verbraucher erwachsen können, so dass die Richtlinie für den zu behandelnden Fall der vollständigen Erfüllung der Vertragspflichten keine konkreten Vorgaben mache und dem nationalen Gesetzgeber insoweit ein Umsetzungsspielraum zustehe.[695] Im Ergebnis hat der EuGH damit eine entsprechende Einschränkung des Widerrufsrechts zugelassen,[696] dabei aber vor allem auf (Wortlaut-)Erwägungen innerhalb der Richtlinie abgestellt.[697]

Eine teleologische Betrachtung der Sachlage findet man indessen in der abweichenden Beurteilung der Rechtslage durch *GA Poiares Maduro*. Dieser hat vorgeschlagen, eine Einschränkung des Widerrufsrechts nur dann zuzulassen, wenn der Verbraucher

---

[691] EuGH, Rs. C-412/06, Slg. 2008, I-2383 – *Hamilton/Volksbank Filder eG* zur Regelung des § 2 Abs. 1 HausTWG a. F.

[692] Richtlinie 85/577/EWG des Rates vom 20. Dezember 1985 betreffend den Verbraucherschutz im Falle von außerhalb von Geschäftsräumen geschlossenen Verträgen, ABl. L 372, S. 31.

[693] Richtlinie 85/577/EWG des Rates vom 20. Dezember 1985 betreffend den Verbraucherschutz im Falle von außerhalb von Geschäftsräumen geschlossenen Verträgen, ABl. L 372 S. 31.

[694] EuGH, Rs. C-412/06, Slg. 2008, I-2383 Rn. 39 f. – *Hamilton/Volksbank Filder eG.*

[695] EuGH, Rs. C-412/06, Slg. 2008, I-2383 Rn. 41 ff. – *Hamilton/Volksbank Filder eG.*

[696] Anders noch *GA Poiares Maduro* in seinen Schlussanträgen C-412/06, Slg. 2008, I-2383 Rn. 34 – *Hamilton/Volksbank Filder eG.*

[697] Entsprechend ist auch die Rechtslage nach deutschem Recht, vgl. BGH NJW 2010, 596, 597 und dazu *Lechner*, NJW 2010, 601 f. Die Entscheidung hat für das geltende Recht keine unmittelbaren Auswirkungen, da eine entsprechenden Begrenzung des Widerrufsrechts am Wortlaut des § 355 Abs. 4 S. 3 BGB scheitert, der zur Umsetzung der (überschießenden) Entscheidung in der Rechtssache *Heininger* (EuGH, Rs. C-481/99, Slg. 2001, I-9945 – *Heininger/Bayerische Hypo- und Vereinsbank*) eingeführt worden ist. Für eine Korrektur der Norm (*de lege ferenda*) zu Recht *Lechner*, a.a.O; vgl. nunmehr die Neuregelung in Art. 10 Abs. 1 der Verbraucherrechterichtlinie (Richtlinie 2011/83/EU des Europäischen Parlaments und des Rates vom 25. Oktober 2011 über die Rechte der Verbraucher, zur Abänderung der Richtlinie 93/13/EWG des Rates und der Richtlinie 1999/44/EG des Europäischen Parlaments und des Rates sowie zur Aufhebung der Richtlinie 85/577/EWG des Rates und der Richtlinie 97/7/EG des Europäischen Parlaments und des Rates).

zumindest Kenntnis hiervon hatte oder eine solche hätte erlangen können. Seine Argumentation basiert auf einer Abwägung des im Widerrufsrecht (Art. 5 der Richtlinie) und in der Informationspflicht hierüber (Art. 4 der Richtlinie) verankerten Verbraucherschutzprinzips mit dem Grundsatz der Rechtssicherheit. Dieser ist zwar weder in der Richtlinie selbst noch in den Erwägungsgründen verankert, er wird aber als allgemeiner von den Mitgliedstaaten geteilter Rechtsgrundsatz dennoch zur Begrenzung des in der Richtlinie angelegten Verbraucherschutzes herangezogen. Zutreffend führt der Generalanwalt weiter aus, als Konsequenz der Anerkennung dieses Grundsatzes müsse den Mitgliedstaaten zu dessen Wahrung ein Ermessensspielraum bei der Umsetzung der Richtlinie überlassen werden.[698] Anschließend kommt er unter Berufung auf die *Heininger*-Entscheidung[699] allerdings zu dem Ergebnis, dass Erwägungen der Rechtssicherheit nach der Rechtsprechung des EuGH hinter die Belehrungspflicht treten müssen; das Widerrufsrecht könne nur dann eingeschränkt werden, wenn der Verbraucher (aus anderen Quellen) sein Widerrufsrecht kannte oder hätte kennen können.[700]

Auch wenn das Ergebnis dieser Abwägungsentscheidung durchaus angreifbar ist, veranschaulicht die (teleologische) Argumentation des Generalanwalts das entscheidende Problem, dass sich bei der teleologischen Argumentation im Zusammenhang mit europarechtlichen Normen ergibt. Es besteht darin, dass das Unionsrecht punktuelle Regelungen trifft, die sich vor dem Hintergrund allgemeiner Rechtsgrundsätze und deren konkreter Ausgestaltung in den Mitgliedstaaten durchsetzen müssen. Denn im Ergebnis verlangt jede mitgliedstaatliche Rechtsordnung (freilich in recht unterschiedlicher Ausgestaltung im Einzelfall) die Beachtung des Grundsatzes der Rechtssicherheit, der (im Einklang mit dem allgemeinen Grundsatz der Verjährung) für eine Befristung des Widerrufsrechts zumindest nach dem Ablauf einer gewissen Zeit spricht.[701] Es stellt sich jedoch aus unionsverfassungsrechtlicher Sicht die Frage, in welcher Weise unionsrechtlich normierte Grundsätze wie der Verbraucherschutz bei der Auslegung des Unionsrechts durch solche allgemeinen Grundsätze aus dem Recht der Mitgliedstaaten eingeschränkt werden können.

Dieses besondere Rechtsfindungsproblem des Unionsrechts ergibt sich zwangsläufig aus dem Grundsatz der begrenzten Einzelermächtigung und der insoweit nur punktuell konkurrierenden Gesetzgebungstätigkeit und -kompetenz der EU und hat besondere

---

[698] Schlussanträge *GA Poiares Maduro* C-412/06, Slg. 2008, I-2383 Rn. 24 – *Hamilton/Volksbank Filder eG.*

[699] EuGH, Rs. C-481/99, Slg. 2001, I-9945 – *Heininger/Bayerische Hypo- und Vereinsbank*; vgl. dazu (krit.) *Herresthal*, in: Langenbucher (Hrsg.), Europarechtliche Bezüge des Privatrechts, 2. Aufl. 2008, S. 41, 122 f. sowie zu den Konsequenzen *Artz*, BKR 2002, 603, 605.

[700] Schlussanträge *GA Poiares Maduro* C-412/06, Slg. 2008, I-2383 Rn. 25 ff. – *Hamilton/Volksbank Filder eG*; grds. zustimmend (bezogen auf das Kriterium der Kenntnis) *Kroll*, NJW 2008, 1999, 2001 f.

[701] Sogar die in ihrer Kritik am Acquis sehr zurückhaltenden Acquis Principles sehen in Art. 2:207 Abs. 1 S. 1 ACQP eine Einschränkung der *Heininger*-Rechtsprechung vor, vgl. *Study Group on Existing EC Contract Law* (Hrsg.), Principles of Existing EC Contract Law – Acquis Principles, Contract I, 2007, S. 98; *Study Group on Existing EC Contract Law* (Hrsg.), Principles of Existing EC Contract Law – Acquis Principles, Contract II, 2009, S. 145 und dazu *Grigoleit/Tomasic*, in: Basedow/Hopt/Zimmermann (Hrsg.); Handwörterbuch des Europäischen Privatrechts I, 2009, S. 12, 16. Vgl. zu den Verjährungsvorschriften aus rechsvergleichender Sicht im Übrigen *Zimmermann*, Verjährung, in: Basedow/Hopt/ders. (Hrsg.), Handwörterbuch des Europäischen Privatrechts, II, S. 1637; aus historischer Sicht *Hermann*, in: Rückert/Zimmermann (Hrsg.), Historisch-kritischer Kommentar zum BGB, §§ 194-225 Rn. 12 ff.

Bedeutung hinsichtlich der Einwirkung in komplexe Regelungssysteme des nationalen Rechts, wie sie die Mitgliedstaaten insbesondere im Bereich des Privat- oder auch des Verwaltungsrechts[702] aufweisen. Es wird durch die häufig eindimensionalen Regelungsansätze der EU-Gesetzgeber verschärft, die von der Verwirklichung nur eines bestimmten Zweckprogramms (im Privatrecht häufig demjenigen des Verbraucherschutzes) bestimmt sind und gegenläufige Prinzipien in der Regel ausblenden.[703] Da diese Regelungsweise ohne Weiteres im Einklang mit den Grundsätzen der begrenzten Einzelermächtigung, der Subsidiarität und der Verhältnismäßigkeit steht, ergibt sich das soeben beschriebene Auslegungsproblem auch nicht etwa aus der Unzulänglichkeit der europäischen Gesetzgebung heraus. Vielmehr handelt es sich um ein strukturelles Problem der Auslegung eines höherrangigen Rechts, das auf punktuelle Eingriffe in eine Vielzahl systematisch geschlossener Regelungen der Mitgliedstaaten angelegt ist.

b) Die möglichen Lösungen und die Vorgaben des Unionsrechts

Während aus analytisch-theoretischer Sicht die Erkenntnis ausreichend ist, dass ein teleologisches Argument auf einer entsprechenden Abwägung beruhen muss, stellt sich aus verfassungsrechtlich-methodologischer Sicht die Frage, aus welchen Rechtsordnungen Wertungen im Rahmen der erforderlichen Abwägungsentscheidung herangezogen werden können. Soweit das Unionsrecht eigene Wertungen und Regelungen bereithält, die eine Einschränkung gebieten, sind (zunächst) diese heranzuziehen. Aus der fragmentarischen Konzeption des Unionsrechts ergibt sich allerdings, dass nicht zu allen Fragen entsprechende Regelungsentscheidungen oder auch hinreichend präzise Wertungsprinzipien auf dessen Ebene bereitgestellt sind, so dass insofern zwangsläufig auf externe Quellen zurückgegriffen werden muss. Aus teleologischer Sicht handelt es sich bei dem vorliegenden Problem um das Problem der Koordination verschiedener Regelungssysteme.[704]

aa) Entwicklung unionsrechtlicher Grundsätze im Wege der Rezeption. Der erste mögliche Ansatz besteht darin, eigenständige Rechtspinzipien des Unionsrechts im Wege der Rechtsfortbildung abzuleiten; dabei kann insbesondere auf allgemeine Rechtsgrundsätze zurückgegriffen werden, die den Mitgliedstaaten gemeinsam sind und die damit auch Geltung für das Unionsrecht beanspruchen. Dieser Ansatz, den der EuGH bei der Entwicklung der allgemeinen Grundsätze des Unionsrechts schon seit Beginn seiner Rechtsprechungstätigkeit verwendet hat[705] und im Rahmen

---

[702] Vgl. insbesondere *v. Danwitz*, Verwaltungsrechtliches System und Europäische Integration, 1996, S. 100 u. passim.

[703] Zum Problem der Eindimensionalität aus dem Blickwinkel des Privatrechts *Grigoleit*, AcP 210 (2010), 354, 392, 416; insbesondere zu Systembrüchen im Verhältnis der beiden Rechtsordnungen *ders.*, a. a. O., 378 ff. sowie sogleich unter (1); vgl. auch *Franzen*, Privatrechtsangleichung durch die Europäische Gemeinschaft, 1999, S. 461 ff.; *Remien*, RabelsZ 60 (1996), 1, 17. Aus dem Blickwinkel des Verwaltungsrechts *v. Danwitz*, Verwaltungsrechtliches System und Europäische Integration, 1996, S. 381; *Schoch*, JZ 1995, 109, 117. Vgl. auch unter § 3.B.III.2.b)bb) mit Fn. 676.

[704] Zu den Möglichkeiten einer modellhaften Erfassung der Systembrüche anhand des Verwaltungsrechts vgl. *v. Danwitz*, Verwaltungsrechtliches System und Europäische Integration, 1996, S. 39 f. ff. (die Bedeutung dieser Systemspannungen für die *effet utile* Auslegung betonend, *ders.*, a. a. O., S. 395).

[705] Vgl. *Lecheler*, Der Europäische Gerichtshof und die allgemeinen Rechtsgrundsätze, 1972, S. 53 ff.; im Bereich des Privatrechts vgl. zu dieser Methode insbesondere *Riesenhuber*, System und Prinzipien des Europäischen Privatrechts, 2003, S. 553 ff. u passim; *Metzger*, Extra legem,

seiner teleologischen Argumentation bis heute einsetzt,[706] bedarf einer Überprüfung anhand der Vorgaben des Unionsrechts. Eine solche Entwicklung eines eigenständigen unionsrechtlichen Kanons an immer spezifischeren Rechtsgrundsätzen im Wege der Rezeption mitgliedstaatlicher Traditionen überzeugt freilich nur dann, wenn es sich um Rechtsgrundsätze handelt, die sich auf Regelungsbereiche beziehen, die vom Unionsrecht erfasst sind und sofern sie Sachverhalte betreffen, in denen keinerlei mitgliedstaatlicher Regelungsanspruch (mehr) besteht. Diese zu entwickelnden Grundsätze lassen sich zwar zu einem großen Teil (freilich aber auch nicht vollständig) aus – in ihrer grundsätzlichen Anerkennung abstrakter Wertungen übereinstimmenden – Traditionen der Mitgliedstaaten gewinnen; jedoch zeigt die Konkretisierung der entsprechenden Grundsätze zu in der Rechtsanwendung operablen Rechtssätzen, dass im Detail erhebliche Wertungsunterschiede zwischen den Mitgliedstaaten bestehen,[707] die nur im Wege einer wertenden (richterrechtlichen) Entscheidung zu beheben sind. Aus unionsrechtlicher Sicht stellt sich sowohl die Frage nach der organkompetenziellen, insbesondere aber auch die nach der verbandskompetenziellen Legitimation des EuGH zu einer solchen Entwicklung eines eigenständigen Unionsrechts jenseits konkreter normativer Vorgaben. Voraussetzung für eine solche Entwicklung ist daher, dass diese hergeleiteten Rechtsgrundsätze vom Willen der Vertragsgeber aufgrund des Verständnisses der EU als Rechtsgemeinschaft[708] als Grundsätze des Unionsrechts akzeptiert werden können.

Die Entwicklung begrenzender[709] unionsrechtlicher Rechtsgrundsätze ist im Rahmen des Anwendungsbereichs des Unionsrechts – ebenso wie in jeder anderen Rechtsordnung – zwar für eine adäquate teleologische Rechtsfindung unabdingbar.[710] Während diese Methode im Bereich einer ausschließlichen Kompetenz (Artt. 2 Abs. 1, 3 AEUV) tragfähig und geradezu notwendig ist, stößt sie jedoch in dem unter anderem für das Privatrecht einschlägigen Bereich der geteilten Gesetzgebungszuständigkeit

intra ius, 2009, S. 325 ff. (zur Methodik des EuGH), S. 360 ff., S. 414 ff. (zur Rolle der Rechtsvergleichung); vgl. auch *v. Danwitz*, ZESAR 2008, 59, 61 ff.

[706] Vgl. etwa die soeben dargestellte Argumentation in der Rechtssache *Hamilton*, EuGH, Rs. C-412/06, Slg. 2008, I-2383 Rn. 39 f. – *Hamilton/Volksbank Filder eG*, in welcher der EuGH auf den nicht explizit im EG-Recht verankerten Grundsatz der Rechtssicherheit im Vertragsrecht zurückgreift.

[707] Vgl. etwa zum wertenden Element bei der Entwicklung gemeineuropäischer Prinzipienkataloge im Privatrecht vgl. auch *Zimmermann*, ZEuP 2003, 707, 709; *Herresthal*, Rechtsfortbildung im europarechtlichen Bezugsrahmen, 2006, S. 97 f.; *Metzger*, Extra legem, intra ius, 2009, S. 430 ff. m. w. N. aus der Rechtsprechung des EuGH; zum Verwaltungsrecht *v. Danwitz*, Verwaltungsrechtliches System und Europäische Integration, 1996, S. 471 ff. 507 f.

[708] Zur Anerkennung außerpositiver Rechtsprinzipien im Recht der EU vgl. nur *Lecheler*, Der Europäische Gerichtshof und die allgemeinen Rechtsgrundsätze, 1972, S. 178 ff. u. passim; *Metzger*, Extra legem, intra ius, 2009, S. 325 ff.

[709] Im Hinblick auf die Problematik des *effet-utile*-Kriteriums interessieren vor allem Grundsätze, welche die Wirkung unionsrechtlicher Zwecksetzungen begrenzen und zu einer Relativierung des Grundsatzes führen. Zwar lässt sich auch die effektive Verwirklichung eines außerpositiven Rechtsgrundsatzes des Unionsrechts mit dem *effet-utile*-Kriterium begründen; sofern der Grundsatz als legitime (vgl. § 2.B.I.2) Zweckvorgabe anzuerkennen ist, liegt das eigentliche (teleologische) Auslegungsproblem wiederum bei dessen Begrenzung durch gegenläufige Prinzipien des Unionsrechts sowie (insbesondere) des nationalen Rechts.

[710] Vgl. etwa bezogen auf das Verbraucherschutzkriterium *Rösler*, RabelsZ 71 (2007), 495, 508, der sich gegen einen „blinden Vorrangautomatismus“ ausspricht; ähnlich bereits *ders.*, Europäisches Konsumentenvertragsrecht, 2004, S. 99, 142.

(Artt. 2 Abs. 2, 4 AEUV) an ihre kompetenziellen Grenzen.[711] Denn in diesem Bereich hat die EU von vornherein nur eine begrenzte Kompetenz, die, soweit die Union von ihr nicht Gebrauch gemacht hat, bei den Mitgliedstaaten verbleibt. Vor dem Hintergrund dieser Kompetenzverteilung überzeugt es daher nicht, aus den mitgliedstaatlichen Traditionen heraus Rechtsprinzipien des *Unionsrechts* für Regelungsbereiche abzuleiten, für die keine EU-Kompetenz besteht; gleiches gilt für Regelungsbereiche, für die eine entsprechende Kompetenz besteht, von der die EU jedoch keinen Gebrauch gemacht hat (vgl. zur Reichweite der kompetenziellen Grenzen unter B.III.2.b)). Die Entwicklung solcher Prinzipien, und sei es auch nur zur Begrenzung unionsrechtlich verankerter Grundsätze, liefe darauf hinaus, eine präzise Beschränkung für die unionsrechtlichen Zwecksetzungen zu bestimmen und damit zur Vervollständigung der unionsrechtlichen punktuellen Regeln immer weiter auf die mitgliedstaatlichen Regelungssysteme überzugreifen.[712]

(1) Das Problem der Systembrüche und die grundsätzliche Systemverantwortung des nationalen Rechts. Auch wenn es auf den ersten Blick nicht kompetenzwidrig erscheint, die Begrenzungen des Unionsrechts in vollständiger Präzision aus dem Unionsrecht heraus zu entwickeln, wirft eine solche Vorgehensweise zahlreiche Folgeprobleme auf. Sie führt einerseits dazu, dass die Beschränkungen der unionsrechtlich determinierten Zwecksetzungen nicht mit den sonst im nationalen Recht vorgenommenen Beschränkungen übereinstimmen und damit Systembrüche im nationalen Recht verursachen, die das nationale Recht weit über die eigentliche Unionskompetenz hinaus erfassen.[713]

Dies gilt etwa für die bereits mehrfach zur Veranschaulichung herangezogene Auslegungsfrage der Entscheidung in der Rechtssache *Simone Leitner*,[714] in der es um die Auswirkungen der Pauschalreiserichtlinie auf den Schadensbegriff ging. Für dessen Ausgestaltung steht der Union grundsätzlich keine Kompetenz zu. Entscheidet man sich jedoch mit dem EuGH – was im Übrigen nach einer ausführlichen Abwägung mit den Wertungen des nationalen (in diesem Fall österreichischen) Rechts auch durchaus überzeugend sein kann – dafür, die Pauschalreisrichtlinie dahin auszulegen, dass sie eine Entschädigung auch für immaterielle Schäden fordert, bleibt diese Entscheidung nicht ohne Auswirkungen auf das nationale System des Schadensrechts.[715] Dieses wird aus Gründen der Wertungssystematik, der ein Rechtssystem aufgrund des Gleichheitssatzes unterworfen ist, nunmehr eher geneigt sein, eine entsprechende Schadensersatzpflicht auch für ähnliche Fälle anzuordnen, die nicht in den Regelungsbereich der Richtlinie fallen, aber vergleichbar sind. So stellt sich nach der Anerkennung eines immateriellen Schadensersatzes im Pauschalreiserecht verstärkt die Frage, ob es aus

[711] Kritisch insbesondere *v. Danwitz*, Verwaltungsrechtliches System und Europäische Integration, 1996, S. 427 ff.

[712] Aus der Sicht des Verwaltungsrechts insbesondere *v. Danwitz*, Verwaltungsrechtliches System und Europäische Integration, 1996, S. 397; *Zuleeg*, VVDStRL 53 (1994), S. 154, 195.

[713] Vgl. insbesondere *Grigoleit*, AcP 210 (2010), 354, 386 f.; *Zimmermann*, Current Legal Problems 58 (2005), 415, 418 ff.; *Basedow*, AcP 200 (2000), 445, 450 ff.; *Hommelhoff*, AcP 192 (1992), 71, 89 ff.; *Herresthal*, Rechtsfortbildung im europarechtlichen Bezugsrahmen, 2006, S. 110 f. Zu den Konsequenzen für die mitgliedstaatlichen Rechtsordnungen aus dem Blickwinkel des deutschen Rechts insbesondere *ders.*, a. a. O., S. 233 ff.

[714] EuGH, Rs. C-168/00, Slg. 2002, I-2631 – *Simone Leitner*.

[715] Vgl. zum österreichischen Recht Schwimann-*Harrer*, ABGB Praxiskommentar, 3. Aufl. 2006, § 1293 Rn. 26 ff.; Rummel-*Reischauer*, ABGB, 3. Aufl. 2002, § 1324 Rn. 11.

national-rechtlicher Sicht noch erlaubt sein kann, Pauschalreisen im Hinblick auf immaterielle Schäden anders zu behandeln als individuelle Reiseleistungen.[716]

Zwar ist eine solche Ausstrahlungswirkung der Richtlinie grundsätzlich vom Unionsrecht gedeckt, denn jede Einwirkung in das nationale Recht kann die soeben beschriebenen Systembrüche nach sich ziehen und ist vom Prinzip her eine notwendige Konsequenz der Anerkennung einer unionsrechtlichen Gesetzgebungskompetenz in diesem Bereich. Jedoch handelt es sich bei der Forderung nach immateriellem Schadensersatz um eine erweiternde Auslegung der Richtlinie, die zwar unter dem Gesichtspunkt der Effektivität des Verbraucherschutzes förderlich ist, deren Ergebnis aber erst dann überzeugen kann, wenn dieser Gesichtspunkt auch nach Abwägung mit gegenläufigen Prinzipien des Schadensrechts überwiegt. Da das Schadensrecht ein Regelungsgegenstand des nationalen Rechts ist, wäre es grundsätzlich ebenso möglich, diese Konfliktentscheidung dem zuständigen mitgliedstaatlichen Organ (dem nationalen Gericht bei der richtlinienkonformen Rechtsfindung bzw. dem nationalen Gesetzgeber bei der Umsetzung der Richtlinie) zu überlassen. Jedenfalls bedarf die Forderung nach effektiver Geltung des Verbraucherschutzes der Kontrolle anhand einer teleologischen Abwägungsentscheidung (vgl. §2.C.II.4) im Hinblick darauf, ob die im mitgliedstaatlichen Recht vorhandene Sanktionierung vor dem Hintergrund der Zwecke des Unionsrechts überzeugt. Da das Schadensrecht als Regelungsmaterie den Mitgliedstaaten überlassen ist, kann das hierzu einschlägige Abwägungsmaterial nur aus dem nationalen Recht stammen. Eine Abwägung, die allein auf unionsrechtliche Prinzipien abstellte, liefe nämlich Gefahr, legitime Besonderheiten des nationalen Rechts außer Acht zu lassen und den Umsetzungsspielraum der Mitgliedstaaten zugunsten einer europäisch einheitlichen Lösung einzuschränken, für die nach den Vorgaben des Primärrechts (Art. 114 AEUV) keine Kompetenz besteht und die – selbst wenn und soweit sie bestünde – von der Legislative der EU auch bei Erlass der Pauschalreiserichtlinie nicht in Anspruch genommen wurde.

Vor dem Hintergrund der Vielzahl unterschiedlicher denkbarer Vorgaben des Schadensrechts überzeugt es vom Standpunkt des Unionsrecht her auch nicht, allein eine bestimmte Lösung zu fordern. Vielmehr entscheidet der EuGH im Vorabentscheidungsverfahren zwar abstrakt über die Auslegung des Unionsrechts; nach dem Streitgegenstand einer Vorabentscheidungsfrage[717] ist es jedoch allein seine Aufgabe darüber zu befinden, ob die *konkrete* mitgliedstaatliche Lösung unter Berücksichtigung des *effet utile* der unionsrechtlichen Norm, aber auch unter Berücksichtigung der kompetenziellen Grenzen des Unionsrechts Bestand haben kann.[718] So hat der EuGH etwa in der Entscheidung *Simone Leitner* seine Antwort auf die Auslegungsfrage zutreffend so abstrakt gehalten, dass er zwar eine Sanktionierung durch immateriellen Schadensersatz gefordert, deren konkrete Ausgestaltung jedoch den Mitgliedstaaten überlassen hat.[719]

[716] Eine Analogie befürwortend etwa (für das deutsche Recht) Staudinger-*Schiemann*, BGB, Neubearbeitung 2005, §253 Rn. 10; MünchKomm-*Oetker*, BGB, 5. Aufl. 2007, §253 Rn. 90ff.; vgl. auch *Tonner*, ZEuP 2003, 623, 629ff.

[717] Vgl. dazu *Germelmann*, Die Rechtskraft von Gerichtsentscheidungen in der Europäischen Union, 2009, S. 411ff.; *Bebr*, 18 CMLR (1981), 475, 487.

[718] Auch die Reichweite der Bindungswirkung erstreckt sich nur auf vergleichbare Fälle, vgl. etwa Grabitz/Hilf/Nettesheim-*Karpenstein*, Das Recht der Europäischen Union, 46. EL 2011, Art. 267 AEUV Rn. 101ff.

[719] Vgl. EuGH, Rs. C-168/00, Slg. 2002, I-2631 – *Simone Leitner*: „Artikel 5 der Richtlinie 90/314/EWG des Rates vom 13. Juni 1990 über Pauschalreisen ist dahin auszulegen, dass er dem

Folge der grundsätzlichen Kompetenzzuweisung an die Mitgliedstaaten ist, dass diese grundsätzlich die Verantwortung dafür tragen, dass unionsrechtliche Vorgaben effektiv und systemkonform in die Teile ihres Rechtssystems eingepasst werden, die nicht unionsrechtlich determiniert sind (*Systemverantwortung der Mitgliedstaaten*).[720] Dies hat zur Folge, dass bei der Auslegung und Rechtsfindung im Rahmen des Unionsrechts allein die konkrete Ausgestaltung der mitgliedstaatlichen Lösung unter Effektivitätsgesichtspunkten zu überprüfen ist und die Rechtsfindung auf unionsrechtlicher Ebene nicht dazu führen darf, dass durch zu präzise Vorgaben hinsichtlich der effektiven Umsetzung die Umsetzungsspielräume der Mitgliedstaaten (vgl. dazu unter (3)) über das Erforderliche hinaus eingeschränkt werden.

(2) Veranschaulichung. Das hier geschilderte Problem lässt sich weiter anhand der bereits herangezogenen (vgl. unter a)) Argumentation von *GA Poiares Maduro* in der Rechtssache *Hamilton*[721] veranschaulichen. Der Generalanwalt beruft sich dort auf das Institut der Verjährung als Ausprägung des Grundsatzes der Rechtssicherheit, der eine Einschränkung des Widerrufsrechts begründen kann. Er leitet diesen Grundsatz aus der Tradition der Mitgliedstaaten ab und weist zugleich darauf hin, dass ein solcher Grundsatz im Wege eines gemeinsamen Referenzrahmens auf unionsrechtlicher Ebene Anerkennung finden könnte.[722] Hieraus leitet der Generalanwalt weiter im Wege der Abwägung mit dem Grundsatz des Verbraucherschutzes in Anlehnung an das EuGH-Urteil in der Rechtssache *Heininger*[723] ab, dass Verbraucherschutzerwägungen Vorrang vor der Rechtssicherheit haben müssen und eine Einschränkung nur dann infrage kommt, wenn der Verbraucher von dem Recht Kenntnis hat oder hätte erhalten können.[724]

Auch wenn die Argumentation des Generalanwalts durchaus plausibel ist, bleibt die Frage offen, wieso die Abwägung gerade allein auf die Kenntnis oder das Kennenmüssen des Verbrauchers abstellt und warum nicht etwa Ausschlussfristen für die Ausübung des Widerrufsrechts vorgesehen werden können sowie (unter dem Gesichtspunkt der Verteilung der Verbandskompetenz), warum diese Frage in dieser Präzision europarechtlich determiniert sein soll.[725] Das Abstellen auf die Kenntnis

---

Verbraucher *grundsätzlich* einen Anspruch auf Ersatz des immateriellen Schadens verleiht, der auf der Nichterfüllung oder einer mangelhaften Erfüllung der eine Pauschalreise ausmachenden Leistungen beruht (Hervorh. d. Verf.)."

[720] Zu den Folgen unionsrechtlicher Regelungen für die Regelungssysteme der Mitgliedstaaten vgl. insbesondere *Herresthal*, Rechtsfortbildung im europarechtlichen Bezugsrahmen, 2006, S.285, der insofern von gemeinschaftsbezogener Rechtsgewinnung spricht.

[721] EuGH, Rs. C-412/06, Slg.2008, I-2383 – *Hamilton/Volksbank Filder eG.*

[722] *GA Poiares Maduro*, EuGH, Rs. C-412/06, Slg.2008, I-2383 Rn.24 – *Hamilton/Volksbank Filder eG.* Zum Konzept des Referenzrahmens vgl. KOM (2004), 654 endg.; KOM (2005), 456 endg.; s. auch *Zimmermann*, in: Basedow/Hopt/ders. (Hrsg.), Handwörterbuch des Europäischen Privatrechts, 2009, S.276ff.; sowie *Eidenmüller/Faust/Grigoleit/Jansen/Wagner/Zimmermann*, JZ 2008, 529ff.

[723] EuGH, Rs. C-481/99, Slg.2001, I-9945 – *Heininger/Bayerische Hypo- und Vereinsbank.*

[724] *GA Poiares Maduro*, EuGH, Rs. C-412/06, Slg.2008, I-2383 Rn.25f. – *Hamilton/Volksbank Filder eG.*

[725] Insofern hat der EuGH in Rs. C-481/99, Slg. I-2000, I-9945 Rn.47 – *Heininger* entschieden, dass die Begrenzung des Widerrufsrechts auf ein Jahr ab Belehrung mit dem Sinn und Zweck der Haustürwiderrufsrichtlinie nicht vereinbar ist. Es würde jedoch eine Überinterpretation und ein nicht weiterführendes Verständnis des *effet utile* hinauslaufen, wenn man hieraus zugleich ableiten wollte, dass eine Beschränkung auf drei, fünf oder zehn Jahre nach Vertragsschluss oder

oder das Kennenmüssen des Betroffenen ist dabei zwar ein verbreiteter und durchaus tragfähiger Gedanke. Die Ausgestaltung gerade des deutschen Verjährungsrechts zeigt jedoch, dass neben der Kenntnis auch auf kenntnisunabhängige absolute Verjährungsfristen abgestellt wird. Zudem unterliegt das Anfechtungsrecht nach dem BGB selbst bei arglistiger Täuschung neben der kenntnisabhängigen Jahresfrist (§124 Abs.1, 2 BGB) einer Ausschlussfrist von zehn Jahren gemäß §124 Abs.3 BGB.[726] Im Übrigen bleibt der Generalanwalt auch die Erörterung der Frage schuldig, ob nicht nach der vollständigen Erfüllung der vertraglichen Hauptleistungspflichten eine abweichende kürzere Frist vorgesehen werden kann.[727]

Indem der Generalanwalt allein auf die Kenntnis oder das Kennenmüssen abstellt, wird er der Vielzahl möglicher Umsetzungsmöglichkeiten im nationalen Recht nicht gerecht. Dies liegt vor allem daran, dass er seine Abwägung nicht auf die konkreten Regelungen des nationalen Rechts und die dahinter stehenden, vom nationalen Gesetzgeber verfolgten Zwecksetzungen stützt. Der Generalanwalt schränkt zwar die unionsrechtliche Zwecksetzung des Verbraucherschutzes ein, erweitert aber zugleich den Anwendungsbereich des Unionsrechts, indem er – ohne tragfähige teleologische Begründung – sehr präzise Vorgaben zur Art und Weise der Umsetzung einer nach dem Wortlaut der Richtlinie offenen Frage macht. Dies führt dazu, dass der Umsetzungsspielraum für die Mitgliedstaaten eingeschränkt wird und im vorliegenden Beispiel etwa Lösungen ausgeschlossen werden, die Höchstfristen einbeziehen. Im Ergebnis hat sich der EuGH daher zu Recht für eine andere Argumentation und eine andere Lösung entschieden.[728]

(3) Umsetzungsspielräume der Mitgliedstaaten. Das Beispiel zeigt als Folge der Systembrüche mit dem nationalen Recht auf, dass eine genuin unionsrechtliche Abwägung bei der teleologischen Auslegung des Unionsrechts den Regelungsbereich des Unionsrechts zu Lasten der Mitgliedstaaten ausweitet. Dies ist zwar *per se* aus Gründen der effektiven Umsetzung unionsrechtlicher Vorgaben denkbar, darf nach der Kompetenzverteilung jedoch nicht ohne eine abwägende Auseinandersetzung mit der *konkreten* mitgliedstaatlichen Lösung erfolgen. Denn die Umsetzung von Richtlinien oder die Beachtung anderer unionsrechtlicher Vorgaben in den Mitgliedstaaten wird stets in deren Rechtsordnung eingepasst werden müssen und daher zu einer unterschiedlichen Anwendung im Einzelfall führen. Dies ist im Verwaltungsrecht unter dem Begriff der verfahrensrechtlichen Autonomie der Mitgliedstaaten anerkannt, die unter dem Vorbehalt der Effektivität und der Äquivalenz steht.[729] Auch unter Berücksichtigung

---

auf einen anderen Zeitpunkt, etwa sechs Monate nach vollständiger Durchführung des Vertrags nicht mit dem EU-Recht vereinbar wäre, vgl. insofern auch die gegenläufige Tendenz in der Literatur zum europäischen Privatrecht, insbesondere etwa den Entwurf der Acquis-Principles, die insoweit eine Korrektur der Heininger-Entscheidung vorsehen (*Study Group on Existing EC Contract Law* (Hrsg.), Principles of Existing EC Contract Law – Acquis Principles, Contract I, 2007, S.171 bei Rn.7; S.98; *Study Group on Existing EC Contract Law* (Hrsg.), Principles of Existing EC Contract Law – Acquis Principles, Contract II, 2009, S.251 bei Rn.7).

[726] So auch aus unionsrechtlicher Sicht *Study Group on Existing EC Contract Law* (Hrsg.), Principles of Existing EC Contract Law – Acquis Principles, Contract I, 2007, S.171 bei Rn.7.

[727] So auch der Gerichtshof, vgl. EuGH, Rs. C-412/06, Slg.2008, I-2383 Rn.41ff. – *Hamilton/Volksbank Filder eG*; vgl. dazu unter §3.C.II.1.a).

[728] EuGH, Rs. C-412/06, Slg.2008, I-2383 Rn.41ff. – *Hamilton/Volksbank Filder eG.*

[729] Vgl. dazu *Streinz*, Europarecht, 9.Aufl. 2012, Rn.591ff.; *Oppermann/Classen/Nettesheim*, Europarecht, 5.Aufl. 2011, §12 Rn.35ff. (= S.199ff.) m.w.N.

dieses Effektivitätsgrundsatzes zugunsten des Unionsrechts, der auf der Ebene der Auslegung durch das Kriterium des *effet utile* zum Ausdruck gebracht wird, steht den Mitgliedstaaten jedenfalls in gewissen Bereichen ein Spielraum dafür zu, wie sie die Vorgaben des Unionsrechts umsetzen. Dies gilt es nicht nur bei der verfahrensrechtlichen Umsetzung dieser Vorgaben zu bestimmen, sondern auch dann, wenn der Inhalt dieser Bestimmungen ermittelt werden soll.

(4) ***Zwischenergebnis.*** Der EuGH zeigt erste Ansätze dahin, der Eindimensionalität des Unionsrechts gerade im Bereich des stark auf Verbraucherschutz angelegten Europäischen Privatrechts entgegenzuwirken, indem er gegenläufige unionsrechtliche Prinzipien des Unionsrechts entwickelt. Bei näherer Betrachtung steht eine solche Vorgehensweise jedoch nicht im Einklang mit der kompetenziellen Ordnung der EU und mit dem Verhältnis zwischen Unionsrecht und nationalem Recht (vgl. A.IV). Steht ein unionsrechtlicher Grundsatz wie derjenige des Verbraucherschutzes, wie er in Art. 4 des Haustürwiderrufs-Richtlinie[730] zum Ausdruck kommt, im Gegensatz mit dem Prinzip der Rechtssicherheit im Vertragsrecht, so wie er Gegenstand nationalrechtlicher Regelungen und Wertungen ist, sollte dieser Wertungskonflikt offen als ein solcher zwischen zwei Rechtsordnungen behandelt werden. Aus teleologischer Sicht geht es darum, die Grenzen der Geltung des EU-Rechts in Abwägung mit gegenläufigen Prinzipien zu ermitteln, die sich nach der Kompetenzordnung innerhalb der EU aus dem Recht der Mitgliedstaaten ergeben müssen, soweit diese hierfür zuständig sind.

Im Übrigen erweist sich das Vorgehen, eigenständige Rechtsgrundsätze des Unionsrechts zu entwickeln, gerade unter teleologischen Gesichtpunkten für eine hinreichend präzise Regelbildung auch nicht als fruchtbar.[731] Da die in diesem Verfahren ermittelten Prinzipien nicht auf konkreten und in ihrer Reichweite genau abgestimmten rechtlichen Regelungen beruhen, die Ergebnisse eines politischen Willensbildungsprozesses sind und sich in der Tradition der Mitgliedstaaten im Einzelnen in der Rechtsrealität bewähren mussten, sondern im Wege der Rezeption allein im Grundsatz konsensfähige mitgliedstaatliche Grundsätze aufgegriffen werden, entfernt sich die Entwicklung dieser Prinzipien stark von den Quellen ihrer politischen und sachgesetzlichen Legitimität. Eine Argumentation anhand dieser Prinzipien wird daher häufig nicht die nötige Erkenntnistiefe oder die nötige politische Legitimität aufweisen können. Dies zeigt insbesondere die Kritik, die an den anhand einer Analyse ohne hinreichenden Rückgriff auf eine wertende Kritik entwickelten Modellregeln geübt wird, die auf europäischer Ebene vorgelegt worden sind, insbesondere an den *Acquis Principles*.[732] Auch aus diesem Grund ist ein unmittelbarer Rückgriff auf die konkret bestehenden mitgliedstaatlichen Wertungen vorzugswürdig.

---

[730] Richtlinie 85/577/EWG des Rates vom 20. Dezember 1985 betreffend den Verbraucherschutz im Falle von außerhalb von Geschäftsräumen geschlossenen Verträgen, ABl. L 372, S. 31.

[731] Dies zeigt sich vor allem daran, dass die Ausarbeitung allgemeiner Rechtsgrundsätze zu operablen Rechtsinstrumtenen stets auf intensiven Wertungsentscheidungen der jeweiligen Kompilatoren beruht, vgl. etwa zum Beispiel der Principles of European Contract Law *Zimmermann*, ZEuP 2003, 707, 709.

[732] Vgl. *Grigoleit/Tomasic*, in: Basedow/Hopt/Zimmermann (Hrsg.); Handwörterbuch des Europäischen Privatrechts I, S. 12, 15 f.; *Grigoleit*, AcP 210 (2010), 354, 402; *Eidenmüller/Faust/Grigolet/Jansen/Wagner/Zimmermann*, JZ 2008, 529 ff.; *Jansen/Zimmermann*, NJW 2009, 3401, 3406; *Whittaker*, The Draft Common Frame of Reference, 2008, passim; *Grundmann*, ERCL 2008, 225, 246 f.

bb) Unmittelbare Abwägung mit mitgliedstaatlichen Wertungen als Alternative. Nach dem Gesagten ist es nicht nur aus kompetenziellen Gründen geboten, sondern auch aus Gründen der Erkenntnis überzeugender und fruchtbarer, die Abwägungsentscheidung unmittelbar anhand anwendbarer Prinzipien des mitgliedstaatlichen Rechts durchzuführen. Dies hat zur Folge, dass die Abwägung unterschiedlich ausfällt, je nachdem im Verhältnis zu welchem Mitgliedstaat sie stattfindet, was zu einer Relativierung der Effektivität der unionsrechtlichen Zwecksetzungen und damit zugleich des *effet utile*-Grundsatzes führt.

Dieses Ergebnis scheint zwar in einem gewissen Gegensatz zum Grundsatz der Einheitlichkeit bzw. der einheitlichen Anwendbarkeit des Unionsrechts zu stehen. Doch ist die Einheitlichkeit des Unionsrechts keine von dessen Geltung unabhängige oder über diese Geltung hinausgehende Folge; vielmehr folgt sie erst aus der Geltung des Unionsrechts selbst und findet ihre Grenzen in den Grenzen des Unionsrechts.[733] Die Frage der Einheitlichkeit ist daher der Frage nach der Reichweite des Unionsrechts nachgeordnet. Nur soweit das Unionsrecht überhaupt anwendbar ist, ist es auch einheitlich anzuwenden. Bei der *Ermittlung der Reichweite* des unionsrechtlichen Regelungsanspruchs, d.h. bei der Auslegung und der Rechtsfortbildung im Unionsrecht, gilt es dagegen, die Kompetenzverteilung zu berücksichtigen, die durch den Grundsatz der begrenzten Einzelermächtigung bestimmt wird. Die Reichweite unionsrechtlicher Zweckvorgaben ist daher mit den Wertungen des nationalen Rechts in Einklang zu bringen.

Das hier beschriebene Vorgehen hat zwar zur Folge, dass die Abwägung unterschiedlich ausfallen kann, je nachdem, welche mitgliedstaatlichen Regelung(en) in die Abwägung eingestellt werden, und somit unterschiedliche Auslegungsergebnisse produzieren kann. Diese offene Relativierung des unionsrechtlichen Regelungsanspruchs auf der Auslegungsebene ist jedoch eine notwendige Folge der kompetenziellen Verteilung zwischen der EU und den Mitgliedstaaten. Denn aufgrund der notwendigen Einpassung unionsrechtlicher Vorgaben in die unterschiedlichen Rechtssysteme der Mitgliedstaaten hat dieses zwangsläufig einen unterschiedlichen Anwendungsbereich je nachdem, in welchem Mitgliedstaat es zur Anwendung gelangt.[734]

Ein Beispiel für einen solchen Umgang mit dem *effet utile*-Kriterium lässt sich in der EuGH Rechtsprechung im Urteil in der Rechtssache *Friz* finden.[735] Dieses Urteil betraf die Frage, ob die Anwendung der Lehre von der fehlerhaften Gesellschaft auf den Widerruf eines Fondsbeitritts durch einen Verbraucher den Vorgaben der Haustürwiderrufsrichtlinie[736] entgegensteht. Die Anwendung dieser Lehre hat nämlich zur

---

[733] Vgl. *Nettesheim*, GS Grabitz, 1995, S.447, 455ff.; *Eilmansberger*, Rechtsfolgen und subjektives Recht im Gemeinschaftsrecht, 1997, S.58f.; *Schroeder*, Das Gemeinschaftsrechtssystem, 2002, S.430f. (mit dem zutreffenden Hinweis, dass die Unionsverträge gerade mit dem Regelungsinstrument der Richtlinie – zur Wahrung der kompetenziellen Grenzen – durchaus Einschränkungen der einheitlichen Wirkung in Kauf nehmen); aus dem Privatrecht vgl. *Röthel*, Normkonkretisierung im Privatrecht, 2004, S.255ff., 407, die auf das vom (Unions-)Gesetzgeber intendierte Maß abstellt; *Schmidt*, Konkretisierung von Generlklauseln im europäischen Privatrecht, 2009, S.49ff.

[734] Dass der EuGH entsprechend vorgeht, wird auch in der Literatur erkennt (vgl. etwa *Stempel*, ZEuP 2010, 928, 943f.), z.T. aber als Weigerung des EuGH, die ihm zukommenden Aufgaben zu übernehmen, kritisiert, vgl. *Basedow*, AcP 210 (2010), 157, 175.

[735] EuGH, Rs. C-215/08, Slg. 2010, I-2947 – *E. Friz GmbH/Carsten von der Heyden*.

[736] Richtlinie 85/577/EWG des Rates vom 20. Dezember 1985 betreffend den Verbraucherschutz im Falle von außerhalb von Geschäftsräumen geschlossenen Verträgen, ABl. L 372, S.31.

Folge, dass der Verbraucher entgegen der Erwartung, die Art. 5 Abs. 2 der Richtlinie weckt, nicht wie bei einem Rücktritt „aus allen aus dem widerrufenen Vertrag erwachsenden Verpflichtungen entlassen" wird, sondern ihm zum Schutz der Mitgesellschafter und etwaiger (Dritt-)Gläubiger der Gesellschaft lediglich ein außerordentliches Kündigungsrecht zusteht. Der Widerruf kann danach für ihn negative Folgen haben, da er zu bis zum Zeitpunkt der Widerrufs- bzw. Kündigungserklärung an den Folgen seiner Investitionsentscheidung festgehalten wird und an etwaigen Verlusten der Gesellschaft partizipiert.

Der EuGH hat dabei hingewiesen, dass die Mitgliedstaaten gemäß Art. 7 der Richtlinie die Rechtsfolgen des Widerrufs bestimmten können, dabei aber an den Grundsatz der praktischen Wirksamkeit (*effet utile*) des Unionsrechts gebunden sind.[737] Gleichwohl hat der EuGH die im deutschen Recht praktizierte Lehre von der fehlerhaften Gesellschaft – freilich ohne nähere Erläuterung der hier angesprochenen kompetenziellen Probleme – aus der Erwägung des Schutzes der Mitgesellschafter und Gläubiger heraus auch unter dem Gesichtspunkt des *effet utile* des Widerrufsrechts gebilligt, ohne dass er dabei eine bestimmte Lösung unionsrechtlich für geboten gehalten hätte.[738] Unausgesprochen bleibt dabei zwar (leider) die Erwägung, dass der Schutz dieser gegenläufigen, vom Verbraucherschutz nach der Richtlinie nicht berücksichtigten Interessen, in der Kompetenz des nationalen (Gesellschafts-)Rechts liegt und insoweit ein Kompetenzkonflikt im Raum stand. Dennoch entspricht die vom EuGH geübte Zurückhaltung genau der hier befürworteten Methode einer offenen Abwägung der unionsrechtlichen Prinzipien (Verbraucherschutz) mit national-rechtlichen Grundsätzen (Schutz der Mitgesellschafter und Gläubiger) nach dem jeweiligen mitgliedstaatlichen Recht.

c) Zwischenergebnis

Bei der teleologischen Rechtsfindung im Bereich des Unionsrechts gilt es aus unionsverfassungsrechtlicher Sicht, die europarechtlichen Zwecksetzungen nicht nur mit anderen europarechtlichen Grundsätzen (vgl. näher aa)), sondern auch mit gegenläufigen Prinzipien des nationalen Rechts abzuwägen (b)bb)). Die Forderung nach der Effektivität und der einheitlichen Verwirklichung europarechtlicher Zwecke steht unter dem Vorbehalt der kompetenziellen Grenzen des Unionsrechts. Aus dem Blickwinkel der systematisch-teleologischen[739] Argumentation bedeutet dies, dass das Rechtssystem des Unionsrechts als fragmentarisches System aufzufassen ist, das durch eine Vielzahl unterschiedlicher nationaler Regelungssysteme ergänzt wird. Da die Systembildung auf eine wechselseitige Begrenzung der Prinzipien und Wertungen in einer Rechtsordnung angelegt ist, kann sie im Unionsrecht aufgrund der Vielzahl unterschiedlicher Wertungssysteme, mit denen das Unionsrecht in Ausgleich gebracht werden muss, nur im Hinblick auf jedes einzelne Wertungssystem, d. h. auf jede einzelne Rechtsordnung hin erfolgen. Eine einheitlich unionsrechtliche Systembildung würde die richterrechtliche Entwicklung begrenzender Grundsätze des Unionsrechts erfordern, für die weder die EU als Verband noch der EuGH als Organ eine Zuständigkeit besitzt. Im Gegensatz

---

[737] EuGH, Rs. C-215/08, Slg. 2010, I-2947 Rn. 43 ff. – *E. Friz GmbH/Carsten von der Heyden*.

[738] EuGH, Rs. C-215/08, Slg. 2010, I-2947 Rn. 48 f. – *E. Friz GmbH/Carsten von der Heyden*, vgl. auch die Schlussanträge der Generalanwältin *Trstenjak*, EuGH, Rs. C-215/08, Slg. 2010, I-2947 Rn. 98 ff.

[739] Zur herausgehobenen Bedeutung der Systembildung im Rahmen der teleologischen Argumentation vgl. § 2.B.I.4.

zur EU, deren Rechtsordnung auf eine fragmentarische Systembildung angelegt ist, tragen die Rechtsordnungen der Mitgliedstaaten aufgrund ihres Vollständigkeitsanspruchs nach wie vor die Verantwortung für das Gesamtregelungssystem. Sie haben die fragmentarischen Vorgaben des Unionsrechts in systematisch überzeugender Weise in ihre Rechtsordnungen einzupassen.[740]

Etwas anderes ergibt sich nur in Bereichen, in denen der EU eine ausschließliche Kompetenz (Artt. 2 Abs. 1, 2 AEUV) zusteht, und auch nur soweit der EU diese Kompetenz zusteht. Denn in diesen Fällen ist die vollständige Ausgestaltung der Sachregelung der Union zugewiesen und diese ist damit auch für die Normierung oder (richterrechtliche) Entwicklung begrenzender Grundsätze zuständig. Allerdings gilt diese Einschränkung dann nicht (mehr), wenn es um Fragen geht, die zu einer Einwirkung in Kompetenzbereiche der Mitgliedstaaten führen. Insoweit kommen wieder die Kompetenzgrenzen der EU im Hinblick auf diese Gebiete zum Tragen, so dass eine Abwägung mit den jeweiligen mitgliedstaatlichen Grundsätzen erforderlich ist, die zu einer je nach Mitgliedstaat im Einzelfall unterschiedlichen Lösung führen kann.

Die hier befürwortete Sichtweise des Vorgangs der (teleologischen) Rechtsfindung im Unionsrecht entspricht im Übrigen auch der Rechtsprechung des EuGH zur verfahrensrechtlichen Autonomie der Mitgliedstaaten.[741] Diese verfahrensrechtliche Autonomie steht zwar unter dem Vorbehalt der Effektivität und der Äquivalenz. Doch handelt es sich hierbei im Einklang mit dem soeben Gesagten nur um einem Vorbehalt, der den Mitgliedstaaten einen Gestaltungsspielraum belässt.

2. Folgerungen für das *effet-utile*-Argument auf der Auslegungsebene

Die rechtstheoretische Untersuchung in § 2.C.II.4 hat gezeigt, dass jede Form der *effet-utile*-Argumentation aufgrund ihrer teleologischen Struktur den Schritt der Abwägung der zugrunde gelegten Zwecksetzung mit gegenläufigen Zwecksetzungen, insbesondere im Hinblick auf das Maß ihrer Verwirklichung, beinhalten muss. Die entscheidende Frage aus verfassungsrechtlicher Sicht war es, die zulässigen Quellen der gegenläufigen Prinzipien unter Berücksichtigung der Legitimationsgrundlagen und der staatsrechtlichen Ausgestaltung der Rechtsordnung der EU zu ermitteln.

Dabei hat es sich gezeigt, dass die vom EuGH teilweise praktizierte Methode der Herausbildung autonom unionsrechtlicher Prinzipien für Bereiche, die nicht in die Zuständigkeit des Unionsrechts fallen, mit der Kompetenzordnung der Union nicht im Einklang steht, die im Bereich der geteilten Zuständigkeiten eine Abgrenzung zwischen unionsrechtlicher und mitgliedstaatlicher Zuständigkeit vornimmt. Die unkritische Anwendung dieser Methode bei der Auslegung des Unionsrechts würde als Folge dieser Kompetenzüberschreitung und darüber hinaus in zahlreichen Fällen den mitgliedstaatlichen Spielraum bei der Umsetzung unionsrechtlicher Vorgaben über Gebühr einschränken und könnte gravierende Systemspannungen und -brüche im nationalen Recht zur Folge haben, ohne dass dies zur effektiven Verwirklichung der unionsrechtlichen Vorgaben erforderlich oder gar angemessen wäre. Langfristig

[740] Vgl. näher zur Systemverantwortlichkeit der mitgliedstaatlichen Gesetzgeber sowie zu den Folgen für die richterliche Rechtsfortbildungskompetenz *Herresthal*, Rechtsfortbildung im europarechtlichen Bezugsrahmen, 2006, S. 56 ff., 225 ff., 285 ff.

[741] Vgl. hierzu *Streinz*, Europarecht, 9. Aufl. 2012, Rn. 592 ff.; *Oppermann/Classen/Nettesheim*, Europarecht, 5. Aufl. 2011, § 12 Rn. 25 ff. (= S. 199 ff.) m.w.N.

würde eine solche Entwicklung die (Privat-)Rechtsordnungen der Mitgliedstaaten zwar weiter aneinander angleichen, dabei aber die Zuständigkeit der Mitgliedstaaten und insbesondere deren Legislativbefugnisse unterlaufen, indem immer mehr nationale Grundwertungen durch vom EuGH im Wege der Rechtsfortbildung entwickelte Institute ersetzt würden.

Der fragmentarische Charakter des Unionsrecht muss daher bereits auf der Ebene der Rechtsfindung im Unionsrecht berücksichtigt werden, indem bei der jedem teleologischen Argument zugrunde liegenden Abwägungsentscheidung Wertungen des nationalen Rechts neben gegenläufigen Zwecksetzungen des Unionsrechts miteinbezogen werden, soweit solche vorhanden sind. Nur ein solches Vorgehen kann dem fragmentarischen Charakter des Unionsrechts Rechnung tragen und eine angemessene Abgrenzung der Kompetenzbereiche zwischen Unionsrecht und mitgliedstaatlichen Recht herbeiführen. Dies führt zwar dazu, dass die Rechtsfindungsentscheidungen auf eine bestimmte mitgliedstaatliche Rechtsordnung bezogen sind, doch ist diese Berücksichtigung bei der Rechtsfindung die logische Konsequenz aus der konkurrierenden Verteilung der materiellen Regelungszuständigkeiten zwischen EU und Mitgliedstaaten und dem sich hieraus ergebenden Spielraum bei der Umsetzung und der Einpassung der unionsrechtlichen Vorgaben in das nationale Recht.

Für alle drei Formen des *effet-utile*-Arguments auf der Auslegungsebene ergibt sich aus staatsrechtlicher Sicht daher, dass der entscheidende Schritt der Abwägung eine Abwägung mit Wertungen des mitgliedstaatlichen Rechts beinhalten muss. Der Grundsatz des *effet utile*, der das Durchsetzungsbedürfnis des Unionsrechts betont, sollte daher aus staatsrechtlicher Sicht zu einem Grundsatz der Koordination korrigiert werden. Das – durchaus anzuerkennende –Durchsetzungsbedürfnis, das im *effet utile* zum Ausdruck gelangt, muss in einen Ausgleich zu den kompetenziellen Grenzen des Unionsrechts gebracht werden. Das *effet-utile*-Argument kann daher, gerade wenn es im Verhältnis zwischen EU und Mitgliedstaaten eingesetzt wird, in allen seinen Formen nur dann überzeugen, wenn zugleich die vorgeschlagene Zweckverwirklichung in Bezug zu den Vorgaben des mitgliedstaatlichen Rechts gesetzt und damit die Grenzen der unionsrechtlichen Kompetenzen zu denjenigen der Mitgliedstaaten im Einzelfall in adäquater Weise bestimmt werden. Diese Wahrung der Kompetenzgrenzen zwischen EU und Mitgliedstaaten ist eine der wesentlichen Aufgaben des EuGH, die nicht nur bei der Rechtmäßigkeitskontrolle von Rechtsakten, sondern auch im Rahmen der Rechtsfindung zu berücksichtigen ist.

III. Das Kriterium des *effet utile* auf der Umsetzungsebene

1. Die Umsetzungsebene aus methodologischer Sicht

Die hier vorgenommene Unterscheidung zwischen der Verwendung des *effet utile* auf der Auslegungs- und auf der Umsetzungsebene (vgl. unter § 2.C.III.1 sowie § 1.B.I.1) beruht auf dem unterschiedlichen Kontext der jeweiligen Rechtsfindungsfrage. Während das Kriterium des *effet utile* auf der Ebene der Auslegung den *Anwendungsbereich* und die Reichweite unionsrechtlicher Vorgaben zu ermitteln sucht, betrifft es auf der Umsetzungsebene die *Art und Weise der Umsetzung* der – unter Berücksichtigung der soeben (unter II) aufgezeigten Grenzen – ermittelten unionsrechtlichen Vorgaben in das nationale Recht.

Bevor die Auswirkungen dieses unterschiedlichen Kontexts auf die Rechtsfindungsentscheidung ermittelt werden, gilt es klarzustellen, dass jede Form der Rechtsfindung im Unionsrecht grundsätzlich beide Fragen beinhaltet, wobei die Auslegungsfrage naturgemäß vorrangig ist. Erst nachdem der Anwendungsbereich und damit die Reichweite einer europarechtlichen Norm im Verhältnis zum mitgliedstaatlichen Recht ermittelt ist, kann sich die Frage danach stellen, mit welchen Mitteln sie in das nationale Recht umgesetzt werden muss bzw. in welcher Weise sie in dieses einwirken kann. Es hat sich bereits gezeigt, dass das auf der Effektivität beruhende *effet-utile*-Argument das einschlägige Rechtsfindungsproblem auf der Umsetzungsebene stärker betrifft und in diesem Zusammenhang über ein höheres argumentatives Gewicht verfügt als auf der Auslegungsebene.[742]

Fragen der Umsetzung betreffen – anders als Auslegungsfragen – im Übrigen keine Einzelfallentscheidungen im Hinblick auf die Reichweite einer bestimmten Norm des Unionsrechts, sondern allgemein zu lösende Fragen des institutionellen Rechts der EU hinsichtlich der (Ein-)Wirkung des Unionsrechts auf das mitgliedstaatliche Recht. Sie betreffen das Verhältnis zwischen Unionsrecht und nationalem Recht auf einer grundlegenderen Ebene.[743] Im Zusammenhang mit dieser institutionellen Wirkung ist es berechtigt, vom *effet utile* in Form des Effektivitätsgrundsatzes als eigenständigem Verfassungs- uns Strukturprinzip der EU zu sprechen.[744] Das Kriterium des *effet utile* drückt in diesem Zusammenhang eine Forderung aus, die sich aus dem grundlegenden Verhältnis des Unionsrechts zum nationalen Recht ergibt (vgl. A.IV); der *effet utile* wird insofern nicht als Grundsatz der Auslegung einer bestimmten Norm herangezogen, sondern als Prinzip der unmittelbaren Geltung des Unionsrechts. Folglich besteht das Problem der *effet-utile*-Auslegung auf der institutionellen Ebene nicht darin, eine adäquate Kompetenzverteilung zwischen der EU und den Mitgliedstaaten im Hinblick auf die konkrete Auslegungsfrage im Einzelfall im Wege der Abwägung zu ermitteln. Es besteht vielmehr darin, Grundlagen und Grenzen für Mechanismen zu bestimmen, welche dem Unionsrechts im nationalen Recht zu Geltung verhelfen. Insofern handelt es sich bei dem *effet utile* auf dieser Ebene nicht um einen Grundsatz teleologischer Auslegung in dem Sinne, dass er auf die einer Norm zugrunde liegenden Zwecksetzungen abstellt, sondern vielmehr um einen Grundsatz, der die Effektivität des in seiner Reichweite ermittelten Unionsrechts gegenüber den Rechtsordnungen der Mitgliedstaaten zum Ausdruck bringt.

---

[742] Vgl. auch § 2.C.III.2.b).

[743] Entscheidungen hierüber stoßen daher in der Regel auf größere Aufmerksamkeit als Entscheidungen zu einzelnen Auslegungsfragen. Indessen hat die Entwicklung der Grundsätze der Durchsetzung (Staatshaftung, richtlinienkonforme Auslegung und Rechtsfortbildung unmittelbare Wirkung von Richtlinien) die Auswirkung der Auslegungsentscheidungen verstärkt, da diese Mittel in zahlreichen Fällen eine unmittelbare Auswirkung von Auslegungsentscheidungen des EuGH auf die mitgliedstaatlichen Rechtsordnungen zur Folge hatten. Vgl. dazu bereits § 1.B.II.

[744] Vgl. *Lecheler*, Der Grundsatz der Effektivität im Gemeinschaftsrecht – Herkunft und Ausprägung, 2002, S. 29; *Schroeder*, Das Gemeinschaftsrechtssystem, 2002, S. 434 ff.; *Pescatore*, ELR 8 (1983), 155, 177; *Seyr*, Der *effet utile* in der Rechtsprechung des EuGH, 2008, S. 277, 366 bezeichnet den *effet utile* als „6. Auslegungsmethode des Gemeinschaftsrechts“ und als „gesteigerte, potenzierte Form der Teleologie,“ indessen ohne Bezug zu den besonderen Anforderungen der institutionellen Ebene.

2. (Unions-)verfassungsrechtliche Vorgaben der teleologischen Rechtsfindung auf der Umsetzungsebene

a) Trennung von Auslegungs- und Umsetzungsfrage

Bei der Beurteilung der verfassungsrechtlichen Vorgaben des Unionsrechts für die Rechtsfindung auf der Umsetzungsebene ist daher zunächst zu beachten, dass beide Fragen im Auslegungsvorgang zu trennen sind. Der unterschiedliche Kontext der beiden Fragen hat zur Folge, dass die Antworten auf beide Fragen unterschiedliche Konsequenzen im Hinblick auf die Einwirkung in das mitgliedstaatliche Recht haben. Bezüglich des Geltungsanspruchs ist dabei vor allem zu bedenken, dass auf der Auslegungsebene der Inhalt der unionsrechtlichen Norm erst ermittelt werden soll, während es auf der Umsetzungsebene um die Einwirkung einer ermittelten Vorgabe geht.

Eine Vermischung beider Fragen in der Rechtsfindung würde zum einen dazu führen, dass die effektive Umsetzung einer europarechtlich verankerten Zweckvorgabe, die auf der Auslegungsebene mit gegenläufigen Zwecksetzungen abzuwägen ist, unmittelbar den vollen Geltungsanspruch des Europarechts für sich beanspruchen könnte. Diese extensive Geltung könnte dann allenfalls durch eine äußerst restriktive Handhabung der Einwirkungsinstrumente relativiert werden, etwa indem man einen Anspruch auf Staatshaftung im konkreten Fall verneinte. Durch eine (übertriebene) Einschränkung etwa des Instruments der Staatshaftung würde das Problem auf einer falschen Ebene gelöst und damit das Einwirkungsinstrumentarium unnötig geschwächt bzw. dessen Anwendung kompliziert. Die andere, weitaus wahrscheinlichere Konsequenz einer Vermischung der beiden Fragen ist aber die Gefahr der Übertragung des zweifellos starken argumentativen Gewichts, das dem *effet-utile*-Grundsatz als Strukturprinzip auf der Umsetzungsebene zukommt, auf die Auslegungsebene. Dadurch würden die materiell-rechtlichen Zwecksetzungen des Unionsrechts, wie etwa der Grundsatz des Verbraucherschutzes einschließlich seiner zahlreichen Unterprinzipien, im Verhältnis zu abweichenden Zwecksetzungen, wie etwa den Grundsätzen der Vertragsbindung und -freiheit, in willkürlicher Weise allein aufgrund des Umstands bevorzugt, dass sie unionsrechtlich normiert sind, ohne dass dies von den europäischen Rechtsakten oder nach der Kompetenzordnung der EU geboten wäre. Ein solches Vorgehen würde die grundsätzlich beschränkte Regelungsabsicht des unionsrechtlichen Gesetzgebers und den – korrespondierenden – verbleibenden Gestaltungsspielraum der Mitgliedstaaten missachten.

b) Abwägungsfragen auf der Umsetzungsebene

aa) Ausschließliche Unionskompetenz und die Folgerungen hieraus für die Abwägung. Hält man sich den Umstand vor Augen, dass Fragen der Umsetzung im Wesentlichen nicht die materielle Fragestellung der teleologischen Auslegung im Einzelfall haben, sondern vielmehr verallgemeinerungsfähige Grundsätze für die Geltung des Unionsrechts im Verhältnis zum nationalen Recht insgesamt aufstellen, ergibt sich hieraus der erste Ansatzpunkt für die staatsrechtliche Behandlung der hiermit verbundenen Auslegungsfragen. Die Kompetenz für die Bestimmung der Umsetzungsinstrumente ist ausschließlich auf der Ebene des EU-Rechts angesiedelt. Anders als die materiellen Regelungskompetenzen kann die Befugnis zur Ausgestaltung des institutionellen Systems allein auf der Ebene der EU verankert sein; es handelt sich somit nicht um eine geteilte, sondern um eine ausschließliche Zuständigkeit der EU kraft Natur der Sache.[745] Daher bestimmt sich die Art und Weise der Geltung des Unionsrechts grundsätzlich allein nach dem Recht der EU und nach den dort vorgesehenen Rechtsgrundsätzen. Hierzu gehören das im *effet utile* verkörperte Effektivitätsprinzip, aber auch einschränkende rechtsstaatliche (bzw. rechtsgemeinschaftliche) Prinzipien, wie der Vertrauensschutz,[746] die Rücksichtnahme auf mitgliedstaatliche Interessen[747] oder der Verhältnismäßigkeitsgrundsatz. Anders als in weiten Teilen des materiellen Rechts ist das institutionelle System der EU damit nicht lückenhaft angelegt, sondern hat den Anspruch, die Fragen der Einwirkung des Unionsrechts auf das nationale Recht im Grundsatz abschließend zu regeln.[748]

Zwar erkennt der EuGH im Rahmen der Umsetzung der unionsrechtlichen Vorgaben den Grundsatz der Verfahrensautonomie der Mitgliedstaaten an und gesteht diesen einen Spielraum bei der Umsetzung dieser Vorgaben zu, der indessen unter dem Vorbehalt der Effektivität und der Äquivalenz steht.[749] Dieses Prinzip ist dem Umstand geschuldet, dass das Unionsrecht keine Kompetenz für die vollständige Ausgestaltung des mitgliedstaatlichen[750] Verfahrensrechts vorsieht und somit darauf angewiesen ist, durch das Recht der Mitgliedstaaten ergänzt zu werden. Aber die grundsätzliche Frage, ob Institute wie dasjenige der unmittelbaren Wirkung von Richtlinien, der Staatshaftung der Mitgliedstaaten oder der richtlinienkonformen Auslegung prinzipiell anzuerkennen sind, ist eine autonom unionsrechtliche Frage.

Aufgrund der ausschließlichen Unionskompetenz sind bei der Verwendung des *effet-utile*-Grundsatzes auf der Umsetzungsebene im Rahmen der Abwägung allein unionsrechtliche Prinzipien einzustellen. Hierzu gehört zwar auch der Grundsatz der Rücksichtnahme auf mitgliedstaatliche Verfassungsstrukturen (Art. 4 Abs. 2 EUV) sowie das sich aus dem allgemeinen Verhältnismäßigkeitsgrundsatz ergebende Gebot der Rücksichtnahme auf mitgliedstaatliche Interessen und Regelungsstrukturen.[751] Allerdings werden die Interessen der Mitgliedstaaten mittelbar aufgrund einer unionsrechtlichen Vorgabe berücksichtigt und daher in einer einheitlichen Weise, ebenso wie dies auch auf der Auslegungsebene der Fall ist, wenn und soweit ausschließliche EU-Kompetenzen betroffen sind (vgl. näher unter II.1.c)). So spielen bei der Frage nach der grundsätzlichen Anerkennung der unmittelbaren Wirkung von Richtlinien

---

[745] Grabitz/Hilf/Nettesheim-*Bast/v. Bogdandy*, Das Recht der Europäischen Union, 46. EL 2011, Art. 5 EUV Rn. 40; *Nicolaysen*, EuR 1 (1966), 129, 140ff.; Grabitz/Hilf/Nettesheim-*Winkler*, Das Recht der Europäischen Union, 46. EL 2011, Art. 352 Rn. 78, 120 (bezogen auf ein Verwaltungsverfahrensrecht der EU); ebenso *Martínez Soria*, EuR 36 (2001), 682, 703f.; vgl. auch EuGH Rs. C-15/00, Slg. 2003, I-7281 Rn. 68 – *Kommission/EIB* (zur internen Organisation der EIB als Organ).

[746] Hierzu unter § 3.A.II.2.

[747] Vgl. näher unter § 3.A.II.1.c).

[748] Vgl. auch BVerfG NJW 2010, 3422, 3426 = BVerfGE 126, 285 – *Honeywell*, das eine Unionskompetenz für den Bereich des Diskriminierungsschutzes annimmt und aus diesem Grund auch eine Fehlinterpretation durch den EuGH nicht als Kompetenzausweitung ansieht, die eine *ultra-vires*-Kontrolle begründen kann.

[749] Hierzu unter § 3.C.II.1.b)aa).

[750] Zu einer Kompetenz kraft Natur der Sache zum Erlass eines unionsrechtlichen Verwaltungsverfahrensrechts vgl. *v. Danwitz*, Europäisches Verwaltungsrecht, 2008, S. 467ff.; *Schwarze*, Europäisches Verwaltungsrecht, 2. Aufl. 2005, S. C, der einen Trend zu einer zunehmenden sekundärrechtlichen Kodifikation beobachtet, eine generelle Kompetenz hierzu jedoch zu Recht verneint sowie die Nachw. in Fn. 735.

[751] Vgl. näher unter § 3.A.II.1.c).

etwaige Regelungen und Wertungen eines einzelnen Mitgliedstaats unmittelbar keine Rolle. Vielmehr ist – unter Berücksichtigung der organkompetenziellen Grenzen der Rechtsfindung – der Geltungsanspruch des Unionsrechts in Abwägung mit dem allgemeinen Prinzip des Vertrauensschutzes abzuwägen.[752] Gleiches gilt für den Grundsatz der Staatshaftung der Mitgliedstaaten bei Verstoß gegen das Unionsrecht. Ob ein solcher Anspruch zur Sicherstellung der Wirksamkeit des Unionsrechts grundsätzlich anzuerkennen ist, ist eine Frage, die ohne Rücksicht auf die Rechtslage in einem konkreten Mitgliedstaat anhand allgemein unionsrechtlicher Kriterien und ebenfalls unter Berücksichtigung der organkompetenziellen Grenzen der Rechtsfindung entschieden werden sollte. Die Frage nach der *konkreten (verfahrensrechtlichen) Ausgestaltung* bestimmter institutioneller Ansprüche kann – vor dem Hintergrund der Anerkennung ihrer Verfahrensautonomie und unter dem Vorbehalt des Äquivalenz- und des Effektivitätsgebots – den Mitgliedstaaten überlassen werden, wie dies etwa im Bereich des Staatshaftungsanspruchs geschehen ist.[753]

bb) Effektivität des Unionsrechts versus Effektivität seiner Zwecksetzungen. Bei der Ermittlung der Geltungsinstrumente des Unionsrechts ergibt sich zudem die Besonderheit, dass mit dem *effet utile* als Effektivitätsgrundsatz nicht auf die Effektivität einer bestimmten Zwecksetzung, sondern auf die Effektivität des Unionsrechts insgesamt ohne Rücksicht auf dessen konkreten Inhalt abgestellt wird. Diese Forderung nach effektiver Geltung ist vom EuGH vor allem zur Begründung von Rechtsfortbildungen herangezogen worden. Dabei stellt sich weniger die Frage danach, ob bestimmte Inhalte in die Kompetenz des Unionsrechts oder des nationalen Rechts fallen. Vielmehr besteht das Rechtsfindungsproblem auf der Umsetzungsebene darin, ob eine entsprechende Rechtsfortbildung allein aufgrund des Effektivitätsgrundsatzes durch die Rechtsprechung erfolgen konnte oder ob der EuGH hiermit seine *organkompetenziellen* Grenzen überschritten hat.

cc) Zwischenergebnis. Insgesamt betrifft die Verwendung des *effet utile* auf der Umsetzungsebene vor allem die *organkompetenziellen Grenzen der Rechtsfindung* (vgl. näher unter B.II). Zum einen geht es dabei um eine Abwägung des zweifellos bedeutsamen Grundsatzes der Effektivität des Unionsrechts mit solchen unionsrechtlichen Prinzipien, die eine Beschränkung dieser Effektivität fordern, wie insbesondere dem Vertrauensschutz. Selbst wenn man nach Abwägung mit gegenläufigen Prinzipien dazu kommt, dass sich die Effektivität durchsetzt, stellt sich aus organkompetenzieller Sicht die Frage, ob die Entscheidung hierüber von der Rechtsprechung getroffen werden kann oder ob sie nicht vielmehr allein im Wege einer Vertragsänderung bewerkstelligt werden konnte. Im Ergebnis hat sich dabei die – anfangs stark umstrittene – Rechtsprechung des EuGH etwa zur Frage der Staatshaftung der Mitgliedstaaten oder der unmittelbaren Wirkung von Richtlinien zu Recht durchgesetzt.[754]

---

[752] Vgl. Calliess/Ruffert-*Ruffert*, EUV/AEUV, 4. Aufl. 2011, Art. 340 AEUV Rn. 7ff. m.w.N.

[753] Vgl. hierzu Grabitz/Hilf/Nettesheim-*v. Bogdandy/Jacob*, Das Recht der Europäischen Union, 46. EL 2011, Art. 340 AEUV Rn. 193f. m.w.N.

[754] Vgl. zur Akzeptanz des Grundsatzes der Staatshaftung der Mitgliedstaaten durch die mitgliedstaatlichen Gerichte Grabitz/Hilf/Nettesheim-*v. Bogdandy/Jacob*, Das Recht der Europäischen Union, 46. EL 2011, Art. 340 AEUV Rn. 150 m.w.N. Kritisch etwa *Ossenbühl*, DVBl. 1992, 993, 997f.; *v. Danwitz*, JZ 1994, 335, 340f.; *ders.*, DVBl. 1997, 1, 2f.; *Ukrow*, Richterliche Rechtsfortbildung durch den EuGH, 1995, S. 307ff.

c) National-rechtliche Geltungsgrenzen

Eine anderes und aus dem Blickwinkel des Unionsrechts jedenfalls unmittelbar nicht einschlägiges Problem ist dasjenige der innerstaatlichen verfassungsrechtlichen Möglichkeiten und Grenzen der Wirkung des Unionsrechts. Dabei handelt es sich jedoch um Fragen des nationalen Verfassungsrechts, insbesondere um die Fragen nach der Kontrolle sog. ausbrechender Rechtsakte, die hier im Einzelnen nicht näher behandelt werden können (vgl. hierzu unter A.III). Das Problem betrifft die Frage, inwiefern eine vom EuGH vorgenommene Auslegung der Einwirkungsmechanismen noch von der national-rechtlichen Kompetenzzuweisung gedeckt ist.

Soweit es sich um materielle Grundsätze des nationalen Verfassungsrechts (wie insbesondere den Vertrauensschutz) handelt oder um das Gebot der Rücksichtnahme auf nationale Verfassungsstrukturen, sind die dahinter stehenden Erwägungen bereits auf der Ebene des Unionsrechts zu berücksichtigen. Im Übrigen ist eine ausdrückliche Abwägung mit Inhalten des nationalen Rechts nicht angezeigt, da es sich bei der Rechtsfindung im Bereich des institutionellen Rechts um unionsrechtliche Auslegungsfragen handelt, die den Kernbereich des Unionsrechts betreffen und damit in die ausschließliche Zuständigkeit des Unionsrecht fallen. Allenfalls die verfahrensrechtliche Ausgestaltung im Einzelfall kann nach dem Grundsatz der verfahrensrechtlichen Autonomie den Mitgliedstaaten überlassen bleiben, wobei ihnen dann zwangsläufig ein Spielraum zugute kommt, der einer Effektivitätskontrolle unterliegt.[755] Bei der Prüfung der Einhaltung des Spielraums durch die Mitgliedstaaten sind aufgrund der insofern geteilten Zuständigkeit die inhaltlichen Folgen des mitgliedstaatlichen Rechts wieder zu berücksichtigen, was zur Folge hat, dass sich die Ausgestaltung je nach Mitgliedstaat unterscheiden kann.

3. Zwischenergebnis

Anders als auf der Auslegungsebene betrifft die Verwendung des *effet utile* auf der Umsetzungsebene nicht das Problem der (vertikalen) Abgrenzung der Verbandskompetenz der EU im Verhältnis zu einer geteilten Kompetenz der Mitgliedstaaten, sondern die Auslegung der europäischen Verfassungsvorgaben dahin, welche Art der Einwirkung des Unionsrechts in das nationalen Recht sie vorsehen. Dabei handelt es sich um eine grundlegende Frage des Verfassungsrechts der EU, die – unabhängig davon, wie man die vom EuGH gefundenen Auslegungsergebnisse unter dem Gesichtspunkt der Organkompetenz gegenüber der Legislative einschätzt – autonom ausschließlich nach den Vorgaben des Unionsrechts zu beantworten ist. Der EU kommt insoweit eine ausschließliche Regelungskompetenz zu. In diesem Zusammenhang bringt das Kriterium des *effet utile* die Forderung nach der Effektivität des Unions*rechts* als solchem zum Ausdruck und nicht (nur) die Forderung nach der effektiven Verwirklichung spezifischer unionsrechtlicher Zwecksetzungen. Die Reichweite der Durchsetzung dieser Forderung ist vom EuGH im Wege der Auslegung und der Rechtsfortbildung in Abwägung mit gegenläufigen Zwecksetzungen *des Unionsrechts* zu ermitteln, zu denen insbesondere der Vertrauensschutz und die Rücksichtnahme auf mitgliedstaatliche Verfassungsstrukturen gehört. Sie ist unabhängig von der jeweils betroffenen materiellen Zwecksetzung im Einzelfall in allgemeiner Weise für

[755] Vgl. zu den Grenzen der Wirkung von Richtlinien bei Fn. 742 und zum Staatshaftungsanspruch bei Fn. 743.

alle unionsrechtlichen Normvorgaben zu ermitteln. Anhand dieser Verwendung des *effet utile* hat der EuGH auch die prägenden Instrumente der unmittelbaren Wirkung, des Vorrangs, der unmittelbaren Wirkung von Richtlinien und der Staatshaftung der Mitgliedstaaten entwickelt.[756]

Eine *unmittelbare Abwägung mit national-rechtlichen Vorgaben*, wie sie im Bereich der Auslegungsfragen (vgl. II.2) geboten ist, ist auf der Umsetzungsebene nicht angezeigt, da die Kompetenz der Bestimmung verfassungsrechtlicher Grundfragen des Unionsrechts zwangsläufig nur bei der Union selbst liegen kann. Der Schwerpunkt der methodischen Probleme in diesem Bereich besteht vielmehr darin, ob dem EuGH die *Organkompetenz* zur Beantwortung dieser Fragen zukommt, und nicht bei der Frage, ob der EU insoweit überhaupt eine Verbandskompetenz zusteht. Die gleichen Grundsätze gelten auch bei der Rechtsfindung in Bereichen des materiellen Unionsrecht, soweit der EU in diesen eine ausschließliche Regelungskompetenzen zukommt.

Ein bestimmter Spielraum bei der Ausgestaltung der Umsetzungsvorgaben wird den Mitgliedstaaten nach dem Grundsatz der verfahrensrechtlichen Autonomie zugestanden. Die Entscheidung, ob eine solche Einschränkung zu gewähren ist, ist auf der autonom unionsrechtlichen Ebene zu treffen. Erkennt man – aus Gründen der Rücksichtnahme auf mitgliedstaatliche Rechts- und Verfassungsstrukturen – einen solchen Spielraum an, besteht eine mitgliedstaatliche Kompetenz hinsichtlich der verfahrensrechtlichen Ausgestaltung der jeweiligen unionsrechtlichen Umsetzungsvorgaben, etwa bei der Frage nach den Modalitäten des Staatshaftungsanspruchs. In diesem Bereich sind die Vorgaben des Unionsrechts, insbesondere die Forderung nach dessen effektiver Umsetzung, auf teleologischer Ebene durch Abwägung mit den jeweiligen Grundsätzen des jeweiligen nationalen Verfahrensrechts in Ausgleich zu bringen.

D. Zusammenfassung: Verfassungsrechtliche Vorgaben der Rechtsfindung und der Grundsatz des *effet utile*

1. Das Unionsrecht ist eine eigenständige Rechtsordnung, die im Vergleich zum nationalen Recht für die Rechtsfindung bedeutsame Besonderheiten aufweist. Das erste wesentliche Merkmal, das die Auslegung des Unionsrechts prägt, ist das bereits unter A.I konstatierte und im Kriterium des *effet utile* zum Ausdruck kommende Einwirkungserfordernis des Unionsrechts. Dieses stützt sich auf grundlegende Charakteristika und Strukturprinzipien des Unionsrechts, nämlich auf seine unmittelbare Geltung, seinen Vorrang, seine Einheitlichkeit und seinen Anspruch auf effektive Geltung (vgl. A.I.2).
2. Die andere für die Auslegung des Unionsrechts wesentliche Besonderheit ergibt sich aus seinen Geltungsgrenzen (vgl. A.II). Nach dem zentralen Grundsatz der begrenzten Einzelermächtigung unterliegt das Unionsrecht zwangsläufig kompetenziellen Grenzen gegenüber dem Recht der Mitgliedstaaten. Anders als die Mitgliedstaaten, denen eine grundsätzliche Allzuständigkeit und damit die Kompetenz sowie der Anspruch auf vollständige Regelung aller rechtlich relevanten Sachverhalte zukommt, ist das Unionsrecht damit eine zwangsläufig fragmentarische Rechtsordnung.

756 Näher zu diesen sowie zur Argumentation des EuGH unter § 1.B.II.2.

3. Diese beiden Wesensmerkmale des Unionsrechts, sein Anspruch auf unmittelbare, einheitliche, vorrangige und effektive Geltung einerseits und sein zwangsläufig fragmentarischer Charakter andererseits stellen die zentralen Vorgaben dar, die bei der teleologischen Rechtsfindung im Unionsrecht zu berücksichtigen sind. Im Gegensatz zu den Regeln der nationalen Methodenlehre, bei denen aus verfassungsrechtlicher Sicht im Wesentlichen die Abgrenzung der Rechtsfindungskompetenz der Judikative gegenüber der Norm- und Zwecksetzungskompetenz der Legislative und das Prinzip der Gesetzesbindung infrage stehen (aus unionsrechtlicher Sicht dazu unter B.II), spielen bei der Auslegung des Unionsrechts die verbandskompetenziellen Grenzen der Union eine entscheidende Rolle (B.III). Die primär organkompetenziell ausgerichtete staatsrechtliche Analyse des Methodenkanons ist für das Unionsrechts daher um eine Analyse der Verbandskompetenz und deren Bedeutung für die Rechtsfindung zu ergänzen (vgl. B.IV).
4. Aus den Grenzen der Verbandskompetenz der EU ergibt sich zum einen, dass der EuGH im Rahmen der Rechtsfindung nicht weitergehend tätig werden darf, als die Zuständigkeit der EU reicht. Darüber hinaus und in weitaus bedeutenderem Umfang ist die Rechtsfindungskompetenz des EuGH weiter dadurch eingeschränkt, dass er nicht nur die potentiellen äußersten Kompetenzgrenzen der EU zu beachten hat, sondern auch die Grenzen der gegenwärtigen Inanspruchnahme der Kompetenzen durch die europäische Legislative (vgl. unter B.III.2.a)). Hieraus ergibt sich für die Rechtsfindung das Erfordernis, die Reichweite einer bestimmten unionsrechtlichen Regelung durch Abwägung des Regelungsanspruchs des Unionsrechts mit demjenigen des jeweiligen Mitgliedstaats zu bestimmen.
5. Die Analyse der teleologischen Methode sowohl im Rahmen der Auslegung als auch im Rahmen der Rechtsfindung hat gezeigt, dass sie aufgrund der Vielzahl von Zwecksetzungen, die einer Rechtsordnung in Ausgleich zu bringen sind, entscheidend von der Abwägung der Zwecksetzungen zueinander abhängt (§ 2.B.II.4). Ist eine Rechtsordnung wie diejenige des Unionsrechts so angelegt, dass sie nur punktuelle Einwirkungen in eine Vielzahl anderer Rechtsordnungen ermöglicht, stellt sich die Frage, aus welcher Rechtsordnung das einschlägige Abwägungsmaterial gewonnen werden kann. Dass sich das einschlägige Abwägungsmaterial nicht ausschließlich aus positiv-rechtlichen Vorgaben des Unionsrechts ergeben kann, ergibt sich aus den kompetenziellen Schranken desselben. Denn aufgrund dieser Einschränkung enthält das Unionsrecht in vielen Fällen schlicht keine abweichenden Wertungen, weil die Kompetenz zur Ausgestaltung dieser Wertungen bei den Mitgliedstaaten verblieben ist, sei es, weil schon keine Kompetenz der EU bestand, sei es, weil sie nicht in entsprechendem Umfang von der Legislative der EU in Anspruch genommen wurde. Aus diesem fragmentarischen Charakter des Unionsrechts folgt, dass die Verwirklichung unionsrechtlicher Zwecksetzungen in einen Ausgleich mit zahlreichen, in ihrer konkreten Ausgestaltung im Detail äußerst unterschiedlichen nationalen Wertungen und Regeln in Einklang zu bringen ist (vgl. C.II.1.b)bb)).
6. Es hat sich gezeigt, dass die in dieser Untersuchung sowohl deskriptiv in der Rechtsprechung beobachtete (§ 1.B.I.1), als auch theoretisch untermauerte (§ 2.C.III.1) Differenzierung zwischen der Verwendung des *effet utile* auf der Auslegungs- und auf der Umsetzungsebene auch aus staatsrechtlicher Sicht angezeigt ist (vgl. hierzu unter C.I). Aus dem unterschiedlichen Kontext von Auslegungs- und Umsetzungsfrage ergeben sich unterschiedliche Kriterien für den entscheidenden Abwägungsprozess im Rahmen der teleologischen Auslegung.

7. Bei der teleologischen Rechtsfindung auf der *Auslegungsebene*, d. h. bei der Bestimmung der Reichweite einzelner europarechtlicher Normen und der Verwirklichung der ihnen zugrunde liegenden europarechtlichen Zwecksetzungen im Verhältnis zum Recht der Mitgliedstaaten, ist eine Abwägung mit den jeweiligen nationalrechtlichen Regelung und den ihnen zugrunde liegenden Zwecksetzungen erforderlich, sofern insoweit keine unionsrechtliche Kompetenz einschlägig ist (vgl. C.II.2). Bei der Auslegung der unionsrechtlichen Normen in diesem Bereich sind die Grundsätze der Kompetenzverteilung zu beachten. Zwar führt die Abwägung mit materiellen Zwecksetzungen des nationalen Rechts dazu, dass je nach Rechtsordnung unterschiedliche Auslegungsergebnisse ermittelt werden. Doch solange es sich um die Ermittlung der kompetenziellen Grenzen der EU im Einzelfall handelt, ist ein solches Vorgehen nicht nur akzeptabel, sondern zu einer adäquaten Abgrenzung zwischen dem Kompetenzbereich der EU und demjenigen der Mitgliedstaaten geboten.
8. Die Rechtsfindung auf der *Umsetzungsebene* betrifft dagegen nicht die Ermittlung der Reichweite einer bestimmten unionsrechtlichen Norm und der ihr zugrunde liegenden materiellen Zwecksetzung im Einzelfall, sondern die Entwicklung bestimmter Instrumente, die dem Unionsrecht als solchem insgesamt ohne Rücksicht auf die Art der konkreten materiellen Zwecksetzung im Verhältnis zum nationalen Recht zur Geltung verhelfen. Hierbei handelt es sich um die Bestimmung verfassungsrechtlicher Vorgaben des Unionsrechts, die sich allein nach den Vorgaben desselben bestimmen können. Es handelt sich letztlich nicht um eine Frage der Kompetenzabgrenzung, sondern um eine Frage des Verhältnisses der beiden Rechtsordnungen zueinander (vgl. unter C.III.2.b)). Die gleichen Grundsätze gelten auch, soweit sich eine Rechtsfindung auf einen Bereich des Unionsrechts beschränkt, für welchen die EU eine ausschließliche Regelungskompetenz beanspruchen kann.
9. Seine besondere Rolle als Strukturprinzip der EU hat der *effet utile* aufgrund seiner Verwendung auf der Umsetzungsebene erlangt, da er für die effektive Verwirklichung des Unionsrechts insgesamt und nicht nur für die effektive Verwirklichung bestimmter unionsrechtlichen Zwecksetzung steht. Indessen wird der *effet utile* als Kriterium der Rechtsfindung oder als Strukturprinzip der EU durch abweichende Zwecksetzungen und Strukturprinzipien relativiert. Auf der Auslegungsebene handelt es sich beim *effet utile* um eine besondere Form der teleologischen Auslegung, bei der die Abwägung mit gegenläufigen Zwecksetzungen im Vordergrund steht und die auch nicht durch entsprechende staatsrechtliche Besonderheiten im Unionsrecht entbehrlich wird (vgl. ausführlich § 2.C.IV). Auf der Umsetzungsebene bringt das Kriterium des *effet utile* dagegen die Forderung nach der effektiven Wirkung des Unionsrechts als solchem zum Ausdruck. Diese wird ihrerseits wiederum durch gegenläufige Strukturprinzipien des Unionsrechts relativiert, insbesondere durch den Grundsatz des Vertrauensschutzes (vgl. insbesondere unter C.III.2.b)bb)).

Zusammenfassung

I. Zielsetzung

Das Ziel der vorliegenden Untersuchung war es, anhand einer genaueren Analyse des *effet utile*-Kriteriums als einer der auffälligsten Besonderheiten aus der Begründungspraxis des EuGH genauere Erkenntnisse über die Rechtsfindung im Unionsrecht zu gewinnen. Dabei lag der Schwerpunkt der Untersuchung auf den Besonderheiten, welche die Rechtsfindung im Unionsrecht im Vergleich zur – bereits intensiv untersuchten – Methodenlehre des nationalen Rechts bestimmen. Die vorliegende Untersuchung hat zunächst in deskriptiver Weise die Verwendung des *effet utile* im Unionsrecht (insbesondere in der Rechtsprechung des EuGH) analysiert und anschließend eine Kritik dieses Grundsatzes anhand der zwei wesentlichen Aspekte der Methodenlehre präsentiert, nämlich unter theoretisch-hermeneutischen Gesichtspunkten sowie nach den verfassungsrechtlichen Vorgaben des Primärrechts der EU.

II. Unterscheidung zwischen der Effektivität der Zwecksetzungen und der Effektivität des Unionsrechts

Hinsichtlich der zentral im Kriterium des *effet utile* enthaltenen Forderung nach Effektivität lassen sich zunächst zwei Ebenen unterscheiden, auf denen diese – unter unterschiedlichen, für die Rechtsfindung bedeutsamen Umständen – zum Ausdruck gelangt. Zum einen ist damit ein Aspekt der teleologischen Argumentation gemeint, nämlich die Forderung, dass die hinter bestimmten normativen Vorgaben stehenden materiellen Zwecksetzungen des Unionsrechts auch in effektiver, d. h. praktisch wirksamer Weise verwirklicht werden (*Effektivität der Zwecksetzungen*). Zum anderen stellt der *effet utile* darüber hinaus darauf ab, dass die Vorgaben des Unionsrechts sich auch in effektiver Weise vor dem Hintergrund der nationalen Rechtsordnungen durchsetzen können, d. h. dass sich das Unionsrecht als solches in seiner – einmal bestimmten – Reichweite anhand unterschiedlicher Instrumente die nötige Wirksamkeit in der nationalen Rechtsordnung verschaffen kann (*Effektivität des Unionsrechts als solchem*). In der ersten Funktion stellt der *effet utile* eine besondere Form der teleologischen Auslegung dar, während er in der zweiten Funktion eine besondere Ausprägung der generellen Forderung nach der Effektivität des Rechts ist. In der ersten Funktion betrifft der *effet utile* die Bestimmung der Reichweite unionsrechtlicher Normen die Rechtsfindung im materiellen Unionsrecht, während er in der zweiten Funktion im Zusammenhang mit der Entwicklung der institutionellen Grundlagen im Verhältnis von Unionsrecht und nationalem Recht in Erscheinung getreten ist.

III. Der *effet utile* als Ausdruck des Einwirkungsanspruchs des Unionsrechts

Dass die soeben beschriebene Forderung nach der Effektivität des Rechts, obwohl sie grundsätzlich ein selbstverständlicher Bestandteil eines praktischen Rechtsbegriffs ist, einer besonderen Betonung in der juristischen Argumentation bedarf, erklärt sich aus dem Zusammenspiel der grundsätzlich institutionell und systematisch getrennten Rechtsordnungen der EU und ihrer Mitgliedstaaten. Aber auch die Betonung der effektiven Umsetzung von Zweckvorgaben im Rahmen der teleologischen Auslegung erklärt sich aus der beschränkten Geltung des Unionsrechts vor dem Hintergrund einer Vielzahl unterschiedlicher Rechtssysteme der Mitgliedstaaten. Der *effet utile* ist sowohl auf der materiellen Auslegungsebene als auch auf der institutionellen Umsetzungsebene Ausdruck des Einwirkungsanspruchs des Unionsrechts gegenüber dem Recht der Mitgliedstaaten.

IV. Relativität des *effet-utile*-Kriteriums auf der Auslegungsebene – Verortung des Effektivitätsgebots im Rahmen der teleologischen Auslegung und Erforderlichkeit der Abwägung mit gegenläufigen Zwecksetzungen

Auf der Ebene der Rechtsfindung im materiellen Recht (Ermittlung der materiellen Reichweite einer unionsrechtlichen Vorgabe) hat eine nähere Analyse der unterschiedlichen Formen des *effet-utile*-Arguments gezeigt, dass sie sich durchweg in die allgemeine Struktur der teleologischen Argumentation einfügen lassen. Auch ergeben sich bei der Verwendung des *effet utile* keine besonderen Kriterien je nachdem, ob der *effet utile* als Grundsatz der Mindesteffektivität (bzw. als Verbot der funktionalen Negation) oder als Grundsatz der praktischen Wirksamkeit verwendet wird. Denn in jedem Fall kann die mit dem *effet utile* begründete Forderung nach der effektiven Verwirklichung einer bestimmten unionsrechtlichen Zwecksetzung nach den allgemeinen Funktionsbedingungen der teleologischen Argumentation nur dann verbindlich sein, wenn das konkret vorgeschlagene Auslegungsergebnis als Mittel auch nach Abwägung mit anderen gegenläufigen rechtlich relevanten Zwecksetzungen Bestand hat. Mit der Berufung auf ein besonderes argumentatives Gewicht des *effet utile* ist die Tendenz verbunden, diesen entscheidenden Aspekt der teleologischen Abwägung zu verdecken. Aus diesem Grunde ist es empfehlenswert die Verwendung des *effet-utile*-Kriteriums bei der Rechtsfindung offen zu relativieren bzw. ganz auf sie zu verzichten und durch die Verortung des entsprechenden Arguments im Rahmen der teleologischen Auslegung den entscheidenden Schritt der Abwägung mit gegenläufigen Zwecksetzungen offen zu legen.

Festzuhalten bleibt schließlich, dass der *effet utile* in der Praxis des EuGH zwar regelmäßig für eine erweiternde Auslegung des Unionsrechts herangezogen wird, jedoch nicht offen als Maximierungsgebot,[757] d. h. als Forderung nach einer weitestmöglichen Verwirklichung unionsrechtlicher Zwecksetzungen verwendet wird. In dieser Funktion wäre er auch aus rechtstheoretischer Sicht unhaltbar, da eine Rechts-

[757] Vgl. zu diesem (Fehl-)Verständnis BVerfGE 89. 155, 209f. – *Maastricht* und näher hierzu unter § 1.A.I.

ordnung auf dem Ausgleich zahlreicher, z. T. gegenläufiger Zwecksetzungen beruht und grundsätzlich keine Zwecksetzung ein Maximierungsgebot unabhängig von ihren Auswirkungen auf andere Zwecksetzungen für sich in Anspruch nehmen kann.

V. Verfassungsrechtliche Vorgaben für die erweiternde teleologische Rechtsfindung im Bereich der geteilten Zuständigkeit der EU – Abwägungsentscheidungen im Verhältnis zweier Rechtssysteme und die Bedeutung der kompetenziellen Grenzen des EU-Rechts

1. Als Grundsatz der (erweiternden) teleologischen Auslegung unterliegt die Verwendung des *effet utile* damit aus verfassungsrechtlicher Sicht denselben Vorgaben wie jedes teleologische Argument. Bei der Ermittlung der (unions-)verfassungsrechtlichen Vorgaben nach dem Primärrecht der EU ist – anders als im nationalen Recht – zwischen organkompetenziellen und verbandskompetenziellen Grenzen der Rechtsfindung zu unterscheiden.
2. Aus organkompetenzieller Sicht stellen insbesondere die sachstrukturell-funktionalen Möglichkeiten und Grenzen der Gerichtsbarkeit, das Rechtsstaatsprinzip in seinen Ausprägungen sowie insbesondere das im Grundsatz der Gesetzesbindung zum Ausdruck kommende Demokratieprinzip die wesentlichen Grenzen der teleologischen Auslegung im Unionsrecht dar. Insoweit lassen sich die verfassungsrechtlichen Vorgaben des Unionsrechts unter Rückgriff auf allgemeine staatstheoretische Überlegungen entwickeln, die sich im Wesentlichen nicht von der Ausgangslage im nationalen Kontext unterscheiden. Aufgrund seiner offen teleologischen Struktur und des Erfordernisses einer Koordination der Vorgaben des Unionsrechts mit den Rechtssystemen einer Vielzahl unterschiedlicher Rechtsordnungen der Mitgliedstaaten, ist das Unionsrecht einer teleologischen Konkretisierung durch die Gerichte sogar in größerem Ausmaße zugänglich als das nationale Recht.
3. Aus verbandskompetenzieller Sicht ergeben sich aus dem Grundsatz der begrenzten Einzelermächtigung der EU sowie aus den Kompetenzausübungsschranken der Subsidiarität und der Verhältnismäßigkeit zusätzliche Grenzen, die bei der Rechtsfindung im Unionsrecht zu berücksichtigen sind. Da der *effet utile* die Rechtsfindung im Verhältnis des Unionsrechts zum nationalen Recht betrifft, wirken sich diese Grenzen insbesondere in den Konstellationen aus, in denen *effet-utile*-Argumente verwendet werden. Aus dem Grundsatz der begrenzten Einzelermächtigung ergibt sich zum einen, dass der EuGH keine Rechtsfindung betreiben darf, die von der Kompetenzzuweisung (unter Berücksichtigung des Subsidiaritäts- und des Verhältnismäßigkeitsprinzips) nicht gedeckt ist. Darüber hinaus ist aber auch das bestehende Unionsrecht, insbesondere das Sekundärrecht, im Lichte des Grundsatzes der beschränkten Einzelermächtigung dahin zu interpretieren, dass es auf eine begrenzte Einwirkung in das nationale Recht angelegt ist. Je weiter sich daher ein zur Verwirklichung unionsrechtlicher Zwecksetzungen begründeter Auslegungsvorschlag von den konkret im Unionsrecht zu seiner Verwirklichung vorgesehenen Mitteln entfernt, desto größer ist die Begründungslast für eine Lösung, die dennoch (unter Berufung auf die praktische Wirksamkeit einer bestimmten Norm) auf eine erweiternde Rechtsfindung hinausläuft. Diese Grenzen gelten gleichermaßen für die Auslegung und die Rechtsfortbildung. Bei der Ermittlung eines teleologischen Regelungsdefizits (im Rahmen der Auslegung) bzw. einer teleologischen Regelungslücke (im Rahmen der Rechtsfortbildung) ist der fragmentarische Charakter

des Unionsrechts zu berücksichtigen, nach welchem der Union grundsätzlich nur ein beschränkter Regelungsanspruch zukommt.

4. Aus den soeben beschriebenen verbandskompetenziellen Grenzen des Unionsrechts folgt für die teleologische Auslegung, dass einer erweiternden Verwirklichung unionsrechtlicher Zwecksetzungen (wie etwa im Bereich des europäischen Privatrechts des Verbraucherschutzes) gegenläufige materielle Zwecksetzungen entgegenzuhalten sind (wie etwa der Grundsatz der Vertragsfreiheit und -bindung). Da der EU für die umfassende Regelung zahlreicher fundamentaler Rechtsgebiete die Kompetenz fehlt, können sich die entsprechenden Zwecksetzungen nicht allein aus dem positiven Unionsrecht und den diesem zugrunde liegenden Wertungen ergeben. Um eine adäquate Begrenzung der unionsrechtlichen Zwecksetzungen zu ermöglichen, müssen sich diese aus anderen Rechtsquellen ergeben. Dabei sind grundsätzlich zwei Vorgehensweisen denkbar. Zum einen lassen sich entsprechende Prinzipien aus angedeuteten Einzelwertungen des Unionsrechts selbst sowie im Wege der rezeptiven Rechtsvergleichung aus den gemeinsamen Rechtstraditionen der Mitgliedstaaten entwickeln. Die andere Möglichkeit besteht dagegen darin, unmittelbar auf die konkret in dem jeweils betroffenen Mitgliedstaat bestehenden Wertungen abzustellen. Zwar wird die erste Lösungsmethode von EuGH regelmäßig herangezogen. Dennoch ist die zweite Lösung vorzugswürdig und aufgrund des Grundsatzes der begrenzten Einzelermächtigung unionsverfassungsrechtlich geboten.
5. Zwar spricht der Grundsatz der einheitlichen Geltung des Unionsrechts für die einheitliche Bestimmung seiner Grenzen. Der Grundsatz der einheitlichen Geltung gilt indessen nicht uneingeschränkt. Das Unionsrecht ist aufgrund der Vielzahl denkbarer Regelungskonflikte mit den unterschiedlichen mitgliedstaatlichen Rechtsordnungen bewusst offen und begrenzt angelegt, so dass es unterschiedliche Rechtsfolgen im Einzelfall in Kauf nimmt, sofern die zugrunde liegende Zwecksetzung effektiv verwirklicht werden kann. In welchem Ausmaß eine effektive Verwirklichung geboten ist bzw. wie weit die einheitliche Geltung reicht, lässt sich nur unter Berücksichtigung aller konkreten Vorgaben des nationalen Rechts im Einzelfall beurteilen, da nur dieses die nach der kompetenziellen Ordnung verbindlichen materiellen Regelungen beinhaltet.
6. Im Ergebnis setzt die erweiternde Auslegung einer unionsrechtlichen Norm anhand eines teleologischen (*effet utile*) Arguments eine Abwägung mit gegenläufigen Prinzipien des Unionsrechts sowie des nationalen Rechts voraus. Dies hat die (notwendige) Folge, dass die einheitliche und effektive Geltung des Unionsrechts in den Bereichen ihre Grenzen findet, in denen die Regelungszuständigkeit der Mitgliedstaaten beginnt. In diesem Zusammenhang kommt dem EuGH die zentrale Aufgabe zu, die kompetenzielle Ordnung der EU zugunsten der Mitgliedstaaten in jedem Einzelfall zu wahren und mit der – ebenfalls anzuerkennenden – Forderung nach einheitlicher und effektiver Geltung des Unionsrechts in Einklang zu bringen.

VI. Die Besonderheiten des *effet utile* im institutionellen Recht und im Rahmen ausschließlicher Zuständigkeiten der EU

Unter anderen Vorzeichen ist dagegen die Rechtsfindung im Bereich des institutionellen Rechts der EU sowie in den (weiteren) Regelungsgebieten zu betrachten, für welche die EU eine ausschließliche Regelungskompetenz beanspruchen kann.

Im Bereich der institutionellen Vorgaben hat der EuGH unter Berufung auf den *effet utile* als Forderung nach der Effektivität des Rechts als solchem (vgl. unter II) dessen unmittelbare, einheitliche, effektive und vorrangige Geltung gegenüber dem nationalen Recht begründet und hierzu die zentralen Institute der unmittelbaren Geltung des Unionsrechts und seines Vorrangs gegenüber dem Recht der Mitgliedstaaten entwickelt. Zudem hat er – im Wege der Rechtsfortbildung, z.T. unter ausdrücklicher Berufung auf den Grundsatz des *effet utile* – die Institute der unmittelbaren Wirkung von Richtlinien und der Staatshaftung der Mitgliedstaaten entwickelt. Im Bereich ausschließlicher Unionskompetenzen sind bei der teleologischen Rechtsfindung allein die organkompetenziellen Grenzen der Rechtsfindung zu beachten, d.h. es ist insbesondere zu klären, inwieweit der EuGH im Verhältnis zur unionsrechtlichen Legislative und insbesondere im Verhältnis zu den Vertragsgebern befugt ist, eine bestimmte Auslegung oder Rechtsfindung zu betreiben.

Aufgrund der ausschließlichen Zuständigkeit der EU bestimmen sich hier die Reichweite und damit auch die Grenzen des Unionsrechts allein nach autonom unionsrechtlichen Prinzipien. Soweit sich diese nicht aus dem positiven Unionsrecht ergeben, sind sie – unter Rückgriff auf anerkannte Prinzipien einer außerpositiven Rechtsfindung – vom EuGH zu entwickeln. Dabei hat er auch die Verfassungs- und Regelungsstrukturen der Mitgliedstaaten zu achten. Allerdings sind deren rechtliche Wertungen nur mittelbar insoweit zu berücksichtigen, als dies nach den Wertungen des Unionsrechts geboten ist. Denn im Hinblick auf die institutionellen Grundlagen des Unionsrechts ist der Regelungsbereich der Mitgliedstaaten nicht betroffen, so dass diese keine konkret maßgeblichen Wertungen bereithalten. Die Grundsätze des Vertrauensschutzes und des Rechtstaats können zwar zu einer Einschränkung des Geltungsanspruchs des Unionsrecht führen, jedoch als autonom unionsrechtliche Grundsätze.

Schlussbetrachtung

Mit dem *effet utile* ist auf der Auslegungsebene, d.h. bei der Bestimmung der Reichweite des materiellen Unionsrechts im Bereich der geteilten Gesetzgebungszuständigkeit die zentrale Besonderheit der Rechtsfindung im Unionsrecht angesprochen, nämlich die Problematik, zwei unterschiedliche, institutionell und systematisch voneinander unabhängige Rechtssysteme miteinander in Einklang zu bringen. Das zentrale Defizit des vom EuGH herangezogenen *effet utile*-Kriteriums liegt darin, dass es das Einwirkungsbedürfnis zur Sicherstellung der einheitlichen und effektiven Wirkung der unionsrechtlichen Vorgaben einseitig betont und dessen kompetenzielle Grenzen und die aufgrund dieser Grenzen erforderliche Berücksichtigung der Wertungen des nationalen Rechts außer Acht lässt. Der im *effet utile* zum Ausdruck kommende Einwirkungsanspruch ist aufgrund der Vorgaben des Prinzips der begrenzten Einzelermächtigung daher zu einem Prinzip der Koordination fortzuentwickeln, das einen Ausgleich zwischen unionsrechtlichen Zwecksetzungen in unionsrechtlich geregelten Kompetenzmaterien mit den Wertungen der jeweils unterschiedlichen betroffenen nationalen Rechtsordnungen verfolgt. Aus Gründen der Methodenehrlichkeit ist sogar vorzugswürdig, auf das *effet-utile*-Kriterium bei der der Rechtsfindung im materiellen Unionsrecht (auf der Auslegungsebene) im Bereich der geteilten Zuständigkeit ganz zu verzichten und die anhand dieses Grundsatzes vorgetragenen legitimen Argumente offen als teleologische Argumente zu bezeichnen.

Etwas anderes gilt auf der Ebene des institutionellen Rechts (Durchsetzungsebene). Wenn sich der EuGH in diesem Zusammenhang auf die Effektivität des Unionsrechts als solches beruft, bringt er damit eine zentrale Forderung einer jeden Rechtsordnung zum Ausdruck. Bei der Rechtsfindung in diesem Bereich liegen die Grenzen nicht bei dem Erfordernis der Koordination mit Regelungsmaterien der Mitgliedstaaten, sondern auf der organkompetenziellen Ebene, mithin bei der Kompetenz des EuGH zur Auslegung und Rechtsfortbildung im Verhältnis zur Legislative der EU sowie zu den Vertragsgebern. Die Ausgestaltung eines effektiven institutionellen Rahmens dieser neuartigen Rechtsordnung hat der EuGH gerade in den Anfangsjahren seiner Tätigkeit entschieden im Wege der Rechtsfortbildung vorangetrieben; die vom EuGH gefundenen Lösungen sind – trotz zahlreicher kritischer Stimmen – mittlerweile zu Recht sowohl von wissenschaftlicher als auch insbesondere von politischer Seite bestätigt worden. In diesen Bereichen zeigt die Rechtsprechung des EuGH in jüngerer Zeit, dass sie diese Entwicklung mittlerweile im Wesentlichen als abgeschlossen betrachtet. Der EuGH versteht sich gerade in kompetenzieller Hinsicht immer mehr als echtes Verfassungsgericht, das bereit ist, die Interessen der Mitgliedstaaten zu wahren und über die Kompetenzverteilung zwischen der EU und ihren Mitgliedstaaten auch zu Lasten der EU zu wachen.

Auch wenn das Bild bei der Rechtsfindung im materiellen Unionsrecht im Hinblick auf seine Geltungsgrenzen von Anfang an weitaus differenzierter war, birgt der *effet utile* aufgrund seiner einseitigen Ausrichtung stets die Gefahr, gegenläufige Zwecksetzungen allein deshalb unterzubewerten, weil sie nicht Gegenstand des Unionsrechts, sondern allein in den Rechtsordnungen der Mitgliedstaaten verwirklicht sind, denen insoweit die Regelungsbefugnis zusteht. Die hier befürwortete Relativierung des *effet utile*-Kriteriums hat damit zur Folge, dass sie nicht nur eine kompetenzielle Koordination zwischen der Zuständigkeit der Union und derjenigen der Mitgliedstaaten im Einzelfall bewirkt, sondern auch einer vom politischen Auftrag der EU nicht getragenen einseitigen Bevorzugung materiell-unionsrechtlicher Zwecksetzungen (etwa im Bereich des europäischen Privatrechts des Verbraucherschutzes) zulasten national-rechtlich geregelter Prinzipien (wie der Vertragsfreiheit und -bindung) entgegentritt.

Die hier vorgeschlagene und längst überfällige Relativierung des *effet-utile*-Kriteriums macht damit das komplexe Zusammenspiel der beiden Regelungssysteme des EU-Rechts und des nationalen Rechts transparent und legt die Funktion des EuGH als Gericht offen, das über die Kompetenzverteilung zwischen beiden Rechtsordnungen zu wachen hat. Das Zusammenspiel der beiden Regelungssysteme des Unionsrechts und des mitgliedstaatlichen Rechts stellt sich als Herausforderung dar, der die Methodenlehre des nationalen Rechts, aber auch diejenige des Unionsrechts Rechnung zu tragen hat. Ebenso wie die (sich etwa im Fall der Bundesrepublik Deutschland aus Art. 23 GG ergebende) Verpflichtung der mitgliedstaatlichen Gerichte zur Umsetzung unionsrechtlicher Vorgaben eine Anpassung des nationalen Methodenverständnisses erfordert, hat die vorliegende Untersuchung gezeigt, dass eine entsprechende Berücksichtigung der Wertungen der Mitgliedstaaten eine zentrale Vorgabe einer spezifisch europarechtlichen Methodenlehre war. Die Erkenntnis hierüber muss zu einer Anpassung des tradierten Methodenkanons an die sachstrukturellen und verfassungsrechtlichen Vorgaben dieser Rechtsordnung führen. In seiner Rechtsprechungspraxis hat der EuGH in zahlreichen Fällen gezeigt, dass er sich dieser Aufgabe bewusst ist und sie wahrnimmt. Eine offene Relativierung des *effet utile* durch den EuGH wäre als weiteres Zeichen der Anerkennung seiner Funktion als Kompetenzgericht unbedingt zu begrüßen.

Literaturverzeichnis

Alexy, Robert, Begriff und Geltung des Rechts, 2. Aufl., Freiburg u. a., 1994.
–, Die Gewichtsformel, in: Jickeli, Joachim u. a. (Hrsg.), Gedächtnisschrift für Jürgen Sonnenschein. 22. Januar 1938 bis 6. Dezember 2000, Berlin 2002, S. 771 ff.
–, Juristische Interpretation, in: *ders.*, Recht, Vernunft, Diskurs, 1995, S. 71 ff.
–, Theorie der Grundrechte, 2. Aufl., Frankfurt am Main, 1994.
–, Theorie der juristischen Argumentation. Die Theorie des rationalen Diskurses als Theorie der juristischen Begründung, 3. Aufl., Frankfurt am Main, 1996.
–, Zum Begriff des Rechtsprinzips, in: Krawietz, Werner u. a. (Hrsg.), Argumentation und Hermeneutik in der Jurisprudenz, Rechtstheorie Beiheft 1, Berlin, 1979, S. 59 ff. (zit.: *Alexy*, Rechtstheorie Beiheft 1, 1979).
–, Zur Struktur der Rechtsprinzipien, in: Schilcher, Bernd/Koller, Peter/Funk, Bernd-Christian (Hrsg.), Regeln, Prinzipien und Elemente im System des Rechts, 2000, S. 31 ff.
Altmeyer, Sabine, Vertrauensschutz im Recht der Europäischen Union und im deutschen Recht. Analyse und Vergleich anhand der Rechtsprechung des EuGH und der deutschen Fachgerichte, Baden-Baden, 2003.
Anweiler, Jochen, Die Auslegungsmethoden des Gerichtshofs der Europäischen Gemeinschaften, Frankfurt am Main u. a., 1997.
Artz, Markus, Die Neuregelung des Widerrufsrechts bei Verbraucherverträgen, BKR 2002, 603 ff.
Auer, Marietta, Materialisierung, Flexibilisierung, Richterfreiheit. Generalklauseln im Spiegel der Antinomien des Privatrechtsdenkens, Tübingen, 2005.

Badura, Peter, Bewahrung und Veränderung demokratischer und rechtsstaatlicher Verfassungsstruktur in den internationalen Gemeinschafen, VVDStRL 23 (1964), 34 ff.
–, Grenzen und Möglichkeiten des Richterrechts – Verfassungsrechtliche Überlegungen –, in: Deutscher Sozialgerichtsverband (Hrsg.), Rechtsfortbildung durch die sozialgerichtliche Rechtsprechung. Verhandlungen des Deutschen Sozialgerichtsverbandes. 1. Deutscher Sozialgerichtstag Kassel, 30. und 31. Mai 1972, Bonn-Bad Godesberg, 1973, S. 40 ff.
Basedow, Jürgen, Das BGB im künftigen europäischen Privatrecht - der hybride Kodex. Systemsuche zwischen nationaler Kodifikation und Rechtsangleichung, AcP 200 (2000), 445 ff.
–, Der Europäische Gerichtshof und das Privatrecht. Über Unsicherheiten, Allgemeine Grundsätze und die europäische Justizarchitektur, AcP 210 (2010), 157 ff.
–, Über Privatrechtsvereinheitlichung und Marktintegration, in: Immenga, Ulrich u. a. (Hrsg.), Festschrift für Ernst-Joachim Mestmäcker zum siebzigsten Geburtstag, Baden-Baden, 1996, S. 347 ff.
Bauer, Hartmut, Die Bundestreue. Zugleich ein Beitrag zur Dogmatik des Bundesstaatsrechts und zur Rechtsverhältnislehre, Tübingen, 1992.
Bebr, Gerhard, Preliminary Rulings of the Court of Justice: Their Authority and Temporal Effect, 18 CMLR (1981), 475 ff.

Bengoetxea, Joxerramon, The legal Reasoning of the European Court of Justice. Towards European Jurisprudence, Oxford, 1993.

Bernhardt, Rudolf (Hrsg.), Encyclopedia of Public International Law, Band II, Amsterdam u. a., 1999.

–, Die Auslegung völkerrechtlicher Verträge, Köln u. a., 1963.

Betti, Emilio, Allgemeine Auslegungslehre als Methodik der Geisteswissenschaften, Tübingen, 1967.

Bieber, Roland, Subsidiarität im Sinne des Vertrages über die Europäische Union, in: Nörr, Knut Wolfgang/Oppermann, Thomas (Hrsg.), Subsidiarität: Idee und Wirklichkeit. Zur Reichweite eines Prinzips in Deutschland und Europa, Tübingen, 1997, S. 185 ff.

Bleckmann, Albert, Art. 5 EWG-Vertrag und die Gemeinschaftstreue. Zugleich ein Beitrag zur Entwicklung des allgemeinen europäischen Verwaltungsrechts, DVBl. 1976, 483 ff.

–, Die Bindungswirkung der Praxis der Organe und der Mitgliedstaaten der EG bei der Auslegung und Lückenfüllung des Europäischen Gemeinschaftsrechts, in: Bieber, Roland/ Ress, Georg (Hrsg.), Die Dynamik des Europäischen Gemeinschaftsrechts, 1987, S. 161 ff.

–, Teleologie und dynamische Auslegung des Europäischen Gemeinschaftsrechts, EuR 14 (1979), 239 ff.

–, Zu den Auslegungsmethoden des Europäischen Gerichtshofs, NJW 1982, 1177 ff.

Böckenförde, Ernst-Wolfgang, Die Methoden der Verfassungsinterpretation – Bestandsaufnahme und Kritik, NJW 1976, 2089 ff.

Böhm, Reinhard, Kompetenzauslegung und Kompetenzlücken im Gemeinschaftsrecht. Ein Beitrag zur Klärung und Abgrenzung von effet utile, implied powers, resulting powers und Lückenklauseln, Frankfurt am Main, 1985.

v. Bogdandy, Armin, Skizzen einer Theorie der Gemeinschaftsverfassung, in: v. Danwitz, Thomas u. a. (Hrsg.), Auf dem Wege zu einer Europäischen Staatlichkeit, Stuttgart, 1993, S. 9 ff.

v. Bogdandy, Armin/Bast, Jürgen (Hrsg.), Europäisches Verfassungsrecht. Theoretische und dogmatische Grundzüge, 2. Aufl., Berlin u. a., 2009.

Borchardt, Klaus-Dieter, Der Grundsatz des Vertrauensschutzes im Europäischen Gemeinschaftsrecht, Kehl u. a., 1988.

–, Richterrecht durch den EuGH, in: Randelzhofer, Albrecht u. a. (Hrsg.), Gedächtnisschrift für Eberhard Grabitz, 1995, S. 29 ff.

Brechmann, Winfried, Die richtlinienkonforme Auslegung. Zugleich ein Beitrag zur Dogmatik der EG-Richtlinie, München, 1994.

Bredimas, Anna, Methods of Interpretation and Community Law, Amsterdam, 1978.

Brown, Lionel Neville/Jacobs, Francis Geoffrey, The Court of Justice of the European Communities, London 1983.

Buchwald, Delf, Der Begriff der rationalen juristischen Begründung. Zur Theorie der juridischen Vernunft, Baden-Baden, 1990.

Buck, Carsten, Über die Auslegungsmethoden des Gerichtshofs der Europäischen Gemeinschaft, Frankfurt am Main, 1998.

Buerstedde, Wolfgang, Juristische Methodik des Europäischen Gemeinschaftsrechts. Ein Leitfaden, Baden-Baden, 2006.

Bydlinski, Franz, Fundamentale Rechtsgrundsätze. Zur rechtsethischen Verfassung der Sozietät, Wien u. a., 1988.

–, Juristische Methodenlehre und Rechtsbegriff, 2. Aufl., Wien u. a., 1991.

Calliess, Christian, Kontrolle zentraler Kompetenzausübung in Deutschland und Europa: Ein Lehrstück für die Europäische Verfassung / Zugleich eine Besprechung des Altenpflegegesetz-Urteils des BVerfG, EuGRZ 2003, 181 ff.

–, Subsidiaritäts- und Solidaritätsprinzip in der EU. Vorgaben für die Anwendung von Art. 5 (ex-Art. 3b) EGV nach dem Vertrag von Amsterdam, 2. Aufl., Baden-Baden, 1996.

Calliess, Christian/Ruffert, Matthias (Hrsg.), EUV/AEUV. Das Verfassungsrecht der Europäischen Union mit Europäischer Grundrechtecharta. Kommentar, 3 Bände, 4. Aufl., München, 2011. (zit.: Calliess/Ruffert-*Bearbeiter*, EUV/EGV, 4. Aufl. 2011).

Canaris, Claus-Wilhelm, Das Rangverhältnis der „klassischen" Auslegungskriterien, demonstriert an Standardproblemen aus dem Zivilrecht, in: Beuthien, Volker u. a. (Hrsg.), Festschrift für Dieter Medicus zum 70. Geburtstag, Köln u. a., 1999, S. 25 ff.

–, Die Feststellung von Lücken im Gesetz. Eine methodologische Studie über Voraussetzungen und Grenzen der richterlichen Rechtsfortbildung praeter legem, 2. Aufl., Berlin, 1983.

–, Die richtlinienkonforme Auslegung und Rechtsfortbildung im System der juristischen Methodenlehre, in: Koziol, Helmut u. a. (Hrsg.), Im Dienste der Gerechtigkeit, Festschrift für Franz Bydlinski, Wien u. a., 2002, S. 47 ff.

–, Die Vermutung „aufklärungsrichtigen Verhaltens" und ihre Grundlagen, in: Häuser, Fritz u. a. (Hrsg.), Festschrift für Walther Hadding zum 70. Geburtstag am 8. Mai 2004, Berlin, 2004, S. 3 ff.

–, Funktion, Struktur und Falsifikation juristischer Theorien, JZ 1993, 377 ff.

–, Richtigkeit und Eigenwertung in der richterlichen Rechtsfindung, Grazer Universitätsreden, Band 50, Granz 1993, S. 22 ff.

–, Systemdenken und Systembegriff in der Jurisprudenz. Entwickelt am Beispiel des deutschen Privatrechts, 2. Aufl., Berlin, 1983.

–, Tarifdispositive Normen und richterliche Rechtsfortbildung, in: Hueck, Götz/Richardi, Reinhard (Hrsg.), Gedächtnisschrift für Rolf Dietz, 1973, S. 199 ff.

–, Die verfassungskonforme Auslegung und Rechtsfortbildung im System der juristischen Methodenlehre, in: Honsell, Heinrich u. a. (Hrsg.), Privatrecht und Methode. Festschrift für Ernst A. Kramer, Basel u. a., 2004, S. 141 ff.

–, Theorienrezeption und Theorienstruktur, in: Leser, Hans G. u. a. (Hrsg.), Wege zum japanischen Recht, Festschrift für Zentaro Kitagawa zum 60. Geburtstag am 5. April 1992, Berlin, 1992, S. 59 ff.

Canaris, Claus-Wilhelm/Grigoleit, Hans Christoph, Interpretation of Contracts, in: Hartkamp, Arthur u. a. (Hrsg.), Towards a European Civil Code, 4. Aufl. 2010, S. 567 ff.

Classen, Claus Dieter, Bildungspolitische Förderprogramme der EG. Eine kritische Untersuchung der vertragsrechtlichen Grundlagen, EuR 25 (1990), 10 ff.

Coing, Helmut, Die juristischen Auslegungsmethoden und die Lehren der allgemeinen Hermeneutik, Köln u. a., 1959.

Constantinesco, Vlad, Das Recht der Europäischen Gemeinschaften. Band I. Das institutionelle Recht, Baden-Baden, 1977.

Conway, Gerard, The Limits of Legal Reasoning and the European Court of Justice, Cambridge u. a., 2012.

Craig, Paul/De Burca, Gráinne, EU Law. Text, Cases and Materials, 5. Aufl., Oxford, 2011.

Dänzer-Vanotti, Wolfgang, Der Europäische Gerichtshof zwischen Rechtsprechung und Rechtssetung, in: Due, Ole u. a. (Hrsg.), Festschrift für Ulrich Everling, Band I, Baden-Baden, 1995, S. 205 ff.
v. Danwitz, Thomas, Der Einfluss des nationalen Rechts und der Rechtsprechung der Gerichte der Mitgliedstaaten auf die Auslegung des Gemeinschaftsrechts, ZESAR 2008, 57 ff.
–, Der Grundsatz der Verhältnismäßigkeit im Gemeinschaftsrecht, EWS 2003, 393 ff.
–, Die Aufgabe des Gerichtshofes bei der Entfaltung des europäischen Zivil- und Zivilverfahrensrechts, ZEuP 18 (2010), 463 ff.
–, Die gemeinschaftsrechtliche Staatshaftung der Mitgliedstaaten. Entwicklung, Stand und Perspektiven der Europäischen Haftung aus Richterhand, DVBl. 1997, 1 ff.
–, Europäisches Verwaltungsrecht, Berlin u. Heidelberg, 2008.
–, Funktionsbedingungen der Rechtsprechung des Europäischen Gerichtshofes, EuR 43 (2008), 769 ff.
–, Verwaltungsrechtliches System und Europäische Integration, Tübingen, 1996.
–, Wege zu besserer Gesetzgebung in Europa, JZ 2006, 1 ff.
–, Zur Entwicklung der gemeinschaftsrechtlichen Staatshaftung, JZ 1994, 335 ff.
Dashwood, Alan, The attriubution of external relations competence, in: ders./Hillion, Christophe (Hrsg.), The General Law of E.C. External Relations, London, 2000, S. 115 ff.
–, The Limits of European Powers, ELR 21 (1996), 113 ff.
Dauses, Manfred (Hrsg.), Handbuch des EU-Wirtschaftsrechts, 30. Ergänzungslieferung Oktober 2012, 2 Ordner, München 2012.
Deckert, Martina Renate, Folgenorientierung in der Rechtsanwendung, München, 1995.
Dederer, Hans-Georg, Zur Gewaltenteilung in der Union: Checks and Balances, institutionelles Gleichgewicht oder Konfusion?, in: Hofmann, Klaus / Naumann, Kolja (Hrsg.), Europäische Demokratie in guter Verfassung?, Baden-Baden, 2010, S. 89 ff.
Dederichs, Mariele, Die Methodik des EuGH. Häufigkeit und Bedeutung methodischer Argumente in den Begründungen des Gerichtshofes der Europäischen Gemeinschaften, Baden-Baden, 2004.
Degan, Vladimir-Djuro, Sources of International Law, Den Haag, u. a., 1997.
Donner, Andreas-Matthias, Falsifikation als Rechtsgrund in der Rechtsprechung, in: Grewe, Wilhelm u. a. (Hrsg.), Europäische Gerichtsbarkeit und nationale Verfassungsgerichtsbarkeit, Festschrift zum 70. Geburtstag von Hans Kutscher, Baden-Baden, 1981. (zit.: *Donner*, FS Kutscher, 1981).
Dougan, Michael, National Remedies before the Court of Justice, Oxford, 2004.
Dreier, Horst (Hrsg.), Grundgesetz. Kommentar. Bände I-III, 2. Aufl., Tübingen, 2007 ff.
Dreier, Ralf, Recht – Staat – Vernunft, Frankfurt am Main, 1991.
–, Zum Begriff der „Natur der Sache", Berlin, 1965.
Dworkin, Ronald, Law's Empire, London, 1986.
–, Taking Rights Seriously, Cambridge, Mass., 1978.

Eidenmüller, Horst, Effizienz als Rechtsprinzip, 3. Aufl., Tübingen, 2005.
Eidenmüller, Horst/Faust, Florian/Grigoleit, Hans Christoph/Jansen, Nils/Wagner, Gerhard/Zimmermann, Reinhard, Der Gemeinsame Referenzrahmen für das Europäische Privatrecht. Wertungsfragen und Kodifikationsprobleme, JZ 2008, 529 ff.

Eilmansberger, Thomas, Rechtsfolgen und subjektives Recht im Gemeinschaftsrecht. Zugleich ein Beitrag zur Dogmatik der Staatshaftungsdoktrin des EuGH, Baden-Baden, 1997.

Emmerich-Fritsche, Angelika, Der Grundsatz der Verhältnismäßigkeit als Direktive und Schranke der EG-Rechtsetzung. Mit Beiträgen zu einer gemeineuropäischen Grundrechtslehre sowie zum Lebensmittelrecht, Berlin, 2000.

Engisch, Karl, Einführung in das juristische Denken, 10. Aufl., Stuttgart, 2005.

–, Logische Studien zur Gesetzesanwendung, 3. Aufl., Heidelberg, 1963.

Epiney, Astrid, Gemeinschaftsrecht und Föderalismus: „Landes-Blindheit" und Pflicht zur Berücksichtigung innerstaatlicher Verfassungsstrukturen, EuR 29 (1994), 301 ff.

Esser, Josef, Grundsatz und Norm in der richterlichen Fortbildung des Privatrechts, 4. Unveränderte Aufl., Tübingen 1990 (zit.: *Esser*, Grundsatz und Norm, 4. Aufl. 1990).

–, Möglichkeiten und Grenzen des dogmatischen Denkens im modernen Zivilrecht, AcP 172 (1972), 97 ff.

–, Vorverständnis und Methodenwahl in der Rechtsfindung. Rationalitätsgarantien der richterlichen Entscheidungspraxis, Frankfurt am Main, 1970.

Everling, Ulrich, Bundesverfassungsgericht und Gerichtshof der Europäischen Gemeinschaft nach dem Maastricht-Urteil, in: Randelzhofer, Albrecht u. a. (Hrsg.), Gedächtnisschrift für Eberhard Grabitz, 1995, S. 57 ff.

–, Kommentar zu den Deutungen und Perspektiven aus rechtswissenschaftlicher Sicht in: Hrbek, Rudolf (Hrsg.), Die Entwicklung der EG zur Politischen Union und zur Wirtschafts- und Währungsunion unter der Sonde der Wissenschaft, Baden-Baden, 1993, S. 12 ff.

–, Reflections and the Structure of the European Union, CMLR 1992, 447 ff.

–, Richterliche Rechtsfortbildung in der Europäischen Gemeinschaft, JZ 2000, 218 ff.

–, Zur Begründung der Urteile des Gerichtshofs der Europäischen Gemeinschaft, EuR 29 (1994), 127 ff.

Feige, Konrad, Bundesverfassungsgericht und Vorabentscheidungskompetenz des Gerichtshofs der Europäischen Gemeinschaften, AöR 100 (1975), 530 ff.

Fikentscher, Wolfgang, Methoden des Rechts in vergleichender Darstellung, Band I. Frühe und Religiöse Rechte. Romanischer Rechtskreis, Tübingen, 1975 (zit.: *Fikentscher*, Methoden des Rechts I, 1975).

–, Methoden des Rechts in vergleichender Darstellung, Band IV. Dogmatischer Teil. Anhang, Tübingen, 1977 (zit.: *Fikentscher*, Methoden des Rechts IV, 1977).

Fischer, Nikolaj, Gemeinschaftsrechtskonforme Rückabwicklung von Haustür-Schrottimmobilien-Geschäften. Anmerkungen zu den EuGH-Urteilen vom 25.10.2000 – Rs. C-350/03 und C-229/04, DB 2005, 2507 ff.

Fischinger, Philipp S., Kein Wertersatz für Nutzung vertragswidrigen Verbrauchsguts, Anm. zu EuGH, Urteil vom 17. 4. 2008 - 404/06 (Quelle AG/Bundesverband der Verbraucherzentralen und Verbraucherverbände), EuZW 2008, 312 f.

Fitzmaurice, Malgosia, The Practical Working of the Law of Treaties, in: Malcolm D. Evans (Hrsg.), International Law, 3. Aufl., Oxford u. a., 2010, S. 172 ff.

Franzen, Martin, Privatrechtsangleichung durch die Europäische Gemeinschaft, Berlin u. a., 1999.

Gadamer, Hans-Georg, Wahrheit und Methode. Grundzüge einer philosophischen Hermeneutik, 3. Aufl., Tübingen, 1972.

Garrn, Heiko, Die „Natur der Sache“ als Grundlage der juristischen Argumentation, ARSP 68 (1982), 60 ff.

Germann, Oscar A., Probleme und Methoden der Rechtsfindung, 2. Aufl., Bern, 1967.

Germelmann, Claas Friedrich, Die Rechtskraft von Gerichtsentscheidungen in der Europäischen Union. Eine Untersuchung vor dem Hintergrund der deutschen, französischen und englischen Rechtskraftlehren, Tübingen, 2009.

Götz, Volkmar, Auf dem Weg zur Rechtseinheit in Europa. Drei Thesen zur europäischen Rechtsordnung, JZ 1994, 265 ff.

–, Die Abgrenzung der Zuständigkeiten zwischen der Europäischen Union und den Mitgliedstaaten nach dem Europäischen Rat von Laeken, in: ders./Martínez Soria, José (Hrsg,), Kompetenzverteilung zwischen der EU und den Mitgliedstaaten, Baden-Baden, 2002, S. 83 ff.

Grabitz, Eberhard, Gemeinschaftsrecht bricht nationales Recht, Hamburg, 1966.

Grabitz, Eberhard/Hilf, Meinhard/Nettesheim, Martin (Hrsg.), Das Recht der Europäischen Union, 46. Ergänzungslieferung Oktober 2011, Band I-IV, München, 2011. (zit.: Grabitz/Hilf-*Bearbeiter*, Das Recht der Europäischen Union, 46. EL 2011).

Greenawalt, Kent, Policy, Rights and Judicial Decisions, 11 Ga. L. Rev., 991 ff. (1977).

Grigoleit, Hans Christoph, Das historische Argument in der geltendrechtlichen Privatrechtsdogmatik, ZNR 30 (2008), 259 ff.

–, Der Verbraucheracquis und die Entwicklung des Europäischen Privatrechts, AcP 210 (2010), 354 ff.

–, Vorvertragliche Informationshaftung. Vorsatzdogma, Rechtsfolgen, Schranken, München, 1997.

Grigoleit, Hans Christoph/Tomasic, Lovro, Acquis Principles, in: Basedow, Jürgen/Hopt, Klaus/Zimmermann, Reinhard (Hrsg.), Handbuch des Europäischen Privatrechts, Tübingen, 2009.

Grimm, Dieter, Braucht Europa eine Verfassung?, JZ 1995, 581 ff.

–, Effektivität und Effektivierung des Subsidiaritätsprinzips, KritV 1994, 6 ff.

v. der Groeben, Hans/Schwaze, Jürgen (Hrsg.), Kommentar zum Vertrag über die Europäische Union und zur Gründung der Europäischen Gemeinschaft, 6. Aufl., Baden-Baden, 2003 (zit.: v. der Groeben/Schwarze-*Bearbeiter*, EU/EG-Vertrag, 6. Aufl. 2003).

v. der Groeben, Hans/Thiesing, Jochen/Ehlermann, Dieter (Hrsg.), EWG-Vertrag, 4. Aufl., Baden-Baden, 1991 (zit.: v. der Groeben/Thiesing/Ehlermann-*Bearbeiter*, EWG-Vertrag, 4. Aufl. 1991).

Groh, Thomas, Die Auslegungsbefugnis des EuGH im Vorabentscheidungsverfahren. Plädoyer für eine zielorientierte Konzeption, Berlin, 2005.

Gruber, Urs Peter, Methoden des internationalen Einheitsrechts, Tübingen, 2004.

Grundmann, Stefan, Der Schadensersatzanspruch aus Vertrag. System und Perspektiven, AcP 204 (2004), 569 ff.

–, Systemdenken und Systembildung, in: Riesenhuber (Hrsg.), Europäische Methodenlehre, 2. Aufl., Berlin u.a, 2010

–, The Structure of the DCFR – Which Approach for Today‘s Contract Law?, ERCL 2008, 225 ff.

Grundmann, Stephan M., Die Auslegung des Gemeinschaftsrechts durch den Europäischen Gerichtshof. Zugleich eine rechtsvergleichende Studie zur Auslegung im Völkerrecht und im Gemeinschaftsrecht, Konstanz, 1997.
Grussmann, Wolf-Dietrich, Grundnorm und Supranationalität – Rechtsstrukturelle Sichtweisen der europäischen Integration, in: v. Danwitz, Thomas u. a. (Hrsg.), Auf dem Wege zu einer Europäischen Staatlichkeit, Stuttgart, 1993, S. 47 ff.
Gundel, Jörg, § 3 Verwaltung, in: Schulze, Reiner u. a. (Hrsg.), Europarecht. Handbuch für die deutsche Rechtspraxis, 2. Aufl., Baden-Baden, 2010, S. 135 ff.

Haack, Stefan, Widersprüchliche Regelungskonzeptionen im Bundesstaat, Berlin, 2002.
Habersack, Mathias, Zum Widerruf von an der Haustür abgeschlossenen Realkreditverträgen, JZ 2006, 91 ff.
Habersack, Mathias/Mayer, Christian, Die überschießende Umsetzung von Richtlinien, in: Riesenhuber (Hrsg.), Europäische Methodenlehre, 2. Aufl., Berlin u. a., 2010.
Hager, Günter, Rechtsmethoden in Europa, Tübingen 2008.
Hallstein, Walter, Angleichung des Privat- und Prozeßrechts in der Europäischen Wirtschaftsgemeinschaft, RabelsZ 28 (1964), 211 ff.
–, Die Europäische Gemeinschaft, Düsseldorf u. a., 1973.
Hare, Richard Mervyn, Freedom and Reason, Oxford, 1965.
Hart, H. L. A., The Concept of Law, Oxford, 1961.
Hassemer, Winfried, Juristische Hermeneutik, ARSP 72 (1986), 195 ff.
Hatje, Armin, Die gemeinschaftsrechtliche Steuerung der Wirtschaftsverwaltung, Baden-Baden, 1998.
Heck, Philipp, Gesetzesauslegung und Interessenjurisprudenz, AcP 112 (1914), 8 ff.
Heintzen, Markus, Subsidiaritätsprinzip und Europäische Gemeinschaft, JZ 1990, 317 ff.
Henninger, Thomas, Europäisches Privatrecht und Methode. Entwurf einer rechtsvergleichend gewonnenen juristischen Methodenlehre, Tübingen, 2009.
Henrichs, Christoph, Haftung der EG-Mitgliedstaaten für Verletzung von Gemeinschaftsrecht. Die Auswirkungen des Francovich-Urteils des Europäischen Gerichtshofs in den Rechtsordnungen der Gemeinschaft und der Mitgliedstaaten. Baden-Baden, 1995.
Hensche, Martin, Teleologische Begründungen in der juristischen Dogmatik. Eine Untersuchung am Beispiel des Arbeitskampfrechts, Baden-Baden, 1998.
Herresthal, Carsten, § 2 Vertragsrecht, in: Langebucher, Katja (Hrsg.), Europarechtliche Bezüge des Privatrechts, 2. Aufl., Baden-Baden, 2008, S. 41 ff.
–, Die Richtlinienwidrigkeit des Nutzungsersatzes bei Nachlieferung im Verbrauchsgüterkauf, NJW 2008, 2475 ff.
–, Die teleologische Auslegung der Verbrauchsgüterkaufrichtlinie – Der EuGH auf dem Weg zu einer eigenständigen Methode der Rechtsgewinnung, ZEuP 17 (2009), 600 ff.
–, Rechtsfortbildung im europarechtlichen Bezugsrahmen. Methoden, Kompetenzen, Grenzen, dargestellt am Beispiel des Privatrechts, München, 2006.
Herrler, Sebastian/Tomasic, Lovro, Anm. zu BGH, Urt. V. 26.11.2008 – VIII ZR 200/05. Kein Wertersatz für Nutzung einer mangelhaften Sache nach Rücktritt („Quelle"), ZIP 2009, 181 ff.

–, Keine Nutzungsersatzpflicht im Falle der Neulieferung. Die Vorgaben der Verbrauchsgüterkaufrichtlinie und deren Umsetzung in deutsches Recht nach dem Quelle-Urteil des EuGH, BB 2008, 1245 ff.

–, Nutzungsersatzpflicht im Fall der Neulieferung?, ZGS 2007, 209 ff.

Herrmann, Christoph, Richtlinienumsetzung durch die Rechtsprechung, Berlin, 2003.

Herzberg, Rolf D., Die ratio legis als Schlüssel zum Gesetzesverständnis? – Eine Skizze und Kritik der überkommenen Auslegungsmethodik, JuS 2005, 1 ff.

Hoerster, Norbert, Was ist Recht? Grundfragen der Rechtsphilosophie, München, 2006.

Hofmann, Christian, Die Vorwirkung von Richtlinien, in: Riesenhuber (Hrsg.), Europäische Methodenlehre, 2. Aufl., Berlin u. a., 2010.

–, Verbundene Geschäfte auch beim Realkredit: Die Auswirkungen der EuGH-Urteile Schulte/Badenia und Crailsheimer Volksbank, BKR 2005, 487 ff.

Hofmann, Ekkehard, Abwägung im Recht. Chancen und Grenzen numerischer Verfahren im Öffentlichen Recht, Tübingen, 2006.

Hohloch, Gerd, Allgemeines Schadensrecht, in: Bundesministerium der Justiz (Hrsg.), Gutachten und Vorschläge zur Überarbeitung des Schuldrechts, Bd. I, 1981, S. 375 ff.

Hommelhoff, Peter, Zivilrecht unter dem Einfluß europäischer Rechtsangleichung, AcP 192 (1992), 71 ff.

Honsell, Heinrich, Der „effet utile" und der EuGH, in: Bernat, Erwin (Hrgs.), Festschrift Heinz Krejci zum 60. Geburtstag, Band II. Zum Recht der Wirtschaft, Wien, 2001, S. 1929 ff.

Höpfner, Clemens, Die systemkonforme Auslegung. Zur Auflösung einfachgesetzlicher, verfassungsrechtlicher und europarechtlicher Widersprüche im Recht, Tübingen, 2008.

–, Kein Wertersatz für die Nutzung mangelhafter Ware bei Ersatzlieferung, Anm. zu BGH, Urteil vom 26. 11. 2008 - VIII ZR 200/05 (OLG Nürnberg), EuZW 2009, 158.

–, Zur Praxis der Gesetzesauslegung in der Justiz. Zugleich eine Besprechung des Beschlusses des VG Braunschweig vom 30. Januar 2006, Az.: 6 B 4/06, DÖV 2006, 820 ff.

Höpfner, Clemens/Rüthers, Bernd, Grundlagen einer europäischen Methodenlehre, AcP 209 (2009), 1 ff.

Huber, Peter M., Europäisches und nationales Verfassungsrecht, VVDStRL 60 (2001), 194 ff.

Huthmacher, Karl Eugen, Der Vorrang des Gemeinschaftsrechts bei indirekten Kollisionen, Köln u. a., 1985.

Ipsen, Hans Peter, Der „Kulturbereich" im Zugriff der Europäischen Gemeinschaft, in: Fiedler, Wolfgang/Ress, Georg (Hrsg.), Verfassungsrecht und Völkerrecht. Gedächtnisschrift für Wilhelm Karl Geck, Köln u. a., 1989, S. 339 ff.

–, Europäische Verfassung – Nationale Verfassung, EuR 22 (1987), 195 ff.

–, Europäisches Gemeinschaftsrecht, Tübingen, 1972.

Ipsen, Jörn, Rechtsprechung im Grenzbereich zur Gesetzgebung, in: Achterberg, Norbert (Hrsg.), Rechtsprechungslehre. Internat. Symposium, Münster, Köln u. a., 1984, S. 435 ff.

Ipsen, Knut, Völkerrecht, 5. Aufl., München, 2004.

Isensee, Josef, Einheit in Ungleichheit: der Bundesstaat. Vielfalt der Länder als Legitimationsbasis des deutschen Föderalismus, in: Bohr, Kurt (Hrsg.), Föderalismus – Demokratische Struktur für Deutschland und Europa, 1992, S. 139 ff.

Isensee, Josef/Kirchhof, Paul (Hrsg.), Handbuch des Staatsrechts der Bundesrepublik Deutschland, Band VII, Heidelberg, 1992.
– , Handbuch des Staatsrechts der Bundesrepublik Deutschland, Band II, 3. Aufl. Heidelberg, 2004.

Jansen, Nils, Die Struktur rationaler Abwägungen, in: Ethische und strukturelle Herausforderungen des Rechts, in: Annette Brockmöller u. a. (Hrsg.), Archiv für Rechts- und Sozialphilosophie, Beiheft 66, Wiesbaden, 1997, S. 152 ff. (zit.: *Jansen*, ARSP Beiheft 55, 1997).
Jansen, Nils/Zimmermann, Reinhard, Was ist und wozu der DCFR?, NJW 2009, 3401 ff.
Jarass, Hans D., Die Kompetenzverteilung zwischen der Europäischen Gemeinschaft und den Mitgliedstaaten, AöR 121 (1996), 173 ff.
Jarass, Hans D./Beljin, Sasa, Unmittelbare Anwendung des EG-Rechts und EG-rechtskonforme Auslegung, JZ 2003, 768 ff.
Jhering, Rudolf, Der Zweck im Recht, Band I, 3. Aufl., Leipzig, 1893 (zit.: *Jhering*, Der Zweck im Recht I, 3. Aufl. 1983).

Kadelbach, Stefan, Allgemeines Verwaltungsrecht unter europäischem Einfluß, Tübingen, 1999.
Kahl, Wolfgang, Hat die EG die Kompetenz zur Regelung des Allgemeinen Verwaltungsrechts?, NVwZ 1996, 865 ff.
– , Möglichkeiten und Grenzen des Subsidiaritätsprinzips nach Art. 3b EG-Vertrag, AöR 118 (1993), 414 ff.
Kaufmann, Arthur, Das Verfahren der Rechtsgewinnung – eine rationale Analyse. Deduktion, Induktion, Abduktion, Analogie, Erkenntnis, Dezision, Macht, München, 1999.
Kaufmann, Ekkehard, Dogmatische und rechtspolitische Grundlagen des BGB § 253, AcP 162 (1963), 421 ff.
Kelsen, Hans, Reine Rechtslehre, Leipzig u. a., 1934.
Kindler, Peter, Bezugsrechtsausschluß und unternehmerisches Ermessen nach deutschem und europäischem Recht, ZGR 1998, 35 ff.
Kingreen, Thorsten, Die Struktur der Grundfreiheiten des Europäischen Gemeinschaftsrechts, Berlin, 1999.
Kirchhof, Paul, Der Auftrag des Grundgesetzes an die rechtsprechende Gewalt, in: Die Hochschullehrer der Juristischen Fakultät der Universität Heidelberg (Hrsg.), Festschrift der Juristischen Fakultät zur 600-Jahr-Feier der Ruprecht-Karls-Universität Heidelberg, Heidelberg, 1986, S. 619 ff. (zit.: *Kirchhof*, FS Jur. Fakultät Universität Heidelberg, 1986), S. 11 ff.
Koch, Hans-Joachim, Deduktive Entscheidungsbegründung, in: Alexy, Robert/ders./Rüßmann; Helmut (Hrsg.), Elemente einer juristischen Begründungslehre, Baden-Baden, 2003, S. 37 ff.
– , Unbestimmte Rechtsbegriffe und Ermessensermächtigungen im Verwaltungsrecht. Eine logische und semantische Studie zur Gesetzesbindung der Verwaltung, Frankfurt am Main, 1979.
Koch, Hans-Joachim/Rüßmann, Helmut, Juristische Begründungslehre. Eine Einführung in Grundprobleme der Rechtswissenschaft, München, 1982.
Koch, Oliver, Der Grundsatz der Verhältnismäßigkeit in der Rechtsprechung des Gerichtshofs der Europäischen Gemeinschaften, Berlin, 2003.

Köck, Heribert Franz, Die „implied powers" der Europäischen Gemeinschaften als Anwendungsfall der „implied powers" internationaler Organisationen überhaupt, in: Böckstiegel, Karl-Heinz u.a. (Hrsg.), Völkerrecht. Recht der Internationalen Organisationen. Weltwirtschaftsrecht, Festschrift für Ignaz Seidl-Hohenveldern, Köln u.a., 1988, 279ff.

–, Vertragsinterpretation und Vertragsrechtskonvention, Berlin, 1976.

Kokott, Juliane, Nationales Subventionsrecht im Schatten der EG. Das Beispiel der Rückforderung von Subventionen, DVBl. 1993, 1235ff.

Komendera, Wolfram, Normenkonflikte zwischen EWG- und BRD-Recht – insbesondere indirekte Kollisionen, Heidelberg 1974.

Köndgen, Johannes, Die Rechtsquellen des Europäischen Privatrechts, in: Riesenhuber (Hrsg.), Europäische Methodenlehre, 2. Aufl., Berlin u.a., 2010.

Kramer, Ernst A., Juristische Methodenlehre, 3. Aufl., Bern, 2010.

Kraußer, Hans-Peter, Das Prinzip begrenzter Einzelermächtigung im Gemeinschaftsrecht als Strukturprinzip des EWG-Vertrags, Berlin, 1991.

Kriele, Martin, Theorie der Rechtsgewinnung. Entwickelt am Problem der Verfassungsinterpretation, 2. Aufl., Berlin, 1976.

Kroll, Kathrin, Vertragserfüllung als zeitliche Grenze des verbraucherschützenden Widerrufsrechts, NJW 2008, 1999ff.

Krüger, Herbert, Das Prinzip der Effektivität, oder: Über die besondere Wirklichkeitsnähe des Völkerrechts, in: Constantinopoulos, D.S. u.a. (Hrsg.), Grundprobleme des internationalen Rechts, Festschrift für Jean Spiropoulos, Bonn, 1957, S. 265ff.

Küchenhoff, Erich, Ausdrückliches, stillschweigendes und ungeschriebenes Recht in der bundesstaatlichen Kompetenzverteilung. Zugleich ein Beitrag zur Lehre von der Rechtsgewinnung und zum Verfassungsrecht der USA AöR 82 (1957), S. 413ff.

Kühling, Jürgen, Grundrechte, in: v. Bogdandy, Armin/Bast, Jürgen (Hrsg.), Europäisches Verfassungsrecht. Theoretische und dogmatische Grundzüge, 2. Aufl, Berlin u.a., 2009, S. 657ff.

Kühling, Jürgen/Lieth, Oliver, Dogmatik und Pragmatik als leitende Parameter der Rechtsgewinnung im Gemeinschaftsrecht, EuR 38 (2003), 371ff.

Kunig, Philip, Gesetzgebungsbefugnis von Bund und Ländern – Allgemeine Fragen, Jura 1996, 254ff.

Kutscher, Hans, Thesen zu den Methoden der Auslegung des Gemeinschaftsrechts aus der Sicht eines Richters, in: Gerichtshof der Europäischen Gemeinschaften (Hrsg.), Begegnung von Justiz und Hochschule, Luxemburg, 1976, I-1ff.

Kutscher, Hans, Über den Gerichtshof der Europäischen Gemeinschaften, EuR 16 (1981), 392ff.

Lange/Schiemann, Handbuch des Schuldrechts, Band 1, Schadensersatz, 3. Aufl., Tübingen, 2003.

Langenbucher, Katja, § 1 Europarechtliche Methodenlehre, in: dies. (Hrsg.), Europarechtliche Bezüge des Privatrechts, 2. Aufl., Baden-Baden, 2008, S. 1ff.

–, Die Entwicklung und Auslegung von Richterrecht – Eine methodologische Untersuchung zur richterlichen Rechtsfortbildung im deutschen Zivilrecht, München 1996.

Larenz, Karl, Methodenlehre der Rechtswissenschaft, 6. Aufl., Berlin u.a., 1991.

–, Methodische Aspekte der „Güterabwägung", in: Hauss, Fritz u.a. (Hrsg.), Festschrift für Ernst Klingmüller, Karlsruhe, 1974, S. 235ff.

–, Kennzeichnen geglückter Rechtsfortbildung. Vortrag, gehalten vor der Juristischen Studiengesellschaft in Karlsruhe am 19. Oktober 1964, Karlsruhe, 1965.
Larenz, Karl/Canaris, Claus-Wilhelm, Methodenlehre der Rechtswissenschaft, 3. Aufl., Berlin, 1995.
Lecheler, Helmut, Das Subsidiaritätsprinzip. Strukturprinzip einer europäischen Union, Berlin, 1993.
–, Der Europäische Gerichtshof und die allgemeinen Rechtsgrundsätze, Berlin, 1971.
–, Der Grundsatz der Effektivität im Gemeinschaftsrecht – Herkunft und Ausprägung, in: Ludwig Boltzmann Institut für Europarecht - Vorlesungen und Vorträge, Wien 2002, Heft 15. (zit.: *Lecheler*, Der Grundsatz der Effektivität im Gemeinschaftsrecht – Herkunft und Ausprägung, 2002).
–, Einführung in das Europarecht, 2. Aufl., München, 2003.
Lecourt, Robert, L'Europe des juges, Brüssel, 1976.
–, Le juge devant le marché commun, Genf, 1970.
Leible, Stefan/Domröse, Ronny, Die primärrechtskonforme Auslegung, in: Riesenhuber (Hrsg.), Europäische Methodenlehre, 2. Aufl., Berlin u. a., 2010.
Leisner, Walter Georg, Die subjektiv-historische Auslegung des Gemeinschaftsrechts. Der „Wille des Gesetzgebers" in der Judikatur des EuGH, EuR 42 (2007), 689 ff.
Lenz, Carl Otto, Immanente Grenzen des Gemeinschaftsrechts, EuGRZ 1993, 57 ff.
Lück, Miachel, Die Gemeinschaftstreue als allgemeines Rechtsprinzip im Recht der Europäischen Gemeinschaft. Ein Vergleich zur Bundestreue im Verfassungsrecht der Bundesrepublik Deutschland, Baden-Baden, 1992.
Lücke, Jörg, Begründungszwang und Verfassung. Zur Begründungspflicht der Gerichte, Behörden und Parlamente, Tübingen, 1987.
Ludwigs, Markus, Rechtsangleichung nach Art. 94, 95 EG-Vertrag. Eine kompetenzrechtliche Untersuchung unter besonderer Berücksichtigung des Europäischen Privatrechts, Baden-Baden, 2004.
Luhmann, Niklas, Zweckbegriff und Systemrationalität. Über die Funktion von Zwecken in sozialen Systemen, 5. Aufl., Frankfurt am Main, 1991.
Lurger, Brigitta, Grundfragen der Vereinheitlichung des Vertragsrechts in der Europäischen Union, Wien u. a., 2002.

MacCormick, Neil, Das Maastricht-Urteil: Souveränität heute, JZ 1995, 797 ff.
Martínez Soria, José, Die Kodizes für gute Verwaltungspraxis. Ein Beitrag zur Kodifikation des Verwaltungsverfahrensrechts der EG, EuR 36 (2001), 682 ff.
Maunz, Theodor/Dürig, Günter (Begr.), Grundgesetz. Kommentar, München, Bd. I-VII, 59. Ergänzungslieferung Januar 2011, 8. Aufl., München 2012 (zit.: Maunz/Dürig-*Bearbeiter*, GG).
Meier-Hayoz, Arthur, Strategische und taktische Aspekte der Fortbildung des Rechts. Zur Frage nach den Grenzen richterlicher Rechtssetzung, JZ 1981, 417 ff.
Merten, Detlef, in: ders. (Hrsg.), Die Subsidiarität Europas, 2. Aufl., Berlin, 1994.
Metzger, Axel, Extra legem, intra ius: Allgemeine Rechtsgrundsätze im Europäischen Privatrecht, Tübingen, 2009.
Moersch, Wolfram, Leistungsfähigkeit und Grenzen des Subsidiaritätsprinzips. Eine rechtsdogmatische und rechtspolitische Studie, Berlin, 2001.
Möschel, Wernhard, Zum Subsidiaritätsprinzip im Vertrag von Maastricht, NJW 1993, 3025 ff.

Mosiek, Marcus, Effet utile und Rechtsgemeinschaft. Zugleich ein Beitrag zur Kompetenzordnung der Europäischen Gemeinschaft, Münster, 2003.
Mülbert, Peter O., Privatrecht, die EG-Grundfreiheiten und der Binnenmarkt. Zwingendes Privatrecht als Grundfreiheitenbeschränkung im EG-Binnenmarkt, ZHR 159 (1995), 1 ff.
Müller, Friedrich, Strukturierende Rechtslehre, 2. Aufl., Berlin, 1994.
Müller, Friedrich/Christensen, Ralph, Juristische Methodik II. Europarecht, 2. Aufl., Berlin, 2007.
– , Juristische Methodik. Band I. Grundlagen für die Arbeitsmethoden der Rechtspraxis, 10. Aufl., Berlin, 2009.
Müller, Hermann, Die Aufhebung von Verwaltungsakten unter dem Einfluß des Europarechts, Berlin, 2000.

Nettesheim, Martin, Auslegung und Fortbildung nationalen Rechts im Lichte des Gemeinschaftsrechts, AöR 119 (1994), 261 ff.
– , Die Kompetenzordnung im Vertrag über eine Verfassung für Europa, EuR 39 (2004), 511 ff.
– , Horizontale Kompetenzkonflikte in der EG, EuR 28 (1993), 243 ff.
Neumann, Ulfried, Juristische Argumentationslehre, Darmstadt, 1986.
Neuner, Jörg, Die Rechtsfindung contra legem, 2. Aufl., München, 2005.
– , Die Rechtsfortbildung, in: Riesenhuber (Hrsg.), Europäische Methodenlehre, 2. Aufl., Berlin u. a., 2010.
– , Privatrecht und Sozialstaat, München 1999.
Nicolaysen, Gert, Zur Theorie von den Implied Powers in den Europäischen Gemeinschaften, EuR 1 (1966), 129 ff.
Niedobitek, Matthias, Kollisionen zwischen EG-Recht und nationalem Recht, VerwArch. 92 (2001), 58 ff.

von Oettingen, Anna, Effet utile und individuelle Rechte im Recht der Europäischen Union, Baden-Baden, 2010.
Ophüls, Carl Friedrich, Quellen und Aufbau des Europäischen Gemeinschaftsrechtes, NJW 1963, 1698 ff.
Oppermann, Thomas, Die Dritte Gewalt in der Europäischen Union, DVBl. 1994, 901 ff.
Oppermann, Thomas/Classen, Claus Dieter/Nettesheim, Martin, Europarecht. Ein Studienbuch, 5. Aufl., München, 2011.
Ormand, Robert, L'utilisation particulière de la méthode d'interprétation des traités selon leur „effet utile" par la Cour de Justice des Communautés Européennes, Rev. trim. dr. eur 1976, 624 ff.
– „ La notion de „l'effet-utile" des traités communautaires dans la jurisprudence de la Cour de Justice des Communautés Européennes, Paris, 1975.
Ossenbühl, Fritz, Der gemeinschaftsrechtliche Staatshaftungsanspruch, DVBl. 1992, 993 ff.
– , Rundfunk zwischen nationalem Verfassungsrecht und europäischem Gemeinschaftsrecht, Frankfurt am Main, 1986.
Osterloh-Konrad, Christine, Quelle und die Folgen: kein Nutzungsersatz bei Ersatzlieferung, CR 2008, 545 ff.

Papier, Hans-Jürgen, Das Subsidiaritätsprinzip – Bremse des europäischen Zentralismus?, in: Depenheuer, Otto u. a. (Hrsg.), Staat im Wort, Festschrift für Josef Isensee, Heidelberg, 2007, S. 691 ff.

Pawlowski, Hans-Martin, Methodenlehre für Juristen. Theorie der Norm und des Gesetzes, 3. Aufl., Heidelberg, 1999.

Pechstein, Matthias/Drechsler, Carola, Die Auslegung und Fortbildung des Primärrechts, in: Riesenhuber (Hrsg.), Europäische Methodenlehre, 2. Aufl., Berlin u. a., 2010.

Pernice, Ingolf, Europäisches und nationales Verfassungsrecht, VVDStRL 60 (2001), 148 ff.

Pescatore, Pierre, La carence du législateur communauaire et le devoir du juge, in: Lüke, Gerd u. a. (Hrsg.), Rechtsvergleichung, Europarecht und Staatenintegration. Gedächtnisschrift für Léontin-Jean Constantinesco, 1983, S. 559 ff.

– , Les objectifs de la communauté européenne comme principes d'interprétation dans la jurisprudence de la cour de justice, Miscellanea W. J. Ganshof van der Meersch, 1972, Band II, Brüssel u. a., 1972 (zit.: *Pescatore*, Miscellanea W. J. Ganshof van der Meersch II, 1972).

– , Mit der Subsidiarität leben. Gedanken zu einer drohenden Balkanisierung der Europäischen Gemeinschaft, in: Due, Ole u. a. (Hrsg.), Festschrift für Ulrich Everling, Band II, Baden-Baden, 1995, S. 1071 ff.

– , Monisme, dualisme et „effet utile" dans la jurisprudence de la Cour de justice de la Communauté européenne, in: Colneric, Ninon u. a. (Hrsg.), Une communauté de droit, Festschrift für Gil Carlos Rodríguez Iglesias, Berlin, 2003, S. 329 ff. (zit.: *Pescatore*, FS Rodríguez Igleasias, 2003).

– , The Doctrine of „Direct Effect": An Infant Disease of Community Law, ELR 8 (1983), 155 ff.

Potacs, Michael, Auslegung im öffentlichen Recht. Eine vergleichende Untersuchung der Auslegungspraxis des Europäischen Gerichtshofs und der österreichischen Gerichtshöfe des öffentlichen Rechts, Baden-Baden, 1994.

– , Effet utile als Auslegungsgrundsatz, 44 (2009), 465 ff.

Randelzhofer, Albrecht, Innerstaatlich erforderliche Verfahren für das Wirksamwerden der von der Exekutive abgeschlossenen völkerrechtlichen Vereinbarungen, AöR 1974, Beiheft 1, 18 ff.

Rasmussen Hjalte, Between Self-Restraint and Activism: A Judicial Policy for the European Court, ELR 13 (1998), S. 28 ff.

– , On Law and Policy in the European Court of Justice, Dordrecht u. a., 1986.

Raz, Joseph, Legal Principles and the Limits of the Law, Yale L.J. 81 (1972), 823 ff.

Rebmann, Kurt/Säcker, Franz Jürgen/Rixecker, Roland (Hrsg.), Münchener Kommentar zum Bürgerlichen Gesetzbuch, 14 Bände, München 2010 (zit.: MünchKomm-*Bearbeiter*, BGB).

Redeker, Konrad, Legitimation und Grenzen richterlicher Rechtsetzung, NJW 1972, 409 ff.

Reichenbach, Hans, The Rise of Scientific Philosophy, Berkeley, 1963.

Remien, Oliver, Über den Stil des europäischen Privatrechts. Versuch einer Analyse und Prognose, RabelsZ 60 (1996), 1 ff.

Rengeling, Hans-Werner/Middeke, Andreas/Gellermann, Martin, Rechtsschutz in der Europäischen Union. Durchsetzung des Gemeinschaftsrechts vor europäischen und deutschen Gerichten, München, 1994.

Reßling, Maximilian, Prinzipien als Normen mit zwei Geltungsebenen, ARSP 95 (2009), 29ff.

Richardi, Reinhard/Wissmann, Helmut/Wlotzke, Otfried/Oetker, Hartmut (Hrsg.), Münchener Handbuch des Arbeitsrechts, 2 Bände, 3. Aufl., München, 2009.

Riehm, Thomas, Abwägungsentscheidungen in der praktischen Rechtsanwendung. Argumentation, Beweis, Wertung, München, 2006.

–, Europäische Methodik: Kovergenz und Diskrepanz europäischen und nationalen Privatrechts, in: Busch, Christoph u.a. (Hrsg.); Jahrbuch Junger Zivilrechtswissenschaftler 2009, Stuttgart u.a., 2009, 159ff. (zit. *Riehm*, JbJZivRWiss 2009).

Riesenhuber, Karl, Die Auslegung, in: ders. (Hrsg.), Europäische Methodenlehre, 2. Aufl., Berlin u.a., 2010.

–, System und Prinzipien des Europäischen Vertragsrechts, Berlin, 2003.

Röhl, Klaus/Röhl, Hans Christian, Allgemeine Rechtslehre. Ein Lehrbuch, 3. Aufl., Köln u.a., 2008.

Rösler, Hannes, Auslegungsgrundsätze des Europäischen Verbraucherprivatrechts in Theorie und Praxis, RabelsZ 71 (2007), 495ff.

Rösler, Hannes, Europäisches Konsumentenvertragsrecht. Grundkonzeption, Prinzipien und Fortentwicklung, München, 2004.

Roth, Wulf-Henning, Die richtlinienkonforme Auslegung, in: Riesenhuber (Hrsg.), Europäische Methodenlehre, 2. Aufl., Berlin u.a., 2010.

Röthel, Anne, Die Konkretisierung von Generalklauseln, in: Riesenhuber (Hrsg.), Europäische Methodenlehre, 2. Aufl., Berlin u.a., 2010.

–, Normkonkretisierung im Privatrecht, Tübingen, 2004.

Rummel, Peter (Hrsg.), Kommentar zum Allgemeinen bürgerlichen Gesetzbuch, 2. Band 1. Teil §§ 1175 bis 1292 ABGB, 3. Aufl., Wien, 2002 (zit.: Rummel-*Bearbeiter*, ABGB, 3. Aufl. 2002).

Rüthers, Bernd/Fischer, Christian/Birk, Axel, Rechtstheorie. Begriff, Geltung und Anwendung des Rechts, 6. Aufl., München, 2011.

Rüthers, Bernd/Höpfner, Clemens, Analogieverbot und subjektive Auslegungsmethode, JZ 2005, 21ff.

v. Savigny, Friedrich Carl, System des heutigen römischen Rechts I, Berlin, 1840.

Scheuing, Dieter H., Europäisierung des Verwaltungsrechts. Zum mitgliedstaatlichen Verwaltungsvollzug des EG-Rechts am Beispiel der Rückforderung gemeinschaftsrechtswidriger Beihilfen, Die Verwaltung 34 (2001), 107ff.

Schilling, Theodor, Rang und Geltung von Normen in gestuften Rechtsordnungen, Berlin, 1994.

Schlachter, Monika, Der Europäische Gerichtshof und die Arbeitsgerichtsbarkeit. Schwierigkeiten bei der Begründung eines Kooperationsverhältnisses, Stuttgart u. München, 1995.

Schlink, Bernhard, Abwägung im Verfassungsrecht, Berlin, 1976.

Schmidt, Martin, Konkretisierung von Generalklauseln im europäischen Privatrecht, Berlin, 2009.

Schmoeckel, Matthias/Rückert, Joachim/Zimmermann, Reinhard (Hrsg.), Historisch-kritischer Kommentar zum BGB, Band I-III, Tübingen, 2003ff.

Schneider, Hans-Peter, Föderative Gewaltenteilung in Europa. Zur Kompetenzabgrenzung zwischen der Europäischen Union und ihren Mitgliedstaaten, in: Cremer,

Hans-Joachim u. a. (HRsg.), Tradition und Weltoffenheit des Rechts. Festschrift für Helmut Steinberger, Berlin u. a., 2002, S. 1401 ff.

Schneider, Jochen, Theorie juristischen Entscheidens, in: Kaufmann, Arthur/Hassemer, Winfried/Neumann, Ulfried (Hrsg.), Einführung in die Rechtsphilosophie und Rechtstheorie der Gegenwart, 7. Aufl., Heidelberg, 2007.

Schoch, Friedrich, Die Europäisierung des Allgemeinen Verwaltungsrechts, JZ 1995, 109 ff.

Scholz, Rupert, Zum Verhältnis von europäischem Gemeinschaftsrecht und nationalem Verwaltungsverfahrensrecht – Zur Rechtsprechung des EuGH im Fall „Alcan" –, DÖV 1998, 261 ff.

Schröder, Jan, Recht als Wissenschaft. Geschichte der juristischen Methode vom Humanismus bis zur historischen Schule (1500-1850), München, 2001.

Schroeder, Werner, Das Gemeinschaftsrechtssystem. Eine Untersuchung zu den rechtsdogmatischen, rechtstheoretischen und verfassungsrechtlichen Grundlagen des Systemdenkens im Europäischen Gemeinschaftsrecht, Tübingen, 2002.

–, Die Auslegung des EU-Rechts, JuS 2004, 180 ff.

–, Nationale Maßnahmen zur Durchführung von EG-Recht und das Gebot der einheitlichen Wirkung. Existiert ein Prinzip der „nationalen Verfahrensautonomie"?, AöR 129 (2004), 3 ff.

–, Zu eingebildeten und realen Gefahren durch kompetenzüberschreitende Rechtsakte der Europäischen Gemeinschaft, EuR 34 (1999), 452 ff.

Schroth, Ulrich, Hermeneutik, Norminterpretation und richterliche Normanwendung, in: Kaufmann, Arthur/Hassemer, Winfried/Neumann, Ulfried (Hrsg.), Einführung in die Rechtsphilosophie und Rechtstheorie der Gegenwart, 7. Aufl., Heidelberg, 2007.

Schübel-Pfister, Isabel, Sprache und Gemeinschaftsrecht. Die Auslegung der mehrsprachig verbindlichen Rechtstexte durch den Europäischen Gerichtshof, Berlin 2004.

Schumann, Ekkehard, Das Rechtsverweigerungsverbot, ZZP 81 (1968), S. 79 ff.

Schütze, Robert, Supremacy without Pre-emption? The very slowly emergent Doctrine of Community Pre-emption, CMLR 42 (2006), 1023 ff.

Schwarze, Jürgen (Hrsg.), EU-Kommentar, 2. Aufl., Baden-Baden, 2009 (zit.: Schwarze-Bearbeiter, EU-Kommentar, 2. Aufl. 2009).

Schwarze, Jürgen, Europäisches Verwaltungsrecht. Entstehung und Entwicklung im Rahmen der Europäischen Gemeinschaft, 2. Aufl., Baden-Baden, 2005.

Schweitzer, Michael, EG-Kompetenzen im Bereich von Kultur und Bildung, in: Merten, Detlef (Hrsg.), Föderalismus und Europäische Gemeinschaften unter besonderer Berücksichtigung von Umwelt und Gesundheit, Kultur und Bildung, Berlin, 1990, S. 147 ff.

–, Staatsrecht III: Staatsrecht, Völkerrecht, Europarecht, 10. Aufl, Heidelberg, 2010.

Schwimmann, Michael (Hrsg.), ABGB Praxiskommentar, Band 6 §§ 1293-1502 ABGB, 3. Aufl., Wien, 2006 (zit.: Schwimann-*Bearbeiter*, ABGB Praxiskommentar, 3. Aufl. 2006).

Seyr, Sybille, Der *effet utile* in der Rechtsprechung des EuGH, Berlin 2008.

Siegel, Thorsten, Das Gleichgewicht der Gewalten in der Bundesrepublik Deutschland und in der Europäischen Gemeinschaft, DÖV 2010, S. 1 ff.

Sinnaeve, Adinda, Die Rückforderung gemeinschaftsrechtswidriger nationaler Beihilfen, Berlin, 1997.

Söllner, Renate, Artikel 5 EWG-Vertrag in der Rechtsprechung des Europäischen Gerichtshofes, München, 1985.
Staudinger, Ansgar, Die Zukunft der Schrottimmobilien nach den EuGH-Entscheidungen vom 25.10.2005, NJW 2005, 3521 ff.
v. Staudinger, Julius (Begr.), Staudinger BGB. Kommentar zum Bürgerlichen Gesetzbuch mit Einführungsgesetz und Nebengesetzen, 13. Bearb., Berlin, 1994 ff.
Stein, Torsten, Richterrecht wie anderswo auch? Der Gerichtshof der Europäischen Gemeinschaften als „Integrationsmotor", in: Die Hochschullehrer der Juristischen Fakultät der Universität Heidelberg (Hrsg.), Festschrift der Juristischen Fakultät zur 600-Jahr-Feier der Ruprecht-Karls-Universität Heidelberg, Heidelberg, 1986, S. 619 ff. (zit.: *Stein*, FS Jur. Fakultät Universität Heidelberg, 1986), S. 619 ff.
Steinberger, Helmut, Das Grundgesetz auf dem Weg zur Europäischen Einheit, in: Letzgus, Klaus u. a. (Hrsg.), Für Recht und Staat, Festschrift für Herbert Helmrich zum 60. Geburtstag, München, 1994, S. 427 ff.
– , Der Verfassungsstaat als Glied einer europäischen Gemeinschaft, VVDStRL 50 (1991), S. 9 ff.
Stempel, Christian, Die „Grundsätze des bürgerlichen Rechts", das sekundäre Unionsrecht und der nationale Richter, ZEuP 18 (2010), 628 ff.
Stern, Klaus, Das Staatsrecht der Bundesrepublik Deutschland, Band I. Grundbegriffe und Grundlagen des Staatsrechts. Strukturprinzipien der Verfassung, 2. Aufl., München, 1984.
Stettner, Rupert, Grundfragen einer Kompetenzlehre, Berlin, 1983.
Streinz, Rudolf (Hrsg.), EUV/AEUV, 2. Aufl., München 2012 (zit.: Streinz-*Bearbeiter*, EUV/AEUV, 2012).
– , Bundesverfassungsgerichtlicher Grundrechtsschutz und Europäisches Gemeinschaftsrecht. Die Überprüfung grundrechtsbeschränkender deutscher Begründungs- und Vollzugsakte von Europäischem Gemeinschaftsrecht durch das Bundesverfassungsgericht, Baden-Baden, 1989.
– , Der „effet utile" in der Rechtsprechung des Gerichtshofs der Europäischen Gemeinschaften, in: Due, Ole u. a. (Hrsg.), Festschrift für Ulrich Everling, Band II, Baden-Baden, 1995, S. 1491 ff.
– , Die Auslegung des Gemeinschaftsrechts durch den EuGH. Eine kritische Betrachtung, ZEuS 2004, 387 ff.
– , Die Rolle des EuGH im Prozess der Europäischen Integration. Anmerkungen zu gegenläufigen Tendenzen in der neueren Rechtsprechung, AöR 135 (2010), 1 ff.
– , Europarecht, 9. Aufl., Heidelberg u. a., 2012.
Streinz, Rudolf/Ohler, Christoph/Herrmann, Christoph, Der Vertrag von Lissabon zur Reform der EU. Einführung mit Synopse, 3. Aufl., München, 2010.
Stück, Hege, Subsumtion und Abwägung, ARSP 84 (1998), 404 ff.
Study Group on Existing EC Contract Law (Hrsg.), Principles of Existing EC Contract Law (Acquis Principles). Contract I. Pre-contractual Obligations, Conclusion of Contract, Unfair Terms, München, 2007.
– , Principles of Existing EC Contract Law (Acquis Principles). Contract II. General Provisions, Delivery of Goods, Package Travel and Payment Services, München, 2009.

Thume, Matthias/Edelmann, Hervé, Keine Pflicht zur systemwidrigen richtlinienkonformen Rechtsfortbildung. Zugleich Besprechung der Urteile des EuGH vom

25.10.2005 in den Rechtssachen C-229/04 (Schulte) und C-350/03 (Crailsheimer Volksbank), BKR 2005, 477ff.

Tonner, Klaus, Der Umfang des Schadensersatzes nach der Pauschalreise-Richtlinie, ZEuP 11 (2003), 623ff.

Tridimas, Takis, The General Principles of EC Law, 2. Aufl., Oxford, 2006.

Trüe, Christiane, Das System der Rechtsetzungskompetenzen der Europäischen Gemeinschaft und der Europäischen Union, Baden-Baden, 2002.

Tucker, Robert W., The Principle of Effectiveness in Public International Law, in: Lipsky, George A. (Hrsg.), Law and Politics in the World Community. Essays on Hans Kelsen's Pure Theory and Related Problems in International Law, 1953, S. 31ff.

Ukrow, Jürg, Richterliche Rechtsfortbildung durch den EuGH. Dargestellt am Beispiel der Erweiterung des Rechtsschutzes des Marktbürgers im Bereich des vorläufigen Rechtsschutzes und der Staatshaftung, Baden-Baden, 1995.

Vedder, Christoph, Die auswärtige Gewalt des Europa der Neun, Göttingen, 1980.

Verdross, Alfred/Simma, Bruno, Universelles Völkerrecht. Theorie und Praxis, 3. Aufl., Berlin, 1984.

Vogenauer, Stefan, Die Auslegung von Gesetzen in England und auf dem Kontinent. Eine vergleichende Untersuchung der Rechtsprechung und ihrer historischen Grundlagen, Band I, Tübingen, 2001 (zit.: *Vogenauer*, Auslegung I, 2001).

–, Die Auslegung von Gesetzen in England und auf dem Kontinent. Eine vergleichende Untersuchung der Rechtsprechung und ihrer historischen Grundlagen, Band II, Tübingen, 2001 (zit.: *Vogenauer*, Auslegung II, 2001).

–, Eine gemeineuropäische Methodenlehre des Rechts – Plädoyer und Programm, ZEuP 2005, 234ff.

Voßkuhle, Andreas, Theorie und Praxis der verfassungskonformen Auslegung von Gesetzen durch Fachgerichte. Kritische Bestandsaufnahme und Versuch einer Neubestimmung, AöR 125 (2000), 177ff.

Wank, Rolf, Die Rechtsfortbildung durch den Europäischen Gerichtshof, in: Farthmann, Friedhelm (Hrsg.), Arbeitsgesetzgebung und Arbeitsrechtsprechung. Festschrift zum 70. Geburtstag von Eugen Stahlhacke, Neuwied u. a., 1995, S. 633ff.

–, Grenzen richterlicher Rechtsfortbildung, Berlin, 1978.

Weber, Albrecht, Verwaltungskollisionsrecht der Europäischen Gemeinschaften im Lichte neuerer Rechtsentwicklungen, EuR 21 (1986), 1ff.

Weiler, Joseph H. H., The Transformation of Europe, Yale L.J. 100 (1991), 2404ff.

Weinberger, Ota, Rechtslogik, 2. Aufl., Berlin, 1989.

Weinberger, Ota/Weinberger, Christiane, Logik, Semantik, Hermeneutik, München, 1979.

Whittaker, Simon, The 'Draft Common Frame of Reference'. An Assessment. Commissioned by the Ministry of Justice, United Kingdom, 2008, Internet: http://www.justice.gov/uk/docs/eu-contract-law-common-frame-of-reference.pdf, abgerufen am 31. Januar 2011 (zit.: *Whittaker*, The Draft Common Frame Of Reference, 2008).

Winter, Gerd, Subsidiarität und Deregulierung im Gemeinschaftsrecht, EuR 31 (1996), 247ff.

Zimmermann, Reinhard, Die „Principles of European Contract Law", Teil III, ZEuP 11 (2003), 707 ff.

–, Verjährung, in: Basedow, Jürgen/Hopt, Klaus/ders. (Hrsg.), Handbuch des Europäischen Privatrechts, Tübingen, 2009.

Zuleeg, Manfred, Deutsches und europäisches Verwaltungsrecht – wechselseitige Einwirkungen, VVDStRL 53 (1994), 154 ff.

–, Die Auslegung des europäischen Gemeinschaftsrechts, EuR 4 (1969), 97 ff.

–, Erlärung vom 14. 10. 1993 zum Fehlzitat durch BVerfG, Urteil vom 12.10.1993, 2 BvR 2134/92 und 2 BvR 2159/92 – *Maastricht*, NJW 1993, 3058.

–, Europäischer Gerichtshof und nationale Arbeitsgerichte aus europarechtlicher Sicht, RdA 1996, 71 ff.

–, Justiziabilität des Subsidiaritätsprinzips, in: Nörr, Knut Wolfgang/Oppermann, Thomas (Hrsg.), Subsidiarität: Idee und Wirklichkeit. Zur Reichweite eines Prinzips in Deutschland und Europa, Tübingen, 1997, S. 185 ff.